贾植芳 全集

贾植芳 ◎ 著

陈思和 ◎ 主编

卷三·

回忆录和访谈录卷

山西出版传媒集团

北岳文艺出版社

图书在版编目（CIP）数据

贾植芳全集 / 贾植芳著；陈思和主编 . — 太原：
北岳文艺出版社，2020.1

ISBN 978-7-5378-4988-3

Ⅰ . ①贾… Ⅱ . ①贾… ②陈… Ⅲ . ①贾植芳（
1916—2008）—全集 Ⅳ . ① C52

中国版本图书馆 CIP 数据核字（2017）第 253948 号

贾植芳全集·回忆录和访谈录卷

贾植芳◎著　陈思和◎主编

//

选题策划
续小强
刘文飞
范戈

项目负责人
范戈

责任编辑
左树涛

书籍设计
张永文

印装监制
巩璠

出版发行：山西出版传媒集团·北岳文艺出版社
地址：山西省太原市并州南路 57 号　邮编：030012
电话：0351-5628696（发行部）　0351-5628688（总编室）
传真：0351-5628680
网址：http://www.bywy.com　E-mail：bywycbs@163.com
经销商：新华书店
印刷装订：山西人民印刷有限责任公司

开本：710mm×1000mm　1/16
总字数：4850 千字
总印张：297.5
版次：2020 年 1 月第 1 版
印次：2020 年 1 月山西第 1 次印刷
书号：ISBN 978-7-5378-4988-3
总定价：498.00 元（全 10 卷）

1945 年，任敏
女士在济南留影

1948年，贾植芳走出国民党监狱后，与友人同游杭州合影。（后排左起：路翎夫人余明英、路翎、胡风、贾植芳、任敏，前排左起：罗洛、朱谷怀、冀汸）

1950 年夏，贾植芳、
任敏夫妇在苏州留影

1967 年，贾植芳在"文革"苦难中

编者说明

———————————

一、本卷为卷三《回忆录和访谈录卷》，收入贾植芳先生的《狱里狱外》和《世纪老人的话：贾植芳卷》以及4篇访谈。

二、《狱里狱外》一书，曾以《在这个复杂的世界里——生活回忆录》为题，连载于《新文学史料》1992年第1期至1995年第4期。后出版有两个单行本：上海远东出版社1995年版和香港天地图书有限公司2001年版，书名均为《狱里狱外》。本卷结合上述各版本进行收录。

三、贾植芳先生的《狱里狱外》和《解冻时节》里都收入了贾植芳夫人任敏女士的回忆文章，本卷依据《解冻时节》收录。

四、《世纪老人的话：贾植芳卷》是贾植芳、沈建中的对话录，由辽宁教育出版社2003年4月出版，该书包括《策划人语》《贾植芳先生小传》《访谈实录》《贾植芳先生年谱初编》《追寻逝去的个体历史和文化形态的阅读（代跋）》等内容，本卷只收贾植芳先生的《访谈实录》，其他均非先生所著的文字，概不收录。

五、本卷还收录了《贾植芳、李辉谈周扬》《贾植芳、胡守钧谈鲁迅》《贾植芳、胡守钧谈胡风》《我喜欢反映时代和历史的戏曲——与贾植芳谈戏剧》这4篇文章，其中，第一篇访谈曾收于李辉的《深酌浅饮》（汉语大词典出版社1997年出版）；第2篇、第3篇曾收于贾植芳先生的《老人老事》（大象出版社2002年出版）。

目　录

狱里狱外

序

　　几年前，老友范泉约我为他主编的《文化老人话人生》写一篇自述性的文章。我写着写着不由地扯到了"回忆"的意义，大致的意思是说：

　　老年人喜欢忆旧，喜欢回头看，因为人到了七老八十的年纪，随着体力与精力的日趋衰退，做事情越来越感到"心有余而力不足"，这是自然规律。人老了和生活的接触面就越来越缩小了，和复杂纷纭的广大世界的距离越拉越远，而和自己的主体世界的距离越来越近了。在这种窄小的生活气氛里，总会自觉或不自觉地沉湎在记忆中浮游，从记忆里寻找自己，即是"我来到这个复杂的世界里，这么几十个春秋，是怎么活过来的，是为什么而活，干了些什么，是否活得像个人的样子"之类。这倒不是要学时髦做深刻状，而是我们这一代人生活的时代实在太复杂了，近百年来，在这种历史的振荡中，绝大多数知识分子以自己不同的人生理想和价值追求，走着各自不同内容和形式的生命之路。我常这么想：我们这一代吃文化饭的人，如果都潜下心来，写一本直面历史的真实的个人生活回忆录，对历史来说，实在是功莫大焉。

　　有了这份想头，这几年一直断断续续地写着关于我自己的回忆录。我生于袁世凯称帝的那年，年轻时曾自号"洪宪生人"，以后又经过了军阀混战、国民党专制、抗日战争等时代，一直到高唱"东方红，太阳升"。

有缘的是我每经过一个朝代就坐一回监牢，罪名是千篇一律的政治犯。作为一个知识分子，我是认真地付出过生命的代价的。我在这个世界里的追求、爱憎、信念以及种种个人遭遇，都可以作为历史的见证，为青年及后代提供一些比正史、官书更加丰富和实在的东西。

我把这份回忆录取名为《狱里狱外》。上篇《狱外记》写的是我一九四八年从国民党监狱出来，到一九五五年因为胡风冤案被关进另一个监狱为止，这期间自己坎坷的人生旅途。这一篇发表后受到许多读者的热情鼓励，更坚定了我要写下去的决心。下篇《狱中记》，写的是反胡风运动以后到"文革"前的一段经历，同样用倒叙的手法追述自己青年时代的苦战与恶斗。我一生经历的事情多，又复杂，从头慢慢细说反倒感到无从说起，现在采取以回忆后半生的经历为主线，穿插着前半生的故事，想到哪里就写到哪里，倒有一点意识流的味道，写起来也感到顺手。如果条件允许的话，我还想写下去，写写我在"文革"中的故事，那这一篇应该叫作《狱外即狱中记》，因此，这是一本尚未完篇的人生故事。

一九九五年一月于上海寓所

引 言

　　由我这样一个年过八十岁的老人来回忆往事，已无法、也无意流水账式地从头细说当年。岁月如晦，该遗忘的早已遗忘，能留下若干痕迹的印象也全失去时间的意义，它们模糊地构成黑白相杂的一片，犹如太极图式，光亮中夹杂了若干阴暗的斑点，昏黑里又闪烁起一丝白光，黑中有白，白中有黑，黑黑白白，白白黑黑。我在这复杂的世界里，或是在这复杂的世界里对另一个世界的追求、爱憎、信念以及种种遭遇，都可能作为它的见证。这是在一般的教科书里读历史的青年人或许想象不到的。

　　我只是一个普通的知识分子，不过是大时代里的小角色，我的回忆既无关治国大业，也不会给文学史填补空白，但对我们这一代人来说，个人的命运总是与时代休戚相关，"江河不择细流"，从我们的复杂经历里，也折射出这时代的复杂与曲折。大约自一九三七年抗战开始，中国的知识分子就进入了另一个时代，再也没有窗明几净的书斋，再也不能从事缜密的研究，甚至失了万人崇拜的风光。"五四"时代知识分子以文化革命改造世界的豪气与理想早已梦碎，哪怕是只留下一丝游魂，也如同不祥之物，伴随的总是摆脱不尽的灾难和恐怖。抗战以后成长起来的知识分子只能在污泥里滚爬，在浊水里挣扎，在硝烟与子弹下体味生命的意义，在监狱与刑场上渴望自由……路翎的不朽史诗《财主底儿女们》里主人公们的苦难与经历，正是这一个时代的缩影。我也是个财主的儿子，我不过比蒋少祖们的生命多延续了几十年。我在今天重新回忆起这一代人的不幸与光荣，耻辱与重任时，唯可告慰先死者们的，只是我曾在一篇《且说说我自己》的自传里所说过的话："说我是一个作家或译家，那差得很远；作为一个学问家，更不够格。我赞同梁漱溟先生在《自述》里的自我评价：'我不是学问中人，我是社会中人。'我只是个浪迹江湖，努力实现自我人生价值和尽到自己的社会责任，在'五四'精神培育下走上人生道路的知识分子。我在这个世界上活了八十多年了，眼看要进火葬场了，可以自我告慰的是，在上帝给我铺设的坑坑洼洼的生活道路上，我总算活得还像一个人。"

狱外记

走出一个监狱

……从牢房通往监狱大门口的道路很长，乍一见午后的阳光，我感到了眼花与眩晕。身边有个看守陪着我，他好像姓张，正在送我出监狱。事情似乎起了变化，在这里关押了一年的我对外面情况却毫不知晓。监牢警察刚刚在牢房门口吆喝"贾植芳，你出来"的时候，我还以为又是提审了，不料他说："你走吧，上面释放你了。"我疑惑地看着他，等着下文，因为在半年前的一次审问中，一个留着小平头的青年特务(他也是来抓我的青年特务之一，听同监的狱友说，他是这里行动队的)把我叫出去，直截了当地说："你在《中央日报》上发表一篇反共宣言，就可以放你。"现在，是否又有什么新的"条件"呢？可是他没有再说下去，却问我："你还有什么东西？"我说："啥也没有，就有一根皮带和一顶帽子在你们这里。"他说："你先在这里歇一会儿，我去给你拿来。"这才开始让人相信，自由可以伸手触摸了。

和我同监的有两种人，一种是知识分子，一种是工人，我在这里面教工人文化，还教那些小知识分子英文。在国民党监狱里教教这些还可以。这些"犯人"里有一个小张，是永安公司的工会主席。出狱时这小张对我说:"你拿上这一百万法币,我们有钱,我们有工会,你出去得花钱,雇个车什么的。"我接下这一百万法币。那个看守拿来东西,我们慢慢往门口走着。那姓张的看守原来是个高中学生,因为认识这里中统局行动队的一个王队长,就被介绍来做看守,他以前与我们聊过天,也常帮犯人到外面去买烟卷等物品,所以彼此也熟。快走到门口时,我停住脚,看着他那张还年轻的脸,说:"你看管了我半年多,我有句话对你说。你看作是人话,你就听;要是你认为不好,就当我是放屁!你年纪轻轻的,这碗饭不是人吃的,你找点别的事干干,换碗饭吃吧。"他对我说:"贾先生,你的话我记着。"就这样,我第三次走出了监狱。

这是第三次打政治官司,也是第二次吃国民党的政治官司。这当中还有一次是一九四五年我以策反罪被徐州日伪警察局特高科逮捕关押。不过这一次是因为写文章惹出的祸。我被捕时住在上海吴淞路义丰里九十一号,那是杜青禄的房子。他当时在汤恩伯部队管辖下的日本战俘管理处当个小科员,这几间房子是单位分配给他的。有几个复旦大学的学生在这里办了个《学生新报》,杜青禄是社长,这房子也就成了社址。后来报纸被迫停刊,青禄就将其中的一间让给我们夫妇住。我在编《时事新报》副刊《青光》时,因胡风的关系认识了几个复旦大学学生,其中就有后来也因胡风一案受累的诗人冀汸。通过他们的关系,我与复旦学生办的报刊发生了联系,为他们写过一些稿。《学生新报》那年为纪念五四运动三十周年,出了个"五四"特刊,请一些人写文章,有马叙伦、郭沫若等人,我也写了一篇短文,题目是《给战斗者》。文章一开始就说:"想起了我们还得用战斗去纪念'五四'的战斗,以鲜血纪念'五四'所流的鲜血,多少感到忿愤。"我还说:"'五四'所倡导的科学与民主,现在还得流着血去争取。'五四'开始的战斗任务,到现在变得更艰难、更沉重,我们不能不有一种痛然的觉悟。"这些话,在当时是有感而发的。那时正值国民党政府"戡乱",学生们掀起了反内战反饥饿反迫害的民主运动,我这篇短文很自然被认为是煽动学潮的证据,再加上我又是住在报社旧址,更加逃脱不了干系。经人告密,于一九四七年九月十七日深夜,被国民党中统局特务抓进监狱,先是关在亚尔培路二号上海中统局本部,半个多月后,转移到南市蓬莱路警察局看守所,先后关了一年左右。

总算出了这座大门。我第一件事是从口袋里掏出那一百万法币,在监狱旁的小烟杂店买了一包"大百万金"香烟(相当于后来流行的飞马烟)，花掉三十万元，然后雇了一辆三轮车，到我伯父商行在上海爱多亚路(今延安路)的办事处，那里有个掌柜的，我就在他那里住下了。我的妻子任敏已知道我出来，不一会我们就见面了。她是去年与我同时被捕的，关了十五天，在那年中秋节的前一天下午宣布释放，而我则在中秋节后一天被转移了监牢。从她那里，我知道我被捕以后，胡风为营救我四处奔走，到处托人，后来遇到了刚从香港回来的海燕书店老板俞鸿模。俞鸿模是我同时代的留日同学，他是华侨，福建人，也爱好文学，他在东京中央大学上学，又是东京留学生文学社团"东流社"成员之一，在日本出过一本小说集《炼》。他归国后在上海办了个海燕书店，是个进步书店。抗战胜利后，胡风给海燕书店编了一套《七月文丛》，其中有我的一本《人生赋》，这是我的第一本小说集。一九四七至一九四八年，风声甚紧，海燕书店迁到香港。俞鸿模知道我入狱后，就去找国民党中央信托局副局长骆美中，骆也是留日学生，在国民党里有权。他和俞鸿模是福建同乡，又都是华侨，家里还有来往。那时国民党已经快树倒猢狲散了，他们的官员也要找出路。骆美中表示敢担保，但要俞鸿模对他说清楚，贾植芳是不是共产党。俞鸿模对他说："贾植芳只是写写文章，我看不是共产党。"骆美中说："他是共产党我也敢保。"过了两天，俞鸿模答复胡风："我对骆美中讲了，骆美中给中统局局长季源博写了一封信，让任敏去拿，再送给中统局，估计没有问题。"任敏去拿了信，立即送到上海中统局本部。于是，我终于不带任何条件地释放了。

我出狱的第二天去看胡风，发现他的情绪并不好。那时他大哥死了，家乡还有些纠纷、官司，其他几个兄弟也常来上海找他，他情绪很受影响；另一方面是香港出版的《大众文艺丛刊》集中几篇文章批判胡风的文艺理论和路翎的小说，因为是来自共产党内的批评，使胡风精神上感到压力，也感到恼火。正如他后来在回忆录里写的："抗战八年来我一直跟着共产党走，编刊物得罪了一些人，那我是感觉得到的，但怎么能在这个时候就来对我进行批判？"我出狱后到他那拉都路(今永福路)的"蚂楼"去看他时，他正在写那本《论现实主义的路》的小册子，手不停笔，口不离烟，彻夜不眠地工作，嘴唇因抽烟的缘故都发白了。一次我坐在他书桌对面，他写一张，我看一张，一口气把这部稿子写完。我对文章的内容没有什么意见，不过对他在文章后附记中涉及的一些具体人事，劝他用语婉转一些，可以用商榷的态度来讨论理论问题，不必太"尖锐"。我对胡风在重庆时发生的一些论争不大了解，胡风也没有告诉过我，倒是一九四七年舒芜来上海，住在我这里时跟我说过一些，现在又见到香港方面的批判文章，我有些警惕。当时正是解放战争打得很激烈的时候，解放军在战场上节节胜利，党的文化界本应该配合战争加强与国民党的斗争，现在忽然办了一个好像专门是冲着胡风来的刊物，批判的火力也非常集中，这不会是几个文人的偶然行动。胡风是个十足的书生，考虑问题比较单纯，我因为抗战以来一直在政治、军事圈里打滚，有些方面比他看得复杂，所以我始终劝他要冷静对待，不要感情用事，这时候与香港方面论战是不明智的。但胡风终于还是写了，书稿只写了原计划的三分之一不到，原来说好是给当时负责处理文协日常事务的梅林放在文协办的《中国作家》上发表，一期刊完。但后来稿子发排后，有几个编委不同意发表，就拖了下来。《中国作家》是开明书店出版的，叶圣陶当总编辑，因稿子决定不下来，刊物也趁此机会就停刊了。后来胡风买下纸型，以希望社的名义印了一千册。这本书在解放初由上海泥土社再版时删去了得罪人的附记，又重新写了后记，并把书中论争对象的名字也涂掉了。

　　胡风于九月底写完了《论现实主义的路》，十月初受杭州友人的邀请，去杭州游玩。方然在杭州安徽同乡会址办了一个安徽中学，冀汸、罗洛、朱谷怀都在那里教书，在那里还有我另外一个朋友吴勃（白危）。白危在三十年代受过鲁迅先生的照顾，与胡风也认识，抗战时他也以"全民通讯社"记者的名义到过延安，后来在《七月》上发表过《二十世纪的普罗米修斯:毛泽东》的特写。他从延安回来时，半路被国民党军队抓住，被认作共产党要活埋，正巧军队中有一个留日学生任职，也是广东兴宁的同乡人，把他认作老乡给放了。白危逃出后跑到西安，那时我也在西安，与他相识。一九四八年他经胡风介绍，到安徽中学做会计。我和任敏比胡风他们早一天到杭州，现看胡风回忆录里说他是十月二日到杭州的，那我们是十月一日先到的，事先没与胡风说好。到了那里，先是顾征南的爱人方佩萱和罗洛陪我们逛了一天，第二天，胡风和路翎夫妇也来了，又在一起玩了四五天。在灵隐寺玩的时候，碰上了昆仑电影制片公司的导演史东山，正带着一批人马在那儿拍《关不住的春光》外景。史与胡风认识，当时给我们照了几张合影。照片上有胡风、路翎夫妇、冀汸、罗洛、朱谷怀，以及我们夫妇俩。那时除了胡风年纪稍大，其他都是充满活力的年轻人。四十多年以后，当我重新看到冀汸寄来的这几张照片时，不禁感慨万千！

自杭州回来，我依然住在伯父的办事处里。一天，我在附近马路上突然碰到一个我在监狱里见过的特务，他刚刚喝过酒，满脸通红，他发现了我，便站下来瞪了我好一会，好像事出意外似的。我也感到有些紧张，知道国民党特务并没有忘记我。我怕给伯父办事处的掌柜带来麻烦，因为前一年我们夫妇被捕后，办事处的一位姓郭的伙计，也是小同乡，去我们住处看望我时，被留守的特务抓走。后来又一位姓王的山东商人，与郭伙计同住，他不见郭回来，也到我家来找，他只与我见过一面，是个旧式商人，也不懂政治，一进门见两个带枪的人躺在"榻榻米"（我当时住的地方，原是一座日本式旅馆）上睡着，他就去叫醒他们，想问我的下落，结果也被抓了进来，受尽了恐吓，还被敲诈了一大笔钱才被放出（他们与任敏一起放出，约在监狱里关了十五天）。所以我担心住在伯父办事处里会牵累商人，再让人家吃二遍苦，破二次财，我于心不忍，就设法找地方搬走。

阁楼上——隐居之一

那时，我正巧碰到了一个山西老乡，他姓姚，在国民党税务局当小职员。他就住在近郊法华镇，租了一间农民的房子，老婆死了以后，也就不住了，房子空着。我们夫妇就搬到那里去住。那里是幢平房，孤零零的，我们夫妇住在它的阁楼上面。楼梯是竹做的，就摆在旁边，可以自由移动。那间阁楼与人等高，刚刚能直起腰。我和任敏除了两条被子，已一无所有了。我们就借房东的两个箱子放在屋里当桌子。我足不出户，过起了名副其实的隐居生活，一般事情就由任敏去张罗，买些日常食品，以及帮我写作而收集材料。由于隐居，许多朋友都不能来看我，我也不敢随便出去看他们，于是就开始恢复自己卖文为生的生活方式。

近读胡风回忆录，写到一九四七年我被捕一事时，胡风有些感慨，也是对我生活方式的批评。他说："贾植芳来上海安家一年了，家是安下了，新旧朋友也真不少，但时间可就在聊天会友中度过了。我曾多次和他说，希望他能安下心来从事创作。这几年他的生活内容很丰富，见识的也多，不写下来太可惜了。他自己也一再许诺要好好写。但最后，还只是将在我这里发表的小说编了一本，定名《人生赋》，我将它放在海燕书店出的那套《七月文丛》中。"胡风的感慨是有道理的，因为我与他对人生意义的看法不完全一样。胡风是纯粹意义上的诗人、文学理论家，他热爱文学，视文学为生命，他一生除了非常时期以外，只要稍有可能，都是与文学打交道。而我当时并不把文学创作视为职业，也从未认定专业作家那条路，我关心人生社会甚过文学，在二十年代中期就开始写写划划，用各种笔名在报刊上发表小说、散文等，但我始终把它看作业余爱好，只是把它看作自己人生感受的一种记录，它的第一义的意义仍在人生社会本身。我不是为创作而体验生活，而是由生活走向创作，生活对我来说是第一义的，创作是第二义的。我喜交游，喜了解社会的各种真相与动态，都是为了丰富自己的人生阅历，而不是为了写小说去体验生活。所以我总不着急去写作，因为有许多其他事情，比写作文学作品更有意思。在上海的那一段日子里，我们夫妇俩先是在胡风家里寄居，后在覃子豪家里住了三个月，覃子豪去湖州后，我们又搬到虹口狄思威路(今溧阳路)一个朋友家里的亭子间里，几乎都是和朋友在一起。那时对门住着一群青年艺术家，有搞木刻的李桦、麦秆、黄永玉，画漫画的方成、余所亚，后来搞电影美术的韩尚义等，除李桦年事稍长外，都很年轻，也很穷，但生活得很充实。我正在编《时事新报》的副刊《青光》，与他们交往很多，李桦、余所亚的木刻，我都登过。因为在这一伙人中只有我有家室，所以常常聚在我这里喝酒，聊天，遇到没钱的时候，任敏就当了家里的衣物，也照常不能委屈肚子，吃些劣质白酒和花生米，外加阳春面。我搬到吴淞路义丰里以后，这种热闹的关系依然保持着，直到出事的前一天深夜，我们夫妇还在他们那儿欣赏贝多芬的《暴风雨交响曲》，没想到第二天暴风雨真的来了。但现在当我把自己孤独地隔绝起来，为了打发时间，为了养家糊口，也为了对自己的经验做一番认真的清理，我不能不拿起笔来，在写作中去探索人生的意义和思考中国历史与社会。我在这段隐居的日子里做了两件事，一是编了散文集《热力》，二是写了《近代中国经济社会》。

先说说《热力》。我在出狱后，中兴出版社的老板韦秋琛曾请我在一家天津饭馆吃饭。韦也是我的一个朋友，他原是上海杂志公司出身的。抗战时在重庆办了中兴出版社,后迁到上海开业,解放后改成文化工作社,我因为刘北汜(当时是《大公报》副刊编辑)的关系认识了他。那时他生活也很清苦,虽称为老板,却没有伙计,里里外外一个人忙着。那次他与我见面,当场就从怀里掏出了十五块银元,说:"老贾,你刚刚出狱,先拿上花吧。"韦是商人,但对文化界的朋友却很讲义气,这使我感动,所以,到现在我们还有来往。我想了想,就收下了这十五元钱,对他说:"你是做买卖的,情况也很困难,我也不能白花你的钱,我就将过去的散文收起来,编一本书给你出,你也可以卖几个钱。"这就决定了编《热力》。我当时身边一无所有,躲在小阁楼里,无法外出,就由任敏和朋友尚丁、刘北汜,还有一个复旦大学新闻系逯登泰等人帮忙寻找旧报纸和刊物,找出我的文章抄录下来。那时尚丁在中华职业教育社编《展望》,他利用黄炎培办的鸿英图书馆,找了不少报纸杂志,选出十七篇散文,最早一篇《记忆》是一九三七年初我在日本东京写的,有两篇是一九三九年,我在中条山区作战的军队里时写的,但大多数是我到上海以后的作品,一九四七年写得最多,那时我生活基本安定,也就是胡风所说的"聊天会友"之余,陆续写了一些小说、散文和时事性杂文。本可以继续写下去,却因为文章惹祸,才吃了这份政治官司。我最后写的两篇是为复旦大学学生办的进步报刊写的短文,一篇就是为《学生新报》写的《给战斗者》,写于那年"五四"前夕;另一篇是《一张照片》,写于六月初,发在新闻系学生办的《新闻窗》上,那是舒芜来上海的时候,他姑姑方令孺在复旦中文系做教授,我陪他到过复旦,他去看他姑姑,我去找冀汸、郗潭封等朋友玩。那时冀汸是复旦大学历史系学生,郗潭封是新闻系学生,他们几个办《新闻窗》的同学请我在国权路小饭铺吃了一顿饭,记得是炸酱面,饭后我写了这篇短文,作为答谢。那篇文章是支持学生运动的,抗议国民党污蔑学生为暴徒的可耻行径,我在文章里说:"把官报上登的被军警打得脸上淌血的被称为'暴徒'的青年学生的照片,跟他们那些个伟大的'玉照'对比一下,谁像凶手?谁像暴徒?谁像流氓?不用给后世的史家去鉴别,人民的眼睛是雪亮的。"最后我用"暴徒万岁"四个字作结尾。这篇文章没有给国民党特务发现,否则会罪加一等。但在编《热力》时,我把它编了进去。在《热力》的后记里,我这样写:

我是一个偶然拿笔的人，虽然这点兴趣也增加和鼓励了我甚大的生活力量，但处在这样的时代里，它也给我带来更大的愤懑和悲哀。我常嚼味着安特列夫的一句话："垂死的人想活在著作上，是最可悲哀的事。"我虽绝无在文学上成仙入圣的企图，但按真正严格的人生道路来说，时代的个人主义范围来说，这工作可以说是一种"逃避"，而就这样可悲的"逃避"，还是不容易逃避的！

这真如对外战争的沉闷期中，一直鞭策着我、鼓励着我、我尊敬的一个友人来信说："就当作悲哀的玩具那样的写一点什么吧！"这种在无可如何中获取一点什么吧的悲寂心情，直使我感泣。我那时正在旧式军中，连像狼那样把嘴按在地上，出一口气也不行，我充满了一个士兵的阴暗简单的感情，对于刺刀的信仰。……

光阴真快，我"病"了近一年，虽然还在不算恢复健康的环境中，但由于爱我的友人的怂恿，我编了这一本小书，"在战斗最激烈的时候是没有声音的"，做过军人的我懂得这个道理，所以一边我不禁悲哀地想，这本小书，又算什么呢？我想命名作"悲哀的玩具"，就是出于这点抱歉而黯然的心情的；但有的朋友说，这不行，虽然活在失色的生活里，我们做人不能失色，应该有点火力才行，那么，就叫"热力"吧，我只好黯然微笑着同意了。

这篇后记里大致可以看出我对人生、文学的态度。这"热力"两个字取自我一篇散文的名字，我写的是一个竹壳的热水瓶，瓶塞关不住瓶里滚热澎湃的热气，热气冲开塞子，向空气里散发、弥漫，当人试图硬用塞子把它塞住时，它就会爆炸，发出山崩地裂的呐喊。很显然，取这个书名的意图是有所指的，或者说它是此时此地我的满腔悲愤的一种宣泄，是对当时的统治者迷信军事暴力，凭靠它来维持垂死统治的愚蠢行为的一种警告和抗议。《热力》编完后，我写了序和跋，把它交给韦秋莹，不久我就到青岛去了，这本小书后来收入刘北汜编的"工作文丛"，用杨力的名字印出来，时间是一九四九年六月。其时上海刚刚解放，工作均未上轨，印刷得很粗糙，错字很多，以后也没有再版过。一九五五年以后，我手头的书早已荡然无存，这本《热力》只能存留于我的记忆中。不想到一九八三年，我忽然收到五十年代初在复旦大学中文系上过学的日本友人今富正巳教授寄来的一本复印件，打开一看，正是《热力》，是我当时送给他的那本，扉页上还有我的题辞，不过今富先生在前面又加了一句："时隔三十年"！我送给他这本书的时间是他回国的一九五三年，正好相隔了三十年。

编《热力》没有花去我多少时间，我自搬到沪西以后，主要的精力用于编写那本《近代中国经济社会》。我在东京日本大学读的是社会学，曾跟园谷弘教授学习中国社会史，这使我对中国社会历史保持着长期的兴趣。特别是在抗战期间我困居西安一段时间里，曾读了不少有关中国历史、社会方面的书，同时也关心过三十年代关于中国社会性质论战的那一类文献。每每在倒霉时，更想对自己的命运、中国的命运作一番透彻的思考：为什么中国这几十年来搞来搞去总搞不好？当时我刚刚出狱，怀着对黑暗世道的一肚子忿懑，特别是一九四八年底，人民解放战争已经在全国范围打响，国民党统治摇摇欲坠，国统区人民对物价上涨、生活不安，以及官僚资本的为非作歹、特务专制的白色恐怖，都普遍地不满，讽刺、咒骂、牢骚处处可闻，旧社会的腐烂已毕现于天下。我十分清楚地感受到，一个社会的腐烂必然孕育着另一个社会的新生，这个即将诞生的新型社会究竟会怎么来临呢？它会在哪些地方显示出历史的必然性？送去旧的，迎接新的，这是当时知识分子从理性上可以接受和把握的时代精神。我正是怀着这种情绪，开始撰写这部著作。材料是现成的，主要是内山完造先生送我的一些日文书籍，我基本取材于日本平濑已之吉氏的《近代支那经济史》一书，当时的环境根本不容我翻阅更多的资料，我只能在有限的参考书中发挥我的观点，探讨我对中国近代史的看法。我之所以选择清代，特别是清末社会历史作为解剖对象，也包含着借古讽今的意义，因为清代是中国封建社会的最后一个皇朝，它的灭亡与辛亥革命的发生，不是与一九四九年社会转型有着某种联系吗？于是我在那本书的前言中说：本书"意图解释并探求清代经济社会的意义所在，侧面则在批判地说明一个政权的兴亡的必然性法则，予我们以警惕和勇气，以坚定建设新中国的出发点"。那时是一九四九年一月，上海还没有解放，但历史性转变的时代气氛已经明显地可以嗅出来了。

出于这样一种动机，我很难说它就是一本纯粹的学术著作，我在写作以及选择材料过程中带有很大的感情因素，以致在结尾一章时，我忍不住对清末官方的自强运动发生了这样的"非学术性"议论："以上所论，新官僚的主体性，保守主义与丧失国民国家观念，就是其新事业的结果的歪曲和萎缩的原因所在，当可说明了。这是一个矛盾，也是一个悲剧。所以这些历史的重压，'时势所造的英雄'（梁启超语），他们以在矛盾中打滚作为对于新时代的抗争，而这种抗争，正如黑格尔所说'是准备他们迅速灭亡的'（见《历史哲学纲要》）。他们所代表的王朝不能不走向悲剧的闭幕，而中国新历史的第一章一九一一年的意义，就是跨过这个旧我腐烂的尸身而出的！"

我在两个月中没离开过那个小阁楼，在沉闷的窒息的空气里，我趴在两个箱子上面，日日夜夜地写着这本书，四周没有光明，我就在书里呼唤光明，并斥责着那些企图阻止历史车轮前进的"英雄们"。待我写完这部稿子，身体完全垮了，一天早晨，我突然昏倒了。任敏慌了，赶紧把房东叫来，给我弄了一碗热水灌进肚里，过了一会儿，才苏醒过来。任敏说："你好些天都没出去了，今天天气好，也快元旦了，我们一起出去走走吧。"我们来到雷米路（今永康路）六号胡风家里（原是周建人的房子），可那时，胡风去了香港。

晚上回来，房东惊慌失措地对我说："贾先生，今天下午来了两个穿中山装的，还有一个穿黑哔叽长袍、戴黑呢帽子、黑眼镜的人，一来就把门踢开，问这里有没有贾植芳，我说没有。他们在屋子里乱翻了一通，看看没有什么，才气势汹汹地走了。"一听这话，我感到不妙，他们已经知道我在这里住了。第二天一早，我们就离开了。

我找到监牢里认识的难友卢克绪，他是大夏大学学生，在三角地小菜场附近开了爿食品店，掩护他的做地下工作的哥哥卢志英（后来被杀死在南京陆军监狱，是著名的烈士之一）。他说，他的一个同学叫董平，是个中医，他爸爸是位有名的牙科医生，家住南京路高士满大楼，那是一幢高级公寓。这样，通过卢克绪介绍，我们就暂时住在董先生家里。这家人很同情我们的遭遇，招待很好。这期间，我接到在香港的俞鸿模来信，说是以留日同学名义保释我外出的骆美中给他的信里说，中统局通知他这个保人，要贾植芳到亚尔培路二号中统局本部"谈话"，俞要我妥善应付，不要给人家骆美中带来麻烦。为此，我以留日同学的身份给骆美中写了一封信，感谢他在我身陷囹圄时慨然相助，保释我外出，但我因长期关押，身体虚弱，又穷困潦倒，无以为生，为此已决定即日离开上海动身回山西老家休养，不及面谢和面辞，请他见谅。……其实，直到今天我还不认识骆美中。

解放后，我从报上得知，这位国民党中央信托局副局长骆美中撤退到香港以后宣布起义，拥护人民政府。俞鸿模回到上海继续经营海燕书店，我们又碰面了。不久，海燕书店、利群出版社等几家私营出版社合并成立了上海新文艺出版社，俞鸿模任经理。后来得知，一九五五年胡风案发生后，他也曾被捕审查，释放后，吞大头针自杀未遂。到了"文化大革命"时期，我偶然从上海出版系统"造反派"编印的一本叫《大批判》的杂志上得知，他已自杀了，还被安上了一个罪名："自绝于党和人民。"

在董先生家居住时，我出狱后伯父给我的五亿法币已花得差不多了，那时候物价腾贵，花钱也难买到东西。为了筹办我们离开上海的路费和目前的生活费，我打算把那部《近代中国经济社会》的稿子卖出去。我先找到在监狱里认识的翻译家胡明先生，我读过他早期译的苏联列昂节夫的《政治经济学基础教程》，又同牢住了几个月，他们夫妇办了一个光华出版社，专门出版以他的译著为主的苏联政治经济读物。那时他们夫妇和两个孩子挤住在一个客栈的斗室之内，生活也很清苦。解放后，他应聘到北京，任北京师大经济学教授。一九七九年我时隔二十多年后初次到北京开会，曾去北师大找他，门房一听说我要见胡明，睁大眼睛向我说："你是从国外回来的吗？胡明这个人早就没有了。一九五七年'反右'时，他跳楼自杀了，现在你居然还来找他？哈哈……"在门房几个人的哗笑中，我只有默默地离开了那里。……却说当时我们夫妇抱着一捆稿子找到胡明，他们夫妇显得非常热情，又是让座，又是倒茶。当他们听明我的来意后，胡明马上说："你先把稿子放在这里，我出去想想办法，过两天你再来听讯。"两天后，我们如约前往。胡明说，他找了好几家相熟的出版社，一般都愿意用抽版税方式出书，不愿意一次付清稿费买稿，最后让他找到经营开明书店的周予同，周先生愿意帮忙，但开明开业以来，没有一次付清稿费的制度，现在周先生做主，可以先付一部分稿酬——最多五千元金圆券，等出书后再结算。胡明问我意下如何，不等我回答，他自己就说："我怕五千元金圆券也解决不了你的问题，钱不值钱啊！"这样，我们只好抱着原稿告辞。后来碰到棠棣出版社的老板徐启堂、徐肯堂兄弟，他们倒很爽气，答应付我两万元金圆券。他们说："稿子先摆下，你先拿两万元作路费要紧。"到一九四九年八月间，我回到解放后的上海，这本书已经印出来发行了，很快又再版印行了。

在一九四五年春天，我在陕西黄河边上的一支国民党工兵部队里做日文技术翻译，被上峰怀疑是共产党，要抓我去活埋，我与任敏赁夜逃亡，在伸手不见五指的黑暗中翻过一座又一座的荒山，直到脱险，天始转明。任敏怀顾四周荒凉山石，怨恨地说："我们这么苦，还不如到延安去吃小米吧。"当时我们相对哑然，这句话却时时出现在我心头。现在，又一次面对着狼狗当道、无家可归的处境，我们自然又动了这个念头：还是到解放区去。

我们住在法华镇时，凑巧国民党保甲组织按户发国民身份证，我用"贾有福"的化名，领了这个所谓"国民身份证"，职业是用的我伯父的商行——"丰记土产公司的职员"身份，任敏用"朱明"的化名。所以，拿到棠棣出版社的那笔稿费后，我们与同监难友卢克绪——他是山东胶东人，一道坐船离开了上海去了青岛。

大海边——隐居之二

青岛是座美丽的海滨城市，向来被认为是旅游和疗养的胜地，对我说来，她并不是陌生的。记得有一位伟人说过，"历史有着许多惊人的相似之处"，我这次到青岛避难与我第一次到青岛旅游，说来性质竟是相似的。一九三五年十二月，我因为参加了北平的"一二·九"运动，被当地的公安机关逮捕关押，当时南京国民党政权为了镇压四处涌起的学生爱国民主运动，颁布了臭名昭著的所谓"危害民国紧急治罪法"。在这样的白色恐怖下，我作为一个十九岁的青年学生也身陷囹圄，以"共产党嫌疑犯"罪名被关押了近三个月。以后，我的富有的家庭，辗转托了有权势的人物，花了一千元银洋和五十两鸦片烟把我保释了出来，但保单上还留着一条"随传随到"的尾巴。那位出面保我的官员——平绥铁路局局长陈某（据说他是当时北平市长秦德纯的拜把兄弟），也曾当面对我的当资本家的伯父说："南京方面对这种事看得很重要，咱们这个子弟既然人家还看我的薄面放出来了，留下了一条性命，那就早点离开这个是非之地为好，因为万一再出了事，我也无能为力了，他秦市长也得受南京管呀！"因此，我的家庭才赞同了我东渡日本，避祸兼留学。伯父是个办洋务的商人，虽然出身农村，但从职业上，接受了一些西方资产阶级思想意识、价值观念。我出狱不久，他就来信要我在出国前先到他经商的地方济南小住一时，休养休养。我到济南住了几天，他又说，你年纪轻轻的，就在班房里坐了近三个月，精神上难免不受刺激，因此，他又要领我到青岛去散散心，说那里有山有水，空气清新，有益于身体。于是，我又随他到青岛住了近一个礼拜。想不到时隔十多年之后，现在我又跑到这个地方来了。所不同的是，那次带我去青岛的是做资本家的伯父，我是个十九岁的青年学生，有个富家子弟身份；而这次随我踏上流亡之途去青岛的却是年轻的妻子，而我是个年逾三十、仍然不安分的、到处飘荡的"社会知识分子"。我们这次到达的时候，青岛已陷入了混乱之中，街面上也凌乱肮脏不堪，与我记忆中的青岛恍如两个地方。那是一九四九年初，平津、淮海两大战役正进入高潮，北方的难民往南逃，南方的难民往北逃，都拥塞在青岛。我们本来打算乘船到青岛后，再设法去解放区，但现在青岛被国民党军队封锁得铁桶相似，看来不可能再走了，只好在青岛暂时住下。卢克绪是山东人，他就去投奔老乡，我们夫妇俩找了一家离火车站不远的小客栈住了下来。那小店叫三义栈，住满了逃难的人，脏乱不堪，每天都会发生一些奇奇怪怪的事情。记得我在离开上海前夕，当时《大公报》文艺副刊的编辑刘北汜见我身上穿着单薄，便把自己身上的呢大衣脱下来送了我，但不久，它就在这家小店里不翼而飞了。

青岛也有我伯父商行的办事处，必要时经济上也能接济我一些，但我很少到那儿去。初期的生活费就靠在上海卖稿所得的两万金圆券，勉强筹划着过。好在我们过惯了清苦的生活，能把肚子填饱就行了。我因为刚从国民党监狱里出来，在上海又受到特务的追踪，所以行动格外谨慎，一般白天不出门，由任敏外出随便买点食品回来吃，就像两只老鼠躲在地洞里似的。我开始埋头写监狱生活的回忆，按现在的术语说，就是纪实小说。写作的进度很快，不几天就写了五万字左右。一天下午，客栈门口突然出现了大批军警宪兵，人声沸腾，形势严峻，一副要抓人的样子。我对这种事情经历多了，担心他们会闯入搜查，环顾房内，空空四壁，唯有一堆文稿堆在桌上惹眼，而店簿上我的身份又是一个商人。因此，我叫任敏赶快把文稿拿到后面的灶间，扯碎了放入火里焚为灰烬。军警们折腾了一阵后走了，但余悸却占领了小客栈里人们的心，我再写也打不起精神写小说，以后就不得不以译书来打发日子。

青岛原是个开放城市，原来这里外侨很多，这时他们都带着细软回国了，留下一些无法搬走的器具、书籍，都被看房子的中国仆人拿出来当废品卖。我有时傍晚到街上去走走，发现地摊上摆着许多英文日文图书，价格也便宜，我挑了不少书。在那次遇险焚稿以后，我就开始以译书为生，在几个月里，先后译出了三本书：恩格斯的《住宅问题》、英国传记作家奥勃伦（Edward J.O'Brien）的《晨曦的儿子——尼采传》以及匈牙利作家 E.维吉达（Ernest Vajda）的多幕剧《幻灭》①。可惜的是除了《住宅问题》以外，其余两种都未能印出。

恩格斯的《住宅问题》是根据日本"岩波文库"版加田哲二氏的日译本转译的，岩波在日本读书界比较权威，从译笔的句子生硬、复杂而严正的构造中，看得出这是根据德文直译的。而能收入"岩波文库"的著译都是有定评的学术和文艺著译。恩格斯关于住宅问题的论述，是一八七二年登载在德国社会民主党的机关刊物《人民国家》上的三篇论文，分别驳斥了蒲鲁东主义者和小资产阶级社会主义者关于住宅问题的见解，是继马克思《哲学的贫困》一书以后对蒲鲁东主义的进一步清算。加田氏的日译本依据的就是一个比较可靠的德文本，除了三篇论文经恩格斯修订过，还加了恩格斯写的一篇序言和几个脚注。这本书在出版的过程中我还参照了一九四八年版的俄文本。当时我译得很艰难。在"译者前言"中我曾说："译者把这样一本书的翻译工作，不仅看成自己的学习，而且视为一种艰苦的斗争。"这本书译完，由我带回上海，一九四九年八月交泥土社老板许史华。当时人民出版社刚出版了曹葆华、关其侗的另一种译本，出版社本不拟再出，我把两个译本仔细对照一读，发现两种本子有较多的出入，很可能是依据的底本不一样。那时翻译马列著作不像后来控制得那样严，只允许一家译本，我觉得对马恩的经典著作，应该有多种译本互相参照，这样有利于对马恩学说观点的全面理解。听说日本到五十年代为止，《资本论》已出版了九种不同的日译本。所以我这个译本还是出版了，出版时间是一九五一年十一月。八十年代当我看到成仿吾重译的《共产党宣言》出版，感到很欣赏。

另外两种译本的命运就不行了。《尼采传》是译得最早的一部分，大约有三十万字，我从一九四九年二月开始译，四月初即完稿。奥勃伦把尼采称为"晨曦的儿子"，实在是一个非常精彩的比喻。尼采是资本主义文明高度发展中产生出来的自身否定力量，他对基督教文明的深刻批判与对未来超人的向往，都成为世界文明转型期的一种深层象征。他的思想学说对于本世纪初扫除旧文明、迎接新文明的中国知识分子产生过重大的影响，王国维、鲁迅、陈独秀，以至沈雁冰、郭沫若都曾经翻译或者介绍过他的学说。我早年就在鲁迅著作的锐利语气中，深切地感受到尼采的思想力量，随之对这位现代思想界的巨人发生了深厚的兴趣。战前我在日本留学时期，曾在旧书店搜购了他的著作的各种英译版本，但在三四十年代，由于法西斯主义猖獗，尼采的思想受到了希特勒之流的歪曲和利用，正如马克思曾经用过的"龙种与跳蚤"的比喻，那些现代跳蚤们不但肆无忌惮地吸吮龙种的精血，同时还把它庸俗化、政治化，使它变为跳蚤们的实用工具。这也是人类历史上一种普遍性的文化现象，耶稣、孔子，以至马克思和鲁迅都有着这样的悲剧性历史遭遇和命运。但我在这里，是就当时的历史形势下，尼采学说被反动势力的歪曲和利用一方面而言的。再说尼采学说在革命形势发展下也处于很复杂的境地。当时在国民党专制统治下，国统区一片白色恐怖，没有言论自由，也没有独立思想的自由，知识界被笼罩在灰色情调之下，许多知识分子在看不到社会前途的遁词下，逃避着个人的战斗责任。针对这种窒息沉闷的气氛，强调尼采的个人主义和英雄主义，也就是强调"五四"新文化运动的战斗传统，对于唤起知识分子内心深处的"人"的尊严，唤起他们的斗争精神和斗争热情，是有益的。傅雷在四十年代译出的《约翰·克利斯朵夫》深受当时知识分子的欢迎，正是这个原因。但是，在另一方面，更大的革命高潮正在迅速到来，追求革命的知识分子又必须放弃个人主义，将个人的整个身心都融汇到集体主义的更高奋斗原则中去。在革命的形势下，尼采的个人主义和英雄主义又成为知识分子必须克服的习性。面对这样的形势，我翻译这本传记，不能不带着这样那样的踌躇。译完以后，我写了一篇序言式的短文，叫《旧时代的回忆和告别》，对尼采这个人，对尼采的思想，以及尼采思想在现时代里可能遭遇的命运，表达了我在这样的时代背景下的一点想法。在这篇短序里，我这样写道：

尼采，这个典型的负伤的知识人（借用亚历山大·柯恩教授评安特列夫语，见 Alexander Kaun's Leoned Andreev: *A Critical Study*），我为他这一类型的知识人曾创立了一个名词，叫"前知识人"（Preintellectual），他的崩溃——疯狂，就是对于资本主义精神文明一个绝大的抗议和讽刺，他同于法国文士伏尔泰的命运；在他生前和死后一个世纪里，还处在被误解的痛苦中。如死去的希墨之辈，就曾打了他的旗号，到处招摇撞骗，干他们奴役人类扑灭人性的恶行，他们的"黄脸干儿"，那些无知的流氓，也跟着学样，拍手欢迎，大声叫好，争着为它殉身的，也还大有人在。

近来在某杂志上读到布达佩斯大学某教授的论文，他认为尼采以后，知识界人染上了一种虚无主义的气氛，一种精神病症，直至今日不衰。我认为这同样是一种对尼采的误解。"爱惜自己的人不是跌倒就是站起来的"憎恶虚伪的人，"越是在最郁闷的时候，愈是能力最丰沛的时候"的讲创造的人，当然不会是产生虚无意识的精神之根源。所以某教授所指摘的时代病，我认为只可求之于资本主义的"地狱文明"，求之于尼采所生活的那个现实世界的精神统治之中。换言之，这是野蛮、腐烂、堕落和庸俗环境之下的产物，它的基本精神就是妥协、投降和欢迎欢送，绝对的无为主义，没有什么精神的斗争、锻炼、舍弃、净化诸种过程的人生态度。正如俄国的一个虚无派头目所说，他们的心是冷的，才使他们有着一种动物式的心肠和生存，他们不理解或不需要理解人的价值和生活意义。至于鲁迅先生所痛斥的"做戏的虚无党"我们中国知识界的腐恶精神，这种封建殖民地"道德"，则更是毋庸申论，距离尼采更远而又远了。

在旧的精神体系还没有完全溃灭和澄清以前，尼采的精神程度不同地存在于我们知识人的精神之中，则不可讳言；这就是个人主义和英雄主义它的优良的一面和变异性的存在。这是新的纯知识人的危机和优点。至少，在我们新一代的知识人，在与时代和人民结合中，在他的精神的苦斗中，是踏过了尼采的痛苦和克服工夫战斗了过来的。"许多人都可以我为标本作引导，达成一种更高尚更光辉的更尊严的生命"，所以在尼采的影子中含有我们自己的面像，或是欢快的胜利以后的回忆，或是面临新生时的痛苦诀别，或是正还在个人的监狱中的苦战和恶斗，……

尼采，他的悲剧的生涯，是一首旧知识人的挽歌和颂词。

在今日新的历史性的前提下，我们当然要清算尼采的精神影响，但我以为事先还需要认识和探讨的工作。在明辨和赎罪（justification）当中，我们还需要有取舍的工夫。因为尼采他起码要我们没有虚伪地做一个真人，坚持了人的价值和尊严，而他的生涯和悲剧却值得作为我们知识人的一个警惕性的训诫和启示。我们要深刻地认识所谓"孤独之伟大"（易卜生语）的危害意义，那是新时代知识人的最大精神危机或堕落。

奥勃伦（Edward J.O'Brien）的《晨曦的儿子——尼采传》(*Son of the Morning: A Portrait of Fredrich Nietzsche*)，写来精辟扼要，对于这个巨人的一生，是经过了精密的研究和考证才写出来的，至少在研究人的尼采和思想家的尼采的生长和发展过程，这本书还不失为是一幅清晰的画像。

这本书使我沉思再沉思——知识人的命运问题，在"不是跌倒，就是站起来"的新的时代中，知识人精神上没有战斗和战斗不够的结果，在不是堕落（无耻和反动）就是疯狂（超越现实的孤傲和自满）的历史旋律中，这真是一种空前的战栗和激动。但是我们应该站起来或已然站起来了，我们应该做"没有恐惧的人"，"每个能在无论什么地方建立了一个新天堂的人，都是在他的那个自己的地狱中获得了精力的"，"生之悲歌是出自光明的精神"，这些英雄式的名言却一再启发了我，印证了我。这就是我花了大力气译这本书的由来。

写完之后，我将它与译稿一起寄给了上海的刘北汜，请他全权处理，过了四个月，青岛、上海都相继解放了，我欢天喜地地回到上海，才得悉那篇序文已经被刘北汜刊登在《大公报》的副刊上，译稿也交给了韦秋琛，由文化工作社发排付型。但忽然有一天，韦老板捧着一包油污的原稿来旅社看我，他苦笑地告诉我，这本书暂时不好印了。原来当时有一条规矩，私营书店出版的书要到《解放日报》上去登了广告，新华书店才能发行，其实含有审查的意思。韦老板去登广告，碰了一个钉子，有位同志对他说："现在是什么时候了，你还印吹捧法西斯的书？"老板赔了钱，只好把原稿"璧还"给我，说："你留下作纪念吧！"我一边接下油污的稿子，心中却不免有些嘀咕：对历史和文化，思潮和理论，我们历史唯物主义者，是决不能采取禁绝的态度的，因为这首先是使自己愚昧的办法，应为智者所不取。即使是敌对性质的东西，也有个"知己知彼"的要求嘛！但是我的这点小感触，真如电光火石一样，一刹那就自行消亡了，因为那毕竟是个天翻地覆的伟大历史时代啊！当时只是把这包稿子塞到随便什么地方，又忙别样的事情去了，像没有这回事一样。

至于匈牙利作家 E.维吉达的剧本《幻灭》，命运就更惨了。鉴于《尼采传》的教训，我在拿出去付印之前先托人打听一下这位作家的"历史背景"。因为这部作品还是第一次世界大战期间创作的，根据英译者介绍，作者曾因不满当时匈牙利的统治者而受到当局迫害并被判处劳役，其余我就一无所知。那时诗人邹荻帆在北京对外文化联络处工作，我写信托我哥哥向邹诗人打听维吉达的情况，邹通过匈牙利驻华使馆向匈牙利文化部了解，不久有回音说，那位作家现在美国好莱坞工作，对现在的匈牙利的社会主义制度"不理解"。这也就是说他是社会主义匈牙利的"持不同政见者"。那时我们习惯从政治上看问题，既然那位作家有政治问题，他的作品也就不能印了。何况那时我国和匈牙利还是属于同一个阵营的兄弟国家？这个剧本是写一个对人生抱有美好理想的青年人与上流社会的有夫之妇发生爱情的故事，由于他在爱情上受到欺骗和被玩弄，因而对匈牙利的现实社会产生了幻灭和失落之感。同时，通过故事情节的发展，控诉和揭露了匈牙利上层社会的腐乱、虚伪、骄奢淫逸，以及尔虞我诈、道德败坏的复杂社会关系。从现象的角度看，它也是对匈牙利社会制度的一种批判和否定。我当时买到的英译本还是第一次世界大战时期的黄色硬皮精装本，印得非常考究，但是我在翻译它时却穷得连像样的稿纸都买不起，所用的稿纸都是凑起来的废纸，大小不一，装订在一起很凌乱。这份原稿及原书一度由刘北汜转送到文化生活出版社的巴金那里，他那里正在编"文化生活丛刊"和"翻译丛书"，但最终仍然未能出版。

在我的一生中，我跟命运一直进行着残酷而持久的玫瑰战争，斗争的焦点之一，就是我的写作。命运之神似乎在哪儿发过誓，绝不让我有任何的写作机缘，而我，却又总是在人生道路上任何一个安定的瞬间匆匆忙忙抓起笔来，努力要留下一些人生的感触。斗争的结果就是手稿的多次失落。每当暂时的安定过去，随之而来的厄运的一击总是摧毁我的作品。一九四五年春天，我由国民党工兵部队中逃出一条命来，惶惶地暂栖古城西安，准备转到去济南投奔我的伯父。我曾整理了一遍自己的旧稿，从中选出几篇在当时恶劣形势下尚能问世的小说和散文稿寄给了胡风，余下的都包藏在一个枯井之中，后来几经辗转，早已消尸灭迹了。还有一些信件与手稿曾交与任敏的一个亲戚保存。那同乡在西安一个钱庄里当伙计，解放后回到乡下，一九五五年我出了事，他害怕牵连，把这些东西都私下处理掉了。结果这一时期所能留下的作品，也就是一本《人生赋》的小说集了。更早的一次，是一九三七年，我从日本绕道香港回国，在日本读书期间，我写了不少小说、散文和翻译，除了《人的悲哀》发表在胡风编的《工作与学习丛刊》上，《记忆》发表在《七月》，后收入了散文集《热力》以外，剩下的文稿都留在了香港。那时我们一起回国的留日同学中，有一位陈启新，是我在日本大学的同学，又是来往较深的朋友，广东新会人，他有亲戚在香港，开木器店的，我就把带不了的衣物、书籍以及文稿都留在那家亲戚那儿。其中有一部据英译本转译的俄国安特列夫的戏剧《卡列尼娜·伊凡诺维娜》的译稿，当时已和商务印书馆约好，准备将稿子寄给他们，收在"世界文学名著译丛"里出版，后因战争爆发，这事也搁浅了。直到一九四六年我到上海后，开始又在胡风编的《希望》杂志上露面。这个杂志当时由上海的中国文化投资公司出版，陈启新在香港看到了《希望》，得知我的下落，他给我来了一封信，就是由中国文化投资公司转的。我接到启新的信后，首先想到经他手寄存在香港万寨木器店楼上的那批稿子和书物，因此托在香港《华商报》工作的陈闲去找陈启新，因为启新的信上没有提他在香港做什么工作。后来陈闲来信说，找了好几次才找到他，那里门禁很紧。一直到一九八三年我去广州碰到启新才得悉，他当时在香港从事地下斗争。陈闲从启新那里取来我的那些稿子和一部分外文书，由邮路寄回上海。不料这时我早已蹲在国民党的监狱里了。任敏当时已出狱，先由尚丁以中华职业教育社的名义介绍到一个小学当教师，后被查出身份而解雇，寄居在郊区的朋友家里。她收到邮条，就去四川北路邮局取回这一大包书稿，用新床单包裹起来，雇人力三轮车拉到胡风家里。她精神恍惚，到了胡风家门口，竟径直上楼，把两大包书稿留在车上，待胡风问时才想起，赶快下楼去找，三轮车早已跑得无影无踪了。胡风跌足叹息，说贾植芳还坐在牢里，你们的经济又这么困难，如果有这部稿子，卖几个钱也是救急的办法。许广平先生也在场，她出主意悬赏登报寻找，胡风立即拟稿，托人送到《新民晚报》登出来了，但译稿扔如石沉大海，了无下文……现在回头来想想，老天给我安定写作的时间实在太少，而让我遗失稿件的机会又实在太多。然而谁又能料到一九五五年的那场风波里，我会再一次遭遇文字劫难，以致使我在青岛隐居期间留下的生命痕迹，除了一本薄薄的《住宅问题》译作，一切都荡然无存了呢？

再往前说，我一九四六年到上海后，又积累了一些书籍和文稿，存书中，有一大部分是当时在吴淞路义丰里与我为邻的内山完造先生送我的，都是日本在战时出版的有关历史、经济、政治、文学等类的译著和一些专门性辞典。但在我们夫妇一九四七年九月被国民党中统特务深夜逮捕时，这些书籍和文稿连同有限的一些衣物以至几件简单的炊具，都被这些反动派的爪牙们当"罪证"抄走了。只是我妻子出狱后才讨回有限的几本日文书。

当然这些都是老话和后话。在青岛的短短七个月里，在鼠子般的生活方式中，我就这样烧毁了一部小说，译出了三部书稿，终于挨到六月，解放军进入了青岛城。那晚，轰轰的炮声中我们夫妇俩兴奋了一夜，只感到自己历经千辛万苦、九死不悔追求的理想与光明即在眼前。当下，我含着眼泪写了两篇短文，一篇是《美丽的早晨》，一篇是《欢迎人民军队》，后来都在《大公报》副刊上发表了。不几天我收到胡明来信，说上海解放后百废待兴，要我早些回去。我们俩乘马车由青岛西行，走了四五天，到潍坊搭上了去济南的列车。我伯父还在济南住着，我在他家里住了十来天，原说是我哥哥将要来济南，我想等他见上一面，因为从一九三六年五月他送我去天津塘沽上船去日本后，就一直没见过面了。他在抗战初去了延安，这时已进入北京了。这十来天里我始终处于兴奋状态，凭记忆将青岛烧毁的那部狱中回忆录重新写出，那就是《人的证据》第一部，同年十月由上海的新潮书店出版。小说写得告一段落后，我哥哥仍未到济南，我不能再等他，就与任敏一起回到了上海，那已经是一九四九年七月底了。从此我们告别了旧世界，进入了一个新的生活世界。

注：

① 原书题名是一个女性的名字（就是与书中的青年搞爱情游戏的那位有夫之妇的名字），《幻灭》是我根据剧情起的书名，但因年深日久，原书已遗失，我已无从记起原名了。

古城的早春

　　一回到上海，我就投入文艺界的正常活动。我们夫妇临时住在北四川路的新亚酒店，那是一套很高级的房间，新朋旧友都恢复了来往，处处是人的喧哗和骚动。这对于被迫过了一年多鼠子般隐居生活的我来说，翻身的感受特别强烈。我那本《近代中国经济社会》在棠棣出版社销路很好。当时很多高校配合解放的形势，开设了新民主主义革命史的课程，人民群众也渴望了解中国近代历史上的革命是如何发生的，这本书论述的是清朝政权的经济结构及其兴亡原因，正配合了人们要求学习历史，特别是学习近代史的热情，在短短的时间里就印了三版。老板见这一类书受到欢迎，便对我说："你以后编写的书都可以交给我出版，我替你包了。"那时我的一个熟朋友，也是留日同学老黄，已由地下转入地上，在华东局做个处级干部。他给了我一个任务，要我组织翻译日本世界经济研究所新编的一本介绍东欧人民民主主义国家的资料书。本来说好是译成后由他交三联书店出版，好像是个政治任务似的，但我和棠棣出版社是朋友，徐启堂兄弟在患难中又帮助我，我就决定给棠棣了。这本《人民民主主义的长成与发展》在一九五〇年四月出版。

　　刚解放时，关于东欧巴尔干半岛的几个社会主义国家的情况，中国还所知甚少，更没有比较系统地介绍和研究的著作。为此，在我主持下约请了另外两个留日同学，编译了这本书。它是根据日共国际部长西泽富夫（此人后来接替宫本显治任日共总书记）等人新编《人民民主主义的长成与发展》一书编译的。书中分别介绍和描述了东欧六个社会主义国家的成长和发展轨迹，介绍了他们的历史、社会、经济和新政权建立的情况。这六个国家是保加利亚、波兰、捷克斯洛伐克、匈牙利、罗马尼亚和南斯拉夫。这本书除了注重事实的叙述外，还做了一些理论上的探讨与印证。书在日本出版时，因受到当时日本政治环境的影响，理论论证过程中引用的马克思主义经典作家的话和关于英美在东欧的政治活动的叙述大都被删得七零八落。编译时我根据其他材料增补了英美在东欧的政治活动材料，充实了马克思主义经典作家的原话，添加了原书中不足的材料和统计数目。当时南斯拉夫共产党在国际共产主义运动中受到斯大林主义的攻击和批判，为此我特地加上了一篇附录，是当时斯大林主持的九国共产党情报局发布的《共产党情报局一九四九年十一月廿九日公布的关于铁托匪帮的决议》，原书中没有，是我根据新华社的消息增加进去的，所以出版时用了编译的名义。本书出版后是当时高等院校历史系和国际政治系学生使用的重要参考资料。当然，这本书主要是四十年代对东欧几个国家的社会政治经济情况的介绍和认识，时过境迁，今天只能作为历史文献材料来看。正如列宁所说的："历史是绕着圈子前进的。"

除了编译《人民民主主义的长成与发展》外，我当时还接了一样工作。那时人们为了追求进步，都纷纷改学俄语，有个相识的朋友陆宗植在福州路山东路口开设了一家正气书店，是专门印行通俗小说和实用性图书的小书店，他正托人把日本八杉贞利编的《露和辞典》从日文译成中文，他约我为他校阅这部辞典。他是苏州人，当他知道我嫌住在新亚酒店房钱太贵，人又太嘈杂，无法静下心来做事，就立即表示愿意在苏州替我找个住处。我长期在贫瘠颠簸中生活，乍回上海，一下子不能适应大都市生活环境，身心都感到疲惫，也确想离开喧闹的大城市，找个僻静的地方休息一个时期，所以就同意了陆宗植的建议。一九五〇年初，我搬到苏州去住，条件是每月由陆宗植按折实牌价支付我五担米，权作校订字典的工资，但我真正的原因，却是想利用这一环境抓紧完成我正在进行的监狱生活的回忆录。《露和辞典》译成中文后，因篇幅太大，老板从中精选了一部分，出了一本《中俄袖珍字典》。而我的《人的证据》在济南时已写完了第一部，回上海后也交陆宗植，他用"新潮书店"的名义印了。那"新潮书店"原来早在三十年代就被国民党封掉了，是一个进步书店，老板姓方，这时不过在福州路摆地摊为生。陆宗植是上海滩上的商人，也是方某的朋友，他看《人生证据》写的是揭露国民党监狱生活的内幕，当时局势还不稳定，谣言很多，他有些踌躇，就用"新潮书店"的名义出版了。我在苏州期间，主要的工作就是编译、校订和写作上面所说的几种书，也为上海报纸写些应景的小文章，多半是"文协"布置下的，是鲁迅先生所说的"遵命文学"。如为了配合一九五一年"镇反"，我就先后在《文汇报》发表了独幕剧《当心，匪特造谣!》、短篇小说《以血还血》之类。同时，将我写的监狱生活第二部分的一个章节，以《人的斗争》为题交《大公报》连载，是为了配合与我同难的"文萃"三烈士之一陈子涛同志的纪念活动而发表的。

我到苏州最初住在陆宗植介绍的一幢洋房里，是个独立的楼房，外带花园，楼上租了别人，楼下客厅公用，我住的是厢房边上的一间，窗户正对着花园，紧邻就是苏州军管会。刚住下不久，军管会派了一个干部来，对我说苏南军管会的主要领导要来苏州视察工作，就安排住在我隔壁一间空房内，为了首长的安全，要我们这幢楼的居民都搬走。我年纪不大，世故也不深，听了这话就光火了，我对这位干部说："我是出钱租的民房，不是公家房子，你没有权利要我们搬走。"过了两天那军人又来了，说话态度软和了一些，原来他是军管会的总务科长。他对我说："我们去调查过了，你是上海来的作家，你可以不搬，就住下吧。"后来他又说："你要是换了别人，我们早就抓起来审查了，因为这还是军管时期哩！"我听了不再作声，但心里却不舒服，我想我现在面对的已经不是国民党政府，而是人民自己的政权，我怕什么呢？又过了几天，那位苏南军管会的领导住了进来，气宇轩昂，带了夫人和警卫，因为他住在我的间壁，他们进进出出都在我的窗前经过。这其间有好几次，我坐在窗前译书，他默默地走近来，隔着窗口看我工作。我未抬头，他也未作声，相持许久。

　　我终于还是自己搬走了。因为这里住户很杂，实在也不太清静。第二个住处是在三元坊，也是一幢独立的楼房，这里距《浮生六记》作者沈三白的故居沧浪亭不远，离金圣叹率领太学生请愿，因而被刚入主中原的清朝政权杀头的文庙也不远。楼上一层，有六十多平方，我就租了这个楼面。那房子的房东是陈西滢的妹妹，无锡人，当时有五十多岁。她丈夫是上海有名的眼科医生，留日学生。现在夫妻分住着，老太太带了一个儿子住在苏州。她儿子从上海国防医学院毕业，没有工作，也不开业，整天躺在床上读徐讦小说。老太太很和蔼，也喜欢说话，与我们说了不少现代评论派圈子里的人和事。

　　现在回想起来，在苏州居住的那一段时间里是我一生中难得的安宁日子。五十年代初的苏州还未脱江南小城的风味，人口不多，环境也清雅。街上的交通工具多是马车和三轮车，还没有公共汽车。街上的小酒肆、旧书店、小茶馆、古玩店，都是我经常流连忘返之地，我在这里淘了好些有版本价值的古籍，如明版《史记》之类。到一九五〇年秋天，我到震旦大学文学院教一门课，每星期在上海住三天，在苏州住四天，每次从上海上课回来，多半都在夜间，我一袭蓝布长衫，手提一个土蓝花布包袱，包着讲稿和书籍，这时单身坐在马车上，路灯幽暗，行人稀少，在一片静寂夜色中听到马蹄声笃笃地敲在石子路上的声音，真是别有一番情趣在心头。直到一九五一年春搬回上海。

上海的朋友也经常来苏州玩。

胡风那时正往来于京沪两地，他的日子已经不好过了。在天津阿垅的理论受到陈涌、史笃的批判，在南京路翎的剧本无法上演，胡风本人的工作又没有着落，这使他情绪变得忧郁甚至烦躁，正如一本传记所写的："此时，一位位和他一样显赫的作家，均委以重任，有了具体的工作岗位，而他(指胡风)悬挂于闲置的空中，在北京、上海两地荡来荡去。"他有一次来苏州，诉说了他的烦恼，我也为他甚抱不平，面对这种"冠盖满京华，斯人独憔悴"的气氛，我暗暗地为他担心。因为在此不久前，我收到我哥哥贾芝的一封信，他是从延安来的文艺干部，在北京能够了解到更高层的情况。我与胡风的友情是公开的，谁都知道，我哥哥一定是在北京听到些什么风声(后来听说有一次会议上面传达关于胡风问题的指示，因为他是我哥哥，没让他参加)。他自然为我与胡风关系密切而感到忧虑，他写信给我，暗示胡风理论有错误，并有宗派倾向，要我注意。我当时无论怎样施展想象力，也想不到胡风问题会演成一场"反革命"的大冤案，所以那时心里倒还坦然，当即给他回信，告诉他我与胡风在四十年代共患难的经过，表示对朋友的信任。胡风那次来苏州喝酒，我把我哥哥来信的事告诉了他，说的时候谁也没有太注意。但胡风回到上海后给我来信，这就是后来收在《关于胡风反革命集团的第二批材料》中作为"罪证"的那段话："令兄的信，虽然是奉命写的。这说明那些人虚得很，不安得很，所以想用这种办法先打点底子。守梅底事，使他们生涨幻想。不过，守梅也要反攻过去的。""你回答得好。要这样对付那种无耻的招降手段。再来信，可以王顾左右而言他。这是一个斗争的前哨，大概一两年之内要大爆发的。那封信，希望给我看看，千万。可以研究出东西的。"

胡风把一封信看得过于严重，这是有他神经质的地方，但从胡风在当时的处境而言，他的疑心也并非没有根据，关于这一点，我以后的经历还将会逐渐证明。但那"第二批材料"中的按语所说的一个情况是错的，它说我"后来给贾芝同志来信，完全按照胡风的指示"，用"王顾左右而言他的态度说他和胡风没有什么关系"。这完全是想当然地推导出来的，因为事实是我给贾芝的回信在前,告诉胡风在后,所以胡风信中才有"你回答的好"的意思,我并没有按照胡风的"指示"才去回信,这是明摆着的史实。

顺便说一下,第二批材料中引摘这封信的按语不但以想当然的态度随意定人罪名,而且连这封信的发出地点都搞错了。材料上注明这封信是发自北京,其实当时胡风在上海,这里有几个材料可以证明:一、《胡风书信集》(天津百花文艺出版社一九八九年版)收入了胡风致艾青的信,时间是一九五〇年五月十五日,发自上海。信中说到他去一个小城住了十天,前三天才回来,那是指五月二日至十二日他去嘉定参加二十军首届英模大会。信中还说他"到上海三个月了",也就是说胡风自一九五〇年二月从北京回上海后,直到同年九月他受到《人民日报》邀请再度进京,这时期他并未到过北京。《书信集》还收入了同年六月十一日他在杭州给化铁、罗洛的信。第二批材料中还引摘了胡风于同年五月三十一日在上海给路翎的信,都证明了他在五月二十日不可能从北京发信给我。二、《胡风杂文集》(三联书店一九八七年版)收入胡风的《人环二记·小引》和《浮南海记·附言》,分别写于一九五〇年五月三十一日和二十九日,都注明是上海。由此可见,所谓轰动全国的"反革命集团"的材料,其整理编印过程是极不严肃的。以主观需要来剪裁史实这种学风,在后来一浪高过一浪的政治运动,尤其是"文革"中更得到恶性的膨胀,为了一时的政治需要不惜篡改,甚至随意编造史实这种"短期行为",影响了一代人的思维方式、价值观念与学风,遗祸无穷!

胡风那次来苏州,在我家住了一夜,无意中说起,刘雪苇正在苏州的华东人民革命大学担任教务处长,他就去把刘雪苇也找来我们家里一起喝酒。刘雪苇来了,我和他第一次认识就在那时。但早在战前,我就从当时的上海进步文艺刊物上读过他的文章,他发表在胡风主编的《工作与学习丛刊》某期上的评希特勒《我的奋斗》的文章,曾给我留下深刻的印象。后来因为王零的关系,刘雪苇到复旦大学来教授文艺学,王零是复旦党委副书记,和刘雪苇是老战友,我只是在中文系任教,我们并无私人来往。一九五四年批胡风时,王零仗着是雪苇老战友的关系,请雪苇去家里喝酒,劝他要站稳立场,雪苇一言不发,抓起桌子上的一瓶茅台,仰起脖子咕嘟咕嘟全喝了下去,然后走了,终也没有说什么。后来我读了雪苇在胡风去世后写的《我和胡风关系的始末》，说一九五五年他被领导告知，他和胡风的关系竟类似"饶漱石和高岗的关系"，旋即也失去了自由……不过雪苇的回忆里没有提及在王零家喝酒的事，那是我从别处听来的。"文革"中，王零作为"还在走的走资派"给揪出来了，造反派的大字报里竟称王零是"漏划胡风分子"，并诬赖说刘雪苇来复旦教书是由我介绍进来的。中文系"革命师生"曾为此揪斗我，要我"戴罪立功"，"老实交代"，学校的红卫兵司令部也曾兴师动众地把我揪出去，拍桌子打板凳地要我"坦白"。虽然王零早就说清楚了：一九五五年他为"胡案"曾停职反省半年，因为雪苇来复旦教书是他邀请的，但还是给我带来一场意想不到的灾难……当然这都是后话了。

在苏州期间，还值得一记的是与著名武侠小说家还珠楼主李寿民的交往。现在我已记不清他的寓所地址，反正是离我住的三元坊不远。他那时正在上海走红运，大戏院里上演着他的《蜀山剑侠传》连台本戏，书摊上到处是他的《青城十九侠》《云海争奇记》等武侠小说，而且都摆在惹眼的地位。他的小说也在正气书局出版。因为陆宗植的关系，我们就认识了，并有了交往。他是四川人，却身材高大，浓眉重眼，于文质彬彬中隐现出几分江湖豪侠之气，一看就知道是个久经风尘、见多识广、又富于才情的中国旧式文人。他的寓所是一个旧式家庭布局，除过他们夫妇和几个孩子外，还有一个天津籍的老年女佣。他当时鸦片烟瘾还未戒除。据他说，他的写作时间是从清晨到中午——他自己不动笔，由他雇用的一个中学程度的青年代他笔录。他每天早晨抽足鸦片烟后，闭目静坐在藤椅上，他一句一句地口述，他的书记用小楷笔一个字一个字地记录，他讲得很慢，记起来并不吃力。他说，他同时为几家书店写小说，他准确地掌握它们各自的内容进度和章节段落，凡是每一部作品告一段落就紧接着口述另一部。这同时用口述方式创作的几部题材不同的小说，每天有书记分别记好后，再由他一一过目，便同时投邮，分寄给各书店付排，直至终篇，再装订发售。他的这种写作方式，颇使我感到惊奇。

大约在相识不久之后，一天下午，他匆匆地赶到我家来，一进门就嚷着说："唉！贾大哥，不好了，出事了！"我被他说得莫名其妙。等他坐定了，接过我递过去的烟，深深地吸了一口，才对我说：今天中午派出所户籍警来查户口，刚坐下不久，他家那个老女佣走进来对他说："老爷，开饭了!"她这么一说不要紧,户籍警却马上警觉起来,严肃地对他说:"你怎么称老爷?准是在旧社会做过官,官老爷嘛!你考虑考虑,明天来派出所交代历史问题!"他进门就嚷着的"不好了,出事了!"原来就是这个事。说完了,他摊开两只手,苦笑地说:"这真是从何说起!真是秀才碰着兵,有理说不清!"我安慰了他几句,他才怅怅地走了。

过了没几天,他又来闲坐,还是接着上次的话茬,谈起他家的那位老女佣。原来她是跟他妻子陪嫁过来的。他妻子的娘家,在天津开大中银行。他说他早年在地方军阀军队做文书,行军所至,遍历名山大川,以至边远之地,这种浪迹天涯的生活,为他后来从事武侠小说写作打下了根基。后来就落脚在天津,靠卖文为生。他现在的妻子,本来是他的一个热心读者,他们由此相识,并萌发了爱情。但是,一个银行老板哪里愿意把女儿许配给一个卖文为生的穷书生呢?他们成婚费了很大的周折,只是由于他妻子的坚持。后来终于得到丈人的谅解,允许他们结合。他为了和女家的身份相般配,不使妻子难堪,求亲靠友地办了一次很体面的婚礼。他说,因为和自己的意中人成亲不易,为了报答妻子对他的恩情,"所以我平生不二色"。妻子给他带来了丰厚的陪嫁,包括现在这位年老的女佣,她本来就是妻子的贴身丫环。她按照老家庭的规矩,称呼他为老爷,已成了习惯。妇道人家不知道解放以后这种称呼已经不时兴了,为此惹起了那位户籍警同志的疑心,闹出了这么一场风波。经他对派出所解释后,才算没事了。因为他多少年来都是靠卖文为生的……他用笑声结束了他的长篇叙述。临走时对我说:"对了,贾大哥,我还把我和老婆的这段姻缘做题材写了一部小说,这也是我唯一的一部社会言情小说,隔天我给你送来。我写的那些东西你尽可以不看,但这部小说你却无论如何抽空看一下,它凝聚着我的感情和心血。"

这大约就是我和他相交中最长的一次谈话,我听了他的故事,仿佛读了一部佳人才子式的传奇小说。后来再见时,他又一再说起,解放了,大家都在学习,公家提倡改造思想,他很想写点适合时势的作品,为此求教于我。我劝他不妨写些农民起义的小说,这和写武侠多少有些关联,可能顺手些,或许这还是一条出路。但要他参看一些用新观点写的这一类历史文章,才不至于在思想上走样。不久,他就写了以张献忠为题材的《独手丐》。他说,因为他是四川人,张献忠和四川关系很深,曾在成都建立了大西王朝，最后又死在四川，他听来的口头材料实在太多了。这部小说就由陆宗植办的"正气书店"出版。他所说的以他和妻子的爱情和婚姻故事为题材的作品，后来也曾带来给我看了，可惜书名和具体情节我已不复能记忆了，只记得它是天津"励力出版社"印行的，薄薄的四册（书名可能是《轮蹄》）。

一九五一年春天，我已搬回上海。他一次来上海和出版社算账，抽空来我家看我。他仍然穿着那件深蓝色的蓝呢长衫，还带着一本《联共党史》。他对我说，他去找过文协，希望得到帮助，找到一条出路。文协同志虽然鼓励他努力学习，改造思想，为人民服务，但他总感到前途茫茫。他的书出版家也正在看风色，已经不像过去那样要抢着印他的小说了。过去他的收入一直很好，还有舞台上演费好拿。这次他在我家吃了一顿中饭，陪我喝了不少酒。他酒量很好，但或许由于心情激动不安的缘故，有些喝过了量，喝到最后竟然失声痛哭起来了。我劝慰了他好半天。在我搬回上海以后，他还托一个书店的伙计给我送来两大捆他的作品，他写的东西数量实在可观。他又工于诗词，书法也佳，还为我妻子写过一个条幅。直到一九五五年，这些书和条幅才连同我们的一切书物，都消失得无影无踪了。

一九五二年上半年，我一天上午在福州路的天蟾舞台听大报告，中间休息时，意外地在厕所里碰到了他。这时他已换了一身灰布中山装，面色也很红润。他说他已戒绝了嗜好，现在在尚小云剧团担任编剧，家也搬到了北京，此次尚小云剧团南来公演，他也随团来到上海。他这时的情绪开朗了许多，和在我家喝酒那次相比，前后简直判若两人。一九六〇年初，我在监房里看《解放日报》，看到了对他的报道。他已改名为李红，说是仍然创作通俗文艺作品云云，报上还刊登了他的头像照片。

这以后，我再也没有听到过他的消息。直到一九八五年我又重访香港，在街头书摊和书肆中看到到处陈列的港版还珠楼主的小说全集时，才想起和我一度相交的这位朋友。因此，为上海一家报纸写了篇回忆文章，以纪念我们之间的短暂友谊。他虽是个旧式文人，但却是个开诚相见的人，因此是一位值得纪念的朋友。在我的人生道路上，总是不断出现这样有过一段交往的各式朋友。也可以说，我少小离家，就是在朋友间生活，这大约就是古人所说的"在外靠朋友"吧！但也还因为我性喜交游，到处交朋友，一九五五年竟交出了祸事来了，我和胡风等朋友被人为地组织成一个"反革命集团"，因而又身陷牢狱，经历了二十五年的苦难历程，这是做梦也没想到的。真如俄国作家契诃夫所说："我们认为是梦的其实是现实，我们认为是现实的却又是梦。"

乍暖还寒时候（一）

一九五〇年秋，梅林、王元化和我三人进震旦大学教书，做兼任教授。梅林比我们稍早一些去，好像还在那儿兼了一些教务工作。我们是通过梅林的关系，认识了震旦大学地下党支部书记郑康林，那时他还是学生，就以他的名义，邀请"进步人士"去担任教授。因为当时虽已解放，震旦是天主教会学校，由法国人办的，暂时还是他们的天下。我第一学期讲一门苏联文学，每周两个钟点，拿二十元钱。第二学期又加了一门现代文学作品选读。那时，我住在苏州，每星期来上海小住三天，来来去去也不感到麻烦。但到第二年，上海新文艺出版社成立，刘雪苇任社长，王元化任总编辑，梅林任副总编辑，他们都离开震旦，而我成了震旦大学的专职教授，从此走上了教书生涯，一直到今天。

随着教学的繁忙，我渐渐感到住在苏州不方便，一九五一年又搬回上海。胡风和梅志住在拉都路雷米路(今复兴中路永康路口)，他希望我们住的近些，我就在附近西爱咸斯路(今永嘉路)找房子住下。两家可谓是朝夕相处。但那时候，天边的乌云渐渐拢近，时代的变化没有给胡风带来多久的欢乐，近一两年来，他把精力都耗费在京沪两地跑来跑去，一直没有安排到他合适的工作。他的评论已经不写了，转而写歌颂性的诗歌和关于战斗英雄和劳动模范的人物特写，但即使步步小心，还是不断受到批判，几乎是"动辄得咎"。他在给艾青的一封信中自言："我到上海三个月，什么也没有写。一动笔就要挨骂。觉得有趣得很。而且不动笔也要挨骂，因为国统期写过一点的。"我现在才明白，这就是党内极"左"路线对文艺界对知识分子实行"改造"的初期阶段。但在那时，我是很不理解。胡风自抗战以来，一直独立地从事进步文艺活动，编《七月》、办《希望》、写评论、出书丛，在大雾弥天的重庆白色恐怖中，推出一本一本国统区进步作家和解放区作家的文艺作品，就像黑夜中的火炬，激起过多少青年人的斗争热情。他那时还不过五十出头，正是年富力壮，思想和学术都走向成熟的时候，本可以做出更多的事情。可是解放了，我们为之呼唤、为之奋斗的理想时代到来了，怎么反而弄得灰心丧气，处处碰壁呢？

不但是胡风跌入了这些缠不清的纠葛之中，凡是胡风的朋友，稍有作为的也被一一"光顾"，路翎的作品、阿垅的理论，都受到有计划的围剿，甚至连我这样站在文艺圈子以外的人，他们也没有忘记。不久，《人民日报》的图书评论版上发表了一篇批评《近代中国经济社会》的文章，文章并没有任何分析，就一味地乱扣帽子，说这本书有"法西斯倾向"，真不知是怎么想出来的。我哥哥在北京深知其中利害，写信给我说："这回是中央党报发的文章，你必须要认真检查。"我不以为然，给他回信说，我的书有二十万字，他那两千字的批评就打倒了吗？（后来我才知道，在一九五五年反胡风热潮中，当时的权威性理论刊物《学习》上也出现过一篇对此书上纲上线的批判文章，那口气就更吓人了）到一九五一年"镇反"运动时，我接受文协配合运动的口号，在上海《文汇报》发表的小说《以血还血》。这本来是我一九四六年在国民党中统监狱羁押期内，从一个老难友那里听到的真实故事，加上我三次的监狱生活体验写成的。写了一个狱卒（是个抓壮丁来的农民）对革命者的同情，逐渐产生了生死与共的情感。小说中有一个情节，在押解途中，本来革命者可以逃脱，但为了那个狱卒一家的安全，终于没有逃成，最后两人都牺牲了生命。这本来也是歌颂革命者爱人类的崇高情怀，以及宣传无产阶级只有解放全人类才能最后解放自己的思想。但正因为写了这样两个不同政治身份的人物之间的特殊的感情交流，被视为宣扬阶级调和而受到指责，还被说成是"立场不稳""小资产阶级温情主义"等等，这篇小说也就成了我在五十年代的最后一篇小说。其时《人的证据》第二部分已经写好，在报上连载了其中一个片段，第三部正是撰写之中。这些稿件到一九五五年全都落入公安局的档案室里，再也拿不回来了。

恩恩怨怨隔了三十多年以后，现在平心去想，胡风一案发生在当时并不是偶然的事件，它与五十年代初批判电影《武训传》，批判肖也牧、黄碧野等人的小说，批判俞平伯《红楼梦》研究的学术观点，等等，都不过是知识分子改造一系列步骤中的一环。我在前面说过，我们这一代知识分子是在抗战中成长并成熟起来，在革命的洪流中，吃过了许许多多苦头，从思想渊源上说，与中国共产党领导的革命发生亲近以至认同，是必然的事；但在另一方面，危险也孕育其中。正因为这一代知识分子不仅是理论中，而是从实践上或感情上认同了革命，就理所当然地视革命为自己的一部分。或者说，视自己为当然的革命一分子。革命的胜利也即是我们的胜利。五十年代初，以胜利者自居的骄横，自大，以至狂热都也成为不可避免的事。如果说，中国农民并未摆脱掉封建皇权思想，革命成功有"杀到东京快活一番"以至轮流做皇帝的念头，那中国知识分子又何尝没有择良木而栖，投向新朝，分得一官半职的思想？连大名鼎鼎的革命诗人柳亚子在新中国成立初期都有"无车弹铗怨冯谖"之说，何况一些自认为有功于革命的小知识分子？然而，真正的问题还不在这儿，还有更深一层的意思，那就是抗战以后起来的一代知识分子，都是在"五四"新文化运动的教育、熏陶下成长起来的，他们与上一代人（如柳亚子、郭沫若）不一样的地方，就是封建传统文化的力量制约他们不严，他们几乎是吸吮着"五四"新文化的营养成长，又在抗战的炮火中练就，从小就知道独立人格的宝贵，有一种藐视一切权威、反抗一切压迫的个人主义冲动。这种冲动在国共两大政治力量对峙的时候，促使他们本能地同情、偏向共产党的一边，在客观上，不管他们自觉还是不自觉，都帮助了，或者有利于共产党团结人民反对国民党政权的斗争。可是到一九四九年以后，新的政权建立，新的权威开始发生作用的时候，这一代知识分子与生俱来的个人主义的热情和冲动，则成为生在门槛上的芝兰，不能不被锄掉。一是与生俱来的个人主义本能，二是来自后天的趾高气扬，都使这场知识分子改造运动成为弦上之箭。至于它以何种规模何种程度展开，这本身要视知识分子接受改造的自觉程度而论。胡风一案首当其冲，真正的悲剧也在于此。

胡风，以及胡风的朋友们，大多数都是在国民党白色恐怖下的"乱臣贼子"，都是天然的"叛逆者"。正如我的哥哥一次来信责备我说："你在旧社会造反造惯了，什么也敢反。"他们的狂妄是与他们曾经有过的奋斗经历联系在一起的，他们决不会像朱光潜那样，解放后靠不停地自我检查来表示昨非今是，也决不会像冯友兰那样，去重新改换门庭投靠新主以求新生。他们理所当然地认为自己是这个世界的主人。但"五四"新文化给他们养成的独立人格又偏偏使他们总是与这个新的环境格格不入，他们没有意识到或忽视了自己所代表的"小资产阶级"，早在一九四二年已经在毛泽东的《讲话》中被视为与"大地主大资产阶级"一个行列的地位，他们只是把当时文艺政策的冲突视为左翼文艺界内部的宗派之争，却忽视了"小资产阶级"本身必须被改造的大前提。所以一九五五年胡风一案的形成实也有其必然性：在"左"的一边解决了左翼内部拖延了三十几年的纠葛，在"右"的一边也起了儆戒作用。一九五五年以后，我被关在监狱里，同监有一个老囚犯，也是混迹于国共两党的政治性人物，他一次嘲笑似的对我说："你们这种小资产阶级，又不是章士钊梁漱溟，你们本来就是跟随革命的人，你们喊万岁，上面才不稀罕呢！"一句话点醒了我多年的迷惑，"本来跟随革命"和"喊万岁不稀罕"，是多么辩证的关系，为什么我们在五十年代初就一点没有想到呢？

　　不用说胡风长期是在书本上认识生活的，即如我这样在大时代风沙中东奔西跑，多少见识一点政治利害关系，在那个年代里也不是不明事理和狂妄无知，以至对每一次大大小小的知识分子改造都抱有本能地抵触情绪。这里可以说一个小插曲，我有一位朋友，也是留日同学，是华侨，广东人，也就是我前面提到过的那位老黄，抗战爆发那年与我一起从日本回国参加抗战。一九三九年九月我从家乡只身跑到西安，一路吃尽苦头，他正在西安的国民党军队后勤部做一个小职员，是他接济了我，那一年中秋节，我在他家里度过的。他的老婆是江西人，是学者李平心的侄女，老丈人是陇海线铁路局局长，他借这层关系给了我一张头等的软卧票，把我从西安送到宝鸡，我再转长途汽车到达重庆。但直到一九四六年，我才知道他所负的真正使命。那时我已到上海定居，一次我在霞飞路（今淮海路）一家白俄开的餐馆里正高谈阔论，里间转出了老黄，他一见我就笑："老嘎（他是广东人，贾的读音是'嘎'），我一听声音就知道你在这里。"他告诉我他在昌维路开了一家近代书店，约我去玩。过几天我去了，见书架里陈列的都是美国的《花花公子》一类的花花绿绿的杂志，心里反感，就跑了出来。他笑着说："你知道我不是搞这行的，你就别管这么多了，有空你可以来玩，但这个地址不要告诉别人。"这一说，我就知道他的身份了。果然，上海解放后，他由地下改到地上，担任了华东局的处长，住在古北路一幢洋房里，那原是贵州省长吴鼎昌的公馆。我说这段历史，只是想证明，黄某与我的关系相当密切，也相当信任，即使在非常时期，他也没有把我当外人。这一点，我从心底里感激着他。但在解放以后，我们发生了冲突。

有一次，他请我到他的新居去喝酒，喝得半醉时，他半规劝半暗示地对我说："老嘎（贾）！我们都是旧社会过来的知识分子，思想上总有许多肮脏的东西，我们都需要改造，认真地思想改造哪！"我一听就火了，推开桌子对他说："你认为需要改造，你去改造吧，我没有什么可改造的。"结果不欢而散，这虽是小事一桩，可以看出当时我的"自尊"是那么的不容侵犯。而就是这位老黄，一九八三年，在我由鬼又变成人以后第三年，我忽然听到门外有人喊"老嘎"的声音，我开了门，原来是久违的他，可是头发已花白了。我突然想起在他家喝酒的一幕，就开玩笑地说："老黄，你这些年改造好了吧！"他苦笑了一声，坐在沙发上，说："你怎么还记得这回事？唉，真是一言难尽！"原来他后来调到北京，一九五七年"大鸣大放"时，他向领导提了意见，"反右"时，被目为"恶毒进攻"，划成"右派"，在机关内"监督改造"。虽然他这时的官位比在上海时大了，但仍然在劫难逃。他的妻子听说他成了"右派"，思想不通，不能接受，以为多少年我们为党出生入死，辛苦地工作，怎么竟成了敌人？一次她在马路上神思恍惚地走着，一下子被卡车碾死了。"文革"中，他的一个儿子在北京外语学院武斗时被打死了，另一个儿子下放到山西晋东南一个煤矿当工人，他也被赶出机关，多少年就靠儿子的一点微薄的工资生活。这次他回广东老家一次，因为他是华侨，他的一个亲戚回乡探亲，被说成是"派遣特务"，关押在当地监狱好些年了，他这次回老家就是解决这个悬案的。那次我们劫后重逢，也都是人到暮年，他在我家吃了饭，又一块喝了些酒，才告辞。临行前他对我说："老嘎，我还要在上海住几天，你有空来玩。"说着给我开了个地址，我一看，就犯忌讳了，连忙地说："老黄，还是你来吧，你住的那种地方，我恐怕找人不方便……"他迅速地说："没关系，现在不是过去了……"

愈是不想改造，愈是被点名去"改造"。一九五一年底，全国知识分子思想改造运动开始，也就是杨绛小说《洗澡》写的那个运动，杨绛毕竟是局外人，把这个问题看得很简单，当时像我这样的一批知识分子，对这种组织安排下被迫交代自己的历史，并且让知识分子来一个"丑态大暴露"的运动，实在反感得很。上海高等教育界第一批参加思想改造的名单里就有我，要求到苏州的华东人民革命大学政治研究院去学习三个月。据说是高校副教授或民主党派处长级以上的知识分子都要轮流去那里学习，我是第一批。我当场就拒绝去，我表示我本来就不愿教书，宁可离开教育界。一位党内朋友知道这事后，他自告奋勇地去高教局找熟人打听，为什么要我去参加改造，问下来说，我有两个历史问题：一是一九三九年在《扫荡报》当过编辑，二是《扫荡报》以后又到国民党战时新闻检查局山西新闻检查处做副主任的事情，都是必须交代的。我听后不由叫屈，因为这两件事都是由当时地下共产党人员安排我去工作的。

就是在一九三九年十一月间，我借了朋友老黄的光从西安到宝鸡，再转长途汽车到重庆以后，仍然是不名一文，独自徜徉在山城街头。为了维持生计，我把家里带出来的一架德国蔡斯牌照相机（它是我哥哥战前在北平买的）卖了，换了几个钱，住在一个小客栈的地下室里过着最简单的生活，自己写作。一天忽然在街上遇到留日同学谢挺宇，他是浙江人，三十年代就开始发表以留日学生生活和日本社会生活为题材的小说，后来出版过短篇小说集《雾夜紫灯》等。我们是在汉口的"留日学生训练班"里认识的，他见到我，忙问我的情况，知道我还无处着落，就把我带回他的宿舍。他在《扫荡报》当编辑，一起工作的还有曹祥华、朱剑农、谢爽秋、李哲愚、周治国等人，都是留日同学，我们都早已认识，现在在流离颠沛中见面，就感到格外亲热。他们都叫我留在他们宿舍里不要走了，并答应在《扫荡报》里为我找工作。我后来知道，曹祥华是《扫荡报》社地下共产党支部书记，谢挺宇等人也都已经是党员。他们住的是由报社租赁的一幢楼房的两间房子，只有四张床铺，我就打地铺睡在地板上。我当然知道《扫荡报》是国民党的军报，过去反共很烈，抗战以后，国共合作，这情况有所改变，但它总是代表国民党官方的报纸，名气不好，所以我对去那儿工作是很踌躇的（所以我到重庆后给胡风写信说，在一个报馆工作，不提报馆的名字，弄得他找我找得好费事），但曹祥华打消了我的顾虑，他叫我放心，说这是对我的信任。我并不是党员，但是左派，这一点他们都知道，凭着多年的交往，他们对我始终是信任的。直到一九五五年我出事后，曹祥华也受牵连，他向组织写交代时说出这事的背景。我出狱后听任敏说，曹祥华将他写的材料的底稿给她看过，里面说到，他安排我和别的留日同学去《扫荡报》和战时新闻检查局工作的事，曾经请示过中共西南局的领导同志，并得到同意的。当时这位领导是政治部副部长，直接领导他们的工作。当然这都是后话了。

我现在还记得，那时《扫荡报》社长何联奎，是政治部的设计委员，曹祥华向他推荐我，他提出要与我面谈一次。那天我去了，是曹祥华陪我去的，其他几个同学也一起陪我去。在政治部的会议厅里，当中放着一张长长的桌子，桌子上按座位放了一支支铅笔和纸张，大约是开会作记录的。何联奎只是问了一点简单的问题，我的那些朋友都七嘴八舌地向他证明，他们都很了解我。何联奎当下就同意了。安排我去编第一版，政治军事版，主要是报道正面战场上与日本作战的情况。

但没多久，我就出事了。时逢湘北大战，国民党军队取得了胜利，说是歼灭日本军队三个师团两个旅团，这在当时是了不起的一次大捷。《扫荡报》本来在前线都有战地特派员，在湘北大战爆发时，何联奎本来预备派我去前线随军采访，但这样的开销大，一般每次外出采访要费用三百元大洋，我其时军衔为少校，月薪八十元。社长为了省钱，就叫我不要去前线了，根据其他报纸内容编辑一下报道即可。既然上级这么安排，我也就每天坐在办公室里根据《大公报》《新蜀报》《时事新报》等几家重庆的民办报纸内容搞编摘，然后用"本报湘北战地特派员"的名义发新闻稿。平时战事疲软，这类不痛不痒的报道当无问题，可是这次湘北大捷不一样了，国民党政府十分看重他的战果，正希望新闻喉舌加以渲染，不料我并未注意到情况的严重性，根据民间几家报纸的报道，说这次战役的战果是歼敌两个师团一个旅团，我就采纳了。以"本报湘北战地特派员"专电名义将这条新闻当头条发出。第二天早上，我因晚间工作，白天还睡着，社长何联奎就气急败坏地跑到宿舍把我叫起来，连说闯祸了。原来蒋介石看了这条新闻后大为光火，当即下了手谕说：该报系我军军报，外国记者报道中国抗战战况，素以中国军方机关报为依据，而该报竟缩小我军英勇将士浴血奋战取得的辉煌战果，实令人气愤！应查明具体情况，加以法办云云。这当然非同小可，可是我的苦衷何联奎自然心里明白，他问明了新闻来源以后，他就走了。何联奎是政治部长陈诚的亲信，这件事很快被周旋过去了，但我是不能再干下去了。没过几天，何联奎就找我去，也不责备那件事，只是说："你办报不大合适吧？我可以调你到重庆日本战俘管理所去管日本战俘，你在日本留学过，派得上用场。"我本来就是不愿在《扫荡报》干，更不愿受他们的调遣，趁机便说："我是北方人，跑到重庆来水土很不适应，生了一身的疥疮，正想回北方去，战俘所也就不去了。"这使我又想起，我初到报馆上班不久，中央社发来新闻稿，报道出走重庆的汪精卫一次和日方当局在河内的谈判公报，污蔑抗战，卖国投降的新闻，我出于坚决抗战的立场，在大标题上写道："汪逆狂吠：汪汪汪……"后来听何联奎面露不悦地对我说，他碰到吴稚老(即吴稚晖)，用严正的口吻对他说，你们的报上怎么对汪精卫用这样的标题，太刺激了……云云。我听了话内有因，一时想不明白，重庆和汪精卫到底是什么关系？而当时的进步报纸上议论说，除过明的汪精卫，还有"暗藏的汪精卫"云云。这之后，又盛传以德国驻华大使陶德曼为中介，在日汪蒋之间进行斡旋、议和，中日共同反共之说。这以后我流落在西安，当地秦腔戏院以此为素材，编了一出新戏，剧中的蒋介石向陶德曼唱道："只要老兄帮助我，请到酒吧把酒喝。"为此戏院编剧，演员都遭了殃。当时何联奎虽没明说我有错误，但面色不悦，察言观色，我才知其中有鬼，心下不禁愤然！这次又碰上湘北的军事新闻，从何联奎要我"开路"的态度看，他早就对我不感冒了，我也不愿为了一月八十元受这份窝囊气，所以一口把他介绍我去战俘管理所的意见回绝了。

曹祥华知道这些事以后，跑来找我，说，你既然想回山西，我这里有一个朋友吴岐，也是老留日学生，东京帝大法科出身，他是国民党军事委员会战时新闻检查局局长陈卓的舅子，陈卓让他在新闻检查局里负责，你可以通过他的关系到山西新闻检查处去工作。曹祥华还开导我说，这些位置都是国民党控制新闻喉舌的地方，我们应该尽量利用机会占了它的位子。他还说了一句很通俗的比喻，说这叫"占着茅坑不拉屎"。我当时很信任曹祥华，把他当成老大哥，就答应了他。他引我去见吴岐，吴岐也很热情，说我们都是留日同学，你愿意帮忙，我们很欢迎。吴岐当时就住在他姊夫陈卓的家里，又引我见了一次陈卓。陈卓这个老军阀，当时是国民党军令部的一个厅长，兼战时新闻检查局局长，他很客套地感谢我帮忙，并说有什么事，就和吴先生谈。我和这个陈卓就有此一面之识。一九四七年我在上海被国民党中统局特务逮捕后，胡风在外面心急火燎地到处奔走营救我，他因听我和他日常谈话中说起，抗战时期我到国民党山西新闻检查局工作时，最高领导是陈卓，因此，他就写信给在南京的阿垅，要他找这个陈卓保释我。但阿垅、胡风并不认识这个陈卓，当然没什么结果。但在一九五五年发布的《关于胡风反革命集团第三批材料》里，竟然引用了胡风一九四七年九月二十六日给阿垅的信，即托阿垅找陈卓保释我的这封信，在《按语》里竟然说成是"胡风及其集团分子同国民党特务们的密切关系"的罪证。直到一九八〇年中共中央发布的关于为"胡风反革命集团"平反的文件里，才纠正了这一史实。文件引用公安部发布的复查报告中说："胡风曾写信给阿垅找陈卓营救贾植芳事，经查实，陈卓与胡风、阿垅均不认识。一九四七年九月胡风为了营救被国民党逮捕的贾植芳，而想到曾听贾说过认识陈卓，所以写信要阿垅设法去找陈保贾。因阿垅不认识没法找。因此，说胡风、阿垅与特务头子有'亲密关系'不是事实。"吴岐当时给了我一个中校的头衔，任命我为山西战时新闻检查处副主任。我立即动身，在一九四〇年二月份回到陕西省秋林镇，这里就是阎锡山的第二战区长官公署和山西省政府所在地，离宜川县不远，半年以前，我正是从那里徒步南下，现在又回到了那里。

路经西安，我找到了半年前与我结伴南下的老乡王某，请他帮忙。他战前在北平朝阳大学上学，因"危害民国罪"被国民党政权判徒刑，关押在陆军监狱，坐了五年，抗战爆发他才被释放。他又找了几个老乡做职员，一起到秋林镇办公。其实我很少管事，大多数工作都由王某担任了。他年龄比我大，阅历更丰富些。我在那时候结识了八路军驻山西办事处处长王世英同志，他还挂着第十八集团军副参谋长的头衔。他是山西洪洞县人。据他对我说，他是黄埔四期毕业生，三十年代在上海做过特种工作，专事"打狗"，所以他自称是"打狗队队员"。我与王世英从此发生了联系。一九四〇年夏，我嫂子李星华在周作人的帮助下，带了弟弟李光华和三岁的儿子森林，离开了北平去延安，先由我父亲派一名长工把他们三人送到秋林镇，在我处住了一个多月。由于这一带政治形势复杂，有敌伪占领区，有阎锡山二战区，有国民党统治区，我通过《新华日报》西安分馆经理孙世义(沈颖)关系，设法与西安八路军办事处接上关系。常来我这里走动的王世英说，由他派两个警卫员直接送他们到延安，不必绕道西安了。但我考虑到我所处的环境复杂，稍一走动马上会引起别人注意，所以只能托一名职员，作为送亲戚把他们送到宜川县，再雇马车到西安。《新华日报》西安分馆经理沈颖是我哥哥的同学，是留法回来的，我们早在北平相识，一九三八年夏天又在武汉相遇，我由重庆回山西经过西安，又在我家在西安开的铺子里等了近两个月，才等到办事处从延安开来的大卡车，坐上到了西安，和一九三八年就去延安的哥哥团聚了。

我在秋林没有待满一年，到第二年春节前后，我突然收到曹祥华通过吴岐打来的密电，说重庆接到山西党委当局的密报，说我带有"色彩"，要求撤换，他要我设法离开，以免意外。这种结果是我早有预感的，趁此机会，我写信到重庆局里，向他们正式辞职，一边就悄悄地离开了秋林，又回到西安，重新开始我的流浪生涯。后来才听说，我离开秋林镇以后，我带来的王某等职员，被重庆派来接替我的新任都免职了。

我不是一个书斋里写文章的人，我的一生中，经历过各种复杂的场面，周旋于各种社会关系，见识过各种政治和社会人物，这些奇奇怪怪的人事在这部回忆录里还将继续登场。检点一生，出入于黑黑白白之间，周旋于人人鬼鬼之中，但心里所向往，所追求的理想之光，从未熄止。所以合则留，不合则去，虽漂泊四方，心却一念系之，问心无愧。既然思想改造运动中要就这两件事对我审查，那就审查吧。

我把这事告诉了曹祥华，他当时在华东局工作，他说，你还是去参加思想改造好，把这些问题讲清楚，这事地下党安排你去的，这是你的功劳呢。说到这里，他忽然叹了口气，并笑着说："解放前我们喜欢乱臣贼子，现在当权了，就喜欢忠臣孝子了。"相近的一些朋友也劝我去，这才勉强而行。果然，到革大政治研究院后，只是一般地讲清了这些经历，并未有人深究。上面指定我谈的重点倒有两个：一是与共产党的关系，二是与胡风的关系。由此我也警觉，原来与胡风的交友也是一个政治"问题"。关于这两个问题，我在以后还有机会写，这里暂且不说了。

三个月以后，学习结束了。这其实是一次政治审查，被认为有政治问题或历史问题的人，都被调离原来的教授或学校行政领导岗位，调到外省外地去了，有的甚至由教授降到中学教员。虽然领导对我的思想作风也宣布了一个结论，说我是"三目主义"——"目无组织、目无领导、目无群众"，但我仍然回到了震旦大学。其时震旦大学文学院与震旦大学女子文理学院实行合并，文学院成立三个系：中文、英文、教育和一个托儿科（由震旦女子文理学院的家政系改过来的）。我当上了中文系主任，第一次算是"干部"了。这以后，知识分子思想改造运动已经在各校全面铺开，每个学校成立了学习委员会，领导教师思想改造，委员会成员大都是外面派来的干部，有市高教局来的、市委组织部来的，也有公安局的干部，本校教师只有两个人参加，一个是王国秀（女），她是文学院院长、留美学生、历史学教授，还有一个是我。思想改造以后，进行院系调整，外国人办的教会学校、私立大学都取消了，我便调到复旦大学，那是一九五二年八月，在那里，我度过了人生史上最耻辱也最难忘的后半生。

乍暖还寒时候（二）

我自一九五二年八月调往复旦，到一九五五年五月被捕入狱，共三年不到，用李清照的词来形容，真是一段"乍暖还寒时候，最难将息"的日子。一方面是时代的大变革，鼓舞起人们为它献身的热情；但另一方面又时时有一种被不信任以至被出卖的阴影笼罩着，这或许正是前一节所自剖的知识分子个人主义的悲剧。然而这种悲剧与冲突，终将用残酷迫害的形式爆发出来，却是完全出乎人意料的。

我初入复旦，担任的是中文系教授，又兼了新成立的中国现代文学教研室主任，这是学习苏联学制的产物。这个教研室过去是没有的，为了适应新民主主义革命历史教育，现代文学史的教学也被重视起来，成了一门专业性的学科，教研室因此而成立。但现代文学史的教学必须被纳入整个革命史教育的轨道，也是作为这门学科存在的前提，这对于我们这一代自身参与了新文学史的人来说，是一个很大的考验。其考验的结果，就是要摒弃个人阅读与写作经验以及文学史本身的发展事实，使之成为现代政治斗争学说的一个注脚。当初教课时还没有统一的文学史课本，我在课堂上课堂下说话都比较随便，任意谈出一些对现代作家作品的个人看法，这就酿成了以后被揭发为"宣传胡风思想""毒害青年"的"罪行"的证据。当时现代文学教研室共有三个教授，我以外，还有方令孺和余上沅，都是新月派的诗人和戏剧家，我教小说，方令孺教诗歌，余上沅教戏剧。两位讲师，一位是后来搞美学的蒋孔阳，另一位是复旦中文系出身的鲍正鹄。再加上三名青年助教，就这么凑成了复旦现代文学教研室的雏形。

中文系那时候教授不多，本校教授中留下来的有赵景深、陈子展、吴文祺、蒋天枢、方令孺、吴剑岚等。此外，郭绍虞从同济大学调来，朱东润、余上沅从沪江大学调来，刘大杰、张世禄从暨南大学调来。那时思想改造刚刚结束，教授们都灰灰的，热情不高。郭绍虞是系主任。那时作为新气氛的，是一种乱穿衣的现象，有的教授把西装上衣改成又紧又窄的中山装，有的教授制办了当时干部穿的蓝色棉布列宁装，有的则把长的呢大衣改为干部式的短列宁装，我看了觉得很可悲又可笑，不禁联想到阿 Q 在辛亥革命后，为了适应"咸与维新"新环境，把辫子盘在头上的举动。那时系里只有一个党员助教，是杜月邨，大家都称他"政委"。学生党员就是章培恒，他留校后当了系支部书记，直到一九五五年因为我的关系才被撤下来，并开除出党。那时系里组织教师政治学习大组，我做大组长，胡裕树、王运熙两位讲师分任小组长。应该说，虽然对知识分子思想改造我想不通，但对于时代的变革和进步我是衷心拥护，抱乐观态度的，我希望能把旧社会过来的知识分子团结起来，鼓起干劲，努力与时代发展同步。这大概也可以归结到前面所分析的小资产阶级知识分子的自大，狂热，我是不自觉地把自己列为革命的一方，以进步更进步的态度去要求和团结别的同事，希望他们都与时代一起进步，为建设我们的新国家做出贡献。

在过去的历史上，我一直生活在动荡的社会环境里面，与一些教授学者无缘相识，现在进入了一个新的生活圈子，我逐渐与一些著名教授交上了朋友，也开始对他们有了新的认识。譬如余上沅教授，他是著名的新月派戏剧家，当过南京国立戏剧学校校长，为中国新文学的话剧运动做过巨大贡献，教学也极有经验。我们共事以后，我经常听学生们说，余先生上课认真负责，有章有节、层次分明，从不在课堂上信口开河地跑无轨电车，像有些年轻教师那样。这就赢得了我的尊重。我与他都住在复旦"筑庄"教师宿舍，离得很近。我那时年轻，习惯在晚上工作，每当夜深人静时分，我走下楼来吃夜宵，总看到对面余先生楼下书室里的灯亮着，他还在备课。他努力使自己和时代同步，跟上新的生活节奏和规律。从这闪亮的灯光中，我看见一个爱国的知识分子那颗对祖国和人民的赤诚的心。

余上沅在繁忙的工作之余还努力翻译苏联的文艺作品，他先后翻译了苏联短篇小说《清晨》《队旗》，分别收在赵家璧办的晨光出版公司出版的《苏联最近短篇小说选》和《苏联卫国战争短篇小说选》里。一九五四年，他还翻译了美国进步作家霍华德·法斯特的小说集《光明列车》，由我介绍到泥土出版社出版。余先生过去以介绍翻译西方戏剧为主，现在勤勤勉勉地译出这些进步作品，可以证明他内心要求进步的渴望。

对于其他一些教授，我也尽可能地与他们交朋友。刘大杰先生在思想改造时，不知为了什么问题，忽而萌生自杀念头，大白天跑到黄浦江去跳河，结果被人救了上来，回校后情绪一直不很高。我读过他的小说和文学史，很想让他重新振作起来工作。一次我遇到韩侍桁，他还在办国际文化服务社，我便对韩说，刘大杰现在很灰，你能否出他的书，把他早年在中华书局印过的译著杰克·伦敦的《野性的呼唤》重印一下，让他觉得生活有点意义。韩侍桁为难地说："我过去早就认识刘大杰，可是现在思想改造，大家就不敢来往了。"我说："你就印吧，有事我负责。"后来果然把它印出来了。后来刘大杰译了屠格涅夫的中篇小说集《不可救药的人》，也是我介绍给泥土社出版了。

在震旦教书的时候，我还认识了施蛰存先生。记得一次是在教师休息室里，我上完课正在抽烟，一个中年教师走进来，穿着蓝布大褂，戴着眼镜，手上都是粉笔灰，一进休息室又是洗手又是拍打衣服，然后在我对面坐下，自我介绍说："我是施蛰存。"这个名字我不陌生，三十年代他主编《现代》时，我就是一个读者，更从鲁迅先生的杂文里看到对他的批判。这时偷眼看去，见是朴朴素素的一个人，丝毫没有"洋场恶少"的神气。以后交往愈多，说话也愈随便。到一九五四年批判胡风文艺思想，上海作协开会，我在门口遇到了施先生，他皱着眉头说："这是你们吵架，把我找来干什么？"他说得很认真，我突然感到幽默，对他说："施先生，你到底还是第三种人哪。"他原来住的房子很宽敞，是坐落在愚园路边上的一幢三层楼房。记得一九五三年孙用从上海调到北京人民文学出版社工作，施先生在家里为之饯行，我也在邀请作陪之中，就是在施家的客厅里用宴。给我的印象是布置得非常有气魄，而且高雅。一九五五以后，我们便断了往来，直到八十年代中期，我们才又恢复通讯。那是一九八四年，我到华东医院探视朋友，听说他也住在这里，就顺便去看望了他，从此便又恢复了通讯联系。一次他来信说，上次孙用调京，你来我家还有茅台酒喝，现在客厅，茅台酒都没有了，只有雀巢牌咖啡相待了……最近见面时，才听他说，到了一九五四年，他那客厅被征用做了邮局，他只好让出；到了一九五七年他被打成"右派"，三楼房子也被迫让出；"文革"中连二楼也"扫地出门"，一家人只好挤在亭子间里。前两年花了九牛二虎的力气，算是落实政策，也只还了二楼的住房。这次我特意去看他时，只见楼梯口，过道旁，全堆满了书籍，老人就在这样仄狭的环境下生活起居，著书立说。

当我们重新见面的时候，他已经八十六岁，我也七十五岁，都垂垂老矣。施先生又说起饯送孙用的那次宴席，神情多少有些黯然，说："可惜，客厅再也没有了。那时在座一块喝茅台酒的老朋友，大多都不在世了。"但他忽然又对我说："哪天我再弄一瓶茅台，你找几个老朋友来聚聚。"我只好苦笑说："上海滩上的老朋友，现在少了，都在不同时期，以不同形式离开这个世界了……"说完，大家又相对黯然……

因文化工作社老板韦秋琛的关系，我认识了翻译家韦丛芜。他也相当落魄。未名社散了以后，他到国民党政府做了个小官，听说还娶了一房小老婆，抗日战争胜利后，我看到他早年翻译的《罪与罚》《穷人》在国民党办的正中书局重新出版，感到很恶心。解放后他被人瞧不起，只是靠从英文版《苏联文学》杂志上译些苏联卫国战争小说给文化工作社和别的私营出版社度日，情绪很压抑。一次他忽然跑到我家里来喝酒，唱着喝着就号啕大哭起来。对他这样的情况，我忽然涌起一丝怜悯的感情，他到底没有跟国民党跑到台湾，现在能译些书，总算好的。

与陈望道先生的友谊也是从震旦开始建立的。我与陈先生不熟，只知道他是早期留日学生，在二十年代译过《共产党宣言》、三十年代编过《太白》，办过大江书铺，还翻译过日本马克思主义文艺理论家冈泽秀虎的《苏俄文艺论战》，写过《修辞学发凡》等，是有名的左派学者，而我则是他的一个热心的读者。一九五二年在震旦大学当中文系主任后，认识了陈先生的夫人蔡葵，她是英文系主任，留美出身，副教授，和我在一个办公室工作。蔡葵常对我说起陈先生，回家也向陈先生说我的事。一次蔡葵对我说："陈先生说，像贾植芳的性格是不能当干部，他上午当了，下午就得下来，还得挨批。"这话后来果然被应验了，所以使我铭记在心中。我调到复旦后，那时，《新建设》上发表了马列主义经典作家作品在中国的翻译情况介绍，当时在复旦，只是陈先生和我榜上有名，他译过《共产党宣言》，我译过《住宅问题》。这时听别的教师说，陈先生说："贾植芳虽然信仰马克思主义，也译过这类书，但从他的性格论，好像受无政府主义影响更深，或者像俄国的虚无党人。"从这时起，又常蒙陈先生的照顾。我在一九五二年八月以后搬到复旦教师宿舍"筑庄"来住，一幢二层的日本式小楼，我和任敏没有孩子，收养了她的侄儿和我的侄女，一家也有四口人，还有一个保姆。我又好烟酒，经常有朋友、学生来家里聊天，也常留住吃饭喝酒，无形之中开销增大。陈先生知道这情况，他常让蔡葵送些钱给我花，说是贾植芳手大，钱不够花，他们的钱花不了，就请我帮他们用些。我从这里深深体会到陈先生对我们这一代"左倾"青年的理解心情。后来一九五五年的事情发生，我与世隔绝，而在八十年代初，我"重新做人后"，他们夫妇早已先后告别了这个世界，我再也没有机会还掉陈先生夫妇的这笔情意了。

我教了三年书，与学生们也建立了很深的友谊。尤其是五四、五五届的同学，这两届学生是新中国成立初期进的大学，五三、五五年毕业。这几年正是百废待兴、前程似锦的年代，政治运动的干扰比较少，学习的路子还比较正，他们感情都很淳朴，学习干劲也足，因此冒出很多才华横溢的学习尖子。我至今还清楚地记得，后来成为很有成就的美学家施昌东同志第一次到我家里来的情况。大概是写作课吧，他交上来一篇作文，我替他改了，作业发下去后，他觉得他的文章写得很好，我反而把它改糟了，就气鼓鼓地跑到我家里评理。我很喜欢这样有独立见解、初生牛犊不怕虎的青年人，就给他分析为什么要这么修改，他服气了。后来就经常来我家里坐，写了文章也拿来给我看，就这么成了忘年之交。当时与我接近的，都是一些进步青年，有不少是党员、团员，我也总是毫不保留地谈出各种各样的看法。但谁能想到，一九五五年我被捕入狱，这都成了我在复旦大学搞"阴谋活动"的"罪状"，和我比较接近的同学，也给扣上了一顶"胡风影响分子"的帽子受苦受罪。一个过去也常来我家的青年助教在上海《文艺月报》上批判我，振振有词地说："贾植芳与胡风一样，一贯把自己打扮成一副爱护青年的样子，拉拢欺骗，利用政治上还没有成熟的青年。请学生喝酒，送钱给学生，都是他惯用的手段之一。另外，每当学生投稿被报刊编辑部退稿以后，他总是表示惋惜，在学生面前说某编辑部如何不好，并劝学生们写一些稿子由他介绍出版。他就是用这种办法，既离间了投稿人与国家刊物编辑部之间的关系，又巧妙地为自己建筑了群众基础，而且又为他的那个泥土社拉了稿子。"我要抄下这段话来，因为他写得还算符合实际，撇开那些上纲上线的话不看，我与学生在课外的关系，大抵也就是喝酒、送钱以及介绍稿子这些方面。这篇批判文章帮助我回忆起当时的许多生动细节。然而，师生之谊能在这一步上往下走，又会是多好哇，跟以后专门鼓动学生检举教师、教师又处处设防学生，师生如同路人的情形相比，我还是怀念着那一段情意融融的师生之情。

我在复旦开设四门课，先是讲"现代文学作品选读"和"苏联文学"，这是在震旦时就开设的，后又加了一门"世界文学作品选读"、一门"写作"。那时"苏联文学"是个笼统的称呼，其实就是讲苏俄文学，从拉吉舍夫的《由彼得堡到莫斯科的旅行》讲到苏联卫国战争小说，但贯穿分析的理论是用当时苏联流行的日丹诺夫式的一套东西，同时我也参考了日文、英文的有关苏俄文学研究材料。配合这两门课的准备，我陆续翻译出版了苏联巴鲁哈蒂《契诃夫的戏剧艺术》（文化工作社一九五一年）、《契诃夫手记》（文化工作社一九五三年）、捷克基希的《论报告文学》（泥土社一九五三年），以及苏联谢尔宾娜等著的《俄国文学研究》（泥土社一九五四年），这当然一方面也是出于我个人对俄国古典文学的爱好。

契诃夫是我所偏爱的俄国作家。他不是一个为艺术而艺术的人，甚至也不是一个职业作家，他首先是一个医生，并且为自己有这份崇高的职业而自豪。他曾经送给高尔基一块表，上面刻着"契诃夫医生赠"。医生的身份使他总是生活在普通人之中，自觉地为人们解除各种病痛与苦难，他的关心人、了解人的一颗爱心，正由此而生。这种品性很让我尊敬。其次，由于他在生活中熟悉各种各样的人，养成了他深刻的观察力和概括力，所以一提笔就能简洁有力地深入到人的本质中去，不仅写出人的性格，而且活画出人的灵魂。他的小说、戏剧，都是百读不厌的艺术精品。出于这种爱好，我在那几年较多地研究契诃夫的作品，几本译著就是那时研究的副产品。

《契诃夫的戏剧艺术》是根据日本东京高田书院出版的熊泽富的日译本转译的，作者 С.Д.巴鲁哈蒂是苏联的契诃夫研究专家，当时苏联科学院的通讯院士，他的其他译著在中国也有过翻译。这本研究著作是纵论式的，共分四章：第一章论契诃夫的创作道路；第二章论契诃夫的戏剧创作；第三章抽样分析《樱桃园》；第四章总论契诃夫的戏剧艺术，对于契诃夫的戏剧艺术成就有较全面的介绍。书末作为附录，刊载方典（王元化）的论文稿《关于契诃夫与艺术剧院》一文。

《契诃夫手记》是更有意义的一部书。这是契诃夫的夫人在契诃夫去世后整理出版的一本小书，由《手记》《题材·凝想·杂记·片段》和《日记》三部分构成。《手记》是契诃夫在生活中随手记下来的瞬间感触、将来作品的腹稿、人生速写，也包括了他的读书心得以及从别的作家的著作中抄录的句子。成书的时间是一八九二年到一九〇四年，即是他写了名作《邻人》《六号病室》等那一年起，到《樱桃园》上演那一年为止，是他创作上最成熟的时期。《题材》一部分也是笔记式的东西，是契诃夫小说创作素材的积蓄。《日记》部分是一八九六年到一九〇三年期间所记，与前面两部分内容相近。这部《手记》的出版，不但为研究契诃夫贡献了一笔财富，也为研究文学创作过程和创作规律提供了一份重要资料。我当时是根据著名俄国文学专家日本神西清的日译本转译的，同时也参照了一九二二年出版的英译本。我很喜欢这本书，在它出版后，还特意在报上写了一篇介绍文章，其中有些话，可以看作是我对《手记》的评价：

　　他的手记，每条都很短，甚至只有一句话，是所谓"比麻雀鼻子还短的东西"，但正如高尔基所形容的，它们是美丽的精致的花边，是经过深刻地提炼后的产物。……契诃夫在手记里所记的东西，不仅是看到和听到的事物，还有他感到和思考的东西。就是他所记的属于看到和听到的东西，也是经过他的感受和思考才记下来的。它们又都是一律从所谓生活的密林里提炼出来的。

　　手记所用的语言，一如他的创作中的语言，是日常的语言，简洁而朴实，富于诗意，如"天下雨了"之类，用得很自然，正像人在生活中所说的那样，他从来不按照修辞学的规律浮夸地去写什么。

　　契诃夫的手记，正如他的作品，色彩鲜明而简洁。他能用朴素的笔触一针见血地透入到事物的本质中去，无论是对话、记事、人物、情节、警句、题目，都是富有特征又具有高度概括力的东西。它们独立起来可以当社会杂文读。

　　契诃夫手记，作为杂文来看，它的精神特色，正是契诃夫全部创作的特色：愤怒中的自持和出于纯洁心灵的乐天的幽默。它的重要价值，正如高尔基所说：它们是对生活的鼓舞和热爱。他用人民的强大的道德力量，告发了庸俗和罪恶还在占着胜利的年代，同时也预示了美和善胜利的时代。

　　一九八二年，当我重新能在阳光下自由行走的时候，一次从学校图书馆的"内部书库"内偶然找到这个译本，就像在街头碰到久已失散的亲人一样，我的眼睛里涌出了老年人的泪花。我望着译本扉页上印的契诃夫像，想到了很久以前读过的这位作家的一段话："一个人没有什么要求，他没有爱，也没有憎，这样的人是成不了一个作家的。"这句话一直是我在漫长而坎坷的人生道路上跋涉的精神支柱。这个译本后来由浙江人民出版社出版了修订本，很快又再版过一次，印数达两万八千多册。

《俄国文学研究》是我翻译的俄国文学论文集，除有一篇的作者是美国共产党人外，其他都是苏联文学研究者写的，反映了当时苏联学术界的理论水平和我本人的认识水平。书中共收二十六篇论文，第一篇是《拉吉舍夫论》，最末一篇是《高尔基论》，通过编排揭示出"伟大的永远震撼人类心灵的俄国现实主义文学的发展史"。又因为是一篇篇作家论的汇编，在每一篇里又能独立地展示出俄国优秀作家的独特的创作风貌。这二十六篇论文研究了十七个俄国作家和诗人，其中车尔尼雪夫斯基和托尔斯泰的研究各有二篇，果戈理的研究占八篇，比较全面地介绍了果戈理的创作在各个领域的贡献。果戈理也是我比较偏爱的作家，当然也是因为手边果戈理的材料比较多的缘故，我还在报上写过纪念他和契诃夫的文章。

有趣的是，到了一九五五年，我被推上了任何一言一行都可以定罪的境地时，连爱好契诃夫和果戈理也成了"借着讲解他们的作品来宣扬胡风的反动理论"和"破坏苏联文学教学"的罪名了。

总的说来，我在复旦的三年时间，无论与师友相处，与学生相交，无论教学、写作，还是个人生活，都是比较愉快的。我一生颠沛动荡，很少有连续几年以上的安定日子，而这几年的教书生活，对我来说是难能可贵的。但是，作为胡风的朋友，作为一个对人生与文艺有独特感受的知识分子，当时的大气候给人带来的压抑与学校里的愉快气氛正好成为一种对比。我指的是一年胜过一年的批判胡风的暗潮，虽然起初还仅仅局限在文艺思想方面，但给人造成的压力决不仅限于此。我是向来不搞文学理论，也没有什么大的兴趣，所以对胡风的理论一直不甚了然，但我尊重的是他正直的人格力量，是与胡风几十年来生死相连的友谊，更难忘的是胡风曾在我最困难的时候给予我帮助，我们是朋友，不背叛友谊是中国传统做人的基本信条，而"卖友求荣"又向来为士林所不齿。所以我在为胡风的处境感到担忧的同时，也时时有为朋友必须要承担牺牲的不祥之感。

先是解放初期，冯雪峰一次由北京回到上海来，与朋友聊天中说起，毛泽东曾把他叫去，时间可能还是在全中国解放前夕，毛泽东向冯雪峰了解胡风在上海的情况，他问雪峰："听说胡风身边还有一帮人？"把知识分子的行为不是看作个体的行为，而认为有一种集体的力量，这种思考模式本身就是一个信号，已经潜伏了以后的动作。后来潘汉年来上海工作，一次报告中也说道："我们上海有一帮人，打着马克思主义的旗号，干的都是另一回事。"我坐在下面听到此说，也很快就联想到胡风的处境。

这几年批胡风的风风雨雨时大时小，直至一九五二年九月到十二月，北京召开了"胡风文艺思想讨论会"，断断续续开了四次，把胡风的文艺理论上纲上线到"反党"的高度，最后又是以何其芳的那篇《现实主义的路，还是反现实主义的路》为结束。胡风这个倔强刚烈的湖北人第一次不得不向他们低下高昂的头颅，这对他精神上的打击是巨大的。记得他从北京回到上海时已近严冬，我们都穿上了厚厚的棉袍，但心里还是感到寒冷。那时我还没有搬到复旦去住，依然住在永嘉路。一天下午胡风的小儿子跑来找我，说他父亲回来了。我带了一瓶酒和一包下酒的菜就去看他，到了他家里，见他垂头丧气，神色很差，我们边喝酒，边谈北京开会的情况。如果说，胡风说得气愤，我听得却感到了分量，多年的政治经历又一次提醒我，这是不祥之兆，特别是胡风虽然承认了自己的理论是"小资产阶级"的，但决没有达到何其芳们所期望的要求。胡风愤愤地说："我怎么能向何其芳去学？三十年代左翼运动时，我们都在战斗，他却躲在大学里画白日梦，唱小夜曲，抗战了，他跑到延安去投机，马上就换了一副脸孔，变成了他是最革命、最马列了，反过来对别人指手画脚整别人，这种连人格都不要的人，我如果向他学习，才是对人民犯罪。"胡风的话多少有点偏激，不过对何其芳我也没有什么好感，特别是听从延安回来的一些朋友说起他在康生领导的"抢救运动"中的种种作为后，更觉得反感。但我心里清楚，何其芳对胡风的批判不是他个人的行为，他的背后有着更大的政治背景，这是不能不认真对待的。我劝告胡风："老胡，你斗不过他们，就算了，不要再逞意气，我们都不如鲁迅先生，鲁迅在二三十年代卷入政治旋涡，但他深深懂得我国的政治历史和社会，他进得去出得来，始终有主动。而我们不行，你不懂政治却偏偏要往政治旋涡里去凑，那是太危险了。"胡风默然。我进而劝他："你不要再搞这些纠纷了，还是躲在上海埋头做两件事，写一本鲁迅回忆录，这是你能做的，鲁迅先生与你有许多接触，他的许多言行，你若不写就会失去，就是作为资料也应该保存下来。再有，你可以译译《天方夜谭》，现在这部全集有了日译本，有两百万字，又是经典著作，你译完它也需要花几年时间，不是正好避避现在这个风头吗？"胡风当时也这么想，他可能真的感到身心疲惫了，但是内心深处不甘寂寞。后来他把家搬到北京去住时，我还托人给他借了日文本的《天方夜谭》全集，他带去后终于没有译出来。

中国的知识分子就是这样，他永远也摆脱不掉政治情节这只"红舞鞋"。

一九五三年八月，胡风举家北上，离开了他从抗战胜利后就苦撑苦住的上海城。离沪前，泥土社老板许史华在淮海路一家广东馆子大同酒家请客，朋友们都为胡风钱别，心情也是沉重的，前途凶吉都难以卜测。临行时，我与任敏一起去帮他们整理打包。忙完后，我们两家人在他的旧居还留过一张照。背景是硕大的行李包和潮湿的墙，胡风敞着衬衣，穿着短裤，疲惫地坐在梅志身边，只有一双深邃的眼睛，依然炯炯有神地注视着不可知的前方。

他离沪那天，我们夫妇俩都到车站去送行。周而复是上海的统战部副部长，他派了车帮胡风送行李，自己也去车站相送。我与周而复早就有一面之交，那时抗战胜利后，我们夫妇一九四六年到上海，先到胡风家落脚，可巧碰到以新华社记者名义的他和刘白羽正坐在胡家客堂，我从徐州带来一瓶用日本清酒瓶装的大瓶徐沟高粱酒，那天中午在胡家吃午饭，大家一块儿喝酒聊天，说说笑笑，气氛非常融洽。这时，大家只是客气地点点头，车开后，就各走各的了。那天看到胡风凄凉话别的模样，心里很不好受，事后和相熟的人谈起，我说："老胡在上海生活工作了这么多年，没想到临走时只有我们和周而复来送行，周而复是统战部长，显然是来履行职责；我是平头百姓，倒是代表人民。"这话后来传开去，也成了一大罪行。

京上阴云

胡风临走前我曾告诉他，我自一九三六年五月离开北京去日本以后，和北京就疏离了。解放后我哥哥贾芝一家从延安回到北京，我大妹子也在北京，那时我父母上京看子女，一家人流离失散几十年，现在又团聚了。我很想借此机会北上探亲一次，看看相别多年的父母和兄妹。胡风到了北京后，因初去北方，生活尚不安定，家里女工也没有请上。八月二十二日梅志给我来信，问起我们何时去京。这封信后来被删节后收在"第二批材料"中，前后编排是这样的：

十六，胡风给满涛的信：现在还是，正是需要点滴斗争的时候，要遵守组织原则，但组织原则是为了保证斗争的。……

十七，梅志给贾植芳的信：任敏是否按计划来京一次？我到此不觉快一月了……女工到现在还未请着，只作协派一通讯员帮忙，其实他只有使我更忙，公家人不能不存戒心。

现在这封原信已经找不到了，但明眼人看得出来，梅志的信中间有省略号，前后说的本是两件事情。前面说任敏"按计划"来京正是指我们将北上省亲一事，可是用这样的方式摘出，又配上前一封信中的"组织原则"，特意加注："指胡风反革命集团的组织原则"，就变得暧昧莫解。其实胡风给满涛信中所说的"组织原则"，前后意思很清楚，就是要服从当时文艺界的"组织观念"，要自觉地去理解各种党的文艺政策，但这种服从并不是放弃原则上的斗争。胡风本人在"文艺思想讨论会"上的检讨，就是这样做的，怎么会变成了"胡风反革命集团的组织原则"了呢？而把梅志的信排在其后，无形中利用"按计划"三个字，来加重前一封信中"组织原则"的分量，以造成"胡风反革命集团"是"有组织有计划"的假象。历史上的春秋笔法是讲微言大义，现在却是由编排法来达到不尽言中的目的，真可谓"不着一字，尽得风流"了。

不过到一九五四年春节，我还是"按计划"去了北京。

北京是我人生旅途中的重要一站，我从那里开始真正认真认识了人生，走上了社会。我第一次去北京还是一九三二年暑假，与哥哥一同从太原出发，去北京上高中。我哥哥一向循规蹈矩，性格稳静，他在北京安安稳稳地考上了中法大学孔德学院附中，又安安稳稳地继续在孔德学院的哲学系深造，一九三七年抗战爆发后，他又安安稳稳地毕业于西北临时大学法商学院经济系，去了延安，在抢救运动、整风运动中都安然无恙。现在又安安稳稳地回到北京做官。而我，自幼顽劣，一向不安分，在北京因参加学生运动先被教会学校除名，又被抓进公安局，让伯父花钱保释后，因为还留个"随传随到"的尾巴，我就三十六计走为上计，以流亡兼留学的身份，东渡日本，抗战爆发后，又弃学回国，投身战场，从此开始了自己几度入狱，几度生死的历险。现在，兄弟俩以完全不同的姿态重新相逢，我不能不感触万千。

我与任敏这次北上，完全是私人探亲，并没有什么任务，更没有其他目的，胡风是我的朋友，到北京后是一定要见面的，只是后来发生的一些奇奇怪怪的事情，使我这次北上变得神秘起来了。

我们到了北京，先是在我妹妹家住下，因我父母也住在那儿，没几天，我碰上留日同学李春潮，他现在在广西当文教厅厅长，正上北京开会。他告诉我，我们共同认识的另一位留日同学潘开沛，正在高教部里当干部，他邀请我一起住到高教部招待所，这样有机会聊天。因潘开沛的帮助，我们就住在高教部招待所去了。我与李春潮是无话不谈的朋友，在日本时，我们俩，还有覃子豪，曾一度同住在东京小石川区的白山寄宿舍，常在深夜时分于读书写作之余，一起到附近街头卖"烧鸟"（烤鸡肉串）的小酒店喝啤酒或日本清酒，因为这些烧鸟店的布局类似西方酒吧格式，只有不到十个座位，当炉的都是日本的妙龄少女，别有一番东洋情趣。这一段岁月过得非常愉快，也由此结下了深厚的友谊。后来，他因闹恋爱，追求的是黄兴的侄女，恋爱失败后一度非常苦闷，神魂颠倒，大家无法照顾他，只好把他送回陕西老家。抗战爆发后他就到延安，到抗大当教师，后又去胶东解放区工作，多年未见着。解放后我收到过他的一封信，告诉我他从北京我哥哥那里知道了我的情况。这次相会，大家谈往事、忆旧情，有说不完的话。当时我与胡风的关系是众所周知的，李春潮因参加革命的经历长，认识些比较高层的领导人，一次他曾告诉我一个传言，说毛泽东要批判胡风。他的话里自然有规劝我的意思，那时毛泽东的名字在我们心目中是很神圣的。我听他这么一说，心里也沉了一下。后来我见到胡风时，曾把这个传言告诉了胡风，胡风完全不明事理，就把它捅了出去。一九五五年我被捕，这事就成了"通风报信"的一大罪证。

李春潮也写过不少诗，他后来编过一本诗集，由我介绍到泥土社出版的。他与胡风没什么关系，一九五五年批判胡风在全国开展之初，他还给我写过一封信，表示要参加这次斗争。但他的表白没有能挽救他的处境，因为我的关系，他也在这场运动中受到牵连。八十年代初我读《广西文艺》，读到他儿女们的一篇怀念文章，说李春潮一九五五年受到连累，一九五七年又被扣上"右派"帽子，终于步了屈原的后尘，含冤投河自杀了。

东京街头"烧鸡"店的三个青年人，李春潮最早结束了自己的生命。覃子豪一九四八年去了台湾，成为蓝星诗社的创始人，留下三卷本的《覃子豪全集》，一九六二年病死于台北，唯剩下我，这个一生与苦难相伴的不幸运的人，还在这里饶舌，寄托了老年人哀哀的思念……

李春潮在东京办文海社，写新诗的时候，与郭沫若相熟，这次来北京也经常到郭府去走动。大概是李春潮对郭沫若说起我到北京的消息，一次他对我说，郭先生邀你某日晚上去郭府喝茶。我感到有些突然，因为我与郭沫若虽在日本见过，但向无往来。一九四六年我到上海，住在溧阳路，与郭沫若的住处不远，经常见他坐着三轮车从马路上走过，偶尔也仅作点头而已。现在他是政务院副总理，属国家领导人，我去看他未免觉得唐突。但李春潮说："没关系的，去的都是留日同学，我还请了潘开滋、潘开沛弟兄和在南开大学当历史教授的吴廷璆一起去。"我忽然想起，那时我们在东京还有一个诗人，叫雷石榆，他在天津师院教书，在东京出过日文诗集《沙漠之歌》，现在也在北京，我就问："要不要请雷石榆？"他沉吟了一下说："还是算了吧，雷的妻子在台湾，是个舞蹈演员，天津公安局还来调查过这事，他去郭先生那儿不方便。"那天晚上我去郭府的时候，天正下着雨，我雇三轮车到了西城缸瓦市大院胡同五号那座朱漆的大门前面，经过门口的岗哨，被引进相当宽敞的客厅，客厅里还放着很大的毛泽东塑像，这在当时是很罕见的。李春潮他们已经在那里了，大家正谈得欢。郭沫若见了我就说："你还记得我们在新人乡酒馆吃饭的事吗？"我当然记得，那一年他住在日本千叶县，与李春潮等留日学生很熟，一次李春潮收到父亲从国内寄来的七十元大洋，便欢天喜地地在北乡区的东京帝国大学附近的新人乡酒店请客，也请了郭沫若。他那时经济窘迫得很，据说是仅靠为商务印书馆译威尔斯的《生命之科学》的稿费来维持全家的生活，穿着旧衣服又窄又短，冒雨从千叶乘车赶来，我与他第一次见面就在那时。在席上我问他翻译托尔斯泰的《战争与和平》是不是根据米川正夫的日译本，他摇头说不，他是从牛津版的阿尔蒙德的英译本转译的。过了一会儿他又对我说，他怀疑米川不懂俄文，也是从英文本译的，还说他把 horse（马）译成了 house（房子）。时隔十多年，又经过如此沧桑之变，他还记得那样清楚，是很不容易的。那天在郭府谈得甚欢，临别时郭沫若一直送我们到大门口，还连连对我说："我下回到上海一定去复旦，到复旦去看你。"谁知这次以后，我们俩再也没有机会见面了。到了一九五五年，郭沫若在批判胡风运动中一马当先，先后发表了《反社会主义的胡风纲领》和《必须严厉镇压胡风反革命集团》，作为反胡风运动的文献资料，都由《新华活叶文选》广为印发。这自然是事后我才得知的。

到了北京，我就去看胡风，他已在地安门太平街甲二十号买了一座独门院的小院。据他前次对我说，上面给了他五千元，这所小院连房价和装修费共用了两千多元。院子还算安静，院子的四角种上了四株树，一棵梨树，一棵桃树，一棵白杏，还有一棵是紫丁香。他把自己的书房称作"四树斋"，本来是很雅的名字，后来听有人提醒他这斋名含有"四面树敌"的意思，他惶恐了，放弃了这个斋名，但四棵树还在，它们将是这个小院主人即将临头的灾难的见证。我们相隔了半年重新见面，我发现胡风情绪更加烦躁，神经也更加敏感。我在他们互相敌视的双方之间，处于一个很特殊的地位：一面是我的哥哥，他们希望我能够和胡风划清界限，或者像舒芜那样反戈一击；另一方面，我又是胡风生死与共的朋友，胡风也知道我的这些亲属关系，他也想通过我了解上面对他的看法。我来北京后曾与哥哥谈起一九五二年胡风文艺思想讨论会的事，我哥说，胡风的检讨完全是敷衍了事，不接触本质问题。后来我把贾芝的这个意思带给胡风，他一听就恼火，暴怒地说："我给他们面子，才承认自己是小资产阶级思想，他们还不满足，我就连小资产阶级也不承认了。"我看他这种精神状态，心里实在为他担心。

终于，有一天，我哥哥来找我了，他邀我到他那里去吃饭。他那时在新成立的文学所工作，住在北京大学的中关村。我与父亲一起去，午饭以后，老人睡下了，我独自坐在他的小房里吃烟，一会儿，门外进来几个人，为首的是何其芳，我哥哥也在一旁。何见了我就握手，亲热地说："老弟，我们正要找你好好谈谈呢。"我警觉起来，就请他说，他也马上转入正题，说："你与胡风是朋友，应该一起帮助他。"我问："胡风到底犯了哪些错误？"他说："据现在情况看，胡风至少有四个错误，一是反对毛主席在延安文艺座谈会上的讲话；二是反对党的统战政策；三是反对知识分子思想改造；四是反对中国传统文化遗产。"我那时性格很暴躁，一听这种扣大帽子的做法，心里就生反感。我生硬地对他们说："我与胡风相识多年，解放前他在重庆、在上海都与国民党政府做斗争，国民党特务把他视为眼中钉，对他想方设法地迫害。一九四七年我被捕后，国民党中统特务要我带他们去捉胡风，或把胡风的住址告诉他们作为释放我的条件。我亲眼看到他怎样千方百计地出版解放区的革命文艺作品，千方百计地推出反映人民革命情绪的好诗歌、好小说，也亲眼看见他是在怎样艰苦贫困的环境下生活，现在解放了，这是他一生追求的理想实现了，他为什么要反党反毛主席？他那么受苦和被国民党迫害所为何事？你所说的四条，我看不出来。"我哥哥是老实人，他一看谈僵了，就悄悄地走了出去，何其芳们还继续跟我谈胡风的问题，希望我能改变立场。这次谈话弄得很僵，最后是不欢而散。我心里很明白，我这是失去了一次可能改变自己人生道路的机会。为此，我将会付出悲惨的代价。

这次在北京逗留时期，由于和李春潮住在一起的关系，我又碰到了同时代的留日同学潘开滋、开沛两弟兄，如前文所说，开沛当时在高教部工作，是个处级干部，开滋当时却是农林部全国集体农场管理局总局长。因为一直担心着胡风的生活命运，听到他这个职务，我心里一动，联想到胡风这几年一贯被说成是反对与工农结合改造自己，如果有机会把他弄到农场生活，加上他头上的罪过可能就不攻自破了。当我把这点想法向开滋透露以后，他这个湖南老大哥倒很痛快，答应愿意帮这个忙，对他说来也是轻而易举的事。开滋比我们年长，又是个老革命，不仅斗争经验丰富，人也耿直可爱，没有丧失知识分子的本色。当时他对我说："把胡风弄到农场，这事我包了，北京附近清河县农场，就到那里去，离北京只有四十里路，就叫他去那里养养身子也好，这些年他也够苦的了。"我们这么一合计，一天上午，我就领他与春潮到胡风家里，大家先认识认识。因为我们这些人都是先后的留日学生，他们两位又是老区来的老干部，且远离文艺界，借此和胡风交个朋友，也许会对他有些帮助，或许，也解除一些生活中的寂寞与苦恼。

这里还有一个小插曲：当我们一行四人（还有任敏）一头撞到胡风客厅时，正巧萧军坐在那里，引人注目的是他脚上穿着一双黄色的短皮马靴，我先进客厅门后，胡风就连忙替我介绍，萧军却摆手说："你不介绍我也会猜出他就是贾植芳。"当时我又向他们介绍随后进来的潘开滋和李春潮时，萧军却站起来吆喝说："不要你介绍，老潘原是我的顶头上司哩！"大家坐下来后，萧军打哈哈说："你们几位混得都不差，都比我强。老潘弄了个局长，李春潮弄了个厅长，贾植芳也弄了个教授，我只是北京市政府文物处的一个研究人员，专门挖坟盗墓，还是人家彭真照顾哩！"大家吸烟喝茶，谈得很好，胡风对两位新客人似乎也很信任。我当时就用一种说笑话的口气对他说："我把老潘领来和你们认识认识，就是他可以为你和工农结合提供个机会，他的工作职务就是管集体农场。我希望你们互相来往交个朋友，都算自己人。"大约因我的关系，萧军说老潘又是他的老顶头上司，所以虽然胡风于他们两位都面生，但谈话中似乎并不见外，大家说说笑笑，并无隔阂。当然对胡风来说，我带来的两位陌生人，首先因为他们都是从老区来的老干部，而他们又都是我留日时期的同学，胡风本人也是老留日学生，"因友及友"，这大约就是他在思想上和感情上能接纳他们的原因吧。但我离京以后，批胡风的锣鼓越敲越响，不到一年就发展成全国性的反胡风斗争，因此我在京期间设计的这个胡风下农场的措施，也就只能落空了。

到我们告辞时，萧军对我说："老贾，我住在什刹海，你得空来玩。"但出了胡家大门后，老潘却对我说："老贾，萧军那里我们去不要紧，你最好不要去走动，省得人家说闲话，他的问题并未解决，人家还注意他的动静哩！"我问起萧军说他是自己的"顶头上司"一节时，老潘解释说，在延安中央党校学习时，他是小组长，萧军是他一组的成员；又说萧军一九四二年出了事后，被停止生活供应，自己带上老婆孩子到定边落户劳动，自谋生活。过了一定时期，组织上才派人把他们一家接回延安，是老潘赶上毛驴把萧军一家从定边接回延安的。在我离京前，李春潮在"全聚德"请了一次客，出席的以我们当时的留日同学为主体：老潘弟兄、南开大学东亚历史教授吴廷璆、雷石榆、胡风和我们夫妇，也请了萧军。而随着局势的发展，这次宴会也就成了一次"最后的晚宴"了……

在临行前，胡风告诉我，他近来要写些东西，他知道我翻译的《契诃夫的戏剧艺术》已经出版，想要一本看一下，作为参考材料。我手边没有带着，回去后就在王府井大街的新华书店里买了一本给他送去。他用一种略带诡秘的表情对我说，他正准备写一份大文章，他说："你明天一个人来一下，我有事要和你商量，任敏不要来了。"我不知道他准备写什么，总预感到什么事将会发生。那天回到高教部招待所，得知招待所已经为我买好明天一早回上海的车票。那时车票也不好买，既然好不容易搞到了票，学校也开学了，我就无法再到胡风那儿去了，第二天一早就与任敏匆匆离开北京，回上海了。事后，我才知道胡风那时正在酝酿写"三十万言书"上书中央。我没有参与其事，但这并不因此减轻我作为这个集团的"骨干分子"的"罪责"。

我这次北上不过十来天，主观上不过是探父母，看兄妹，再有就是看看朋友。但因为遇到李春潮而有了"通风报信"罪，见了何其芳就有"拒绝挽救"罪；与胡风的几次见面，也都成了"按计划"而行的反革命密谋罪。真是山雨欲来风满楼啊！

一九五五：又进入一个监狱

一九五五年在凄风苦雨中到来。

胡风在过去的一年中经历了人生的风口浪尖和万丈低谷。他上半年开始写"三十万言书"，三月份动笔，七月份完稿，七月二十二日正式面交中央文教委员会副主席习仲勋，请他转呈中共中央的领导人毛泽东、刘少奇和周恩来。八月，被四川省选为全国人民代表大会代表。九月，出席第一届全国人民代表大会第一次会议。十月到十一月，他出席中国文联主席团和中国作协主席团的联席会议。胡风在会上做了两次重要发言，进一步批判近年来文艺界出现的各种问题。从上书"三十万言书"到联席会上的精彩发言，是胡风近年来战斗力最昂扬的时刻。自解放以来，他不断受到批判，而且这批判的压力来自他所信仰、并视为自己生命的党中央。他一直克制着自己的冲动，想反击又投鼠忌器，现在他终于忍不住了，多年积压在心底的话，像火山一样在联席会上爆发，无论是理论的强大力度，还是战斗情感的饱满，都是他生命中最辉煌的闪现。但紧接着，十一月十七日，袁水拍开始反击胡风的批判，再接着是周扬的《我们必须战斗》的发表，会议形势急转直下，全国性批判胡风文艺思想的运动开始推向高潮。

可以想象，一九五五年春节，胡风是过得相当沮丧的。

但是，我们在上海的朋友都还没有预感到大难临头。尽管在一九五四年十二月十日的《人民日报》上发表了周扬的《我们必须战斗》一文，但在《文艺报》的第二十二号上又全文发表了胡风在联席会议上的发言，其口气、其逻辑、其措辞都是那样的振奋人心。这一期的《文艺报》原本该十一月三十日出版，但一直挨到十二月九日方才正式出版，从北京寄到上海，我们看到时，反比周扬的文章晚，这似乎给人造成一种阴晴难测的感觉。当然，心情是沉重的，神情是紧张的，只有在这种情绪下才会有春节祝酒的一幕。

一九五五年春节，正逢张禹有一本介绍台湾的书在上海人民出版社出版，拿到一笔稿费，大约两千元吧。我向他提议，让他拿出一百元在锦江饭店请朋友们吃一顿饭，若钱还不够，我可以再出一些。后来泥土社老板许史华说，他也可以拿些钱。其实那时知识分子的生活普遍好转，物价也不高，朋友们在酒店、饭店里聚餐吃饭是常有的事，张禹请客不过是随便起一个由头罢了。那时一百元钱可以吃很丰盛的一桌。到席的有我们夫妇和一个侄女，王戎夫妇，耿庸夫妇和他们的大儿子东宁，何满子夫妇，顾征南夫妇，罗洛、张中晓、许史华、梅林、张禹等人。上海的"胡风分子"除了做官的以外，都来齐了。在席上自然谈到胡风在联席会上的发言，大家感慨不止。我年轻时酒量很好，那天喝多了几杯，一时率性，便举杯提议说："老胡的发言打中了文艺界近几年问题的要害，表现了中国知识分子的传统骨气，他敢于说真话，我提议为他的健康干杯！"因为我是一时性起而说出这番话的，语气中也含有沉重而激忿的情调，与整个席上的气氛不合，大家一时感到愕然，但总算响应了我的提议，迟疑了一下，终于一个个都站起来干了杯。如果在今天，我们聚在桌上为某一个朋友的健康干杯，都极随便的一件事，可是在那时的气氛下，这无疑成了最悲壮的仪式。但这又成了我"支持胡风反党反革命的罪行"。

那一年的《文艺报》一、二期合刊，在一月底出版，在通栏标题"对胡风在文联和作协主席团扩大联席会议上的发言的意见"下，发表了姚文元等人的批判文章。中国的政治运动是造就大小文痞的最佳温床，姚文元就是在这种时候大显身手，开始其飞黄腾达的政治投机生涯。同期《文艺报》上刊登了路翎的长文《为什么会有这样的批评》，但这已经是作为反面材料公布的。我是订《文艺报》的，这一期《文艺报》送到我手里时和往常一样，没有什么特别的举动，可是过了几天，我在方令孺那里突然看到一本厚厚的《胡风对文艺问题的意见》，那是胡风"三十万言书"中的一部分。一问，才知道这本小册子是随《文艺报》免费赠送的，我和方令孺都是中国作家协会的第一批会员，但她有。后来想一想也不奇怪，他们既然认定我是胡风集团的骨干分子，派定我一定是早有这份"三十万言书"了，当然不会再寄我"供批判用"。当时方令孺听说我还没有见过这篇文章，吃惊地说"怎么你还没有见过？我以为你应该早就看过了"云云。这位新月派女诗人解放以后竟一变而为一个"女战士"，听说后来调出复旦，当上了浙江作协主席。

差不多同时，又收到了胡风给我们夫妇的来信，幸好这封信被收到"第二批材料"中，所以现在还能引用在这里：

久不通信，想来可好？问题有了新的进展，望你用极冷静沉着的态度对待已经发生的和将要发生的事情，切不可草率从事，参加讨论，这只有更使问题难以处理，有热心的人，也希望你代为阻止。不要写文章或信表达自己的意见，现在这已不是"讨论"，而是"批判"。

你是教书的，能不参加较好，万不得已时，就可以批判的地方说一点自己的意见吧。

我现在已经无法回忆这封信在"材料"里是否引全，胡风是否还给我们说了些什么。从语气的沉痛中不难体会，胡风从在北京的失败，也预感到这一场灾难不可避免将要到来了。上海的朋友们已经陆续收到胡风的信，都知道了事情的结果，像王元化、彭柏山这些上层人物陆续开始在报上表态，批判胡风的"反马克思主义文艺思想"，真正的压迫开始到来了。

最令人恼火的是这类批判运动开始以后，在任何角落都会出现反响，在复旦大学，我立刻就成了大家注意的目标。过去在课堂上下，我从不提起胡风，我觉得我与胡风是私人朋友，这是两个人之间的事情，不应该当作公事在课堂上讲，也不需要和同学讲，可是当全国性的批判运动一开始，任何人与人之间的私事，包括私人友谊，都必须成为公众的社会性事件，都必须在公众面前曝光，这是我很难容忍的。但鉴于胡风的劝告，再则我也不想因为个人的一时冲动而使胡风问题更加复杂化，所以我是采取尽量克制的态度。中文系也开始举行"胡风文艺思想批判会"，方令孺对这方面事情一向是很积极的，她曾提议让我做中心发言，意思很清楚，就是要我交代问题、自我检讨。我火了，拍了桌子对她说："要干你自己干，我宁可辞职也不会做这事。"但我的举动激起了更大的压力，当时批判胡风已成为一种潮流，任何人想反抗都无济于事的。事后，我不得不在会上做了一次极为空洞的批判，但这并不减轻我的罪名。

胡风在信中说："你是教书的，能不参加较好，万不得已时，就可以批判的地方说一点自己的意见吧。"这给了我一点启发，看来不参加的可能性是微乎其微，但要我批判胡风，且不说他的理论如何，实在是我的感情无法接受。我那天的发言，几乎是毫无内容地抄录报上一些批判语言，然后整理成文，寄到《人民日报》编辑部。稿子很快被退了回来，还附信说："文章太空洞，批判胡风要联系实际。"我又把它寄到上海的《文艺月报》，不久也被退了回来。我松了一口气，就说："反正我写过了，他们不登是他们的事。"当然这话是说给同事听的，在我心里，若是这样的稿子真的被登出来，才会使我感到难受呢。但这却又构成我"假批判"和"蒙混过关"的罪行。

最使我难堪的是学生们的疑虑。批判开始后，平时跟我相熟的学生都来问我：胡风可不可以批判。我真觉得有口难言，我无法把事实真相告诉他们，更不能阻止他们参加这个批判运动。我唯恐他们会因为我的关系，而受到牵累。学生也有不同的观点，记得章培恒就写了一篇文章寄到《人民日报》，为胡风文艺思想辩护，他引了胡风《文艺笔谈》里关于《西游记》《红楼梦》的论述，来证明胡风并没有反对中国优秀的文化遗产。稿子没有刊用，但报社还算客气，寄来了十元稿费。施昌东那时已经小有名气了，上海作协把他找去开批判会，他回来问我说，他可不可以写批判胡风的文章，我说当然可以，胡风不是马克思，总是会有错误的。他回去写了，文章在《文艺月报》上登出来，稿费给得很高，有七十元。这在那时是一笔不小的数目，当施昌东跑来告诉我时，我只能苦笑，心里想："重赏之下，必有勇夫，这话是不错的。"不过后来的事实证明，写了批判胡风文章的施昌东和提了反对意见的章培恒同样没有逃过惩罚：章培恒受到审查并被开除了党籍，施昌东则被抓进去关了一年，一九五七年还带上"右派"的帽子，两人都被列入了"胡风影响分子"的黑名单，结果完全一样。

作家协会上海分会也开展了批判胡风的运动，会议不断，气氛比复旦更为紧张。我也去参加过几次，但已经没有了发言的权利，多年的政治经验提醒我，我不会像吕荧那样慨然上台去为胡风辩护。但各人的表演是不同的，前一节说到施蛰存先生是一种态度，有些人可是另一种态度，那时最积极的人中有一个是批评家王若望。当时批胡风还停留在批胡风文艺思想，但他却第一个在台上说，胡风是一伙国民党特务。这话算是够耸人听闻的了。不久他又出了一本书《胡风黑帮的灭亡及其他》。我也由此认识了他。不料，在八十年代初，一次在文艺会堂的茶座上，头发雪白的王若望突然走到我的面前，与我握手，然后很亲切地说："老贾，我在'文革'中顶替过你的位置。"我听了莫名其妙，不知究竟，因为那时候社会上出现"顶替"一词，是指父母提前退休，由儿女顶替他们的工作岗位，就对他说："你年纪比我大，怎么能顶替我？不是儿子才能顶替老子吗？"他听了连连笑着说："唉，不是这么一回事！"接着他才告诉我说，他在一九五七年也挨了整，由"左派"变成了"右派"，"文革"中他为自己翻案，新账旧账一起算，被戴上了"现行反革命"帽子，抓到上海公安局的第一看守所里。那时我已经出狱，在监狱里犯人都不用名字，只用代号，我在那里的代号是"一七八三"。我出狱后，这个代号一直空着，王若望抓进去后，看守就让他顶替了这个代号。所以他说他"顶替了我"。这么说，"一七八三"的前身是贾植芳，后身是王若望，反胡风的积极分子终于顶替了胡风分子的狱中代号。至于我的前身"一七八三"是谁，这大约已不可考了。

不过说句心里话，当初批胡风虽然紧张，但毕竟与后来的政治运动还不一样。在我心里，也没有特别大的压力。因为在这以前，有批判电影《武训传》和批斗俞平伯的《红楼梦》研究，但这两次运动都没有构成对当事人的迫害，孙瑜、俞平伯还加了工资，升了职称。前几年知识分子思想改造时，也有人跳河上吊，但事过之后，也照样写作教书，都未有人身迫害现象，所以虽然为胡风、为其他朋友、也为自己的命运添上几分忧虑，但每天喝酒上课写东西是照常的，并没有受到丝毫的影响。记得一次我和刘大杰在余上沅家里吃午饭，喝酒时刘大杰对我说："老贾，你和胡风是朋友，我和老余与胡适也是朋友，谁没个三朋五友的，没关系。"后来，刘大杰还跑过来嬉皮笑脸地说："老贾，这回恭喜你要升官发财了。"他说那话决不是调侃，是有孙瑜、俞平伯为先例的。后来我看了一些当时的材料，觉得这种乐观在当时也未必就是奢想，"文革"中我看到刘少奇在一九五五年二月份有过一个关于胡风问题的指示，他说："对胡风小集团，可以开一些会，根据政策原则，对他采取帮助的态度，对胡风不是打倒他。"当时全国性批判运动，以及因批判俞平伯引起的批胡适的唯心论演变成了对胡风文艺思想的批判，而且批胡风的高潮正在来临，学校师生正全部投入了批两胡唯心论的热潮，一位我相熟的经济学教授跑到我家里闲坐，他苦笑着说："整天拉二胡，越拉越糊涂。"这也反映了知识分子那种兔死狐悲的抵触心态。如果按照刘少奇的设想，胡风的命运也许和孙瑜、俞平伯一样。但随着舒芜公布的胡风的私人信件，整个形势就发生了任何人都难以预测的逆转，不仅对一九五五年的胡风，而且对整个文艺界在解放后三十年中遭遇的风风雨雨，都产生了极大极大的影响。

在舒芜提供的"第一批材料"公布时，我的朋友们都大吃一惊。因为从五月三十日的《人民日报》的按语和编排信件的方式上，看得出上面给胡风定的罪名已经到了欲加之罪，何患无辞的地步。材料中提到我名字的有一处，而且已去掉了名字后面的"同志"称呼，按语里也充满了敌视性的暗示。那一段材料是胡风给舒芜的信的摘录，写于一九四六年十一月二十七日：

有一个报要出一个周刊。我答应了，用别人的名去编（报纸立场不好之故），几百字到二三千字的短文望能继续寄些来。

这本是一封约稿信。可是材料的注释中注明，"有一个报"是指"《时事新报》，国民党反动派的报纸"。"周刊"指的是"《青光》"，"别人"指的是"贾植芳"。在按语中，又进一步发挥说："胡风在近十年来如何苦心孤诣地培植他的集团。他主编的《希望》杂志，是他的集团作战的主要阵地。他一再向他的集团的成员进行鼓动，鼓动他们'冲锋'，鼓动他们'与阵地共存亡'，并且虚张声势，故布疑阵，矛头则是指向中国共产党所领导的进步文学队伍。他还介绍别人在反动报纸上编副刊，为他建立'配合的小据点'。"

这里是说我在一九四六年编《时事新报》副刊《青光》的事。但按语中所有的罪名，都是莫须有的。我是一九四六年夏天从徐州搬到上海定居，先是住在胡风家里，即雷米路文安坊六号。因刚到上海，闲居在家里，写些零碎文章糊口。到十一月份的时候，胡风对我说，《时事新报》的副刊要换编辑，其总经理胡鄂公（南湖）也是湖北人，与胡风是同乡，想请胡风去编副刊。《时事新报》在"五四"时期刊行，是当时著名的大报纸，有了几十年的历史。四十年代它是属于孔祥熙系统的报纸，因为一九四六年国共两党尚未破裂，南京正在筹备召开政治协商会议，孔祥熙想趁这个机会拉拢各方面的政治力量，所以它的各种性质的副刊有各种人来编辑，政治面貌都不一样。胡鄂公本人是个政客，他公开身份是孔祥熙财团在上海的代理人，但与各种政治力量都有关系，与共产党也有关系，胡风想利用这个阵地发表一些进步的文章，宣传进步的思想，这种做法在三十年代左翼文学运动中就有传统，像《中华日报·动向》《申报·自由谈》《申报月刊》《东方杂志》等都是这样，根本扯不上"反对共产党所领导的进步文学队伍"。胡风只是顾虑这个报纸的背景比较复杂，他去主编会带来很多不方便，我新到上海，面孔比较陌生，没有什么关系，再说，我当时也没有工作，所以就接下了这份副刊。

《青光》是个周刊，在我手里只编了八期。从一九四七年元旦开始，到二月二十六日。事先胡风与胡鄂公说定几个条件：一、稿子不给报馆审查，每周五由我编定直接送报馆印刷厂，交给工人当场排清样，我在一旁看校样，然后就印出。发稿权完全由我们掌握。二、副刊的作者也不跟报馆发生任何关系，每期发稿后由我直接向报馆领取稿费，然后分送作者。所以报馆不知道这些作者的真实姓名和地址。《青光》基本上是不约外稿，作者的名单是胡风开给我的，大约就是胡风、舒芜、路翎、阿垅、吕荧、张禹、耿庸、绿原、夏钦翰、冀汸、方然、王戎和早期"未名社"的台静农、李何林等人。还有我的一些搞木刻绘画的朋友的作品，如李桦、卢鸿基、余所亚等。在最后一期上还刊登了王树艺的木刻《农家》和力群的作品，力群在解放区，作品是由胡风转给我的。从上面的作者队伍看，基本倾向都是进步的，他们的作品的主要锋芒也是针对国民党政府。记得第四期发表了阿垅的一篇小说，题目很长，叫《彼得·施莱米尔怎样徒劳地寻觅他所被夺的影子和他的最后遭遇》，是一篇映射国民党的作品，我用一期的篇幅把它登完，并写了一个编后记加以推荐。文章登出不久，胡鄂公就打电话给我，说："贾大哥，这期的小说登得不好，人家看了有意见。"我忙说："这是小说，是文艺创作，不能看作是政治文章。"他在电话里哈哈笑了阵，就摆下了。但随着政治形势越来越坏，这个副刊也愈受人注意，到了编第八期的时候，胡鄂公又来电话了，这回他不再绕圈子，直截了当地说："贾大哥，现在的形势是这样，我们就算了吧。"这样，《青光》出到第八期就无疾而终了。其时国共两党已正式破裂。

我说这段历史，只是想说明：在当时复杂的时代下，各种情况都应该放到"此时此地"下去加以考察，这也是列宁所说的把问题放到一定的历史条件下来观察的意思。解放以后，我们常常用一种非常简单的眼光，即二元对立，是即是，非即非，要么反动，要么革命，这种思维方法，对于文化程度比较低，对旧社会的复杂背景缺了解的人来说，是很容易接受的，但是许多年来，一次又一次的冤假错案，就是由此而生。上面人是明明知道其中曲折而故意不让你申辩清楚，下面人是根本想象不到世界的复杂性而用简单化、公式化推理，上下这么一结合，正是上海俗语所说"眼睛一霎，老母鸡变鸭"，世界就有了另外一种解释。对于这段历史的复杂性，我还可以说一个题外的故事。大约是一九四七年初，我刚刚接手编副刊。胡鄂公在家里摆席请客，出席的人有各种各样，有国民党的，有青年党的，有国家社会党的，有民主同盟的，也有一些教授学者，我也在邀请之列。我去问了胡风，胡风说你可以不去，不过这些人背景复杂，你多看看听听，少说话。他还特别叮嘱我，对两个人要特别警惕，一个是钱纳水，此人三十年代参加过社联，是个托派，后来又投靠了国民党；还有一个人是陈子展，此人很阴险，你必须注意。我对钱纳水一点也不了解，且不去说他。陈子展却是我早闻其名的"左派"学者，三十年代在《申报·自由谈》和《太白》上写过不少战斗性的杂文，他的《中国近代文学之变迁:最近三十年中国文学史》也是我受益不浅的新文学史著作，怎么会"为人阴险"呢？实在使我百思不解。一九五二年我调到复旦后，与陈先生成了同事，有了更多的交往。他豪爽正直，说话无拘无束，与"阴险"丝毫联系不上。但我听说他对胡风也颇有微词，说过"东风东吹，西风西吹，胡风胡吹"之类的调侃话。后来胡风公开受到批判之后，老人一次与我说起胡风，他说："胡风曾经骂我是国民党走狗，现在人家又说他是国民党走狗，其实我们都不是走狗。"他还说起胡风一九四三年在复旦教书的一些情况，说当时文学院院长吴某是个国民党 CC 分子，说胡风的思想反动，不准教文学理论课，只能教日语，最后叹了口气，说他"不明世故，八面树敌"……从这段小插曲里，我似乎更多地体会到由于历史的动荡性与复杂性而形成的人的愚蠢和可悲的观念与心态。

五月十三日，"关于胡风反党集团的一些材料"——由舒芜提供并整理的一些私人信件在《人民日报》上公布了，这对我们每个与胡风有关系的人来说，都是一个晴天霹雳。"反党集团"，这本来是用在高岗、饶漱石身上的，现在突然觉得自己也被圈进了这个圈子，就像《西游记》里孙悟空翻了许多筋斗，突然发现自己仍在如来佛的手心中一样令人感到眩晕。而这个魔圈从此以后就一直在中国的政治上空回旋着，不时套在一些政治以至文化人物的头上……

这天是星期五。

正好在校园里碰上沈善炯，他是留美学生，研究生物学的，一九五○年初历尽艰难回国参加社会主义建设，在上海科学院担任研究员，同时也在复旦生物系兼课。他的妻子是梅志的干姊妹，因此认识胡风，又因胡风的关系认识我。我们经常在校园里相遇，也谈了几句。他那天也看到了报上公布的材料，便问我："胡风是怎么一回事？"我真不知怎样与他解说，就含糊地说，你不用问了，这事一时也说不清楚，你是搞自然科学的，就少操这份心吧。他也很不以为然。他过几天要到北京中国科学院去开会，就问我有没有东西要带给胡风。我确实是很关心胡风的处境，虽然还想不到会被捕入狱，但想象得到，胡风的日子决不会好过。我回家就要任敏上街买了大约十元钱的东西，一瓶虾子酱，几包酥糖，都是胡风喜欢吃的东西，还买了一双长筒袜子包在一起，托住在我这里上高中的任敏的侄儿送给沈家。没想到过了一天我就被捕。我内侄讲出送东西的事，糖和虾子酱就落到警察手中了，又构成了一宗我的"支持胡风、安慰胡风、鼓励胡风向党进攻"的罪状了。

这段插曲也说明了，即使形势很恶劣，出于多年对党的一贯信念和敬重，我也没有想到会被捕入狱，身陷囹圄，所以五月十五日一早当杨西光来电话通知要我去高教局开会时，我一点也没有提防会有什么不测。

十五日是星期天。

我因为习惯晚上工作，早上起得迟，又是星期天，没有课上，更加放心睡了。一会儿，任敏推醒我说，复旦党委书记杨西光来电话，通知我到高教局开会。不一会儿，杨西光警卫员就来催了，我正在漱洗，他就说："车在外面等着，杨书记说，到高教局里再吃早饭。"就这样，我随他一起上了汽车。我甚至没有想到跟任敏说几句道别的话，只是我平时口袋里不放钱，她怕我出去要花，就在我口袋里放了五元人民币。当时我们谁也想不到，这一匆匆相别，竟在十一年之后，才能相见。而我前脚一走，她也后脚被"搭"进去了，我们这个家就算打烊了。

一路上默默无言。我从口袋里掏出大前门香烟抽，杨西光马上抢着掏出了一包中华牌烟，说："贾先生，我有好烟，抽我的吧。"中华牌烟在那时是很高级的烟，市场上没有供应，杨西光不抽烟，他把烟递给我，让我自己抽。我当时就感到有些奇怪。后来回想起来，他一定知道要抓我，才特地给我带上的。

到了高教局，还是看不出任何要抓人的迹象，我们俩坐在会客厅了，有服务员送上两碗排骨面，刚吃完，就有两杯茶端上来，还送来两包大前门烟。不一会，从外面走进三个人来，都是负责文教界的市领导。为首的是高教局局长陈其五。我原来都认识他们，可是当我站起来与他们握手的时候马上就感到了异样，他们的手掌是冷的，动作是软的，不过是象征性地碰了一碰，和通常见面时的态度大不一样，没有一点儿同志式的热情。我是个经历过政治风浪的人，具有一定的政治敏锐性，现在从我这三位文教领导对我那种冷漠的表情上，我警觉起来了。

果不然，大家刚坐下来，后面出现了四五个女青年，一律低着头，拿着纸笔，坐在有靠背的木椅上，看来是准备做记录的。这种阵势、气氛，表明了这是一次鸿门之会。

场面摆开了。

陈其五先开的口。他先客气地说："贾先生，你看了报没有?"

"我订了好几份报，当然看。"

"哦，关于胡风反党集团的材料看了没有？"

"看是看了，可是我没有看懂。"

"怎么会看不懂呢？"

"字当然认识，但是意思我不明白。"

他一句一句问，我一句一句答。

陈其五从口袋里掏出一张《人民日报》："你不懂，我就念给你听。"他开始念按语中的几段分量很重的话。念完后，抬起头来看看我。

"我对着按语的意思似懂非懂，你念了我还是不明白。"

陈其五就直截了当地说："胡风搞的什么阴谋？"

我一听就火了，大声说："胡风按正常组织手续向中央提意见，又不是在马路上散传单，怎么是阴谋？"

他也光火了："我们这么帮助你，挽救你，你却跟我们要态度，还继续为胡风辩护、支持胡风！你和胡风是啥关系？还是老实点说吧。"

我更火了："我们是写文章的朋友，还有什么关系？我们旧社会里共过患难，他在最困难的时候帮助过我，就是这么个关系。"

他终于站了起来："贾植芳（他不再叫贾先生，这个名称从此在世界上消失了二十五年），我代表高教局，宣布你从现在起停职检查，交代问题。"

杨西光在整个过程中一直不吭气，这时也站了起来，他和蔼地说："贾先生，我们学校里缺少教师啊，你快把问题弄清楚了，就回来，我们需要教师。"他说完就走了。直到一九六二年，我在监狱里病倒，住进提篮桥监狱医院的日子里，他有一次出现在我的床头，还是这样一副笑容可掬的神态。

以后三人就轮流对我发问，问我历史上的种种经历，问我与胡风的关系，问来问去，就这么些话。他们要我交代历史，我回答说，我经历过革大学习和思想改造运动，要讲的早已讲清楚，你们在思想改造中没有说我有什么问题，还让我当了震旦大学中文系主任、复旦大学中文系教师政治学习组负责人，现在怎么又要我交代什么历史呢？那时我还不懂规矩，在以后的二十五年中，任何一点所谓"历史问题"都是需要你一遍又一遍地反复交代，刻骨铭心，只有这样，人才会像基督教徒那样时时刻刻地记得自己的原罪，甚至没有罪也会变得相信自己有罪了。

中午饭是在高教局吃的，吃完后，我依然睡了一觉，躺在沙发上，鼾声大作，忽然被"起来，起来"的声音吵醒，又是三个人站在面前，于是继续盘问，还是这些题目，还是这些老答案。

我当时心里还是很坦然的，因为我相信共产党是马克思主义的政党，它的宗旨也是我自己多年苦苦追求的理想和信仰。我根本想不到这个问题会有多复杂，只以为弄清了事情真相以后，明天的太阳还会照样升起。

晚上到了，他们也累了。八点钟左右，情况终于发生了变化，或者说，他们按既定方针办事了。他们中的一位开口了：

"我们苦口婆心挽救你，你还是没有任何悔改的表现，你既然和我们不合作，那么好吧，你就到公安局去交代吧。"

逮捕证亮出来了，中午陪我吃午饭的两个沉默寡言的青年人，这时早已分站在我的身旁。他们从两旁分别擒住我的臂膀，押我上了汽车，这时我才知道，原来他们是公安局来的便衣警察。

哦，监狱，我从此第四次地进入了这个吃饭不要钱的地方了。对我说来，这是轻车熟路。但这次与以往不同，它使我迷惑不解：怎么我在人民政权眼里，竟和在国民党和日伪内外反动派的眼里是一个"东西"呢？是悲剧、闹剧，还是荒诞派戏剧？我想，不管在我生前还是死后，历史会正确地回答这个问题的。因此，愤懑之余，又觉得很坦然了。

唉！自由，在我的一生里实在太短暂了，然而在这瞬间的自由里，我经历了一次历史性的时代大裂变。从此我开始了自己长达二十五年的苦难生活历程。这年我还不到四十岁，当我重见天日时，已经六十开外，垂垂老矣！但这期间我从残酷的生活里学到了许多东西，我变得似乎聪明一些了。

啊，历史！它使人沉思，也给人以力量，使人们奋起！

狱中记

入 狱

一九五五年五月十五日，即《人民日报》发表了所谓"胡风反党集团的材料"（第一批）后的第三天，我在上海高教局被宣布逮捕，当晚押入上海建国西路第三看守所。许多年以后我才知道，与我同一天被捕的被目为"胡风分子"的耿庸等人也关在同一个看守所里，而且待遇也是一样：一个人单独一间牢房，一张床，上面铺着一条蓝色的被单和一条蓝色的棉被，边上有一张小写字台和一把椅子。一切都是事先准备好的，此时，请君入瓮。后来我才知道，这是最高当局"亲自发动和领导"的一场政治运动。

入狱，对我这个闯荡江湖二十多年的人来说，并不陌生，也不新鲜。它是我人生途程上的一个个驿站。我一生的多次入狱，经历了各个朝代不同地域的铁窗生活，还有一些日子虽然没有入狱，却时而在枪林弹雨中狂奔，时而在月黑风高夜逃命，九死一生，也形同监狱。但是，过去这种种苦难，正是我作为一个不安分的知识分子在专制社会里的必然报应，称其为"咎由自取"也说得过去，而这次我吃的是人民政府的官司。每想到自己在风里泥里爬滚了二十多年，好容易看到了一个新的政权诞生，也曾欢欣鼓舞地写文章讴歌这个因解放而变得美丽的"早晨"，激动得流着眼泪写道："我们竟还能活到这个美丽时日的来临！"然而，太平岁月还没有过满七个年头，种种自作多情的理想还没有施展，就被现实击得粉碎！自己也随之成了"人民的敌人""反革命分子"，同自己一生与之斗争的魑魅成了同一营垒里的"东西"。这就像做梦一样，无论如何，也是心不安、理不得的。

一夜无眠。监房里没有香烟，口袋里杨西光送的那包中华牌也早已燃完了。我翻身起来，心底里涌上了一种意欲惹事的恶作剧感。于是梆梆地敲打着靠走道墙一边的那一扇门上的小窗口。一会儿，值班室的解放军看守跑了过来，开了窗口上面的小门。我大声吆喝道："拿香烟来！"他没作声，关了小门，过了一会儿，回来，递进来三支烟，三根火柴。一会儿抽完了，我再次敲窗，又向他要了三支。当我第三次再敲门吆喝"拿香烟来"时，他开始显得不耐烦了。可是我也嫌麻烦。我说："请你给我一包吧，省得你跑来跑去的，你放心，我绝不会去自杀。"他这时已摆出一副冷酷的专政面孔，把声音也提高了，训斥说："一〇四二（这是我的代号，从此贾植芳的名字消失在我的生活史上长达十二年），我是来看管你的，不是你家里的用人！你知道你是在什么地方？！"我也不示弱，大声说："我怎么知道这是什么地方？！"他说："哼，那你是怎么进来的？"我更火了，把一肚子怨气怒气全朝那个看守身上泼。我对他说："又不是我自己要进来的，是你们把我抓进来的，你怎么倒问我？"当晚，公安局就提审我，那个审讯我的人用苏北口音说话，态度并不严厉，说话也有点土幽默。他要我写一些材料，对我说："我是农业大学毕业的，水平低，想帮你也没有这个能力，还是你自己小心为之。不要胡写，你知道这些材料是给谁看的？"他这一说，我才注意到，审讯室的一边，坐着一个扎着两根小辫子的姑娘，把我写的材料抄在另一张有格子的白色道林纸上，我写一张，她就抄一张，都是用工整的墨笔小楷。这以后，每次提审，主要是写材料。先由我自己写起，将我自己写了一遍又一遍；接着就是写我和胡风的关系史。后来就干脆要我坐在监房里写，每天都会从窗口递进一个小纸条，上面写着各式人名，要我写出我所了解的这些人的情况和我与他们的关系。这些人名，大都是抗战时期我待过的地方上的一些党员，有些我认识，也有一些不认识。后来又拿来一些文艺界人士的名字，也是有一些我认识，有些不认识的。但是越到后来，名单就越离奇，大都是我不认识的。一次，我突然发现名单上的人物，都是我写的小说作品里的人物。这就奇怪了，当我告诉他们真相时，那个审问我的人丝毫不脸红，他坦然地说："写小说总要有根据吧？那些生活中的原型是谁呢？"他认为文学创作同新闻报道一样，都是真人真事了。一九七八年当我"解除监督"，回到复旦大学中文系资料室工作以后，为了认识这段历史，我曾利用当时的环境，翻阅了五五年至六八年的大小报刊，这时我才省悟到：当时外面社会上揭发批判我时，给我加了许多罪状，什么贩卖鸦片、贩卖人口，当过土匪、国民党少将……原来，都是我的小说为我自己提供了"犯罪"记录！

还有一次提审我，审讯员一上来就问我："你在家里说了些什么话？"我说："我是教书的，是吃开口饭的，说的那些教学内容，学生们都有笔记。"他说："不是指你教书时说的，是日常吹牛时说的。"我说："我喜欢说话聊天，说过就忘了。"他笑着说："你忘了，我们替你记好了！"说着，他拿出厚厚的三本日记本，逐条念了几段，包括年、月、日、时，和谈话内容。我那时还年轻，他念过几段后，我都会马上对号入座地查找到打小报告的人的姓名。至于他们所记的我的谈话内容，有的是我说的，有的是他们添油加醋地写上的。原来，在我周围有不少当面是人、背后是鬼的大小"知识分子"！这却大大地增长了我的见识，从中认识某些和你称兄道弟、烟酒不分的人的真实人格境界，使我茅塞顿开，进一步认识了生活的复杂性：舒芜这类人原来是一种新的社会文化现象！又一次提审时，审讯员问我："贾植芳，你怎么认识某某人的？"我说："你说的这个人我不认识。"他似笑非笑地说："你真会狡辩！你不认识他，他怎么认识你，还给你送书？"说着，他拿出一本书来，上款写着"贾植芳先生教正"，下款写着"某某敬赠"。我说："这是我们学术文化界的一种习惯和风气，认识不认识的同行人总互相赠送著作。"我这么一解释，他就恼火了，拍着桌子大声申斥说："你还在继续狡辩！这本书定价两元多，他不认识你，平白无故地把两元多钱的东西送给你，这谁会相信？我们是干什么的？告诉你，骗不了人的！"他这么一发脾气，我只好自认晦气，心里只好说，这些同志是农民，上帝原谅他们吧！而因这类问题受审就有好几次！

平心而论，我在第三看守所的遭遇不算太坏，比起我以前待过的那几个监狱，和以后将要待的那些地方，它还是属于拘捕审查的性质，还没有完全把我视作犯人。但是，由于前面说的原因，它给我精神上的刺激特别大，我无法接受这样一个残酷的现实：我已经被我一生苦苦追求，并为之付出过沉重代价的理想出卖和抛弃了！回顾我自己走过的道路，真是很有意思。我一生没有参加过任何政党，但我一生都有一个不安于现状的理想和目标，在我的前半生里，我曾经有过诸多选择，但每到历史的关键时刻，我总是毫不犹豫地选择了自愿去吃苦受难的道路，仿佛冥冥之中有一只无形之手，关键时刻总会在我背后推一把，容不得我去仔细分辨和细细思考。但这一推又总是推得那么准确，把我推向一个更大更深不可测的灾难，我不是一个共产党人，但我的思想、文化性格是"红色的三十年代"形成的，而对我们这一代人说来，又是"五四"新文化运动哺育下成长起来的知识分子，既自觉地献身于祖国的进步事业——救亡运动，又坚持和维护自己独立的人格价值，这两条可以说是我立身行事的基本准则。因此，在遍地荆棘的人生途程中，有好几次都已经沉沦到无路可走的境地，但正因为我心中的理想始终召唤着我的不安分的灵魂，总能让我从绝望中挣扎出来，向着社会进步的道路走去。关于这一点，即使我蹲在共产党的监狱里，我也不曾动摇过、怀疑过，可是由于这条道路在中国现代史上表现得那么奇特、曲折和复杂，不仅许多外人无法理解，连我自己，有时也会迷惑不解：究竟是怎么回事？怎么回事？怎么回事！……

啊，我的多灾多难的祖国！

狱中沉思：在门槛上

我是一个财主的儿子。我的家族在曾祖父时代开始发迹，到我伯父的手里，达到了全盛时期。伯父是一个精明透顶的商人，他在济南开了一家公济煤油公司，当英国的亚细亚火油公司在山东的买办，在山东各大县城都有他们的分公司。我的家是在山西吕梁山区的襄汾县南侯村。虽然在我家院的大门的门额上有一幅石刻的横匾"耕读传家"，但世代以经商务农为生，祖辈都没出过念书人，与官场更无来往。正是因为我伯父在大城市经商，办的又是洋务，他见多识广，知道了现代社会知识的价值，因此，他才决心让我们弟兄走出闭塞的娘子关，到城市上学求知。这里再多说一句：原来我生性顽劣，从小不守本分，在家里闹事，在外面闯祸，为此给家里惹了不少麻烦，很不讨人喜欢。因此，在我从县高小毕业后，关于我的出路问题，家里曾出现过分歧。我的伯父，是家庭的主事人，当时他认为我哥哥知书明礼，循规蹈矩，是个读书材料，他愿意供给我哥哥读书求学。他认为我不是读书的料子，按他的经济能力，供应一个孩子读书还行，供应两个人，就吃力了。再说，在我身上花这笔钱，也犯不着。按他的意思，我留在家里种地也不合适，最好是跟我那个在宁夏一带贩卖鸦片烟的大舅去西北闯荡，因为我胆大包天，干这行倒有出息。伯父的意见，我父亲没有表态。只是我母亲听了以后，对我伯父下跪说："大哥，你只供老大念书，不供老二念书，这使不得！要念两个就一齐念，不念就全不念。老大生性软善，要是只供他念书，按跟来（我的乳名）的性子，他哥哥将来的日子不一定好过，我们死了也不安心……"可以说，在这生活转折关头，是母亲为我争取到了一个读书上学的前途。然而，像我这种生活性格的年轻人，一旦与世界接触，就不能不接受时代思潮的影响。我与哥哥贾芝离开太原到北平的时候，我年方十七，哥哥十九岁，那是一九三一年。三十年代，正是中国深受内忧外患，困扰最严重的时候。加上从国际大局看，由于西欧民主政治受到了法西斯主义的挑战，暴露出它虚弱的一面，而十月革命以后的苏联在这时机又提出了建立反法西斯的国际统一战线，赢得了全世界许多有良知的知识分子的赞许和好感。所以三十年代左翼文化成为世界性的潮流。在这样历史形势下，我选择了我自认为是正确的生活道路，这是我那个做买办的伯父始料不及的。在我一生的道路中，伯父每每在我受尽厄难时出现，像一个智慧老人似的点播我的前程。但是顽冥不灵的我，往往只接受他对我物质上的援助，却推开他对我精神上的指导，在家训和良知之间，我总是服从后者的召唤。

这样的人生选择，在我的前半生中，大的就有三次，而且每一次都与我的伯父有关。

第一次，是我们兄弟俩到了北平，我因"一二·九"学生运动而被捕入狱，那时我不过十八岁，以"共产党嫌疑犯"的身份，尝了将近三个月的铁窗滋味。我伯父上下打点，化了一千元银洋和五十两鸦片烟，把我"保"了出来，但保单上还留着"随传随到"的政治尾巴。我伯父怕我在北平再待下去会闯祸，再次被捉进去，就决定送我到日本去上学。他花钱买了一张北平朝阳大学法律经济系的文凭，我哥哥又托中法大学的一位出身日本东京帝国大学的苏教授从日本领事馆搞到了一张签证。好在那个时代出国，不需要当时的国民党政府发护照。于是，我就这样踏上了好几代中国知识分子因为政治迫害而东渡的亡命之道。临行前，伯父嘱咐我说："你到了日本住上五年，每年我给你一千元到一千五百元，你脑筋好，就学医科；脑筋不好，就学银行管理，将来回国以后我对你都好安排。千万不要再参加政治活动了。你在中国参加这类活动犯了案，虽然我不认识官，但我有钱，官认识钱，我还可以花钱把你保出来；你若是在日本闹政治，被日本警察抓去，我花钱也没有地方花。还有，你千万不能娶日本老婆，因为生下小孩是杂种，是进不了祖坟的……"应该说，这是我伯父对我做出的第一次有关前程之道的安排，除了最后一条"不要娶日本老婆"，露出了我们山西乡巴佬的味道外，前面的几条叮嘱，都不失为一个接受了西方文化价值观念影响的精明商人的眼光。时光流逝，过了五十多年，在八十年代，成千上万中国男女赴日本"洋插队"，无论念书的还是打工"扒分"的，伯父提出的条件与嘱咐，恐怕仍然是许多人求之不得的道理。然而，五十多年前的我，十九岁，正有一肚皮离经叛道的血气，我除了对最后一条遵照不误以外，其他都没有办到。我不仅对经商当医生丝毫没有兴趣，而且铁窗生活和流亡生活，反而增加了我投入社会活动的勇气。查考起来，中国从清末维新变法的政治运动失败，康有为、梁启超等一批维新派人士在东渡日本避祸以来，日本因和中国是一衣带水之隔，一向成为中国知识分子的逋逃薮，正像俄国历代知识分子和革命者以西欧为逋逃薮一样。我当时宁愿把自己加入这一个长长的流亡行列中去。于是，在一九三六年六月间，身穿绸布长衫的哥哥，伴随一身笔挺的白哔叽西装的我，悄悄地坐火车离开了我生活了六年多的北平，到天津塘沽，送我上了日本大阪商船会社的"长城丸"号，他就匆匆返回北平了。船起航了，我站在甲板上，看着渐渐发黑的海水，胸中充满了出国的悲哀，踏上了老一代的政治亡命客的人生程途，东渡日本。这次出国远行的经历和感受，始终回绕在我的脑海中，久久不能淡忘，以至一九三八年盛夏，我住在武汉的短暂时日里，也是在抗战烽火已遍地燃烧的时日里，在旅社的灯光下写了一篇抒情性的散文《记忆》，刊登在当时已从上海迁移武汉出版的胡风主编的《七月》上。半个多世纪以后，我应母校东京日本大学邀请，回校访问和讲学，携妻子任敏重访日本。一次在东京大学讲学后，与一些同行的日本学界人士闲谈时，想不到当时在埼玉大学执教的近藤龙哉教授突然问起我这篇名为《记忆》的散文中所记述的我从神户下船后，转乘火车去东京的旅途中遇到的那位从名古屋上车姓冈本的旅客的名字和情况。因为我在文章中记述了我们相遇交谈后，我们热情的交谈情况和车抵东京时他对我的照应。这真出我意外！想不到在中日战争时期，在中国抗战地区出版的《七月》，竟能流传到日本学者的手里，并引起他们的研究兴趣。我当时回答说，五十多年了，我的书物都在战争中遗失了，实在想不起这位冈本先生的名字了。近藤先生却认真地说，他调查过了，查出了这位姓冈本的知识分子的名字和情况。他说，这位冈本是日本有名的无政府主义者，被当时的日本政府长期关押在监狱里。我当年与他相遇时他刚从监狱出来不久，他住家不在名古屋，而是在京都。这件事，使我对日本学者在治学上的一丝不苟的钻研精神，又多了一次认识和体会。

同时，近藤先生的历史考证，对我也是一次新的触动，原来我初次踏上日本国土，第一个接触和交谈的日本人，竟然是和我有着类似的身份的知识分子：我们都是刚走出牢门不久的政治犯！

再说，当时我到了日本东京以后，当夜就去找我哥哥在中法大学高中部念书时的同学和诗友覃子豪。那时覃子豪已是一个小有名气的诗人了，他的热情和才气还得到了当时寄居在东京近郊千叶县的"五四"老诗人郭沫若的赏识。在我去东京以前，他与留日学生雷石榆、柳倩和王亚平等人一块从事新诗歌运动，还会同李春潮、李华飞、罗永麟等人组成了文艺团体文海社，编辑出版大型文学月刊《文海》。我一到那里，就加入了文海社的活动，参加了这个刊物的编务。《文海》第一期编好后，托友人在上海印出寄到东京，却被日本警察全部没收，我们这些人，又成为日本警察眼中的"危险分子""抗日分子"，不时地受到东京警视厅亚细亚特高科刑士的"照料"，刊物也就"有"疾而终了。顺便说一下，我到日本后既没学医也没学商，而是考进了日本大学社会专修科，跟上园谷弘教授研究中国社会问题。

我在日本不到一年半，就发生了"七七"卢沟桥事变，中日正式开战了。我与许多留学生一样，又一次面对人生选择。首先是我在日本所处的环境恶劣起来了。原来我刚到东京时，住在小石川区白山寄宿舍，与覃子豪、李春潮三人比邻而住。那个房主姓白山，是个日本老浪人，听子豪说，他过去在天津混过，现在正当着警察的耳目。果然，在我住下不到一个月，一天下午，住在楼下的白山叫下女上来叫我，说有朋友在下面等我说话。她把我引到房主的居室，白山正面脸笑容地和一个陌生的中年人说话。那人穿着洋服，身材苗壮，满脸横肉，盘腿坐在榻榻米上，大口大口吸着烟，白山毕恭毕敬地跪在一旁陪着。见我进来了，就主动招呼我坐在他对面，然后递给我一张名片，用流利的中国话自我介绍说："我是东京警视厅的，听说你来了快一个月了，本来早就该来看你，因为事杂，分不出身子，实在对不起！"说着向我鞠了一个躬，又作自我介绍："我叫春山，是警视厅亚细亚特高科的，您以后在日本的生活由我负责照料。"说完又深深地一鞠躬。早就听说日本是个警察国家，没想到他们的监视网如此发达。从此以后，我就像陷在这张网上的虫子，旁边始终有只大蜘蛛心怀叵测地窥视着。以后我搬了几次家，都没能摆脱这位春山先生。到了战争爆发，那个春山刑士(政治警察)就来得更勤快了，开始还三天两天来一次，后来几乎天天光临，有时还带个助手来，他这时已抛开了彬彬有礼的"绅士"风度，露出了"帝国警察"的凶横本相。他找我时再也不经过房主的传达，径直冲进我的房间，出言不逊不说，还乱翻抽屉、书架，屋内的角角落落，都成为他们获取我罪证的目标。那时候正值盛夏，一天中午，我坐在写字台前看书感到困倦，就伏在展开的书页上睡着了。这时他领着助手气势汹汹地夺门而入，等我被重重的推门声惊醒，睡眼蒙眬地抬起头来，并顺手合上眼前的那本书的时候，他早已一个箭步窜到我的面前，抢走这本书，一页一页地翻查过去，发现这是一本俄国小说的英译本，并没有什么违法的内容，才失望地把书抛回原处。他这种可恶的神态，无疑给我一种警告：在日本是很难再待下去了。当时我已与许多同学一样，决定放弃学业回国参加抗战。那时覃子豪已回国，我便与陈启新、卫国尧等同学一起，由东京避居神户，深居简出，然后买了张英国远洋轮船公司的船票，悄悄离开日本。我们在香港下了船，准备回国参加神圣的抗战工作。到香港旅社住好以后，我曾以这个时期的生活经历和感受写了一篇报告性的散文《神户急行列车》投寄在上海出版的《国闻周报》，刊登在该刊"战时特刊"某期上。

"人生自古多歧路"，这个时候，我似乎又面对了一次人生道路的选择。伯父在济南得知我擅自回国，非常生气，连忙通知我暂居香港，千万不要回来。他说，据他以前对中日冲突的经验，这次战争也未必打起来，他要我在香港住下，等候战争平定了，再回日本读书，并已托付了当时山东军阀韩复榘手下的一个叫孙桐萱的师长的太太，她正住在香港的皇后酒店，我需要钱可以直接去找她。同时，伯父还说，假如我不愿意与官太太来往，也可以到中国银行香港分行去联系，那儿有个经理是他的朋友，也可以去取钱。但过了不久，"八一三"战事打得持久了，伯父看看形势不像要结束战争的样子。他又给我来信说，你千万不要回国来，你一个人救不了国家，这战争也不是一下能结束，你要么留在香港念香港大学（伯父曾给我说过，他因商务关系，曾去过香港），把大学念完；要么到欧洲去，比利时或法国都行，读个三五年书再说。应该说，伯父对我的前程和生活道路考虑得相当周到，甚至连我的习惯、脾气、自尊心理都考虑进去了，但唯一没有考虑的，是这个时代的主潮对一个热血青年的刺激。他为我安排的锦绣前程，我一点也考虑不进去，甚至还很有点反感！我们一起从日本归国的留日学生中，也有许多是不关心国事的，他们都留在香港谋生、做生意了，我们当时就很瞧不起他们这些"冷血动物"，不以他们的行为为然。陈启新的堂弟弟当时也留在香港经商，他们兄弟俩之间一直存在着分歧，我自然是陈启新一派的。我们毅然决定回国。那时是国共合作，全民抗战时期，国民党政府为了吸引海外留学生抗战，办了一个"中央政治学校留日学生特别训练班"，这对于我们这样一些有爱国之心、却无报国之路的学生来说，是个很合适的去处。陈启新一次在广州街上看到学校搞的"留日学生归国接待处"，便报了名，也代我报了名，于是我们就来到南京，正式参加了训练班。后来这个训练班办得曲曲折折，由南京到庐山再到江陵，最后到汉口，几度易手，最后归国民党军委政治部管辖。结业时，一些学员靠拢国民党，或参加了国民党，有政治背景的学员都分到了大后方，冠以少校、中校军衔，而与他们关系不好，或被怀疑是共产党背景的，或思想"左倾"的，都被送上前线作战，军衔也低得多。以我的桀骜不驯的脾性，加上我又在当时进步报刊上写文章的"表现"，自然是属于后者。我被派往正在山西南部中条山区与日本军队作战的国民党第三军第七师政治部任上尉日文干事，从事对敌的日文翻译宣传工作，从此出入火线，几经生死，又是一出苦难的连续剧。这自然是我自己选择的结果，但与当时进步同学的影响也是分不开的。以后我才知道，陈启新、卫国尧

081

都是中共地下党员，后来在广东一带打游击，担任过东进支队的负责人。他们都是广东人。然而，那些留在香港谋生的同学们，也都各有前程，不仅太太平平地吃了一辈子安生饭，而且大多是腰缠万贯的老板了。一九八五年和一九八八年我两度重访香港，开会和讲学，昔日留在香港的同学都曾相聚，已经都是须发皆白的耄耋之人了，看看他们都还康健平安，终日无事，听听音乐，喝喝酒，饮饮茶，打个麻将，颐养天年。并且，有的早已把家属和资产转移国外，在香港当"太空人"①。再想到自己几经囹圄、伤痕累累的一生，我不能不感慨万千！不过话说回来，虽然以后经历的苦难是我难以想到的，但选择回国抗战，仍然是我的良知所决定的，即使历史重演一下，我伯父为我安排的几条路程再次摆在我面前，我仍然会选择自己应该走的路，终生不悔。

我伯父第三次为我安排人生道路是在一九四五年，那时我已经流落西北数年，几经辗转到济南。当时因为战争的拖延，在陕西逃难的我父母一家陷入困境之中。我找到了伯父——他已经六十岁，也老了。他见我落魄的样子，就说："你这几年东闯西荡，尽惹祸，还不如去当八路，像你哥哥那样。要不，你就留下，在我商行里当个副经理，学几年，以后我的产业也好留给你来经管。咱家世代经商，不能到你们这一代就断绝了。"他自己生的儿子还在念中学，管理商务还太小，所以他说的那话是十分真诚的。我伯父一生办洋务，是个眼界十分开放的商人，但始终没有摆脱许多传统观念的束缚，他不认为女儿可以继承事业。我还在西安的时候，他就写信给我说，他年纪大了，准备请个律师，把我们家的产业分一下。"我有二十万现金，你哥和你是我侄儿，跟我儿子一样，你们三人每份五万，一共是十五万。多余的给四个姑娘们分。家乡的住房有七十多间，也归你们，姑娘们可以居住，但没有所有权。"重男轻女的封建意识是很明显的。但那时我尽管四处漂泊，无枝可依，听了伯父的话，我依然摇摇头，对他说："伯父，你出钱培养我读书，就是让我活得像个人样，有自己独立的追求。如果我要当个做买卖的商人，我就是不念书跟你学，也能做这些事，那书不是白念了吗？"这样，我第三次拒绝了伯父为我安排的前程，依然顽固不化地朝新的灾难走去，还带着我的妻子任敏。不久我就在徐州身陷日伪警察局特高科的监狱里，经历了又一番磨难，直到日军投降才出狱。现在回顾起来，我有时觉得奇怪：我的一生像是《西游记》里的唐僧取经一样，命中注定要经过九九八十一难。

顺便说一下，尽管我一再拒绝我伯父对我人生道路的安排，但我对这个聪明、十分有眼力的老人仍然是相当钦佩。他又是相当开朗，有时又相当顽固，始终摆不脱光耀门庭的观念。记得青岛解放后，我跑到济南在他家里住了十多天，写作《人的证据》。正值我的散文集《热力》在上海出版，书店老板把书寄到济南，伯父看见书的封面上署着杨力的名字，便问是怎么回事。我告诉他我用的是笔名。那个名字是胡风给取的。一九四七年胡风编《七月文丛》，其中有一本是我的小说集《人生赋》。我以前写小说都用贾植芳的名字，写杂文和政治性的文章则随便署个假名字。胡风说，上海政治情况复杂，还是用个笔名好些。我告诉过胡风，我母亲姓杨，胡风说，那就叫"杨力"吧。他拿火柴杆写了硬劲的"杨力"两个字，后来就把这两个字制版印上了《人生赋》的封面。因此，当《热力》出版时，我顺便也沿用了这个笔名。没想到伯父一听我用了笔名写书，大为光火！说："我出了钱供你读书，就是要你为祖宗争光，你出了书是扬名的事，怎么不用自己的姓，倒去用外婆家的姓？他们杨家又没出钱让你读书！"我对他的认真劲真感到好笑。后来我的学术著作《近代中国经济社会》出版，署"贾植芳"的本名，我特意寄了一本给他，他这才高兴起来。我伯父死于一九五三年，死后留下一个儿子、三个女儿。一九五五年以后，他的房产被没收，他的儿子原来早早地参加革命工作，成为南下干部，在浙江某县当文化馆长，后来因为成分不好，被开除共青团团籍和公职返回济南，靠做木匠活为生，一生潦倒贫穷，一九八〇年患肺癌去世。

回顾以往的几次人生道路的选择，虽然我拒绝了伯父的忠告等于拒绝了一种世人以为幸福的前途，但无论是荆棘之冠还是监狱之路，于我都是天生的不安分的灵魂所致。对于旧社会，知识分子是天生的叛逆者，就像屠格涅夫笔下那个"门槛上的女民粹党人"的形象那样，对承受各种精神与肉体的打击是有所准备的。但这一次却不一样，伯父既死，已无人来指点迷津，而且在主观上，我视新社会为自己的社会，视爱护它、保卫它为自己当然的责任。可是为什么在我坐完了白色恐怖时代里的国民党的牢和日本人的牢以后，还要继续坐共产党的监牢呢？难道我们这一代知识分子真的要把牢底坐穿，我们的命运只能像古希腊神话中那个搬巨石上山的西绪弗斯那样永劫不复吗？

在第三看守所里不久就发生了一件事，更加使我感到迷惑不解。大约在我被拘捕后不久，社会上"肃反"运动开始了，当时接管上海、又是上海市委的书记兼副市长的潘汉年和公安局长杨帆，这时眼睛一眨也变成了反革命集团的头目，株连的人更多，看守所里渐渐挤了起来。原先我是一人住一个监房，忽而有一天，我被拉出去提审，回来时发现屋子里又关进来五个新犯人，慢慢地坐了一地。那时我在第三看守所里待遇还算好，一般犯人每天吃两顿饭，而我则与看守所的解放军一样，每天吃三顿饭；伙食也不错，早上是稀饭、大饼油条、馒头；中午、晚饭顿顿有荤菜，吃饭并不限制，晚上提审后还有夜宵吃。供应香烟也不禁止，一般是飞马牌，时而也有大前门牌子的。解放军看守在不是提审时期，一般对我态度也平和。我刚关进去时，因胃口小，胃也常犯病，饭吃不多，有时只打半碗饭，被看守看见了，以为我不敢多吃，就对我说："一〇四二，你的问题要查清，饭还是要吃饱，你们知识分子以后还是要工作的。"一边说，一边夺过碗去替我装满。当那些犯人关进来后，看守又特地对我说："一〇四二，你与他们不一样，你的伙食标准跟我们一样，他们开饭时你不要吃。"这算是区别。晚上睡觉，我仍睡在床上，他们那几个，也就席地而睡。由于这些区别，我在犯人中成了异类，平时他们五个人常在一起说话，像自家人一样，与我并不搭界，甚至有些警惕。但这些犯人中，有一个老头，须发皆白，看上去像个老犯人。一次他突然对我说："你是 Professor（教授）贾植芳吧？你是胡风案子进来的吧？你们这是狗咬狗！哈哈……"他说着放肆地笑起来了。我有胃病，每次吃饭不适的时候，往往要呕吐，监房角落里有一只马桶，当我对着马桶呕吐的时候，这个白发老头总跑到我身旁，幸灾乐祸地说："这就是你喊'拥护共产党'的下场！"他每天都被提审，每次提审回来都拿一叠十行纸趴在一只椅子上写交代材料。他这些不寻常的表现，引起我对他的观察与思考。尤其是我和他正面相对的时候，似乎觉得有点面熟。后来我终于认出来了：原来这个家伙就是一九四八年春天，我被上海国民党中统特务关押时审问过我的那个我当时认为是上面派来的高级特务！当时的场景，还历历如在眼前。前几年，我为一个刊物写过一篇文章《在国民党监狱中》，这么记述着那个场面：

刚关进监狱的两个夜晚，特务们连续对我审问了两次，即宣布我是

"社会败类""共产党走狗"。之后就再未审问过。到了一九四八年春天的一个下午，我才又被提审。这次审问我的显然是一个上面派来的高级特务，他有四十多岁，无锡口音，穿一身笔挺的灰色西装，身边还有一个对他毕恭毕敬的青年特务陪着。这个上面来的高级特务，我还是第一次见到。他吸着"绿炮台"香烟（当时的一种高级烟），看我坐下后，他递给我一支烟。他吸过一口烟后，对我说："你来的时间也不算少了，我们也不是吃干饭的，你是什么人你最清楚，我们也有数。现在长话短说，我们认为你的出路只有两条：一条是帮我们把胡风抓来，或者你不好意思，就把他的住址说给我们也行，那我们就是朋友了。至于另一条路嘛，我不说你也知道。据我们了解，你不是第一次吃这种官司，也算一个'老鬼'②了。"我不加考虑地回答说："抗日胜利后，我流落在上海滩，失了业，为了弄口饭吃，我写些小文章，到处投稿。我根本不认识什么文化界人，包括你说的那个什么胡风，真是非常抱歉！"这两个特务听了我的回答，一起仰着身子哈哈笑开，我也紧跟着哈哈哈……，突然那个穿灰色洋服的特务停住了笑声，把面孔伸向我，瞪起眼睛问我："照这么说，我们是冤枉你了？"我说："那天晚上我在家里喝酒，被你们抓来了，难道喝酒犯法？"这个特务一边向后仰着身子，一边说："你说得太天真了，咱们不要再磨牙了，反正两条道路任你选，你不过才三十出头吧？太可惜了！……"

也怪不得他现在一眼就认出了我，脱口说出了我的案情，并幸灾乐祸地狞笑着说："你们这是狗咬狗！"我好像一下失足掉在一个冰窟里似的，全身凉透了！

另一次，他又被提审去了。我趁机问坐在我近旁的一个满脸络腮胡子、戴深度近视眼镜的中年人，此人是个老新闻工作者，解放前曾做过上海《和平日报》主编，被捕前刚调到一家出版社工作，他曾对我说，他知道我的名字。因此我趁机问他："这个无锡口音的老头子是什么人，你知道吗？"他笑了一声说："此人颇有来头，他参加过在嘉兴南湖举行的共产党的党代会，三十年代在做北京市委书记时被国民党的宪兵第三团逮捕，由北平押解到南京以后，转变了。先后做过国民党的县法院院长、县长。抗战胜利后，回到上海。住在上海北四川路的一家公寓里，说是做生意了。解放后，一九五一年'镇反'时，被捉进来的，判了七年徒刑。在苏北大丰农场劳改。现在外面搞'肃反'，调他进来写材料。"这位原《和平日报》主编后来又向我说了这个无锡老头子的故事。解放以后，他利用旧关系，进入公安局当审讯员。一九五一年"镇反"时，全上海一个晚上统一行动，捉拿反革命罪犯归案。当时领导交给此人一份名单，上面列举了应该缉拿的三十五名反革命罪犯的名字、地址等，要他晚上行动，天亮交差。天亮时，他和公安人员如数抓到了归他负责逮捕的反革命罪犯，向领导交代。这位领导说："要你捉三十六个罪犯，你怎么只抓来三十五个？"他认为领导事忙，可能记错了，连忙拿出那份名单给领导看，说："这上面是三十五个，不是三十六个。"领导并没有看名单，只是直截了当地对他说："另一个就是你自己，你还不认识你自己，要我开出你的名字吗？"这样，他就连同他负责捉拿的那三十五个罪犯一块进了牢房……

这样，我对这个老头子的情况，更加了解了。一天，我见他又提审回来趴在椅子上忙于写材料，神情很烦躁，禁不住问他："你这么忙，写些什么呢？"他连头也没抬，随口回答说："就是写三十年代丁玲、田汉、阳翰笙这些人被国民党中统局捕去以后的材料。"我说："他们被捕后表现好吧？"他回答说："田汉他们从上海一押解到南京，张道藩就在南京夫子庙请客，蒙受优待。"我听了他的回答，心里暗暗吃惊。当时一九五五年，丁玲大概处境正不妙，已被定为"丁玲、陈企霞反党集团"成员，但田汉、阳翰笙似乎日子还好过，他们一直到六十年代才遭到直接的伤害，但就在他们还担任着全国文艺界、戏剧界的领导人的时候，或者还正在义愤填膺地写文章声讨胡风集团的时候，有关方面已经通过在押的国民党特务搜集他们的"罪案"了。那些身在囹圄的叛徒特务，唯恨不能立功赎罪，他们对当年活跃在白色恐怖下的左翼文艺战士本没有什么感情与道义可言，只要上头需要，他们可以编造出各种历史证据来置人于死地。正如一个颇有名气的国民党军统特务，过去因特务的职业，残害过许许多多共产党人与进步人士，"文革"后服刑被释，摇身一变成了统战对象和什么"委员"，原先的特务身份反倒成了炫耀的资本。他利用自己的特殊身份写了一本又一本的"回忆录"，所谓的材料，不过是根据极"左"路线下的一些冤假错案，继续编造假证，来投凶残者所好。其最典型的例子，就是当我的同案犯绿原被污为"中美合作所特务"时，那位身份是军统的真牌特务就在书中作证，说绿原是戴笠"领导"下的"翻译"等等。这个人还以同样的方法，诬陷了著名电影演员白杨，直到他写的那本《我所知道的戴笠》被国家出版局下令销毁为止。现在回过去说一九五五年我在第三看守所的经历。当我面对这个身份明确的老犯人狞笑着写丁玲、田汉们的材料时，我突然明白了原先根本想象不到的政治斗争的残酷性，也进一步证实了眼前这个趴在椅子上写着三十年代被国民党中统特务逮捕关押过的那些革命文艺战士在敌人关押中的"表现"材料的无锡老头子，就是一九四八年在国民党上海中统特务监狱提审我的，我当时认为从上面派来的中统高级特务。可是现在，我和他成了同监犯了！也似乎看到尚在社会上活跃的丁玲、田汉们，正像秋后的蚱蜢一样，一根命运之线已经被一只黑手牢牢地牵住了。螳螂捕蝉，黄雀在后，这是多么恐怖的景象！

写到这里，我又一次情不自禁地想到屠格涅夫著名的散文诗《门槛》的女英雄，这个站在门槛上的女民粹党人的"圣女"形象，艺术地概括了十九世纪到二十世纪的革命知识分子的形象，就是一种理智地、自觉地为了某种人生信仰而去选择巨大的苦难。不过屠格涅夫作为一个民主主义作家，他还不至于想到，要是这个女民粹党人受尽折磨后，竟奇迹般地活着走出了沙皇的流放地，看到沙皇政权的末日，但是，她没有兴奋几天，旋即又被转进了斯大林的契卡的审讯所，她必须再一遍经受同样的折磨，又得上一次西伯利亚，为的是让她承认自己是沙皇的特务或者"一丘之貉"，而且还能找出几个真的沙皇时代的奥楚蔑洛夫们（契诃夫笔下的"变色龙"），来证明她的罪案，那时，这位女英雄会做何感想呢？

啊，历史，你怎么老喜欢开这类又荒谬又残酷的玩笑呢？……

狱中沉思：我与胡风（一）

我这次被捕，主要罪案是因为结识胡风的关系。既然我被定为"胡风反革命集团的骨干分子"，我与胡风之间的来往历史，自然成为受审的主要内容。但是无论是回答提审者的问题，还是有关材料，愈是回忆我与胡风的来往历史，就愈感到胡风在我生活道路上的影响和帮助之大。我与胡风，人生道路和生活环境都不一样，而且多年来我又不在文艺圈子里活动，我的真正兴趣和人生真谛的追求，也不只是文艺活动，所以我对胡风文艺理论以及他在文艺圈子里的恩恩怨怨，并没有什么太深的卷入。我之所以成为这个人为认定的"集团"的"骨干"，完全是由于我与胡风之间的、在患难中建立起来的深厚的友谊关系。我与胡风的感情，主要是出于友谊以及对朋友忠告这一古老的中国人的为人道德。我在第三看守所里受审时，一次那个苏北口音的审讯者用十分遗憾的口气对我说："你看你现在关在这里受审查，人家舒芜却在家里舒舒服服地喝老酒呢！本来你也是有机会的，你自己不干，要不你自己也在家里喝老酒呢。"我由此想起以前种种事情，不由得对之默然。不出卖朋友，这不过是做人，尤其是一个中国知识分子最基本的做人道理，难道这也需要费心去做选择吗？再说，即使出卖了朋友，酿成一场大冤案的舒芜后来日子就好过了吗？五七年他不照样被戴上"右派"的帽子?! 当然这是后话。

一九八二年，我被剥夺了二十多年的写作权利之后，终于又出版了自己的小说集，我在这本集子的编后记里再次重申了我与胡风的感情。我说："对于胡风同志在漫长的历史岁月中，给予我在文学和生活上的热情扶植和无私的帮助，我将永远感激！现在仍以这篇《人的悲哀》作为这部小说选集的首篇，在我是有很深刻的纪念意义的。"胡风是中国现代文学史上继鲁迅之后的又一个正直青年知识分子的精神导师，同时又是青年人赤诚的朋友。他对新文艺运动的贡献与对文学青年的扶植、关怀、帮助，于我个人的有限的经历，都是一个证明者。要回忆我与胡风的关系，这就不能不说说我与文学的关系，以及我与中国进步社会思想与社会运动的关系，一切都须从头说起，细细地说会扯得很远，但只有这样讲，才能明白胡风对我的人生道路的影响。

谈到我与文学以及我与中国进步社会思潮和社会运动的关系，先得说说我的出生地的地理人文环境和民情风习，对我的顽劣不驯的叛逆的生活性格的塑造和定型以及我的审美观念的深刻影响。前几年我为上海一家戏剧刊物写过一篇回忆文章《我的戏剧观》中，这么自我介绍：

我出生于山西南部的偏远山区。我那个小山村，民性淳厚、朴实，但又习野、强悍，好武斗、不好文斗。那是个荒漠、贫穷、闭塞的世界。这种生活环境和民情风习，深深影响了我生活性格和戏剧审美观念。幼小时期，逢到村里或邻里迎神赛会时演社戏——即我们晋南的"蒲剧"，它也是中国古老剧种之一，我就喜欢看武戏，不喜欢看文戏。蒲剧很有地方特色，它的音乐和唱腔高昂、悲凉，而又热情、豪迈，因此很适合演历代政治和社会悲剧，演喜剧、闹剧就有些装模作样，显得不那么真实可看了。从戏剧角色说，我喜欢武生、武旦，他们扮演的绿林好汉，行侠仗义，视死如归，讲信义，重然诺，在我看来，这是些英雄豪杰，人生楷模。但对他们扮演另一类角色，如做强盗受官府招安后（如由清朝公案小说《施公案》《彭公案》改编的这类戏）以一个"大人"为依据，为皇上尽忠出力，甘供驱使，捉拿或破获他们原来的同类——不受招安的绿林好汉，如鲁迅先生所说"捉拿别的强盗"的为虎作伥、卖友求荣的行径，又感到不齿和愤慨。对武丑我也有好感，但多属于扮演上面说的那类绿林好汉的角色。对于文丑，那些摇小扇子的角色，无论他的陪大人或员外（即官僚或豪绅）饮酒赋诗，插科打诨，那种斜肩谄笑，拍马溜须，自轻自贱的帮闲行径，或是为官府或员外出谋划策，陷害善类和小民的阴险奸诈的帮凶嘴脸，我都感到十分厌恶和反感。对于以忠孝节义这类封建伦理道德为立身行事宗旨的道貌岸然的须生和青衣，这些舞台上的正面人物形象，假正经角色，我也厌恶反感；当然，须生也有演好戏的时候，即他们扮演那些历史上的重气节、明大义、轻生死、为国捐躯、为民请命的光辉的历史人物形象的角色，也使我心折赞叹。对于舞台上的男仆（"家人""院子"）、丫环、使女，这类富贵人家的仆役，我可怜和同情他们，但又瞧不起他们的那股低眉顺眼的奴才相。这就是我少年时候的戏剧观。……

也是前几年，我为上海一家教育刊物写过一篇《我的读书记》，又回忆了我生活环境和求学经历：

我生性冥顽不灵，从孩提时代就在家里闹事，外面闯祸。家里为了图个清静，从五岁起，就由哥哥带我，到同村一个不第的老秀才家里读私塾，每天围在一张圆桌边，跟上同学们嚎叫："人之初，性本善，性相近，习相远。"但字却不识一个。念了半年，老秀才死了，我家住在山脚下的一个小山村，没有小学。家里把我送到邻村小学读书，这次是读《共和国语文》，我又跟上同学吆喝："人、手、足、刀、尺、山、水、牛、羊。"我跟着没嚎多久，又换了《语文教科书》，第一课课文是："大狗跳，小狗叫，大狗跳一跳，小狗叫三叫，汪、汪、汪！"我老子虽然每七天赶一集都给我买一本新的《语文教科书》，但我把它拴在裤带上，买一次，丢一次，又买一次。虽然只是跟着嚎叫，却觉得这些话说得很好玩，引出兴趣来了。但字还是不识。老师让我背课文，我背得倒很流利："大狗跳，小狗叫，大狗跳一跳，小狗叫三叫，汪汪汪汪汪……"明明是叫三叫，我却一股劲儿地叫下去，不是老师拍桌子，我还会"汪汪"下去，叫得特别积极卖力。在"文化大革命"中，红卫兵每每批斗我时，我就往往想到我那份"汪汪汪汪……"的积极性。

老师制住了我"汪汪汪"，叫我转过身来，随便指一个字要我念出，指一个我摇头，便报以沉默的微笑，——照例每个字都不认识。老师认为我"前科"重重，这次非要打板子不可。我不求饶，只是说现在尿憋急了，等出去尿完了，再挨板子。老师恩准了。我一出校门，就一溜烟地跑回家，坐在祖母的炕头上。祖母关心地问我："你哥哥怎么没回来，只有你一个人放学回来？"我扯谎说："我背书背得又快又好，师傅放我先回家，我哥还没背会书，所以没有一起回来。"我这个祖母偏听偏信，被我诳得眉开眼笑，连忙从橱里拿出花生、麻糖犒劳我。我刚把糖放在嘴里，几个大年龄学生气势汹汹地破门而入，对祖母说："跟来（我的乳名）背不会书，师傅要打他的板子，他骗说尿急了，放他先去尿，一去就没影子，师傅左等右等他不回来，叫我们几个来揪他。"我这位溺爱不明的祖母，听了学生们的话，不禁勃然大怒，回复大龄学生们说："给你们师傅说，我家孙子不准打，一下子又念不成秀才举人，老淘气！师傅要是打，我们就不念了。"

在祖母的保护伞下，这几个来揪我的学生只得灰溜溜地走了……

没有过到半年，祖母去世，我在家里守孝又不去念了，得了又一次解放。俟祖母丧事办过，我那个在外埠经商的伯父，和家里人一合计，决心请一个家庭教师教我们兄弟读书，再找几个同族的小孩陪读。这下管得紧了。年轻的师傅，针对我不喜欢读书的老毛病，用大楷写下来四句旧诗，作为习帖，要我每天描摹，诗云："小子读书不用心，不知书内有黄金。早知书内黄金贵，夜店明灯下苦心。"现在回想起来，这大约就是我那个年轻的师傅结合教学对我进行过细的政治思想工作。从此以后，我开始真正一个又一个地认字，师傅又在家人面前，夸我聪明好学，家里人一下子改变了对我的态度和待遇，把我当"知识分子"照顾了。二年级时，我跟同学到镇上参加全区小学生会考，作文题目是《秦始皇论》，我按照记忆，把学的课文一字不漏地照抄上去："秦始皇，灭六国，收天下兵器，铸金人十二，车同轨，书同文，焚书坑儒……"很快就交了卷，跑出考场。在门外候我的父亲惊奇地问我："怎么刚进去就出来了，别人都不见出来？"我说："我文章做得快，一下子就交卷了。"父亲虽然显得不无怀疑，但还是给我买了一个火烧（大饼），以示奖励。在我们那个穷山沟里，一个大饼的地位，等于现在上海家长给孩子买一块巧克力的价值。

那时候，我们山西省的督军兼省长阎锡山，发给小学生每人一本《人民须知》，那上面开宗明义第一条是："人生有三怕：上帝、法律、舆论。"这些诗句，在我直到现在还记得很清楚。因为在西方社会，这是三个并列的东西，而在我们古代以至现代的东方某些国家它们却是一个东西，或三位一体的东西。我真正为书籍入迷，是高小时代，同学借我一本石印本《封神榜》，那里面的字我虽然不全认识，情节上大体能看得懂，我被纣王、妲己、姜太公、申公豹、黄飞虎、哪吒的事迹迷住了。……

我对新文艺产生兴趣与接受进步社会思潮，差不多是同时开始的，这就是在太原上中学的时候。那是一九二八年，那时我才十四岁，与哥哥贾芝一起考上了太原市的成成中学。那是一个私立学校，由校长到教师都是北京师大出身的山西籍学生，它以学风艰苦朴实，对学生在学习上要求严格著称。那些教师大都是晋西或晋北人，说话口音与我们晋南山区人不一样，我年纪又小，乍一到这里来听课，都朦朦胧胧的，听不懂课的内容。于是我把兴趣转移到读小说，我因年纪小，长得又矮，坐在教室第一排的第一个课桌上。同桌是个石姓同学（他叫石炳炎），似乎比我大些。他是走读生，每天来上学时，书包里都带着石印本的旧小说，如《彭公案》《七侠五义》《罗通扫北》《薛仁贵征东》之类，我因听不懂老师在课堂上的讲课，就似懂非懂地在课桌下看他好意借给我的石印本小说，以致向他借小说看，成了一个习惯，他每天来上学都给我换新书。我从小喜欢看的是《水浒传》《西游记》《薛仁贵征东》《罗通扫北》等武侠神魔小说，我钦佩行侠仗义、浪荡江湖、杀富济贫、与官府为敌的绿林好汉，江湖英雄，而对《西厢记》《红楼梦》这一类感情细腻、才子佳人谈情说爱的说部，却一直读不进去。到了初中三年级时，学校的教学面目发生了很大的改变，由北师大新回来了一些年轻教师讲课，他们在课堂里介绍了马克思主义和新文学作品。我记得一位姓杜的语文教师，指导我们看新文学作品《呐喊》《彷徨》《女神》《少年漂泊者》《胡适文存》《独秀文存》等，以及外国翻译文学作品，一些政治读物也开始介绍。这类读物使我真正从"话说""且听下回分解"的旧文学世界进入了一个崭新的天地。这时起我开始试写新文学的各种体裁文学作品——诗歌、诗剧、小说，给《山西日报》《太原晚报》的副刊投稿。后来太原又有个《民报》，副刊上经常有第一师范学生王中青等人的文章，我也向那儿投稿。我第一篇发表的小说叫《一个兵的日记》，登在《太原晚报》上。它是用第一人称的日记体写的，写的是阎锡山旧式军队生活的野蛮和腐败。在"九一八"事变后，学校掀起了抗日救国的怒潮，学校请来了阎锡山军队的一些中下级军官来校给学生上军事训练课。这些家伙不仅说话粗鲁，而且作风粗暴，在军事训练时，动不动就挥拳打人，用脚踢人。我们本来出于爱国抗日的热忱，自动参加了军事训练，还没走上抗日前线的疆场，却先挨这些军阀手下的小军官的拳头！这大约就是我写这篇小说时的一些感性认识和体会。这篇小说约有两千字左右，记得连载了几天。这篇习作的发表对我的文学写作兴趣是一个很大的鼓舞，也就是从这时起，我开始认识到文学是一种改造社会、改善人生的武器。我有一个文友叫刘懋功，两个人一起写了文章投稿，他用了个笔名叫"青青"，我用了个笔名叫"冷魂"，都是鸳鸯蝴蝶派味道十足。但我现在想起来，我更感激那位杜心源老师，是他为我上了最初启蒙的一课，听说杜心源是地下党员，抗战时期组织过师生游击队，进行抗日武装斗争。

一九三一年我初中毕业，又随哥哥去北平，第一次出了娘子关。由于我自幼顽皮，不肯安分守己，我哥哥却一向规规矩矩，为人老实，读书门门优秀，家里人要他管着我，可我喜欢到处闯祸，根本就不听他的管教。所以这次来北平读书，哥哥向家里正式提出，他以后不负责管理我的事情，让我方便自由。到了北平上学以后，我们哥俩就正式分开了。我哥哥埋头复习功课，准备迎考，而我依然不肯安分，整天在北平街上游荡。一次，看到街墙上贴着广告，说北师大社会科学系举办社会科学讲座。我因为在太原时就对社会科学有兴趣，就报了名，上了二个月的课，讲课的有马哲民、陶希圣、侯外庐等，都是讲马克思主义。有一回，听课听一半，课堂后发生了骚动，原来有一个老头混在里面听，被人认出来。这人是甘肃省的教育厅厅长，在甘肃迫害过进步学生。于是听课的人起来轰他出去，把他的脸也打肿了。这事情闹大后，引起了官方的注意，这个讲座就被禁止了。记得讲座上征订侯外庐和王亚南译的《资本论》，我也订了，结果只拿到第一册，侯外庐不久也被抓起来了。时间就这样很快过去了。转眼到了暑假考试，哥哥学业优良，他报考了北京第四中学、北师大附中等几个重点学校，都考上了，最后选择了中法大学孔德学院的高中部。我起先名落孙山，但也没有沮丧，我的兴趣也真不在学问上。那时正值"九一八"以后，流亡到北平的东北军阀办了一个冯庸大学，设在原来袁世凯办的陆军大学旧址，报考费用很高，我就去报名，一下就考上了。这是个军事式大学，学生穿军服，发枪支，过军营式的学习生活。后来热河战争发生，我从报上得知，该校师生开赴前线参战，这个学校也就不听说了。可是这事让花钱供我们读书的伯父知道了，他抱着"好男不当兵"的观念，坚决反对我去入学，于是我只好重新选择，最后终于考上了美国教会办的崇实中学的高中部。

崇实中学的校址在北新桥，是一所贵族型的学校。住的宿舍是洋楼，有暖气装置，生活很考究。平时上课除了中文课以外，大都用英文教材，教师有一半是美国人，我在崇实中学读书期间，就打好了坚实的英文底子。我开始看原版的英文报纸和书刊，读书的眼界也放宽了，中外文学作品，社会科学著译，都读。我的接受外来文化学习，先后挂过托尔斯泰、陀思妥耶夫斯基、耶稣、尼采、克鲁泡特金和马克思的相片，真是五花八门。我哥哥在孔德学院高中部读书，孔德学院坐落在阜成门外，高楼深院，花木葱茏，一派肃穆幽静的学院风光。由于这个学院属中法大学一部分，学校以法语为第一外语，学生们多受法国浪漫主义、象征主义诗歌的影响。那时贾芝也热衷诗歌，与沈颖、朱锡侯、周麟和覃子豪等几位同学结成一个诗社，叫泉社。他们五个都是孔德学院学生，有的是大学本科生，有的是不同级的高中部学生，与他们也渐渐地熟了。覃子豪和我哥在政治上激进一些，沈颖和朱锡侯都是埋头读书的人，周麟喜欢音乐，有一种艺术家的风度，人很活跃，也参加学生运动。那时，我不仅年纪轻，而且一向生活马马虎虎，不修边幅，而他们这些人都受到西方文化熏陶，举止文雅，颇重服饰，特别是覃子豪，总是西装笔挺，又像是天生的情种，不时制造出一些浪漫情调的故事。所以，在人生观、生活习惯和情趣上，我都与他们不一样。但我们那一代人在思想深处抛弃了儒家的"非我族类，其心必异"的文化专制主义的传统，人格平等、人身自由、尊重人的价值和人的尊严正是"五四"新文化运动的积极成果，他们又不是追名逐利、庸碌等闲之辈，所以我们之间的交往，虽然淡如水，但彼此并未相忘于江湖，在以后的人生途程中，我们都有不同程度的交往。后来，民族救亡运动的形势日益严峻，这个泉社也分化了，沈颖、朱锡侯、周麟都去了法国，覃子豪去了日本，贾芝一直留在北平读大学。抗战爆发后，他随学院迁至西安，由哲学系改读经济系，毕业于西北联合大学，然后去了延安。我一九三六年到日本以后与覃子豪来往很多，才成了一对难兄难弟。那时，我也认识了后来成为我哥哥爱人的李星华，那时她也是孔德学院的大学生，因生活困难，由周作人先生帮助，安排给学院刻写蜡版，作为半工半读。听贾芝说她一九三二年就参加了中共地下组织反帝大同盟，还利用刻写蜡版的机会刻写传单。不过她当时给我的印象很一般，朴朴素素的一张脸，戴个眼镜，像个本分的女学生。我想我哥从一个循规蹈矩的优等生到投奔延安参加革命，时代的影响当然是重要的，李星华对他也可能有影响。

我在崇实中学就读的两年半，也是我的世界观开始形成的时期。与我同寝室的熊庆永，是数学家熊庆来的弟弟，他思想激进，在学生中很活跃。那时在北京市立第一中学对面，有个小公寓，住着一个姓徐的山东青年，组织了一个读书会。我和熊庆永每周六下午都到他那里去聚会，出席的十多人，大多是附近几个中学，如市立一中、文治中学等校的学生。只有一位在这里见到的老魏，是山东人，年纪已大，他介绍大家读高尔基的《母亲》，和李浩吾的《新教育大纲》、日本河上肇的《经济学大纲》等马克思主义的启蒙读物。他没有职业，生活艰苦，无固定的住所，不久就离开了北京。听说他去了冀东，参加方振武军队的起义活动去了。我在那儿认识了不少人。但没多久，一次下午我独自去那儿，院门口站着个穿中山装的人，那时北平社会，一般都穿长衫大褂或者西服，穿中山装只有国民党的党棍，我因为个子小，进去时他没有注意我，我也没有注意他。进去后，看见那个姓徐的房间门关着，推也推不开，便绕到窗户前，扒开纸糊的窗一看，里面乱七八糟。正好一个常见的看门人走过来，他发现我，忙对我使眼色，接着悄悄地说："徐先生出事了，你快走吧！"我心里一紧张，赶忙退身出来，好在那个穿中山装的人还没有发现我。因为这个公寓的住客，主要是穿大褂或学生装的青年学生。过了两天，小报上登出消息，说某机关破获了一个共党组织，案犯徐某在逃云。这时候我才发现熊庆永也有好几天不见了，到风头过去后，他才托人给我传话，说他在同仁医院避难。我回来后也有些害怕，处处提防着。一次下午放课后，回到宿舍里，发现东西都被翻动过了。不久又换了个寝室。这个寝室同住的是一位姓王的同学，是个山东籍的大个子，也是个活跃分子。他仍然带我去参加各种政治活动。公祭李大钊的集会上，我还帮他散发过传单。那时我对文学创作的兴趣越来越浓，用"鲁素"的笔名继续向各大报刊投稿。一九三四年我在天津《大公报》上用"鲁素"的笔名发表了小说《相片》，应该说，这也算是一篇以社会现实为题材的小说。我并没有这种生活体验，记得当时读过鲁迅先生批评梁实秋的文章，梁说出身下层的人们，只要安分守己，努力往上爬，也可以出人头地，我为了批判这种理论，就写了这篇小说。这也可以说是一篇"主题先行"的创作。同时也在北平《京报》的文艺周刊《飞鸿》上发表了《米》这个连载了两期的短篇小说。题材是反对美国人办的教会学校，揭露"披着宗教外衣的帝国主义分子的伪善面目"，这是我身在教会学校的激进思想表现，也是从一种理念出发的思想认识。

我的这些活动渐渐为学校当局所不喜欢。一九三五年春，学校的实际校长美国教师莱仪亭牧师找我去谈话，他用熟练的中国话一板一眼地对我说："贾植芳，你不喜欢我们，我们也不喜欢你，你现在可以走了。"那时我读高三课程，还有半年就可以拿到毕业文凭，学校就选择这个时候赶我出去，而且也不给转学证明和成绩单，以至我离开崇实以后，也无法转入其他学校继续读完学业。后来我碰到一个山西老乡叫赵化龙，他是我初中时的同学。他的舅舅在阎锡山底下当军长，统治着内蒙古地区，当地老百姓称他为"赵老虎"。这赵化龙本人却很进步，他介绍我到他上学的北京艺文中学去插班读书。因为我们谈得来就搬在一起住了。这个学校是熊希龄出钱办的，我在那儿读了不到两个月，因为没有转学证明和成绩单，还是无法安心读下去。因为学校的教务员不时找我要学历证明。一天早上，我刚走出学校，碰见一个山东籍的姓鲁的语文老师在院子里散步，这位先生上课很严格，不许学生在课堂上看闲书，与我时常发生冲突。记得一次上作文课我早早交卷后，就坐在课堂上看小说，被他发现，把我的书没收了，还申斥了我，我不服。下次上作文课，我交卷时发现他在全神贯注地看小说，就向他说："鲁先生，《水浒》上有一句话叫'只许州官放火，不准百姓点灯'是什么意思？"他一听就恼火了，霍地站起来，训斥我说："你是学生，就得遵守课堂规矩，上课时间看小说是犯规行为，我应该教育你，现在你却管起我来了，简直是造反！"为此，他很发了一通脾气。可是，这天我一进校门，正在院内散步的鲁先生一见到我连忙走过来，好心地悄悄告诉我说："南京派来学校的军训教官很注意你，你要当心些！"说完，他连忙走开了。这使我很感动，望着他匆匆离开的、穿着蓝布长衫的背影，我觉得他突然高大了起来。这个教官是安徽人，是个彪形大汉，一双铜铃似的大眼睛，像一只狩犬似的四处嗅着。引起他的注意总不是好事，因为人们把这类人看成南京国民党政府派来的特务。于是，我就悄悄地离开了艺文中学，转入隔壁的一个市立北方中学继续上学。谁知那个军事教官兼着几个学校的军事课，他也兼管这家市立北方中学的军事课。我第一天上课就在大门入口处的操场上碰到这个人，他瞪着眼睛瞧我好半天，然后大声说："我早就看出你不像个学生，一天到晚在几个学校里窜来窜去地活动。"可见那位鲁先生所说不误。这以后，那个教官经常"关照"着我，有时突然冲进教室就搜翻我的书包。不过我一次也没有被他抓到什么。

　　一九三五年底，北平的形势日益紧张，进步的学生运动彼起此伏。从我上面的经历也可以看到，几乎各个学校（包括中学、大学），都有进步思潮的传播和学生运动的酝酿，很快这星星点点的火种，便汇集成一股无法制止的燎原之火，终于爆发了著名的"一二·九"学生运动。那天，正是国民党政权和日方妥协的形势下，作为华北"特殊化"的另一个政权形势"冀察政务委员会"成立的日子。赵化龙也是学生运动的积极分子。那时我与他一起住在西单商场后面的建新公寓里，他从燕京大学开会回来，捧来一大捆宣传单，要我负责分发给北平西城区的各个中学代表。"一二·九"那天，学生在上课，游行队伍经过学校，我便带头呼喊口号，同学们一下子冲出了学校大门，汇入了浩浩荡荡的学生游行队伍，直到东长安街的"冀察政务委员会"门口，才与严阵以待的警察发生了冲突。"一二·九"以后，为逃避警察的追踪，我与赵化龙搬了家，从西单商场后门口的建新公寓搬到沙滩北京大学(红楼)对面的梅园公寓。那个市立学校是不能再回去了。好在住处离北京图书馆不太远,我每天就到图书馆去看书,早出晚归。不觉春节来临。北京有一家麻袋店,老板姓李,是老乡。我伯父在店里有一万元的股,也算是股东。我们兄弟俩在北平上学,伯父托老板照料我们,我们兄弟上学的一切费用,都托这家铺子经管。到了春节,老板就叫我们去过春节,但我向来懒得与商人应酬,就找个借口推脱了。可谁知北京人很重视过春节,到了大年初一,店铺都关上门过节了,街上找不到吃饭的地方,我一天就吃了两个小面包,还是公寓的老茶房弄来的,到晚上饿得昏昏沉沉回到住室,用冷水冲了一下头,倒下便睡了。可是不一会儿,一阵粗鲁的打门声把我惊醒过来,我从床上坐起身时,门内已冲进来几个武装警察和穿着黑棉袍、戴着黑呢帽的便衣探子。赵化龙这时已先被捕了,被警察押在一边站着。我们两人住的房间紧靠着,只隔着一个板壁。警察先是搜查房间,把书籍、传单、文稿都搜出来,然后就把我们押出房门,这时走廊上、楼梯上都布满了武装警察。赵化龙一旁看我只穿着一件蓝布大褂,就说:"外面很冷,我有个皮袍,你先穿上吧。"这样,二十岁的我穿着别人的狐皮蓝缎子皮袍,被押上停在公寓门口的黑色小汽车,一路风驰电掣地进了北平市公安局看守所。这是我人生道路上第一次被捕入狱,也是生平第一次坐小汽车——警察局的小汽车。

过了几天,小报上登出了梅园公寓学生被抓的消息。麻袋店老板因为我没去过年,猜我可能出事了,这时看了报,得到证实,赶快打电话告诉贾芝。我哥老实,从未经历过这类风波,听老板一说,本来是站着听电话的,就这么一腿软,咕咚坐到了地上。因为当时国民党政府颁布了"危害民国紧急治罪法",政治犯可以就地被处决。贾芝很害怕,他知道我贪吃贪喝,就向李老板柜上支用了二十元钱,买了许多鸡蛋糕、点心、饼干和水果,送到公安局来,想让我在临死前吃饱、吃好。因为他买的这些食物,从当时学生生活眼光看来,都算"高级食品"。可是公安局矢口否认抓过贾植芳这个人,贾芝碰了钉子,只好抱着一大包食品回去了。后来还是那个麻袋店老板熟悉门路,一边通知我伯父出钱保人,一边几经辗转终于与我联系上了,给我送进来十几块钱和一件呢大衣。我出狱后,就由伯父安排,仓皇逃到了日本。

到了东京后,我没有听伯父的规劝去学医科或者经济,我的爱好依然是研究中国社会，于是先在东亚高等预备学校学习日文，随后考进了日本大学社会专修科，师从园谷弘教授研究中国社会问题。这便开始了留学生的生活。我到东京后先找到了覃子豪，加入了他们正在从事的文艺活动。我的文艺创作原是出于个人爱好，发表创作也属于散兵游勇状，到了东京以后，才与中国左翼文学运动发生联系，随即成为新文艺队伍中的一员。

中国新文学与留日学生向来有很密切的关系，似乎是郭沫若说过，中国新文坛大半是由日本留学生建筑成的。这话自然有点以偏概全，不过也包含了一个重要事实，中国新文学运动初期，有一大批作家是留日学生，他们以激进的姿态投入并推动了新文学运动。若再往上溯，从清末到三十年代，留日学生中已经产生过新文学的四代作家。第一代从一八九八年戊戌变法失败开始陆续东渡日本，由寻找救国真理转向从事文艺运动的。这代人中，除梁启超、章太炎外，大多数是在日本留过学的，如王国维、鲁迅、周作人、苏曼殊、陈独秀、钱玄同、李大钊、欧阳予倩、杜国庠等等。第二代是一九一一年的辛亥革命前后赴日本的，由从事各种专业学习转向搞文艺，如郭沫若、郁达夫、成仿吾、张资平、田汉、郑伯奇等等。第三批是在"五四"以后去日本留学的，他们已经受着新文化的洗礼，到日本以后决定了自己的人生道路，如穆木天、夏衍、丰子恺、谢六逸、彭康、朱镜我等等。第四代是大革命失败以后去日本，或为流亡，或为留学，继而从事文艺活动的，如任钧、胡风、周扬、楼适夷等等。第一代人从日本回国后发起了新文学运动；第二代人回国后推进了新文学运动；第三代人回国后，一部分人继续从事文学运动，一部分人则由提倡"革命文学"而转向搞革命政治活动；第四代人回国后一律参加了"左联"——从文学革命到革命文学，再进而左翼文学运动，留日学生所起到的作用以及他们的特征，是很一贯的。

我一九三九年到达东京，找到覃子豪以后，就由他介绍住在他当时住的小石川区白山寄宿舍，又由于子豪的关系，我认识了同住在白山寄宿舍的李春潮。那时子豪在中央大学法科上学，但主要兴趣和时间是参加东京留学生的进步文艺活动，并从事 诗歌创作和翻译。春潮没有进大学，但在国内参加过革命政治活动，因此，他到东京生活也可以说是一种政治亡命。他是东京留学生进步文化活动的活跃分子。我在前文所说，从清末起到日本居留过或留日学生出身的中国现代作家有四代人，而像我们这样从三十年代中期到日本留学或政治亡命并从事文学活动的中国知识分子应该算是第五代人。那时候，中日关系很紧张，又值日本军国势力最得势的时代，也是中日战争爆发的前夜。但当时到日本留学或政治亡命的中国知识分子还是不少，文艺活动也很活跃，和国内文艺界的联系也很密切，可谓声气相通。原本，日本还有个"左联"支部，它由卢森堡（任钧）、华蒂（叶以群）、张光人（胡风）、谢冰莹等人在一九三一年建成的。虽然一九三五年"左联"就解散了，但以这个组织为中心，团结起来的进步文艺力量，仍然是留学生文艺活动的核心力量。那时候，留学生文艺社团也很活跃。如杂文社，他的机关刊《杂文》出版三期后，被日方查禁又改为《质文》。东流社出版了《东流文艺》和丛书。由覃子豪、李春潮和在早稻田大学学习的李华飞（李明诚）、罗永麟等发起组织了文海社，我一到东京，就被他们吸收到这个文艺社团，并参加了该社刊物《文海》的编务活动。

我在东京居留期间参加的留学生文艺活动中，对我触动最大的是两次文艺性的纪念集会。一九九〇年十月我因母校东京日本大学文理学部邀请，偕妻子任敏重访了相别了半个多世纪的日本。在访问和讲学时期，我的讲题之一，就是《中国留日学生与中国现代文学》。在这篇讲稿中，我根据记忆，描述了这两次留学生举行的纪念会的实况和我当时的感触：

我是一九三六年五月到日本，一到这里就碰上两件大事：一件是六月份高尔基的逝世，还有就是十月份鲁迅先生的逝世，在东京的留学生都举行了纪念会和追悼会。高尔基的纪念会地点是在早稻田大学附近的中国饭馆楼上，房间里没有什么东西，空荡荡的，墙上挂着《真理报》上登的高尔基遗像，四周框着黑边，在早稻田大学攻读苏俄文学的留学生邢桐华作了关于高尔基生平的报告，那次会议是任白戈主持的，不知怎么的，后来发言中扯到了国内文艺界关于两个口号的论争，会上出现了不同意见，一方是支持"国防文学"的，竟说鲁迅闹分裂，破坏党的统一战线政策，在会上指责鲁迅；另一方起来维护鲁迅，发生了剧烈的争端，结果会议不欢而散。这是我第一次参加留学生的文艺界活动，但从这里又使我真切地体会到左翼文艺运动内部的分歧，那种"反鲁迅"的阴影。过了不久，鲁迅逝世了，十一月十七日留日学生团体举行追悼大会，地点在神田区日华学生会堂，由当时居留在东京的萧红主持会议，郭沫若和日本著名作家佐藤春

夫都参加了大会。我记得那时还有下面这么一个插曲：为筹办追悼会积极
奔走的留日学生李春潮，在事先曾去请郭沫若出席会议，还告诉他准备请
佐藤春夫，因为先去请了日本左派作家秋田雨雀，秋田雨雀因为自身处境
困难，还在警察的监视下过日子，怕他参加会议，会给同学们带来更多更
大的麻烦，所以介绍他去找佐藤春夫，还说佐藤春夫是当今日本第一流的
作家，又懂中文，还是收入《岩波文库》的《鲁迅选集》的日译者。郭沫若摇
摇头说："佐藤春夫是资产阶级作家，大革命失败后，蒋介石政权下令通缉
我，我流亡日本。有一次我去拜访他，他竟闭着眼睛听我说话，态度极为
傲慢，事后还对人说，郭沫若这样的小说，他一天可以写出半本。这样一
个自尊自大的资产阶级作家，他怎么会参加左翼作家鲁迅的追悼会？"那
筹办追悼会的李春潮听了这话，将信将疑地去请佐藤。没料到佐藤一听说
是参加鲁迅先生的追悼会，立刻就答应了；而且在会上还发表了充满激情
的演讲，称自己是鲁迅先生的学生。他说鲁迅先生的逝世，不仅是中国的
损失，也是整个东亚的损失。当时会场上坐满了日本便衣警察，佐藤春夫
也不顾忌，从这件事上可以看出日本作家对鲁迅先生深厚的敬爱感情。佐
藤先生讲过话后，郭沫若接着讲。他说："佐藤先生是日本第一流的作家，
还自谦是鲁迅先生的徒子，像我们这些人，只能算是鲁迅先生的徒孙了。"
接着放高声音，用浪漫派诗人的声调大声说："大哉孔子！孔子以前，没有
孔子，孔子以后，也没有孔子。大哉鲁迅！鲁迅以前，没有鲁迅，鲁迅以
后，有无数的鲁迅！"因为这是追悼会，所以佐藤和郭的演讲，都没有掌
声。但郭氏这么一讲，会场肃穆的空气似乎有些骚动了。当时留学生办的
报纸《留东新闻》为鲁迅先生逝世编了个悼念特刊，但拿到会场散发时，被
在场的日本警察全部没收。鲁迅先生逝世，我感到了像失掉了依靠似的悲
痛，为此也写了一篇悼念文章《葬仪》，是散文诗体，也登在这期悼念特刊
上。……

　　接下去可以讲到胡风与我的关系了。前面的叙述虽然冗长一些，但从
我与中国进步社会思潮的关系中可以看到，我在那几年的遭遇中，已经逐
步形成了自己的世界观和人生追求。我那种不安分的性格几乎是天生的，
再加上那些年社会的动荡，民主思想的传播，以及作为一个知识分子对独
立人格的崇尚，都已经决定了我今后在中国社会中的命运。我与胡风由投

稿到相知，后来又成为同一冤案中生死与共的朋友，可以说是一种缘分。但我始终有自己的人生理想与追求。胡风在一九六五年受审以后对梅志说："对于许多朋友们因我受累，我也感到内疚，但他们靠近我时，已经有了自己的思想和理想，我更多的是出于一片爱才之心。"（见《往事如烟》）胡风的这话是说得相当诚恳的。但从另一方面看，胡风在我人生的关键时刻，把我的作品介绍给新文艺的读者，从此我与新文学运动发生了真正的联系。在以后的日子里，他又时时鼓励我创作，把经历的复杂生活写出来。后来，他又是我的第一本小说集《人生赋》的编者与推荐者。在我的文学生涯和生活上，他都给予了热情的扶助和无私的帮助，这些，我都是永远感激和难忘的。

胡风比我早七年到日本留学，并且参与了"左联"东京支部的创建工作，参加了日本无产阶级文艺运动和日本共产党。早在三十年代初期，他就翻译出日本左翼作家须井一的小说《棉花》，中条百合子的论文《屠格涅夫生活的道路》等。他在留日学生中有着很大的影响。我在去东京以前，很早就注意到这个名字。那时，日本改造社社长山本实彦曾邀请鲁迅先生为《改造》月刊每期推荐一篇中国现代的小说作品，介绍给日本的读者。我每期都留心它所译介的对象，而在每月译介的作品面前，都有一个简要的作者介绍，它的执笔人就是胡风。也是这年，日本左翼文人矢崎弹编了个文化评论性的刊物，它的创刊号里就有着胡风用日文写的文艺论文。而在鲁迅先生逝世前发表在《作家》上面的那篇《答徐懋庸并关于抗日统一战线问题》里，鲁迅先生称他为"明明是一个有为的青年"，这句为他辩诬的话，更深深地印在我的脑海里。这时，飘扬在东京各大小书店的日本改造社在鲁迅逝世后出版的七卷本日译的《大鲁迅全集》的巨幅广告中，在编委会的名单里也列有胡风的名字。当时与鲁迅先生有关或影响下的上海几个文学杂志，如《文学》《译文》《中流》《太白》《作家》，以至《海燕》《夜莺》《现实文学》等经常刊载胡风的论文或译文，总之，在我因投稿而结识胡风之前，对这个名字已经有了崇敬与好感。

转眼到了一九三七年的春天，我一次在东京神田区的内山书店里接连看到了上海生活书店出版的《工作与学习丛刊》，头一本《二三事》，用的是鲁迅先生一份遗稿《关于太炎先生二三事》之名，第二本《原野》，用的是艾青翻译的比利时诗人凡尔哈仑的长诗的名字。连续两期都有鲁迅的遗稿，还有景宋、胡风、许寿裳、李霁野、艾青、茅盾、张天翼、萧军、端木蕻良等人的作品。我从它的编辑风格，撰稿人员阵营，喜悦地发现，这是继续高举鲁迅先生的战斗文学旗帜前进的严肃的文学刊物，因此抱着试试看的心情，把一九三六年底写的一篇小说《人的悲哀》寄给了丛刊的编辑部。当时我并不知道这个刊物是胡风主编的。《人的悲哀》是以我第一次出狱后的一段生活素材写的。我出狱后，百无聊赖地寄住在北平的那家麻袋铺里，李老板是个江湖上混的人，三教九流都结识，但对我参加学生运动，也是很不以为然的。我努力学习鲁迅先生深刻的现实主义艺术手法，在平淡生活中揭示出人性的麻木与悲哀。小说寄出去大约两个月左右，我收到了这个刊物的第四本《黎明》，我的小说登在上面，另外还有三十多元日币的稿费和署名胡风的编者热情来信，我才知道胡风是这个刊物的主编，在这期丛刊的《校后记》里，胡风署名 X·F 写了一段关于我这篇小说的话："《人的悲哀》是一篇外稿，也许读起来略显沉闷吧，但这正是用沉闷的坚卓的笔触所表现的沉闷的人生，没有繁复的故事，但却充溢着画的色调和诗的情愫，给我们看到了动乱崩溃的社会的一图。"这也是我的文章在社会上引起的第一次批评和反应。可惜的是，这个丛刊办到第四期就被国民党政府查禁了。

这以后，我与胡风一直保持着通信，并陆陆续续地给他寄稿，抗战爆发后，他在上海、武汉、后来又到重庆主编抗战文艺期刊《七月》，经常发表我的小说、散文、通讯和剧本，但我们俩直到一九三九年，才第一次见面，那是在当时被国民党称为"陪都"的重庆。

狱中沉思：我与胡风（二）

一九三八年我随留日学生训练班到了汉口，胡风也在那儿办《七月》杂志，但我一向不喜欢与名人来往，所以只跟他通讯，却一直没有去看他。当时我在私人生活上遇到一件事：我第一个妻子因肺病去世了。我家乡在山区，封建观念很重，一般男人二十岁还不娶媳妇，就要被人瞧不起，因为穷人娶不起媳妇。我家出身地主，因此由父母做主，早早地为我和我哥娶了媳妇。那是在我和哥哥去北平读书之前，我因年纪小，婚后不过半年时间就出来了。后来在北京入狱释放后，为了怕家里不放心，去日本以前又返回乡下一次，就这样匆匆地与这个女性有过两次共同生活。她叫高婵娥，比我年纪小一些，性格内向、细腻。她在县里念过中学，也是有文化的女性。我到日本后，我们一直保持通信，可是回国后通信断了。到了汉口，才接到哥哥的来信，说婵娥君因患急性肺痨，已于一九三八年七月去世。我闻讯后非常伤感。我一生闯荡江湖，先是外出，又是入狱，一定给这个感情细腻、体质纤弱的女人精神上增加了许多压力；又加之战争动乱，她与家人受尽惊吓，我也没有在她身边分担什么。现在人已死了，但对我来说，精神上有说不出的沮丧与内疚。陈启新知道后，再三劝我，并拉我到小酒店里去喝酒解闷。我那时酒量不好，心情更不好，无心喝酒。就在这种情况下，我坐在小酒馆里写出了一个剧本《家》，写了一个少妇在战争中的牺牲和农村广大人民奋起抗日的故事，在那个少妇身上，我情不自禁地写了我对婵娥君的悼念与追思。这个剧本写成后，我寄给胡风，不久就在《七月》上刊登，这是我创作的第一个剧本。不久，训练班分配了，把我分到了中条山前线做日文翻译。临行前我写信告诉胡风，他回信说希望我到前线后多为《七月》写些战地通讯，报道前线士兵与群众的抗日消息，如有机会，可以办一个《七月》西北版。为了工作方便，他还特意给了我一个"七月社西北战地特派员"的名义。后来，这个名义还确实起过作用。

到了前线，我所在的第三军第七师前身是蔡锷的护国军，从军长到排长，都是云南人。在这个军队里，我任上尉日文干事，受师政治部管，工作就是翻译一些日文文件，配合形势，编写些日文宣传材料，用油印传单形式到前方散发，在墙壁上用日文写传单标语，教师部参谋处的军事侦察队日语知识，战争中到战壕中去喊话等等，完全与军人一样。军衔是上尉，算军用文官，每月工资五十元。那时西北战场上，我们与日军师团正面遭遇，中岛师团是日军主力，战争打得非常激烈。我跟着部队出没于枪林弹雨，有时部队被冲散了，或我走得掉队了，就落荒而走，一人在山地里跑五六天，才找到部队。记得有一次晚上，我被冲散后摸黑拼命地跑，人疲倦得不行，一边模模糊糊地瞌睡，一边两条腿还在跟跟跄跄地向前跑。跑到天蒙蒙亮时，发现前面是一道城墙，抬头一看，城墙上站着日本兵，手里端着明晃晃的刺刀。我那时一身灰，个头又小，幸好没让他们发现。在这些生活的基础上，我陆续为《七月》写了一些战场通讯和散文，如

《悼黄浪萍君》《距离》等，都写于中条山战地。《从中条山寄到重庆》则是我给胡风的一封信中的一段，由他摘取其中的一部分发表，标题也是他起的。

我在这个军队共待了十个月（一九三八年八月到一九三九年五月），那时抗战还处在正常阶段，即政治上的统一战线还较为稳定。这里的政治军事形式复杂，既有国民党的中央军和称作杂牌军队的川军，又有山西牺盟会领导的地方武装决死队和八路的游击队。我所在的第三军部队大部分在夏县一带的中条山驻防和作战，而当时的县政权由牺盟会主持，县长是刘裕民，才二十多岁，区牺盟会负责人叫干玉梅。我因是山西人，又不习惯所在军队的那种旧军队特有的腐败习气，所以，除了正式工作外，我经常到县政府、牺盟会去串门，有时也会在他们那儿住几天。我那时不过二十多岁，与青年同志在一起，感到自在得多，因为大家有共同的语言。这一年冬天，重庆派来战地赈济团，我代表驻军方一方陪他们在中条山区转了十多天，县政府的一个科员和县牺盟会的一个干事也陪着我们。一次我们到夏县其母村去，那干事告诉我说，著名的老革命家嘉寄尘先生也住在这里，指挥一支游击队与日本作战。嘉寄尘先生的名字我早已听说过。在辛亥革命前后，晋南出过三个老革命，都是老留学生。一个是景梅九，同盟会会员，曾受无政府主义影响，写过一本名叫《罪案》的书，风行一时，后来颓废了，抽鸦片，当过袁世凯政府的国会议员。四十年代我流落在西安时曾由一位在《西安晚报》当副刊编辑的同乡领我去看过他，这时他手创的《国风报》已由北京移到西安出版，当时是冬季，他一身旧的袍褂，留点山羊胡子，待人很随和，没有客套，也没有什么架子，有些散漫的儒者风度。当他得知我是个留日学生后，就和我谈起他在日本的生活，他是明治大学学生。我告别时，他跑到内室拿出一套他自费印刷的《石头记真谛》。这一套两卷本是用中国传统的粉纸铅印的，中式装订本，他签名送我存念。晋南出的另一个老革命是李岐山，戏剧家李健吾的父亲，也是同盟会会员，后被阎锡山杀害。还有一个就是嘉寄尘，他转向信仰马克思主义，参加八路军，正领导着一支地方游击队抗日，日军对他恨之入骨，几次烧了他的房产。嘉寄尘在夏县一带威信极高，民间有很多关于他的传说。陪我们的那两位本地人，一路上向我们介绍了不少嘉寄尘的故事。到了其母村，他们还安排我们去访问嘉老先生。嘉寄尘有五十多岁，穿着肥大的蓝布棉袄和棉裤，白布袜子，活脱脱地像一个老庄稼汉。他很亲切地接待了我们。我当时曾经想把这三位山西籍的革命家合起来写一部书，书名也想好了，叫《河东英雄传》，但终因人生颠簸，未得如愿，只写成了一篇报告文学《嘉寄尘先生和他的周围》，交给胡风在《七月》杂志上发表。

　　一九三九年初，即武汉失守一段时间以后，国民党提出了"溶共""限共"的反动政治纲领，这就是我们史书上所说的"第一次反共高潮"的形成时期。他们的反共活动的一个重要组成部分就是清查因抗战而进入国民党机关或部队的非党团人员、共产党员与"左"倾分子。我既不是国民党员，和他们这个圈子里的人更无葛；同时，又在后方的进步报刊上投稿作文章；我到这个军队十个月以来，采取同流不合污的态度，又常和地方上的进步势力来往。这些因素凑在一起，也就自然而然地成为他们怀疑的对象，我自己心里也有数。和我在一起的人中，有一个姓梨的秘书，安徽人，也算是我的上司，平时对我很热络，什么事都要问。一次上茅房大便，他也来了，两人蹲在茅坑边，聊起天来。他很亲热地对我说："我们要提拔你，让你当少校秘书，上面也有这个想法，准备把你送到洛阳第一战区长官司令部政治部去受训，回来后就可以提升了。"我一听就警觉了，因为我过去吃过国民党的政治官司，国民党所指的"受训"，也就是我们后来所说的"审干"。我对这一套向来反感，我参军是为了参加抗日，不是来找生活出路，更不是想借此为进身之阶，捞个一官半职的。于是我就推辞说："我是学生出身，来军队十个月了，很不习惯这里的生活，我是山西人，我母亲最近来信说身体不好，我想辞了职回家乡去。"他一听，脸立刻拉下来了，开始官腔官调地说："蒋委员长手谕：凡前线作战部队官兵，请长假或者辞职者，一律以临阵逃脱论处！"我问他："怎么论处？"他大声说："一律军法从事——枪毙！"我说："那么，请长假回去看看母亲总可以的吧？"他说："最多只能请三个星期的假。"我过了几天就办了请假手续，开证明离开了这个部队。

　　临走时，部队里忽然又派了我一个任务。当时军队里有宣传队员，都是一些男女学生，在前线做抗日宣传工作。因为我回乡要路过西安，他们要我顺便把六名青年宣传队员送到西安"干部训练第四团"受训。我口里答应了，与这六名青年人一起出发了。过了黄河，到了河南的渑池县，我找了一家小饭店，让老板办了一桌丰盛酒席，把这六个青年叫来一起吃。

105

当席我举起酒杯大声说:"我向诸位宣布,我是早想辞职离开部队了,但上面不准,现在过黄河了,他们就管不着了。我从现在起,就不再是贾日文干事了。我也不想送你们到那种地方去受训,你们的公事证明都在这里,谁愿意去就自己去好了。我们是老乡,吃了这顿饭就此散伙。我身边也没有多少钱,分你们一人二元作零用,反正军人坐火车不用买票,咱们就各走各的路吧!"我把话说穿了,那些青年人也都说出了心里话。他们说,他们过去也看《七月》,知道我在上面写文章,但因为军队里等级严,他们一向不能和我来往。现在听我既然这么说了,他们表示也不愿意去国民党的干训团去受训。他们原来都是救亡青年,因为抗日才参加军队宣传工作的。其中两个当场就说到洛阳投奔亲戚去,另外四个青年说,他们反正回不了家乡了,干脆到延安去参加抗日,问我有没有关系介绍他们去。我当时还不认识八路军方面的人,就说,既然这样,我们就先一块到西安去了再说吧。到了西安,先在一家小旅馆住下后,我想起了胡风给我的"七月社西北战地特派员"的名义,就对他们说,我给你们写个条,你们去试试看,成不成我可不敢保险,我在旅馆里等你们。于是我就写了个条,上面写着:"八路军西安办事处,我是《七月》社西北战地特派员贾植芳,有几个年轻朋友想到延安学习,特予介绍。"没两个小时,他们高高兴兴地回来说,八路军办事处看了我的介绍信,答应了他们的要求,要送他们到抗大太行山分校去学习,并且要他们先搬到办事处去。他们当下打点行李,就告辞走了。五十多年以后,我曾收到一封由某报社转来的信,写信人是山西的一位干部。他在信中问,在报上常看到贾植芳的名字,不知道是不是抗战时期国民党第三军第七师的贾日文干事,他说他是当年因贾干事的关系到抗日民主根据地去工作的,现在是三九年参加革命的干部了。我想,这件事也充分说明了胡风编的《七月》在抗日根据地的崇高威信。

我由西安回家乡探亲,当时山西大部分都已沦陷,家乡的房子被日本人烧了,父母、妹妹,还有留在乡下的嫂子等一家老小,整天在山里躲来躲去,一边要躲日本军队,一边要躲土匪,生活十分艰苦。但我也看到了一向麻木的乡民们,因为抗战而投入了神圣的自卫战争,胸襟、眼界,都变得开阔了,从他们身上,也看到了民族的生命力在战火中甦生的希望。我随着他们一起逃难,一起生活,还化装后回到在敌人刺刀下的家乡,探望了我已故妻子的新坟。临去时，我对沉浸在苦难中高扬自身意义的生命，充满了感动。几年以后，我把这次返乡的感受写进了小说《我乡》之中，结尾时我还忍不住赞叹："故乡，战乱的故乡，是赋予我们以人生和战斗之勇气的。它是这样的一个新的人生之港湾。"这是我四十年代初流落西安时写的一篇短篇小说，后来给胡风发表在《希望》创刊号上，他在这期的《编后记》里说："这是一篇很感人的抒情小说。"

不久，我离开家乡，一路漂泊，往重庆而去。临行时，我身上带了八十块大洋，在宜川雇了一辆马车便出发了。路上遇见一个东北军人，三十多岁，是一个少校副官，他也去西安，便同车前往。一天傍晚，马车在一家小店歇脚，我与这位少校要了一个房间。由于白天的劳累，吃过晚饭，两人便在炕上躺下了。半夜醒来，我习惯地去摸摸衣袋，我的八十块钱放在那里，乱世里出门在外，我只得谨慎些。但一摸口袋，才发觉钱没有了。

我连忙叫醒那人。他支吾着醒来，听说我的钱不见了，便坐起来："不知我的钱在不在。"他摸索了一阵，说："嗯，我的倒没丢。"说罢，又倒下睡。我一看情景，便明白几分，知道这钱是谁拿的了。但大家都是军人，他又身强力壮，我孤身一人又奈他如何呢？第二天一早，我便悄悄地独自上路了。

身上没了钱，没法再往前走了，我只好再往回走，想回到秋林镇找我的同乡借钱。正走得又饿又热，头昏眼花时，迎面走来一人，走近一看，竟是我初中的一个同学，姓董，正好亦要去西安。他身上的钱也不多。他摸出钱来说："我就剩下这十块钱了，给你五块吧。"我说："谢谢了，到了秋林，我就可以找熟人借钱了。"

宜川县的秋林镇，当时是山西省政府和阎锡山的第二战区司令部所在地，我有一个同乡在司令部做秘书。来到司令部，我向他借了八十块钱，同时知道我的另一个姓刘的朋友也在那里当秘书，他是我的一个文友。

第二天，刘秘书跑来告诉我，有个王参事要来看你。这位王参事是阎锡山的少将参事，曾做过县长，他是来转达阎锡山之意的。他对我说："阎长官知道你在这里，本要来看你，他很忙，就由我来代为相见。阎长官的意思是，你是山西人，又留过学，有学问，怎能给蒋介石做事呢？你留下吧，给家乡做事不是更好吗？阎长官要你在'民族革命理论研究院'

做个教官，先给你个中将军衔，月饷一百八十元大洋。阎长官真是个礼贤下士的儒帅，很器重文化人，你看我才只是个少将呢！"我客气地对他说："谢谢阎长官的好意。不过我还得考虑考虑，等我决定了，让刘秘书告诉你如何？"等那位参事一走，我便挎上背包上路了。心想，要是自己肯谋个一官半职，就不离开中条山的国民党部队了。

这样，我穿越了从宜川到洛川的百来里荒芜的黄土高原，经西安辗转来到重庆。这时，我依然是一无所有，直到遇上了"留日学生训练班"的同学谢挺宇等人，才由他们的怂恿和介绍，到《扫荡报》去工作。生活总算稍稍安顿一点了，我又写信告诉胡风，说我已到了重庆。因为《扫荡报》是国民党的军报，尽管抗战期间它的反动倾向有所收敛，尽管有曹祥华、谢挺宇等政治上很可信的朋友安排与介绍，但我在感情上总嫌它的名声不好，所以不愿告诉胡风，只是笼统地告诉他，在一家报社工作。那时我的脾气跟汉口时一样，还不想与他见面。谁知胡风获悉我在重庆，连回信也没有，就急急地跑来找我。他不知道我在哪家报社工作，但凭他对我的了解，他总是先到重庆的进步报社找我，一家一家问下来，都没人知道有个"贾植芳"。一直找了三天，最后找到《扫荡报》，才问到了我的地址。记得那天我正值了夜班，白天回到宿舍睡觉。我和几个光棍的留日同学同时又是同事的人合住在报社租赁的一幢楼房上的两间房子里。因为只有四张床铺，我就睡在地板上，又因为是晚间工作，所以胡风来到时，我还在蒙头大睡。我在打仗的军队里混过近一年，已养成了一种警觉性，睡觉很清醒。当我听到一个浓重的湖北口音在门口高声问道："请问，这里有一个贾植芳吗？"马上就爬了起来，睡眼蒙眬地向发出声音的门口望去。我看到一个体格宽大的中年人，戴一顶旧式呢帽，穿着褪了色的蓝色长衫，中式黑布裤，布满尘埃的家做黑布鞋，提一根手杖，挟着一个旧的黑皮包。他的浑圆的脸上引人注目的是一双清澈明亮的眼睛，那里散射出一种温厚而纯真的智者光芒，和他的这身中式的朴实的衣着配合在一起，他的真实的中国书生本色，令你感到亲切可敬和一见如故。这时几个早起的同学闻声已拥向门口，热情地喊道："胡先生，你来了，请进！"其中一个指着坐在地板上的我说："这个就是贾植芳。"他虽然已跨进了门槛，一边和迎接他的人打着寒暄，一边却停下脚步，直直地注视着我。他的情绪显得有些激动，因为我这时正忙着穿衣服，那是一套已看不出是什么颜色的灰白色布军衣，我又黑又瘦，一副落魄的样子，一定使他感到意外而又不是意外，所以显然使他竟有些黯然神伤的表情。他的眼睛湿润了，以致他竟顾不上围绕着他的那片亲切笑容，立即从长衫口袋里摸出一卷钞票，跨步递给还坐在地上的我，声调温和地说："这是二十元钱，你过去在前方寄稿子来，还存有一点稿费。"这以后，他才在大家的纷纷让座声中，脱下呢帽坐下了，情绪上才渐渐安定了。原来我这几个老同学一向在重庆新闻界工作，都认识胡风，大家都把他当作长者尊敬。这天中午，就由这几个同学做东，大家在我们包伙的小饭铺里吃了一顿中饭，他们纷纷掏钱加菜。那时我刚上工，还是身无分文，我来这里以后的伙食，全凭这几个同学维持，因为我们在思想上都是志同道合的朋友。

那时，胡风家住在北碚，他每周来重庆三天，处理《七月》的编务，包括看稿、划样、上印刷厂、看清样和作者通讯等，一个人唱独角戏。他住在叫作重庆村的一幢楼上的一间斗室内。室内几样简单的家具，其中，两把旧藤椅和一个油漆剥落的写字桌算是顶出色的东西，屋角放一些炊事用具。他说，家原来住在这里，大轰炸后，梅志和孩子们搬到乡下去了。从此，胡风每次进城都带信给我，约我在一块欢叙畅谈，多半是在这间斗室内，我们各坐一把藤椅，或者在化隆桥一带的小茶馆里。有时碰上吃饭的时间，就随便找个小馆，吃上两个烧饼一碗汤面。我们既谈文学、文坛，也谈抗战形势与个人的生活，真是海阔天空。我在重庆只住了三个月就离去了。但这段发光的日子，却留给我显明的记忆。

一九四一年，我又一次受到命运的敲击流落到西安，只能和一些小商贩混在一起，做些小买卖维持生活。一九四一年皖南事变后，国民党掀起反共高潮，胡风为了抗议国民党破坏抗战的暴行也离开重庆去了香港，香港沦陷后，他又辗转到了桂林。这一段时间我与他失掉了联系，与文化界，完全处于隔绝的状态。只是偶然在百无聊赖的情况下，动笔写下一些文章，自娱而已。有一次，我偶然在书店里翻阅当地出版的官方文艺杂志《黄河》，看到上面登了一则杂文式的报道："香港被日军攻陷后，左倾文人胡风已步他的同志袁殊的后尘，做了汪伪南京政府的宣传部副部长了。"还在这之前，又从什么地方看到了一则报道说，香港沦陷时"胡风殉难"，后者使我难过，心怀故人；前者使我愤怒，直觉地把它看成了无耻文痞对胡风的造谣诽谤，因为正像鲁迅先生说的："我不信！"《黄河》是由著名女作家谢冰莹编的。谢早年参加过北平的左翼文艺活动，也曾留日，一九三一年她曾与胡风、任钧等留日学生发起组织"左联"东京支部，我对她印象尚可，可是如今看到她也堕落成无耻的造谣者，国民党的文化帮凶，心里充满了鄙视。那时我流落在西安，生活正无着落，过着与我的性格情趣完全相违的商贩生活。有个老朋友知道了我的窘状，好意地推荐我给《黄河》写稿，并已有了回音，希望我去联系云云。我正因为在《黄河》上看到了这条消息而愤怒，当下就拒绝了这个推荐。我说，我宁可做我完全不情愿去做的小商贩，也决不会违背自己的良心和情感，去与一家诬陷我朋友的刊物发生联系。不久，我又在街头贴的一张叫《中国人》的小报上，看到了与《黄河》上同样的报道。我把这个自称"中国人"的小报的这种行为，看成有如鲁迅先生所云，是"有背中国人为人道德"的卑劣行为。鲁迅先生说的"胡风耿直，易于招怨"，那是指"自家人"之间因为"招怨"而利用谣言来达到其不可告人的目的。没想到十几年以后，有关胡风的种种谣言，都被有根有据地搬上文件，成了罗织一个"反革命集团"的罪证，这才是让人哭笑不得的大悲剧。直到一九四二年，我在街头看到一本桂林出版的丛刊，我翻开一看是胡风的文章，副标题是"给几个熟悉的以及未见面的人"，我不由心头一热赶快看下去。胡风在文章里理直气壮地指责那些谣言世家们："既然对我底附逆'该因之获有确证'，那么，现在我回来了，站在这里，而且依旧是手无寸铁，他们就应该提出'铁证'来请政府把我逮捕；如果不这样做，那无异侮蔑我们的政府是存心包庇汉奸'到处蒙混'的，铁血男儿的他们就应该发出抨击政府的声音。"胡风到底是胡风，我这才感到满足和快意。因为在当时的政治形势下，这绝不是他个人的荣辱问题。不过通过这个事件以及在我心中激起的感受，我深深体验到，胡风和我的友谊与感情，已经是牢不可破了。

一九四四年，我又得离开我流荡数年的西北远行。在此以前我从重庆出版的《大公报》获知，胡风已回渝在复旦大学执教，我们又恢复了联系。我把这些年写下的文章加以整理后，一块儿寄给了他。这些寄去的文章，由胡风发表在《希望》《抗战文艺》等刊物上，后来又由他收辑成书，题名《人生赋》，作为他主编的《七月文丛》之一，一九四七年由上海海燕书店出版。一九四六年抗战胜利后，我们夫妇又辗转到了上海，暂时借住在胡风家里。那时他一家也回到上海不久，他正在继续编《希望》和《七月文丛》《七月诗丛》。他住家的地方在雷米路文安坊，那是上海一座普通的弄堂房子，原来是周建人的旧居，战前就转让给他了。我们和他的一家——梅志和孩子们从此在生活中建立了真正的情谊。

在第二年秋天，我又一次被捉进国民党的监狱里去，开始了我人生途中第三次铁窗生涯。胡风在外四处奔波，设法营救。我出狱后曾听任敏说起一件事。胡风为了找人保释我，知道我过去与陈卓有过一面之缘，就亲自去信给南京的阿垅，要他去找陈卓保释我，又让任敏通过吴岐的关系去找陈卓。吴岐正在同济大学法律系当教授，他倒是肯帮忙给陈卓去信，要他设法保释。结果等了很长时间，任敏才收到陈卓的回信，他说他已赋闲在家，无法帮忙云云。这自然也是敷衍之词。但任敏因为一直在等陈卓回信，所以没有到胡风那儿去。胡风久未等到回音，就自己跑去找任敏。在一个星期天，《时代日报》的记者顾征南新婚不久，邀请几个青年记者在家吃便饭，也请了任敏去。胡风正好找上门来，一见大家坐在一起吃饭，就大发脾气，冲着任敏嚷着："你啊！你啊！你不看看，别人倒替你着急！怎么植芳的事不管了？这么长的时间都没看到你……"在场青年见胡风激动生气的模样，无不感动。最后，还是胡风托了俞鸿模的关系，找骆美中把我保了出来。

这类时代命运的播弄，越来越加深了我们相濡以沫的情谊。现在我又坐在牢里，对着白纸要交代我和胡风的"关系"，这些生生死死共理想同命运得来的友谊，那些只会用政治眼光来捕捉"反革命集团"罪证的人，能懂吗？

旧景重访

一九五七年以前，我在第三看守所的日子还算好过，基本上受到特殊的优待。那位苏北口音的审讯员态度也很随便，经常透露一些外面的消息。有一回他告诉我说："你哥哥寄来了材料，说你还是进步的呢。"后来，我妹子死了，也是他告诉我的。我那妹子很早就患过肺病，解放后跟随做中学教师的丈夫在北京住家，自己也在石景山区当教师。我出事后，她受惊带病，不久就忧郁而死。而一九四七年，她当时随在南通税务局做职员的丈夫在南通住家，当她听到我们夫妇被国民党中统特务抓进监狱的消息后，也在惊吓中生过一场严重的精神分裂症。想不到，我们夫妇这次被捕，竟断送了她的性命！我从那个审讯员口里还知道，他到过我家乡以及其他各地去调查过我的情况，有些亲戚在我出事以后唯恐躲之不及，有的干脆说："不认识！"有的说："不来往！"那审讯员也一一告诉了我。这自然使我又认识了世情的许多道理。但当时我一直坚持自己是无罪的，也从不把自己当作是罪犯。从那审讯员和看守的态度看，他们似乎也没有对我怀有敌意。我可以举一个小事，我是北方人，喜欢吃面食，看守所里不经常有面食，偶有馒头什么的，看守的解放军总会主动叫我去，让我多吃。由于这样一种待遇，我自己有时宽慰自己，现在不过是审查哩，审查结束了，也就放人了。有一次，大约是一九五七年，春夏之交，那审讯员陪着一个公安局干部来，态度非常客气，先是笑嘻嘻地递过前门烟来，又从口袋里拿出打火机，一边给我点火一边夸耀说，这打火机是我们国家自己造的，接着对我说："贾植芳啊，你不知道外面的形势，现在妇女们都打扮得漂漂亮亮，花枝招展，知识分子都住进了十八层楼，情况是大不一样了！你们知识分子是国家财富，可要珍惜自己啊！你们的问题也搞清楚了，不久就可以出去。"听他这么一说，我以为大约是没有事了，所谓的"胡风反革命集团"不过是一场误会，既然弄清楚了，我们受些委屈也是值得的。

　　但没多久，大约是五七年夏天，有个看守捧着一大包书来给我，说："一〇四二，你过去没学好马列主义，现在好好学学吧！"我打开一看，全是我家里书架上的书——二卷本的苏联版《马克思恩格斯文选》、三卷本的三联版《资本论》、二卷本的苏联版《列宁文选》、苏联版《联共党史》、苏联版斯大林的《论列宁主义基础》、三卷本的精装《毛泽东选集》等等。我一看这一大堆书，那是非一两年能读完的，这就得做吃长官司的打算了。果然，过了没几天，审讯员又把我找去，递过一个纸条，上面有一系列名单，问我是否认识。我一看，当然认识——全是复旦大学的教授。有法律系的杨兆龙、外语系的孙大雨、历史系的王造时和陈仁炳，还有物理系的王恒守和生物系的张孟闻，这些人与我都在复旦大学教书，有时在一起开会，在校园内相遇时彼此也点点头，如此而已，私下并没有什么交往。但这么郑重其事地问我，总是出了什么问题了。我当时回答说，他们都是我的同事，我仅仅是认识他们，但并不熟悉。他问我说："你看，这些人都是些什么人?"我说:"这些人都是复旦大学的教授,解放前就当了教授,又是英美留学生,是资产阶级知识分子。"他歪着头反问我:"你呢?"我回答说:"我是小资产阶级知识分子,比他们要差一些。"谁知那个苏北人的脸一下子沉了下来,用以前从来没有过的口气冷笑着对我说:"你倒是挺谦虚呀,说你自己是什么小资产阶级知识分子,告诉你,你是反革命!这些人都是反党反社会主义的资产阶级右派分子!幸好你已经被我们早抓起来了,要不,你现在也是个头牌右派呢!"这一番话,说得我莫名其妙。"右派分子"这是从没听说过的新名词。不过凭直觉意识到外面的政治形势又严峻了,学校里又有一批知识分子要倒霉了。五五年"胡风集团"整肃了一批长期追随革命、与中国人民大众同命运共患难的知识分子,这回轮到谁了呢?显然,从那张纸条上写着的名单看,王造时、陈仁炳、孙大雨等人,过去都是著名的民主人士,他们在国民党统治时代组织民主党派,配合共产党反蒋,可以称得上是与共产党肝胆相照,怎么一下子都变成右派了呢?而且,他们出事与我又有何干?怎么连关在看守所里的我,也被牵连上了呢?这一回受审回来,走进自己的囚室,发现一切都变了,床没有了,写字台也没有了,一切原来享有的特殊"优待"都取消了。随后,我吃饭也改作两顿,与一般犯人一样了,与原来那几个同监犯,一同睡地板。从这时起,我真正感到了自己是一个"囚犯"了。

过了一些日子,我才知道外面在"反右",一批知识分子因"鸣放"而惹祸,被定为反党反社会主义的右派分子。一九七八年九月以后,我回到复旦中文系,被安排在资料室工作,一次我无意中从一堆积满灰尘的旧书中发现了两本"反右"时期的小册子,都是复旦大学校刊编的"批判右派思想言论选辑",一本叫《毒草集》,一本叫《明辨集》。我翻开一看,才知道那些教授们在"鸣放"的年代里,都曾批评"肃反"中的一些错误行动,也有的直接为胡风、为我的问题说了一些鸣不平的话。怪不得看守所里的那位苏北口音的审讯员要把我当作是和右派分子"一丘之貉",取消"优待"也是自然的。那本《毒草集》中记得明明白白,王造时教授曾在一次市人大会议中发言说:"过去公安局逮捕人是不按法定程序的,也不经过检察院批准。去年'肃反'中,各校都有教授被捕,被捕时宣布为反革命分子,有的后来又释放。但不交代为什么捕和为什么放的原因,令人猜疑不定。"其他许多教授也都指出了"肃反"有"违反宪法"的不合法性。

作为复旦大学的教授，他们也自然怀疑"反胡风"中我的问题。王恒守教授在"肃反"时就提出了对"胡风反革命案"的怀疑，他说："我过去以为胡风是党员，我想共产党分两派，两派争权，胡风不得势，后来探知胡风不是党员，我想共产党好比是和尚，胡风好比是居士，都信佛，居士虽不出家，本领不一定比和尚差。"张孟闻教授在"肃反"一开始也表示了类似的意见，他明白地表示："贾植芳的问题不是政治问题，而是思想问题。""虽然，我对贾植芳不认识，但可以肯定，他不是政治问题。尽管你们这样说，我不这样看的。"这句话可以说旗帜鲜明。孙大雨也谈到了这个问题，不过他的话语里充满着讽刺与借题发挥，他在一篇文章中将我与法律系教授吴岐在"肃反"时被捕的事件相提并论："吴岐到革大学习过，贾植芳也很积极，所以我们对满口马列主义和表现积极的人要提高警惕。"直到读了这段话，我才知道当年在我的人生坎坷中帮助过我的吴岐，也遭到了与我相同的命运。

张孟闻、孙大雨们在一九五七年被打成右派分子，或许是各有各人的原因，并非仅是因我的牵连。但关于我的问题，甚至"胡风反革命集团"案，在五七年也成为是"反右"的一项内容，不仅有一批伸张正义的教授们为此落马，连一些平时与我较接近的学生也没有逃过。在五四年我出事以后，我教过的五四、五五两个班学生也成了清查对象，自然有几个善于应变、积极揭发的学生从中捞到了好处，但大多数学习优秀、作风正派的学生都受到不同程度的迫害，被戴上了有形无形的"胡风影响分子"的帽子，成为内控对象。一九七九年，我到北京开会，碰到两个五五级毕业的老学生，现在也都是学业上相当有成就的学者了，但他们直到七九年才知道，他们的档案里始终有着"胡风影响分子"的阴影。到五七年反右时，被打成"右派"。其中施昌东的遭遇最为典型。施昌东出身于温州山区的一个铁匠家庭，为人单纯、朴实，按五十年代的标准，出身好、根子红、政治积极，又是共青团干部，在学生时代，他的美学论文《论"美是生活"》已经在《文史哲》上发表，成了小有名气的"理论新秀"。批判胡风文艺思想初期，他还在《文艺月报》上了批判文章，本该是一切顺利的。我出事后，他也随即被公安局抓去受审。听说那天他正在宿舍里接受《文汇报》记者的采访，正谈得热情，听见外面有人敲门，他跑去开门，来人问明他就是施昌东后，立刻被捕了。天真的施昌东还没有意识到刹那间他将从事

114

业的辉煌顶点跌进黑暗的绝望深渊，还回头告诉那两个记者说，他出去一下就回来，要他们等着。他这一去就坐了一年的牢，平白无故地抓进去，又糊里糊涂地释放，据说是因为我的问题的牵连。后来才听说这是一起错案。那时公安局掌握有关材料，要抓一个名叫施昌东的"托派分子"，忽而打听到复旦有一个施昌东，就冒冒失失地给抓来了。抓进去一看，这小青年的施昌东绝非那个要抓的"托派"施昌东，那应该是一个老头子了。但既然抓了，总要查一查吧，结果查出个"胡风影响分子"，就关了一年，"教育释放"，回来后在中文系资料室工作，本来也就没事了，偏偏五七年大鸣大放，物理系有一群学生开了一个"胡风是反革命吗？"的座谈会，把他也找去参加。施昌东在会上发了一通感慨，说他是个农民的儿子，从小受苦，上学后又入了团，当了学生干部，心里面总是把共产党当作亲爹娘一样，怎么会反党呢？为什么要平白无故抓他呢？诸如此类的一席话，就是印成铅字，也可拿到报上去发表的。可是，"反右"一来，新账老账一起算，被说成是翻案，他就成了"右派分子"。中文系有一个教授，过去也曾是我的朋友，常在我家里坐坐，现在为了表示积极，指着施昌东的鼻子大骂："你啊，贾植芳的阴魂在你身上不散呢！"也是在这两本"反右"小册子里，我读到了中文系另一个讲师写的文章，振振有词地说：贾植芳用"最卑劣的手段"，把青年学生拖下泥坑，组成"反革命集团"来配合胡风"大集团"向党进攻。既有"反革命小集团"的泥坑，施昌东被拉下去是理所当然的事，那位教授不过是顺便踩了他一脚而已。

复旦大学的右派教授下场都不好。王造时是著名的"七君子"之一，打政治官司的场面见多了，区区"反右"还不能使他变色。但到了"文革"，他又被人诬陷为与复旦另外两个外语系教授潘世兹与孙大雨共同组织"反动政党"，被捕判刑，屈死狱中。孙大雨开除公职，在里弄里被一群街道干部斗得死去活来。王恒守五十三岁被迫离开复旦发配到外地，五十五岁病死在杭州。张孟闻与孙大雨平反后也不能回复旦工作。陈仁炳在"文革"中一度与我成了牛棚中的难友，才渐渐地熟悉起来，当然这是后话了。陈仁炳后来成为全国五个"未予改正"的大右派之一，其余四个都已在浩劫中去世，唯独陈仁炳一人活着，成为全国留下的"真右派分子"的最高代表人物。几年前，陈仁炳也死了。年轻的施昌东在"文革"中，又作为"浮在面上的阶级敌人"被关进牛棚，在红卫兵、造反派不断的批斗与凌辱中过日子。他后来得了癌症，去世时不过五十二岁。

一九五七年的中国，就在凄风苦雨中挨过。我在监狱里倒是两耳清静，虽然待遇变得差了，但还是能熬过去。到第二年，我被转送到南市车站路的第一看守所，这里离一九四七至一九四八年国民党特务关押我的蓬莱路警察局看守所只有一箭之遥，我觉得像是调了个监房似的，真有不胜今夕之感！原来我在第三看守所的狱号是一○四二号，现在改成一七八三号了，名字依然是没有的。后来听说这里抗战前原来是上海地方法院的看守所，也是国民党关押政治犯的地方。这里是一座规模不小的有三层楼房的大监狱，旁边还有一座规模略小的也是三层的称为"新楼"的监狱。我住的监房经常变动，都是大监房，都是二三十个人关在一间房内，睡在地板上，待遇也与其他犯人无异，唯一差别的是六十年代前后我哥哥可以给我寄进来一些麦乳精之类的营养食品，而一般犯人是不许的。但到了一九六四年后，就中断了。就是这样的差别，在一般犯人眼中也是堪羡慕的，这大约沾了我是"钦犯"的光。

说起狱中待遇，我记得第一次入狱时的一个小故事。我那时被关在北平公安局的监房里，因为是政治犯的缘故，待遇与一般犯人不同。那监狱是一个大房间，两边是大炕，犯人都蜷缩在炕上。一边炕上是政治犯，另一边炕上是刑事犯。炕与炕之间坐着一个看守警察。那年我才二十岁不到，正所谓血气方刚之时，不明白监狱中的规矩，第一天吃饭（国民党的监狱也是一天两顿饭。）时，看守送来一个硕大的玉米面窝窝头，约半斤重，几块酱萝卜干，一碗白开水，虽然是粗粮，还是吃得饱。我吃了以后，有一个老犯人走到我边上，悄悄跟我说："小朋友，这伙食是给我们刑事犯吃的，你是政治犯，受优待，吃的与我们不一样，看守所欺侮你人小不懂事，克扣你的囚粮费哩！"第二次开饭时，我一看又是老样子，就发火了，使劲地把窝头、咸菜和一碗开水都摔在当地上，大声嚷着说："我是政治犯，我不吃这种饭！"没想到我这么一闹，就惊动了看守所所长，他闻声跑进来站在监房门口，他头剃得精光，不停地抹鼻烟，有五十多岁，大声训斥我说："你嚷嚷什么？你不吃就好好说嘛！怎么可以摔碗呢？念你年轻不懂事，要不早就铐起来了。"一会儿一个青年警察端来了一个木盘，有一个荤菜，一碗蛋花汤，还有一碗大米饭，一盘花卷，比刑事犯吃得好多了。但当时政治犯的性命最难保，惯例是不经过司法程序的判决，随时

116

都可以被拉出去处死，落得个生不见人、死不见尸的下场。到了一九四七年我在上海第二次进国民党监狱时，伙食就差多了，每次都是一大箩筐米饭，一大盆青菜汤，都是一股烂菜皮味。不过，那时监房不成文的规矩是，犯人若不想吃囚饭，可以出钱托看守到外面去买，或者可以由家里花钱托人送进来。一九四五年在徐州坐日伪警察局特高科监狱时，每日也就两顿玉米窝窝头，比北京国民党监狱中的窝窝头小许多，还有几小块咸菜，一碗白开水，但家属可以贿赂看守人员送吃的。总之，我每次进监狱，待遇上都有自己的特点，囚粮虽然都粗粝不堪，但基本上还可以吃饱。我这次由第三看守所转第一看守所，待遇的变化确实与社会上的政治局势有关，以后随着这"大气候"的不同，我在狱中的待遇还将会有几起几落呢。

蹲监狱也是一种人生，在这里，可以接触到形形色色的人物，每个人都带着自己的故事，被迫地凑在一起，成为一个特殊的小社会。在这里依然有正义与邪恶，是与非，甚至是生与死的冲突、斗争，我年轻时兴趣在研究社会，在日本读的也是社会学，却没想到，我一生体验社会的主要场合，竟是在监狱这个特殊的社会中，我多次身陷囹圄，每次坐的监狱都不同，接触的人物也不一样，这里写出一些能回忆起来的故事，也可以给读者做一个有趣的比较。

我第一回入狱后关在北平公安局的看守所里，认识了一个老军阀，那是第一次与这类人打交道。我前面说过，我们当时关押在一个大房间里，政治犯刑事犯都有。我人生得矮小，被抓那天，又穿了赵化龙的皮袄，头上戴了一顶很时兴的法兰绒的小帽子，处处像一个"小少爷"的模样。有一天，突然抓进来一群军人，个个神气十足，穿着貂皮大衣，还带着一些花枝招展的高级妓女。妓女被关进了女牢，他们则关押在我们的牢房里，操着东北的口音大骂当局。后来一问，才知道是一群东北军的高级军官，在东四一个公寓里嫖娼聚赌，被抓了进来。谁都知道，这类罪名不过是一个借口，真正的原因还在于军队里的派系和当时的政治局势。这伙人中有一个年纪较大的军官，蓄着八字胡，一来就躺在炕上，别人都侍候他，对他特别恭敬。他也满不在乎。一回他睡午觉醒来，看见我坐在对面，突然来了兴致，招手叫我"小朋友"把我叫过去，并自我介绍说，他是张大帅的航空署长，大帅派他到德国去留过学，懂德语。他对我说："小朋友，你在这里没事，我教你德文好吗?"我觉得有点好玩，就说愿意学。他很高兴，忙说:"那今天就开始吧。我先教你写字母，学发音。"于是就起劲地讲起来。可不一会儿，他的大烟瘾发了，连忙难受地躺到炕上去，翻来覆去地呻吟，一副惨不忍睹的模样，德文自然也教不下去了。不过，到了第二天，他照样给我讲德文。可惜没有几天，德文字母还没教完，一个下午，他正蒙头睡午觉，外面来了个看守直呼他的名字赵吏，把他叫起来了，铐上手铐就带走了。这一夜他没有回来，因为学德文的关系，我倒很盼望他再回来。到了第三天，我就问看守，看守一边抹着鼻烟一边冷漠地说:"他呀，前天拖出去就给枪毙了，再也回不来了!"从此，我的德文就再没学过。不过与这批东北军人的缘分还没有断绝，十年以后，我在另一场官司之前，还与他们之中的一个军官，有过一些有趣的遭遇。

我第二次被捕，被关在徐州市警察局特高科的监狱里，与一群乌七八糟的流氓地痞关在一起，自是无话可说。这里面碰到一个自称是日本宪兵队的便衣的丰县人，他说我一到徐州，上面就叫他们盯着我，一时还弄不清，我是重庆来的，还是延安来的。现在竟在这里碰上了。一九四七年，我在上海国民党中统的监狱里时，也碰到过这类"本机关"的角色。一九四九年我在济南伯父家中着手写的记述这次官司的长篇报告纪实体小说《人的证据》里描写过这个称为"江特务"的角色，可惜这部长篇只出了第一卷，写成的其余章节部分都在五五年被捕后失去了。

我第三次入狱就是一九四七年的那一次，后来被关在上海南市蓬莱路警察局。那时候，国民党政权面临垮台，人民民主运动高涨，在人们的说话中，咒骂国民党、盼望新生活成了很普遍的话题。我被抓进去时，有一个罪名就是有人检举我对人说过国民党三个月得垮台的话。我当时是因为在《学生新报》上写过《给战斗者》的文章，又是住在原来《学生新报》社的房子里被捕的，被称作"《学生新报》案"。在我之前，国民党抓了办《文萃》杂志的革命者陈子涛、骆仲达和吴二男，他们后来被杀于狱中，即有名的"《文萃》三烈士"。在我出事后两天，国民党又在上海富通印刷公司抓了一批人，被称为"富通印刷公司案"。这两个案件涉及的人士，先后都从亚尔培路二号转移到蓬莱路警察局。因为都是投入了反蒋民主运动被捕的，大家都以昂扬的意志去迎接狱中战斗。在亚尔培路看守所里，狱中难友主动组织起来，订了狱中生活公约，建立起集体生活制度。在我们这个小社会里，有人专管"财政"，有人专管"卫生"，有人专管"外交"。"财政部长"负责把大家的钱集中起来使用，帮助那些贫穷的难友。"卫生部长"负责管理狱中的清洁事宜，监督值日、打扫、洗碗等，还负责检查难友个人的卫生情况。"外交部长"负责"攻关"，主要对象是两个看守，一个厨师，与他们拉关系，让他们帮助我们与外界联系。一切都井井有条，俨然是个独立的小社会。

在这一段的狱中生活里，《文萃》三烈士之一陈子涛给我留下了深刻的印象。听他说，国民党要抓他已经很长时间了，他一直东奔西跑，过着游击队的生活，手上一只皮包就成了他从事进步文化事业的办公室。他的被捕完全是偶然的。他住在以开印刷厂为掩护的骆仲达家里，那天他正在洗澡，特务突然冲进来，把他抓住了，但并知道他是谁。因为搜到他的一支自来水笔，那时知识分子喜欢在笔上刻自己的名字，这才发现他就是追捕很久的陈子涛。在监狱里，他受到的刑法最厉害，上老虎凳，钢钎刺手指，用布绞头等酷刑他都尝过。就差一种最惨无人道的刑罚，特务们叫它"猪鬃刺马眼"，是用猪鬃向生殖器的眼孔穿进去，据说这是清代北京的五城兵马司衙门审江洋大盗的刑法，铁汉也要死去。那天丧心病狂的特务苏麟阁叫嚷着要用"那个办法"，只是仓促间没有刑具，才没使用。（那个苏麟阁也是领头抓我审讯我的特务，解放后他潜伏下来，一九五〇年在镇江被公安局逮捕，经过审讯处决。报上公布过他的罪行内容，其中有一条是迫害过共产党人和进步人士卢志英、陈子涛、骆仲达、吴二男、杜青禄、贾植芳等人，我和杜青禄被列入"进步人士"名内了。）那时国民党特务对知识分子还有一点顾忌，若没有什么确实凭据，还不敢轻易用刑。但一旦认为证据确凿，认定是共产党，那决不会手软，各种毒辣的刑具都敢用。陈子涛的身份已经暴露，他的苦吃得最多，可是他始终一声不吭，保持了一个革命者的高风亮节。那个监狱并不大，审讯室就在我们这排牢房的对面，中间只隔了一个天井，每当陈子涛受刑时，我们都把胸紧紧贴在铁栏前，整个心都被审讯室揪住了。陈子涛后来还是死在狱中。在他活着的时候，我们经常用这样一句话来互相勉励："要活得像一个人！"这句话一直响彻在我的后半生。出狱后，我在济南写作了《人的证据》和《人的斗争》，记录了这些难忘的岁月和难忘的朋友。一九七九年初，我被解除监督回到中文系资料室上班后创作我这一辈子最后一篇小说《歌声》时，依然想到了这个难忘的场面和这句人生格言。

当我第四次入狱后，我就仿佛旧景重访。在这里，我又看到了另外一个人的死。他既不像北平监狱中的那个老军阀，糊里糊涂地做了军阀斗争的牺牲品，也不像陈子涛同志那样气贯长虹，感天动地。他与我的种种经历，回忆起来，也像一场长长的噩梦。

一九四七年夏天，我与尚丁、耿庸等一群年轻人在一起搞了一个小组织"我们的俱乐部"。尚丁那时在黄炎培的中华职业教育社工作，地点就在现在的上海雁荡路南昌路口。中华职业教育社有两个刊物，一个《国讯》，一个《展望》，都是著名的民主刊物。因为尚丁的关系，我们经常聚在那儿开会，讨论一些时事问题。我记得参加者当中还有后来以翻译别、车、杜而著名的包文棣、泥土社老板许史华和著名教授林同济的弟弟。我在他们中间，年纪比较大一些。不久进步刊物《文萃》被查封，陈子涛等被捕。我们都非常气愤，想办一个小刊物，继承《文萃》的战斗传统。这样就办起了一个小刊物，叫《杂文讽刺诗丛刊》，第一集《犯罪的功劳》八月出版，主要刊登杂文，有我的一篇《黑夜颂》。"编后记"是耿庸化名申右芷写的，故意用了一些关于香港的话，以障人耳目，真正出版是在上海，由我们几个凑钱印的。那个承印刊物的国光印刷厂老板，性情十分开朗，一口常州话，高胖身材，穿着绸布大褂，看上去很像个体面的商人。他在政治上也很进步，《世界知识》《展望》等进步刊物，都是他承印的。印这种"造反"刊物显然是要承担政治风险的，我们去找他，他一口就答应了。到第二集编好后，还没开印，我就被捕了，其他朋友便不敢轻举妄动，因此这个刊物只印了第一集便寿终正寝了。在编印第一集时，我们还欠了那个老板三百元印刷费，在当时这是一笔大数字。但我们出事了，老板也不曾向我们讨债。解放初，我又常在福州路的那些小出版社碰到他，他从不曾提起欠他三百元的事，好像根本没有这回事一样。这事就不了了之。可是到了第一看守所，突然有一次我在监房里碰到他，原来他也被抓了进来。不过他神态仍然很安详，脸上气色也不坏，不像那些新抓来的犯人吃不下饭。他告诉我，解放后他因表现进步，所以公私合营以后，政府还让他在区工商界做点事情，负点责任。这次被捕他说是误会了，原来他在上海提篮桥附近有一幢房子很宽大，除去自己家中用房外，还有空房，所以他在马路上贴了"吉房招租"的招贴，招来了一位房客。那个房客住了一个时期以后就退租走了。可是"肃反"以后，公安局来人对他说，那房客是个反革命，逃到台湾去了，结果就把他给抓起来了。他跟我说这事时很坦然，他说，贾先生，你是知道的，咱们上海人出租房子不作兴问人家职业，更不作兴问人家日常生活和交往，只要能按时交房租就行了，他是干什么的与我房东不相干。所以他认为这场官司是个误会。他在狱中生活习惯正常，经常自己洗换衣服，把自己收拾得整整齐齐，只等着调查清了随时把他放出去。大约过了两个多月，他就被调走了。我也一直以为他没事了，放出去过正常人生活去了。

从一九六〇年以后，监狱的伙食越来越差，所谓"差"并不是伙食质量，而是数量，即吃不饱的问题。我本来胃口很小，吃得不多，身体一向还不错，可到了那时也渐渐支持不住了，腿开始浮肿起来，一直肿到小腹。随即被送进了提篮桥的监狱医院。那时监狱医院里躺满了病人，都是因为饥饿而浑身浮肿的重病人，天天有人死去。我在同一病房里，竟意外遇到了那位前国光印刷厂的老板。他似乎整个变成了另外一个人，脸色蜡黄，浑身浮肿，看到我真是百感交集。他用嘶哑的嗓子对我说，那年他离开第一看守所后，就判了刑，以所谓"窝藏反革命罪"判了七年！这时，这老板身体精神完全垮了，得了黄疸病，没有气力再活动了。过了一两天，他就躺在床上，再也动弹不了了，人也陷入了昏迷状态。听同病房的犯人说，这老板的病发得很怪，他家属一次送来一瓶酱瓜（按监房的规则，已决犯家属可以按期接见和送东西），他因为饿得不行，一口气都吃下去了。黄疸病人忌咸，一下子就倒下了。那时监狱医院里有个规矩，病人临死前，伙房送来一碗蛋黄面，这在自然灾害期间是很金贵的。但是这些病人大都已进入昏死状态吃不下了，大抵总是便宜了负责病房杂务的已决犯中的小头目。我在这个病间里住了十二天，端来过十三碗蛋黄面。这一天，那老板床边也出现了一碗蛋黄面。不一会儿，他床的四周也被用布隔离开来，大约黄疸病会传染吧。这时，他的妻子带着一群儿女来探监了。那女人大约四十多岁，穿得整整齐齐，强作镇静地对他说话。我在一旁听着，她说的全是安慰性的套话，什么"我们在外面的生活很好啦"，什么"你要相信党，好好改造"啦，"争取政府宽大处理"啦，像是说给旁边看守人员听的。那老板早已进入昏迷状态，紧紧地闭着眼，嘴里简单地发出"嗷，嗷"的叫声。他的一群儿女围着他喊："爸爸！爸爸！"他只应付似的

"噢噢"地叫着。一会儿，看守所人员过来说，探望时间到了，这一家人最后看了病人一眼低着头快快地走了。我看到临出病监门时，他的妻子掏出手帕，两手捂在眼睛上，出去了。

当天晚上，那老板仿佛是灵魂在向肉体告别，迷迷糊糊地说了一夜的梦话，全是常州土话，一句完整的句子也没有。他的病床正挨着我的病床。在我的另一侧，也睡着一个重病人，仿佛是个天主教徒，讲的也是常州土话似的。在梦中，无意识地应着那老板的梦话，声音都极为恐怖，像是地狱深处发出来的厉鬼的啾啾声语。我一夜未睡，被夹在这两种声音包围之中，感到全身一阵阵发冷。第二天一早，老板死了，一张白布把尸体盖得严严实实，让别的劳改犯给推走了。这回他真的是走了。我还欠他三百元钱，永远也不用还了。

这是一个普普通通的商人，甚至连他的名字我也没记下。在大夜弥天的时候，他同情进步文化，不怕危险地给我们印书，不但赔钱，还承担了政治风险，结果却为了一件极微不足道的事情，把命也送了。而最使我不解的是，我们竟然在这个特殊生活场合相遇相处，他的死亡，仿佛一只巨大的拳头在我胸脯上深深地一击似的，直到我写这些文字的今天，还隐隐作痛。

做知识分子的老婆

一九五八年的一天，我在第一看守所里，突然被叫去，公安人员递给我一封信，要我自己看。这信是贾芝写给上海市公安局领导的，大致内容如下："关押你处的胡风分子贾植芳是我的弟弟，现在他的妻子任敏已被批准去青海参加社会主义建设，经组织上批准，贾植芳今后的生活接济由我负责，以利于他学习。任敏离开上海时留下五十元，现请转给贾植芳。"至此，我才正式获知任敏已经去了青海。这个消息对我来说是喜忧参半。自从五五年五月十五日早上我匆匆上了杨西光的汽车后，再也没有得到过关于任敏的一点消息。她本来是个家庭妇女，与文学界一点关系也没有，平常所接触的，主要都是我的朋友和学生。按理说她与胡风没有任何联系，我再受审查，总不该牵连她吧。但在我被捕不久，发生了一件使我不安的事。我到了第三看守所，监狱里已经为我安排了黑色的囚衣，我当场就拒绝穿，以后也始终不肯穿这象征耻辱的衣服，但我入狱时衣服很少，只能要求监狱与我家里联系要衣服。一次，公安人员给我送来一包杂乱的衣服，我打开一看，里面有一件任敏的睡衣。我心有一惊，知道情况不对，如果任敏在家里的话，不会把自己的睡衣放入。这以后，我一想到家里心里总是七上八下，在焦虑中常有深深的歉意。一年以后，任敏被公安局放回家，才开始给狱中的我送东西。第一次她托人带进来一包麦乳精，几个橘子。那时看守都比较和气，他还告诉我说，任敏就在门口，有什么事他可以传话。我就提出要任敏给我送上穿的汗衫等衣服。这样过了一段时间，忽然任敏又不来了。我心里正犯愁，现在看到我哥的来信，知道任敏已经离开上海了，总算是去青海"参加社会主义建设"，说明没有被剥夺做人的权利。但是她为什么要到青海去呢？到青海什么地方，搞什么工作呢？想到这里，我心中又是茫然不安得很。

很久以后才知道，我被捕那天，公安局马上派了两男两女四人到我家里，先是要任敏交出胡风给我们的信件，接着是搜查，并在家里安插了监视人员。任敏当然意识到问题严重了。这种经验我们过去都有过。果然，不久有一个姓沈的同学来找我，那个同学是个公安部队的创作人员，通过上海作家协会介绍，派到复旦大学来跟我进修，经常来我家里聊天。那天刚一走进来就被盘查，他身上穿着公安制服，忙说明自己的身份，才被放回。可随后材料转到原单位，他被上海警备区关押了多半年，开除了党籍、军籍，戴上了"胡风分子"的帽子。五七年又因为"翻案"罪被定为"右派分子"。从此，他潜心研究佛教的因明学，后来当了哲学教授，并先后出版了两部专著。这大概是"胡风反革命分子拉拢青年学生"的典型。另有一个姓王的学生，已经分配在新文艺出版社工作，他不知道我出事了，在单位听到了"反胡风"的风声，星期天就跑来告诉我。他做事有点冒失，一跑进门，也没注意旁边埋伏的公安人员，就对着任敏，指手画脚地说开了。任敏当时已无法说话，只能给他使眼色，他也全然不注意。结果话没讲完，被带上了"给反革命分子通风报信"的罪名，定性为"胡风影响分子"。五七年又加戴了"右派分子"的帽子，吃二遍苦，受二茬罪，坎坷了三十年。最惨的大约是泥土社老板许史华。他是说好来取稿子的，一走进来就被扣住逮捕。许史华原来也写诗，一九四七年曾经参加过我和尚丁他们组织的"我们俱乐部"的进步文化出版活动。他办泥土社，支持了我们一些朋友的写作。他被公安局抓住，一关就是十一年。他的太太是个苏州姑娘，人长得很漂亮，手面也很大方。六十年代初被迫改嫁给一个山东老革命。许史华六五年出狱后，被分在一个新华书店工作。他先去丈人家找老婆，却给那个山东人骂着赶出来，他老婆在一旁不敢吱声，丈母娘还把他女儿藏起来不让见。许史华一人回到空空荡荡的家里，绝望而在住所上吊自杀。听说他尸体挂了好几天都没人知道，他窗下有个幼儿园，后来小孩子看见有个大人挂在上面"荡秋千"，跑去告诉老师，才被人发现。许史华与胡风的朋友关系较密切，恐怕也是在劫难逃，但因来我家而被捕，在我们夫妇心头上总对他怀着一份内疚之情。就这样，任敏被公安人员当了一天"守株待兔"的诱饵以后，也关进了专政机关。

先是审讯过几次，大约觉得她身上确实没有什么文章可做，就白白地拘留了一年多，什么结论也没有就把她放了出来，被安排到上海卫生出版社工作。一九五八年，上海机关开始动员人们离开上海，去内地参加"社会主义建设"，但在暗地里流传着当时负责上海工作的柯庆施的一个说法，就是要把上海变成"五无"城市，把有问题的人统统迁离上海。任敏看情况不妙，就主动报名，到青海"参加社会主义建设"。其实当时的形势明摆在那儿，我们的友人何满子、罗洛、杨友梅一个一个都被流放到了茫茫大西北。王戎的遭遇更惨，一天突然被专政机关叫去，在不打任何招呼的情况下直接送上开往大西北的火车，劳改去了。所以任敏做出这个选择，也算是"识相"，保住个体面离开上海的样子。

任敏主动离开上海，最终还是没有逃脱迫害。她先被安排在民族杂居的化隆回族自治区的山区小学当教员。半年以后，当地公安局的人找到她，说是上海有材料检举她"为胡风反革命集团翻案"。她开始不明白，要求看这个所谓材料，公安人员当场就给她看了，原来是一九五八年春节，我们的友人王戎怕她一人在家过节太孤单，把她叫去一起过年。王戎在一九五五年也接受过审查，曾被关押了一年多，两人在吃饭喝酒时难免发几句牢骚。结果言者无意，听者有心，在一旁听到他们发牢骚的王戎妻子向组织写了检举信。王戎为此发配新疆劳改，任敏流放到青海后还过不了关，终于又一次被捕，关进了青藏高原的监狱里。直到一九六二年，监狱里实在没有东西可吃，犯人大批饥饿而死，有关方面才不得不把她给放了出来，让她自己去"分担"国家的困难，临走时监狱管理人员还给她留了一句话："你可以先回去，以后要你回来时，你还得回来。"这就是说，任敏依然是犯人，不过是个自食其力，不吃大锅饭的犯人。她一人除了监狱，其实有很多地方可去，但为了等待狱中的我，她选择了我的家乡，山西襄汾农村，主动与我年迈的父母住在一起。三十年前，我从北平监狱出来亡命日本，给家里留下了一个亡命者的妻子，由父母照料到她病死。没想到三十年后，我的政治官司老是打不完，又一个囚徒的妻子回到了故乡，与父母相依为命。不过这回是由她来照料老父老母了，直到把老人送终。

关于任敏这许多年受的委屈和苦难，我关在监狱里一点也不知道，只是凭经验猜想她到青海会凶多吉少。一九六三年十月，我突然收到了一个包裹，包裹的布是家乡织的土布，里面只有一双黑面圆口的布鞋，鞋里放着四颗红枣，四只核桃，这是我们家乡求吉利的习俗。虽然一个字也没有，但我心里明白，任敏还活着，而且她已经回到了我的家乡。这件事使我在监狱里激动了很久很久，我不由想起四十年代我与任敏在一起生活时的情景。当时，我是个一文不名的穷光蛋，她与我结合不久，就发生了在黄河边上逃命的险事，我也曾觉得很对不起她，但是任敏那时说了一句话我终生也难忘。她说，她这人苦吃得起，就是气受不起。所以她跟我在一起，吃苦都不怕，只是不要受气就行。婚后几十年坑坑洼洼都走过来了。我们都遵守着诺言；可谁知道，她吃得起的"苦"，会是这般的大。

任敏是晋中人，也出生在商人家庭，家里很富庶。抗战爆发后，她还在太原念中学，随学校转移到四川，在阆中读完高中，回到西安考入了西安商业专科学校会计系。就在念书期间，她读过《七月》等刊物。她有个同学，姓崔，是我们村的人。崔的父亲曾在山东经商，与六个国家做买卖，我们村里人都叫那老头子"六国买办"，我伯父就在他引荐下到济南办洋务的。任敏那同学与我相熟，他看到任敏读《七月》，告诉她上面有个写文章的贾植芳，是山西老乡，就这样介绍我们认识。那时任敏还是个一脸稚气的小姑娘，我们从相熟到相知，不久，就在一起生活了。因为我们两家都是经商的。在商务上也都互相了解，所以家庭对我们的婚事也没有干预。不过说到婚事，也是很惭愧的。那时知识分子反对旧式婚礼，由自己互相了解而发展起来的感情，完全是自己做主，毋须用旧法律旧仪式来加以认可。当时我们俩，一个是流浪汉，一个是女学生，就这样结合在一起了。事过境迁，到八十年代末期，我们都是七十朝外的老公婆了。一次在广州中山大学开会，我们夫妇被安排进招待所，服务员突然提出要看结婚证明，否则就不能开同一个房间，说规矩如此，他们服务员可负不起责任。弄得我啼笑皆非之余，突然想到，我们那时的结合，确实没有任何义务的束缚力。可是我们就这样跌跌碰碰地共命运了整整四十多年的苦难历程。

与任敏相识之前，大约四一、四二年之际，我流落于西安古城，靠做一些小买卖为生。我这人虽然出身于世代经商的家庭，但生性不会做买卖，在西安就有我伯父的铺子，可我连去住也不习惯，宁愿住到山西会馆里去。那儿常住着一些从前线溃败下来的军人，都是百无聊赖。偶尔合伙做几次买卖，大多不是赔钱就是被骗，所以有时弄得连饭也吃不饱。自从与任敏结合后，现实生活问题就严峻地摆在我的面前，我必须寻一个较稳定的职业才能负担起独立的小家庭生活。四三年秋，我在西安街头看到一张广告，说有个工兵部队需招考一名日文翻译。我因在军队里混过，对那一套也熟悉，就想去试试，结果当场就录用了，到国民党独立工兵第三团任职。那团长叫许开章，是日本士官学校工兵科出身，他在部队上自编了一些技术材料，训练士兵，所用的材料，大多取自日本陆军训练总监部编的操典。我的工作就是帮他翻译那些日文材料，如《工兵烟幕使用法》《工兵教练法》之类，译出后，许团长就校对一下，用他的名义印刷出来，作为部队的技术材料。团部设在陕西省朝邑县，这是一个很荒凉的小城市，就靠着黄河，整天面对着排山倒海般呼啸的黄河之水。任敏那时还在西安读书，但三天两头跑来找我，我们就在黄河边上借了一间民房，没多久她干脆不去上课了，跑到黄河边上来与我住在一起。可是这平静的日子过得不长，很快就面临了新的危险。因为我虽然入了伍，毕竟不是军人，对军队里的腐败作风和等级制度感到厌恶。在黄河边上，我来往的都是些光棍的下级军官，无形中引起了别人的注意。在朝邑县驻着一个警备部队，头目是四川人，他与我们工兵团的一个营长有来往，就怀疑我是共产党派来搞情报的。因为我是招考录用的，没有什么关系可以证明我的来历，又加上任敏作为一个女学生，在这种场合来来去去很引人注目。他们的怀疑很快被认可。那时国民党对部队有过命令，凡是在陕甘宁边缘地区发现共党分子和左倾分子，可以就地处决。一天，有个与我关系不错的王司书（任职上士文书），跑来告诉我，说二营罗营长与警备区的王队长正商量要把我

126

抓起来活埋。我深知国民党军队野蛮，一旦真的落到他们手里，无论如何也说不清楚。于是与任敏商量当夜逃跑。那一夜天特别黑，真是伸手不见五指。我们不敢走大路，就翻山逃命，一路都是荒山巨石。我走在前面，慢慢地往前摸，爬过一块大石，就轻轻喊任敏，她沿着声音走过来，就这样整整逃了一夜，才脱了危险。

我们家乡早是沦陷区，我把父母安顿在陕西韩城，家里还有一头骡子，常常派长工用骡子到陕北抗日民主根据地贩盐。那时期我哥哥贾芝在延安日子也艰苦，贩盐赚下来的钱，还要补贴他。我看这样下去日子愈来愈难，就与父母商量，决定去济南找伯父帮助。临行前我先回到家乡一次，我姑母回来见我大吃一惊，忙告诉我，日本人获知我是抗日分子，把我姑父捉去毒打，我家的房子也早烧光。我看老家还剩下一些粮食，就在家乡卖了，又花八十元钱买了两张假良民证，我化名贾有福，任敏化名朱明，打扮成一对农民夫妻模样，双双离开了辗转多年的西北，奔东而去。但是险事还是没完。在榆次转车的时候，几乎又出了乱子。我们在榆次住了一夜。第二天一早去车站准备上到北平的火车。走到街上，看到卖《朝日新闻》等日文版报纸。我因在乡下待了好些日子，仿佛与世隔绝似的，一看有卖报的，随手就买了一份《朝日新闻》，还有一份《朝日周刊》，在车站候车时候看了起来。一会儿上车了，乘客排着队受日本宪兵的检查，我不在意地将报纸往怀里一揣，却马上被日本宪兵发现了。他看我身穿白土布对襟褂子，光头，一副农民打扮，却藏着日文报纸，就警惕起来，把我拉出来盘问。他拿着我的良民证，厉声说："你的八路的干活？"我碰到这种场面多了，平静地说："不是八路的干活，是良民的干活。"他又问："你的良民的干活，看日本报的？"我心里也紧张，因为我的良民证是假的，万一被查出可不得了。我连忙向他解释，说我战前在青岛一家日本老板开的铺子里当伙计，所以懂点日文，打仗以后，老板回国了，铺子关了门，我只好回到了乡下。现在乡下日子难过，我想到青岛去找我以前干过活的铺子的老板。解释了半天，那日本兵才犹犹豫豫地放我进站。上了火车以后，他还跟了上去，站在我座位的前几排，皮靴踩在座位上，用阴冷的目光观察我、审视我，我若无其事地不在意。车开了，他下车了，但还站在站台上，脸上显出迟疑的神气。任敏倒是早已过关。见我被扣，急得心惊肉跳。不过总算是过了这一生死关。到了北平后，我们连忙转车到济

127

南。后来，伯父出钱给我们办了一张良民证，仍用"贾有福"的名字，但身份改成他的公司的职员。

紧接着是我在徐州被日伪警察局特高科逮捕关押。任敏一人在外为我送饭做菜，饱受惊吓。再下去我又在上海被捕，任敏也一起被捉进牢里，关了半个多月，与她同监房的有《文萃》杂志的两个娘姨，有纺织女工、小学教师，各色人都有，都是"政治犯"。小学教师被用刑，任敏等难友在监房里做了许多护理工作，她在这艰难的生活环境中也得到了很大的锻炼。

记得四六年我们俩初到上海，住在胡风家里。任敏那时还是个很幼稚的女青年，梅志教她如何照料家务，给了她许多的帮助。胡风也很喜欢任敏，常说她是个"小孩子"。冯雪峰经常走动的时候，也常逗任敏开玩笑。但胡风脾气不好，经常发脾气，任敏看他有些怕。一回，不知怎的说起胡先生为什么要这么凶，胡风对任敏意味深长地说："你以为做知识分子的老婆容易吗？"胡风说这话并无心，任敏却记住了，常常向我说这句话。但在那个时候，无论胡风还是任敏，大约都不过是以为知识分子生活清苦，又不安分，在世界上总是不如意的事情居多，所以做妻子的格外辛劳。但他们都不会有这个思想准备，即做个正直的知识分子，在未来的社会里还有更大的不测与风险去承受。任敏为了我的社会关系的牵连，被无故流放青海，随后又在那个少数民族杂居的监牢里受尽折磨，但在出狱要她重新选择生活去向时，她毅然不悔地选择了我的家乡。她曾对乡人说："我就是要等待看出个结果。"她始终相信，我，还有我的那些朋友，终究是清白的。

"结果"终于出来了，一九六六年五月，我被上海法院正式以"胡风反革命集团骨干分子"罪名判刑。旋即出狱回复旦大学被监督劳动。出狱后第一件事，就是给任敏去信。许多年后，年逾花甲的任敏自己动手写了一篇回忆文章（即本书附录《流放手记之一——山西》），她是这么写到她接到我的信时的情景："一九六六年五月间，我接到了分离十一年、日思夜想的植芳的来信。这封信来得太突然，使我非常激动，急忙拆开信，流着眼泪看完。信里说，他已出狱，又回到了原单位参加劳动，身体、生活一切都好，并望我努力学习、保重身体……我看了一遍又一遍，心情久久不能平静，一想到他在狱里度过漫长的十多年，能健康地生活下来，真不容易！他的身体健康，就是我的希望。在这十一年里，我为他受苦、受难、受累是值得的，艰难、困苦、劳累都没有白受。"这就是任敏当时的真实心情。她马上给我回了信，告诉我，她在一九六三年就回到我的家乡，襄汾县古城公社侯村大队十一小队参加劳动，在田间劳动是愉快的，生活是安定的，身体是壮实的，一切都会好起来……这些话里，有不少是那个时代的套话，话不这样说不行，否则万一被人拆开检查了，就会惹出新的麻烦。也有些话是她故意安慰我的。但就是这样的家信，也果真惹出了不少麻烦。因为我的信送到监督我劳动的印刷厂，先得由革委会人员拆开审查后才能发给我。一次，任敏信上说，有一个邻居看她孤苦，要将他们的一个男孩送给我们当儿子，她征求我的同意。为此，印刷厂作为阶级斗争的新动向开了批斗会，说我要为反革命衣钵找接班人，永远与人民为敌。一九八六年我与贾芝返乡，重新回到隔了四十多年的侯村，乡里只有几个年近古稀的老头还依稀记得小时候有个顽皮的"跟"（我的小名叫"跟来"）；但村里父老乡亲都记得任敏，他们陪我去看了她当年的"宿舍"，其实就是一个破败的马厩，连窗户也没有。这些年受的苦难，任敏很少对我说，甚至连她被关进青藏高原的监狱一事，我也是在一九八〇年平反后才知道的。任敏第一次回上海探亲是一九六七年，她没告诉我这些遭遇，只说了一些令人高兴的事情。后来我问她，为何不早告诉我你在青海被判过刑的事，她很平静地说，当时你处境不好，心情更不好，我怕告诉你了，你会对共产党彻底失去信心。这就是任敏的脾气。她为了不让我陷入绝望的境地，就掩盖了一些真正让我绝望的事情。我们当时之所以能坚持下去，还是因为我们自信是没有罪的，我们相信终有一天胡风冤案会大白于天下，即或我们看不到这一天，子孙也会为我们昭雪的，因为历史无情而又有情。

狱友邵洵美

五十年代后期至六十年代初期，即所谓"三年自然灾害"期间，由于监狱里饥馑成灾，我在长期的羁押生活中，也像大多数同监犯那样，得了浮肿病。大腿和小腿全肿得又粗又亮，差不多快要蔓延到腹部上来了。一九六〇年秋冬之际，监狱当局终于把我送到提篮桥监狱的医院住院治疗，那里的"人民医生"（因为在这里看病的还有"医务犯"，即犯法前的职业医生）略为检视了一下，便开了个"高蛋白"的药方，我被留下住院治疗。我吃的所谓"高蛋白"，其实就是黄豆芽、豆腐之类的豆制品，偶尔有几片油煎带鱼。但就是这样的"高蛋白"，也有神效，我在病床上躺了不到三天，腿部浮肿居然逐渐退下去了。其实这病医生不看，我这个"医盲"也明白，那不过是"饿病"，只要能吃饱肚子就一切正常了。因此三天后，在监狱病房服役的"劳改犯"（即判刑的犯人），就叫我下床劳动，打扫卫生，负责照料重病犯的大小便，并为他们喂饭、喂水。我曾向这位自称是病区负责人的劳改犯提出抗议："我的病还未好利索，而且我快五十岁了，那些仍然躺在床上休养的年轻犯人，身体比我强，你为什么不叫他们起来劳动呢？"他理直气壮地训斥我说："你怎么能和他们比？他们是普通刑事犯，你是一所来的政治犯、反革命，你没有公民权，叫你干什么你就得干什么，要不我报告管理员，说你对抗改造，那就要吃手铐了，我劝你还是识相点！……"这不啻是一堂政治课，使我恍然大悟：自己眼前的身份还不如那些年轻的阿飞流氓，因为他们是"普通"的刑事犯啊。因此，怪不得当这位"头头""教育"我的时候，那些懒洋洋躺在床上的年轻病犯，个个挤眉弄眼，向我这个政治犯投来蔑视的眼光，嘴里还不干不净地奚落我……

我在医院住了十三天，就给搬到称为"休养监"的八号楼监狱。那个面积长宽各六尺只能住一只老虎的狱室，竟密密麻麻地挤了七个人，还有一只臭气四溢的马桶近在身旁。这里一天虽然也是三餐，但在午晚两餐，都发一个犯人称之为"巧克力馒头"（其实是高粱粉、玉米粉与花生壳的混合品）的杂粮馒头，大约有一两来重，像我这样的食量，就可以吃得半饱了，到底比我原来住的第一看守所伙食丰富多了。

在这里"享福"不到五天，我又被押回第一看守所，被收押在二楼的一个监房里。这在监狱生活里叫"调房间"，同"抄靶子"一样，是监狱生活的例行公事。我一脚踏入狱室的门，发现里面空荡荡的，只有一个体弱的老人蜷缩在一个角落里。当管理人员在身后锁好门以后，他抬起头看见我，呆滞的目光，突然发亮。他小声对我说："我们不是在韩侍桁家里吃过螃蟹吗？"我向他点点头，一边用下巴指着门口，要他不要再说下去。因为我从几年的监狱生活中摸到一个规律，凡是管理人员押进一个犯人后，他虽然把门锁了，但都会在门外停留片刻，从门上的小监视孔里观察室内犯人的动静，如果发现异常情况，他会马上开了门冲进来，进行盘问，甚至一个个地调出去审问："你们谈什么？""坦白从宽，抗拒从严。你们认识不认识？"如果交代了相互原来认识，马上会被调离，并要你交代彼此的"关系史"。总之，要弄出一大堆麻烦来。因此，当我这么向他示意后，他马上就醒悟了，看来他也是个"老犯人"，生活已教育他懂得了吃这号官司的"规矩"了。

开过午饭后，我同他各自坐在自己的铺位上闭目养神，虽然刚吃过饭，但至多 600cc③的菜皮烂饭，仍不堪果腹。因此，饭后闭着眼睛静静听着彼此的肚皮咕咕地叫，倒也是一种奇妙的音乐。这时，他忽然向门口走去吆喝"报告"，向管理员讨来钢笔墨水，说是要写交代材料。等拿到钢笔墨水后，他却从屁股下面的铺位上拿了几张草纸，放在膝盖上低头写着什么。过了不一会儿，我忽然被他撞醒，他把写好的草纸塞给我，我向门口警惕地看了一眼，才低头读他写的东西。原来是一首七言诗，题为《狱中遇甄兄有感》其中有"有缘幸识韩荆州"一类话，我含笑地向他点点头，表示我看过了，谢谢他的盛情；同时告诉他，这些东西马上得撕毁，搁在马桶里，要不给管理员"抄靶子"时发现了，我们都得吃手铐。说着，我动手把它撕掉，起身掼在屋角里的马桶里，又端起旁边的脸盆，把留下准备擦地板的洗过脸的脏水冲了进去……

我说了半天，这里得交代一句：我在这个狱室里所碰到的正是邵洵美先生。我认识他，是在一九五二年。韩侍桁一次在南京路新雅酒家请客，宴请司汤达的小说《红与黑》的译者罗玉君教授。邀请作陪的有李青崖、施蛰存、刘大杰、余上沅、邵洵美诸位文苑人士，我们夫妇也叨陪末座。那时韩侍桁在自己从事文学翻译工作的同时，还办了一家叫国际文化服务社的出版社，他自己编辑了一套"世界文学名著译丛"，很想将原来由南京正中书店印行，当时已经绝版的罗玉君的旧译《红与黑》收进这个"译丛"，重新与读者见面，所以举行这个座谈式的宴会，一来和新老故旧叙旧，二来也是请大家共襄盛举的意思。被邀请的客人中，除了李青崖和施蛰存两位是我在震旦大学的旧同事外，余上沅、刘大杰又是我当时在复旦大学的新同事，都算是熟人了，只有邵洵美、罗玉君两位，却是初会。记得是在众人已入座举杯的时候，邵洵美才匆匆地赶来。他身材高大，一张白润的长脸，一只长长的大鼻子尤其引人注目。他穿了一件旧的古铜色又宽又长的中式丝绸旧棉袄，敞着领口，须发蓬乱，颇有些落拓不羁而又泰然自若的神气。这就是我第一次与他相见时的印象。

一九五四年秋天的一个晚上，我们夫妇又应邀在韩侍桁家里吃螃蟹，也是吃到中途，邵洵美撞进来了，匆匆入座就食。这两次相会，大家都是天南海北的闲聊。我们之间并没有多少对话。但在事后，却引起我将他和自己印象中的邵洵美相对照。他早年办过"金屋书店"，出版过《金屋月刊》，后来又是新月社重要人员之一；还主编过《十日谈》《时代画报》等。他的诗集《花一般的罪恶》《火与肉》等，更被目为中国唯美派诗歌的力作。解放初，四川中路出现过一家时代书局，用突击的形式出版了不少宣传马克思主义的早期著作，因大半属于第二国际人物，如考茨基、希法亭等人的著作，而受到《人民日报》的严厉批评，这个书局也就昙花一现式地消失了。据传言说，它的出资老板正是多次经营出版事业的邵洵美。基于对他在文学界的旧印象，我当时不禁哑然失笑：他怎么忽然异想天开地要吃马列主义的饭了？可是我无论如何也没有想到，这一生会与邵洵美成为四个月的"同监犯"。

从第二天起，监房里陆续来了不少新客，大约有十几个。记得其中有一位是白俄，他在英国剑桥读过书得过学位，原来是上海英文《字林西报》的编辑。此人有五十多岁，彬彬有礼，虽然身在囚中，仍不失绅士风度。还有一个日本中年男子，据说敌伪时期在济南大观园开过一个店名"壶"的咖啡馆，大约是个日本浪人。还有一个台湾人，五十多岁，是上海一家细菌研究所的研究员。他对我说，他原是东京帝国大学细菌学家汤浅教授的学生，后来当他的助手，汤浅教授做日本关东军细菌部队的部队长时，他又跟汤浅工作，就为这个历史问题进来的。其余都是中国大陆上的人，都是五十岁上下的。他们都属于旧社会的上层阶级，有新式资本家，也有上层官吏，还有天主教的神父。这里只准用番号互相称谓，谁也不知道谁的真实姓名。虽然墙上贴的监规上写着，不准互相交谈案情，但时间一久，也多少互相知道了一点。同时，监房的人多了，也便于相互低声交谈，一发现走廊有管理员的脚步声，就有人警惕地大声咳嗽打信号，马上就沉默下来了，个个规规矩矩地坐在自己的铺位上。彼此交谈的最佳机会是一日三顿饭后，大家排成一队，绕着地板"活动"的时候，大家边活动边窃窃私语。这个监房的犯人谈话使用的语言，除了汉语外，还有日语、英语、法语等多种语种，因为在押犯人，大都懂得一种或两种外文，很像一个"国际监狱"。

我在邵洵美的谈话中，得知他是一九五八年继续"肃反"时被抓进来的。他说他早年和南京政府的要员张道藩与谢位鼎④一起磕过头，结为把兄弟。抗战胜利后，张道藩给了他一个电影考察特使的名义，他自费考察了英美电影界，会见过卓别林等著名影星，所以"肃反"时作为"历史反革命"给关了进来，已关了快五年了。

我和邵洵美同监时期，正是冬春之交。我们这个监房关押的人，大概都是些老犯人，所以很少有提审，大家都莫名其妙地挨过一天又一天，谁也不能掌握自己的命运，只好听天由命。那时正是所谓自然灾害时期，因此大家每日关心的并不是何时被释放与家人团聚，而是如何能活下去，万不要"竖的进来，横的出去"，因为我们都挣扎在饥饿线上。一天盼来盼去，就是希望早晚两餐稀饭能厚一些，多一些，哪怕多一口，也是运气；希望中午那顿干饭能干一些、多一些。因为早晚两顿稀饭，都是些汤汤水水，除去一些烂菜皮，米粒历历可数；中午那一餐干饭，其实是菜皮烂饭，形同烂稀饭，用筷子都挑不起来。按照不成文的监规，当局发给每个犯人一只腰形铁皮盒子（俗称"铁盒子"），开饭前，犯人们向着监房的小窗口排好队，一一把手里的铁盒子伸向小窗口，由狱警逐一打饭。打好饭后，犯人们显示出非常珍惜的神情，如果铁盒子外面留有几粒米粒，就赶紧伸出舌头舔干净，然后又小心翼翼地把稀饭或干饭倒在自己早已准备好的搪瓷杯子里。按通常的标准，稀饭约有 1000cc，如果能有一千挂零，就沾沾自喜，感到自己额角头高，别的犯人也露出不胜羡慕而又不免带点嫉妒的神色；如果不到 1000cc，那简直像受了天大的委屈似的，感到愤愤不平。中午的干饭能有 600cc，就算是最高标准，甚至算是一种荣耀了。——这些受过高等教育，又都是有些社会身份的人们，此刻的生活境界和人生欲望已经缩小到动物的境界了！人的穷通祸福原来不过一张纸的两面，它们之间并不是不可逾越的。犯人们把领来的饭倒在自己的搪瓷杯子里后，就都回到自己的铺位上，以一种庄严而郑重的神情来吃饭。大家都吃得很慢，吃得有滋有味；吃到一半，就都舍不得吃了，而是把搪瓷杯子包在自己的棉被里，留到肚皮叫的时候（上午十时，下午三时，晚上七时以前，因为开饭时间为早上八时，中午十一时，下午五时），再拿出来吃，吃完后，一般人都再用手指一下一下地刮光搪瓷杯子里的剩余粥汤米粒，放在嘴里舔，一副副不堪入目的贪婪相，活现出动物本能的求生欲望。邵洵美并不听从大家的好意劝告，几乎每餐饭都一下子吃光、刮光。他一再气喘吁吁地说："我实在熬不落了！"这时也往往使他触景生情地谈到自己过去的生活。

邵洵美的岳祖父是清末的邮传部尚书盛宣怀，他的妻子是盛家大小姐。盛宣怀去世时，除去原法租界的大片房地产外，光现款就有三千万两银子。几个儿子都是些只知道吃喝玩乐的纨绔子弟。邵一家五口人，仆人倒有三十多个。他是英国留学生，在国际饭店没有建立以前，西藏路的"一品香"是上海最大的西菜馆和西式旅馆，他是"一品香"的常客。他那时每年过生日，都在"一品香"，因为他属老虎，他事前都向"一品香"定做一只像真老虎那样大的奶油老虎，作为生日蛋糕。到生日那天，这只奶油老虎摆在一只玻璃橱内，橱的四周缀满红绿电灯（因为那时候还没有霓虹灯）。他过的就是这样的豪华生活。只是几次经营上的失败，他才家道衰落了。他说，他被捕前，作为人民文学出版社的社外翻译，虽然每月可先预支二百元稿费，但他仍入不敷出，往往以卖藏书补贴。那时外文书不吃香，一本牛津世界文学名著才卖一毛钱。而他就任人民文学出版社社外翻译，译狄更斯的小说，还是经夏衍同志力荐取得的。为此，他很感激夏衍的助人于危难之中的真诚友情。他告诉我，大约在一九二八年至一九二九年间，他正在上海办"金屋书店"，一天有个朋友来对他说，有个叫沈端先(夏衍原名)的朋友是你的同乡(浙江人)刚从日本留学归来，生活无着，你是否可以为他出版一本书，接济他一下。邵洵美听后，欣然同意，接下由沈端先翻译的日本作家厨川白村写的《北美游记》一书后，马上拿出五百元钱付给沈端先。此事，邵洵美并未放在心上，但新中国成立初期，邵洵美生活困难之际，夏衍却不怕惹出麻烦地及时给予他帮助，使他很是感动。临被捕前，《新民晚报》的朋友曾约他以他的家庭生活为题材写一部连载长篇小说《大家庭》，他觉得这个题材很像现代的《红楼梦》，可惜还来不及动笔，他就被搭进来了。

他患有哮喘病，总是一边说话，一边大声喘气。而他又生性好动，每逢用破布拖监房的地板，他都自告奋勇地抢着去干。他一边喘粗气，一边弯腰躬背，四肢着地地拖地板，老犯人又戏称他为"老拖拉机"，更为监房生活增加了一些欢笑。

因为我和他在"外面"有两面之谊，又都属于同一行业——文化界，所以我们交谈的机会就更多一些。当他得知我在解放前写过《近代中国经济社会》一书时，答应将来在外面相见时，将自己收藏的有关盛宣怀的资料送给我，作为研究资料。因为他比我晚进来三年，又为我带来了不少外面的讯息。另外，我还从他那里知道，我的妻子任敏释放后，和他的小女儿同在一个出版社工作，往来甚频。他的小女儿和莎士比亚作品的翻译者方平的婚事，也是由我的妻子从中作伐而结合的。因为我们和方平也是朋友。他告诉我，方平的第一部莎翁著作译本《捕风捉影》，因为在翻译时得到过我的一些资料上的帮助，他在出书时写的序言中，提了一下我的名字表示感激，又托我转送胡风一册请教，为此"罪行"，一九五五年被人检举，下乡劳动了一年等等。

由于饥饿的监房生活，加上他的哮喘病日见严重，他对自己出狱的希望不免感到渺茫，甚至绝望。一次他竟郑重其事地对我说："贾兄，你比我年轻，身体又好，总有一日会出去的。我有两件事，你一定要写一篇文章，替我说几句话，那我就死而瞑目了。第一件，是一九三三年英国作家萧伯纳来上海访问，我作为世界笔会的中国秘书，负责接待工作，萧伯纳不吃荤，所以，以世界笔会中国分会的名义，在'功德林'摆了一桌素菜，用了四十六块银元，由我自己出钱付的。参加宴会的有蔡元培、宋庆龄、鲁迅、杨杏佛，还有我和林语堂。但当时上海的大小报纸的新闻报道中，却都没有我的名字，这使我一直耿耿于怀，希望你能在文章中为我声明一下，以纠正记载上的失误。还有一件，我的文章，是写得不好，但实实在在是我自己写的，鲁迅先生在文章中说我是'捐班'，是花钱雇人代写的，这真是天大的误会。我敬佩鲁迅先生，但对他轻信流言又感到遗憾！这点也拜托你代为说明一下才好……"

一九六一年初夏，我调到另一个监房，想不到竟这么突然地和他分开了，而这竟又成为我们之间的永诀！

在"文革""监督劳动"期间，我一次问和我一块接受"监督"的潘世兹先生，知不知道邵洵美的情况，因为他们都是早期的留英学生。潘先生在调来复旦外文系以前，是圣约翰大学的校长，一九五二年院系调整时调来复旦，在外文系任教授，兼校图书馆长。一九五七年被打成"右派"。

135

"文革"中又被戴上反革命分子的帽子，"受群众监督改造"，因此和我成了"牛友"。潘先生告诉我，他们多年没有来往了，但似乎听说邵洵美已从"里面"出来了，日子非常艰难，据说连睡觉的床也卖了，睡在地板上。我一边庆幸他终于活下来了，一边又不免为他的老境担忧。而当时我泥菩萨过河，自身难保，更谈不上对他有什么帮助和关心了。一直到我平反后，他的在中学教英文的儿子来看我时，我才知道他在"文革"前就释放了，和他们夫妇一块挤在一间小房里艰难度日，挨到一九六八年在贫病交加中病故了。

为了纪念我和邵洵美的这段在苦难中结成的友谊，也为了履行他在监房中对我的嘱托，我曾把这段邂逅写成专文在一个刊物上发表，现在把它校改后，写进我的回忆录，以为存照。

判　决

一九六二年以后，监狱内的形势又放松一些了。这首先是反映在伙食上。有一次，公安局派个人来，对我说："你是知识分子，今后出去了还要工作，所以身体可要当心，从现在起，你可以有'中灶'待遇。"所谓的"中灶"，就是可以吃食堂里的饭菜了。除了饭以外，还有一盆菜，青菜或豆芽之类的。这样过了四五天，那人又来了，问我说："这两天伙食怎么样，吃些什么菜呢？"我就如实说了，他立刻问："有没有红烧肉？"我摇摇头，说没有。他没说什么，就让我回去了。到晚饭送来时，果然有了红烧肉。

其他方面的待遇也在明显改好。第一看守所的所长姓沈，他对我介绍说，他是西南联大外文系的毕业生。他对知识分子比较尊重。一次对我说："你是搞文学的，可以看些刊物，以后我们就给你订一本《人民文学》，一本《新华月报》，你说好吗？"我听他还征求我意见，就忙说："我还想看看电影杂志。"他回答说："那么，再订一本《大众电影》吧。你懂外文，以后要看外文杂志也可以。"从这里我看出，形势确实有点松动了。过了些日子，我又向他提出：能不能让我哥哥在外面买些文艺小说给我。他也答应了。不多时间，贾芝就寄来了四种长篇小说：《林海雪原》《红旗谱》《青春之歌》和《红岩》。沈所长拿了前面三种给我，《红岩》被他扣下了，可

136

能是他怕我读了《红岩》中的监狱生活会触景生情吧。他只对我说：这部小说现在不合适，以后你出去了再读吧。这生活待遇的改变使我又生出幻想：大约我们的问题将近解决了。

从这时起，我在狱中的行动也比较自由些。沈所长看我一直关在监房里行动不便，就说，你这样长期坐着不动，对健康没有好处，还是安排你出来劳动劳动吧。按照狱中的规矩，未判刑的犯人不能参加劳动，所以我能出去动动，还算是个"照顾"。所谓的劳动，也就是种菜、打夯等一般性的体力劳动，并不十分吃重。由于参加劳动，我同囚犯们的关系渐渐密切起来，也渐渐地了解到犯人们的真实思想。譬如在劳动中我认识一个山东犯人，原来在许世友指挥的部队里当兵，大个子，人很开朗，干起活来喜欢唱个歌，哼个调，我们有时打夯打累了，他就直起嗓子喊起抗美援朝时流行的号子："杜鲁门，不要脸，光着屁股打朝鲜……"总是惹得看守和犯人一起大笑。他是水泥匠，让他砌墙，他总是砌歪。有一次，干活干到一半，他丢开手中的泥刀，倒在地上，昏了过去，看守过来，赶紧叫我把他背回监房。他个子大，我个儿又小，吃吃力力地把他驮上去，驮到三楼，刚进监房，他就突然醒了，轻轻地笑着说："我没事，刚才是装的。嘿，我们饭都吃不饱，还做什么活！"他也不瞒我，就告诉我他是怎么进监狱的。原来他复员转业，当了泥水匠，平时就爱喝几口酒，自然灾害期间酒也没有了，一般性的酒要卖到五块钱一瓶。他喝不上酒就堵在家门口骂山门，被邻居告发，说他有"恶攻"党和国家领导人的罪，判了七年徒刑。他也是劳动人民出身，所以不怕劳动，现在监狱里，也活得很潇洒。监狱里犯人中间常常流传一些顺口溜和故事，带有失去自由的人特别的反讽情绪。我刚进去时，就听到流传着一个表现监狱生活的顺口溜，十分形象，那是从提篮桥监狱传过来的："一进监房，心惊肉跳。两个两个，队伍排好。三顿茶饭，顿顿不饱。四季衣服，独缺夹袄。五层洋楼，外加保镖。六尺地板，两头跑跑。七根栏杆，根根牢靠。八点一到，大家睡觉。九九归一，自己不好。十十足足，思想改造。亲朋好友，一概绝交。"这个民间创作，基本上反映了监狱生活的情景和情绪。还流传过一个故事，说的是清朝翁同龢在京城做大官，他乡里有个同族写信来说，有个邻居占了他家的地界三尺，要翁同龢帮他打官司。翁同龢写了首诗寄回去："千里家书只为墙，让他三尺又何妨？万里长城今犹在，不见当年秦始皇。"这诗写得有点意思，我们身处铁监大墙深处，对诗中"墙"啊、"秦始皇"啊这些意象都感到很有刺激力。又一次，关进来一位道士，大家叫他"道长"，闲谈中，大家才知道他这个出家人，还懂得西菜的名目。他讲了个故事：宋朝开国皇帝赵匡胤判了一个读书人的死刑，执刑回来后，他问行刑的人，这个犯人临死前说过什么话，执刑人汇报说，这个犯人临终前吟了一首诗："鼓炮三声响，夕阳日西下，阴间无旅店，今夕宿谁家？"赵听后跌脚说，这个人不该杀，杀错人了。这些流传狱中的掌故，既反映了犯人的心境，也反映了他们的文化素养。

这期间，我还帮伙房劳动，帮着看守给犯人打饭。每到开饭，我和另外两个已决犯一起，把稀饭或干饭由伙房挑到监狱三层楼房的每一层上，倒在大木桶里，摆在车子上，在后面推着车，由狱警给每个监房打饭，一餐要担五担稀饭或四担干饭。犯人一般每人打一碗。我们等犯人打完后再吃，那时候我们都能吃饱。有时候晚上给值班看守送夜宵，我们也能吃一些，逢年过节时，青菜、红烧肉也经常吃到。有一次，我走过一个监房时，忽而听到一个很熟悉的声音在说话，我心头一愣，这是耿庸的声音。第二天利用打饭的机会，我故意走过那个监房从监视孔看去，果然是耿庸，还有许史华，一晃八九年过去了，在监狱中重见面真有隔世之感，不过我们总算彼此知道了还活着的信息。因为我负责打饭，只要看守打完饭一走开，由我收拾饭桶时，我赶快跑到他们监房门口，打开小窗，让他们把脸盆等盛器准备好，再递出一只大搪瓷杯子，我打一大杯子递给他们倒在脸盆等盛器里，直至他们准备好的脸盆等盛器都满了为止。这样，朋友们总算还不至于挨饿。不过，有一回差点出了事。有一天晚上，看守突然叫我："一七八三，拿两盒饭来。"原来是新抓进来的两个犯人。当时我和两个劳改犯一同住在楼下一个监房内，我们监房的门白天不锁，以便我们劳动时进进出出，但一到晚上七时，我们就被收监了，监房的门就被值班看守下锁了。每当监房门锁上以前，照例先在灶房拿回两三盒打好的饭，放在我们监房里，逢年过节，吃肉时，剩下的红烧肉之类的荤菜桶，也顺手放在我们这个监房里，那事先放在我们监房内的两三盒饭，是为了夜间捉进来的犯人准备的。我拿两盒饭时，突然想起白天还有剩下的红烧肉，就顺手各舀了一勺。可是刚端上去，被看守发现了，马上就问："谁叫你加红烧肉？"我连忙解释说，这是白天吃剩下的，不吃掉浪费了。那看守拉下了脸，严肃地说："你违反了规矩。这回是初犯，就算了，如果下次再犯的话，先把你铐起来。"这"铐"起来的待遇，我没碰到过。后来我看任敏写的监狱回忆录，她倒是被"铐"过一次。她在青海监狱时，有一个同监的女犯人临死前想喝一杯牛奶。她对任敏说："孩子，我好几个月没见过牛奶了，我想喝一杯牛奶，升天也可以安详了。"任敏看她人都快死了，不忍让她这么饿着肚子去，就趁给看守洗衣服的时候，偷了一杯牛奶给她喝下去。谁知这杯牛奶是公安局长给他自己一家吃的，任敏因此而被罚，被背铐十天。

渐渐地，我也听到了一些风声，说我们的问题快解决了。这时候，大约已是六四年了。一次，有个女的公安人员把我找去谈话，这位女同志知识分子模样，戴着眼镜，会说英文，听说是圣约翰大学出身。她问了我一些情况，最后说："你们的问题要处理了。你出去后书是不能教了，可能会到文史馆去工作。你懂外文，也可到外国文学研究所。"狱中有些看守也是这么传说着。可是不久，文艺界又发动了对夏衍、田汉等人的批判。形势一下子又紧了起来。上面又派了个人来，找我去谈话，这回话又变了，他说："外面形势有变化，你们的问题不能作为人民内部矛盾解决了，要通过法律的形式。"我一听这话。心刷的一下子又冷了。他可能也注意到我的脸色，就缓和了一些口气，说："不过我可以向你交个底，你不会被枪毙的。"我一听就激动起来："我不会枪毙，那么，胡风会不会枪毙？我们坐了十多年的牢，就是相信历史总会公正对待一切，总有一天会真相大白，难道我们就是为了等这么个下场？"我头脑一热，也顾不得什么了，冲着他就大叫："我犯了什么罪！胡风犯了什么罪！还说什么枪毙不枪毙的？"那人冷笑一下，说："都啥时候了，你还要替胡风说话？你们不犯罪怎么会到这里来？"接着他缓一下口气，说："你要判刑，判几年我们还在讨论。其实这也不过是个手续，你还是写个材料吧。"我赌气地顶他："这么多年关下来，这些事早都忘记了，还写什么材料！"他说："你坐了这么多年，怎么却忘了你来这里是干啥的？"我说："好吧，那你写吧，你随便写吧，写什么都行！"

既然我自己不肯写，就只好由他们来提笔了。随后我又被提审了一次，他们将裁定的"罪行"念给我听。我发现，其中除了将抗战时期我在国民党军队任翻译工作，说成是"历任反动军官"外，对我在《扫荡报》和

139

山西新闻检查所的工作略而不提。我当时心想，这是因为那两次使命是由共产党地下组织安排的，所以不好以此定我的"罪"，就只好略去不说了吧。但是，我后来才知道，这种说法到判决书上又改变了调子，说我"曾在军统特务控制下的《扫荡报》、山西新闻检查所任职，干下了一系列罪恶勾当！"

宣判那天，我先被押到福州路上海中级人民法院。随警车来押解我的是一个老法警，因为他常来看守所提人，我又常在牢房外劳动，所以他对我很眼熟。当警车开到法院门口时，他先把我安排在法院大门入口处的一个小木板房里，大概是警卫值班室，先是送来一碗米饭，约有四两，另加一碟芹菜炒豆腐干。我二话不说，端起碗来就大口地吃。他在旁边看着我，一声不吭。等我放下碗，他就问："吃饱了没有？"我摇摇头，说："还没吃饱。"他说："我再给你送份饭菜来，吃完了，你就在这里歇着。"下午两点钟，来了两个法警，把我押到法庭的被告席上。里面已经黑压压地坐满了人，还有好几个人一再给我照相。宣判会开始了，先是检察员念起诉书，当他念到"首犯胡风，一九六五年十一月二十六日经最高人民法院判决，该犯已认罪服法"时，我在紧张的情况下，把"服法"听成了"伏法"，脑子里猛地飘过一个念头：怪不得上次在监狱里，那人说不会枪毙我，难道胡风被枪毙了？这么一想，我脑子轰的一下昏起来，眼泪顿时模糊了一切。那个检察员还在振振有词，但似乎离得很远，我根本听不见了，我不知道起诉书和判决书的内容是什么。宣判会就要结束了，法官问我服不服，我不做任何思考，就大声说："服！"

"你若不服判决，十天内可以上诉。"

"我不上诉！"我的声音还是很大。我看也不看法警拿来的判决书，就在上面签了字。事后我才得知，我是以"胡风反革命集团骨干分子"之罪，被判处有期徒刑十二年。

从一九五五年五月十五日被捕，到一九六六年三月底正式判刑，我在狱中整整度过了十年零十个月。最后就戴着一个"反革命"的帽子，重新被押回复旦大学"监督劳动"。

我一生的四次从监狱里走出来，都是出于风雨骤变的年代。一九三六年出狱，一年以后爆发了全面抗战；一九四五年八月第二次出狱，正是日本侵略军宣布投降的翌日；一九四八年第三次出狱，一年以后国民党就在大陆垮台；一九六六年五月第四次出狱时，一场史无前例的"文化大革命"即将爆发，中国将再度陷入大浩劫之中，我也又一次被抛进了受苦受难的茫茫苦海。

一九九一年秋至一九九五年春于上海寓所

注：

① 港语，指妻子(太太)不在香港的男性，是个新词语。

② 上海方言，鬼音巨。意指老资格。

③ 当时，犯人们习惯以"cc"为计量单位来衡量监狱给的饭食的含量之多少。

④ 谢位鼎早年在开明书店出版过一本研究法国文学的书，也是一个现代派诗人，后来弃文从政，做过国民党政府驻梵蒂冈大使。

后　记

　　这本尚未终篇的人生史料，现在终于问世了。它的写作和问世过程，同样是我人生旅程中一份弥足珍贵的生活史料。

　　这是一个集体工程，它凝聚着深厚的亲情与友情。大约从一九八七年或一九八八年起，天振几乎每天上班似的抽空就骑车来，为我的自说自话式的生活自白录音。完工后，又由思和根据这份录音材料，参酌我这些年零碎写的小文章，以及我们相处十多年日常谈话内容印象，谋篇布局，整理成文。再由我主要从事实的角度，做了一些必要的修订与增补的扫尾工作。之后，又由我的女儿贾英以及这些年经常来往的那些青年朋友（宋炳辉、张新颖、张国安、严锋、周书兰、张业松、王同坤等）担负了繁杂的抄写劳动。其间，《新文学史料》的负责人，我的老朋友牛汉兄和他热情的同事李启伦、黄汶等同志具体编辑和安排在《新文学史料》上陆续发表，现在又承上海远东出版社的美意，允许把它收入这套"火凤凰文库"出版。

　　我从少年时代起，就开始懂得了"在外靠朋友"这句生活格言，半个多世纪的生活实践，又一再反复地向我证实了这句中国式生活格言的真实性和珍贵性。现在，我谨向在这本人生史料转化为书的过程中，对它走向读者出过力、帮过忙的朋友们表示深深的谢意与敬意！

老妻任敏在八十年代初，即我由鬼变成人后，曾于闲中动手写了她从一九五五年受胡风一案牵连，辗转青海和山西之间的曲曲折折的生活命运，以及其所见所闻。这篇手记共两部分，一部分写她在青海下放，以至被无辜关押入狱的悲惨见闻；一部分是她出狱后下放到我的家乡侯村，以及在"文革"中回上海探亲等经历。现在特选第二部分作为附录收入本书。我的回忆录只写到一九六五年的"判决"，关于"文革"时期一段生活，从任敏的回忆手记里可以看到一些片断。任敏虽是知识分子出身，但她一般没参加过社会职业活动，只是经营着我们这个"两人世界"的家事，闲中帮我抄抄稿子，这几年也抄不动了。她这篇文章只是用日常语言写出的生活回忆录，虽没有修辞文采，但反映了那个特定的时代她的命运与见闻，是为那个时代留个影子，也是为自己留个纪念。

一九九五年一月十六日写于上海寓所

附录：流放手记

任敏著

失去的与抄去的岁月

遗失的书稿

一九四八年末，植芳还关押在国民党中统特务的监狱里，我没有固定的居住地方，今天住在沪西老乡家，明天可能在新开河《时代日报》记者小顾家住，后来说不定，就到胡风先生家留一宿，就这样打游击住。

有一天，接到香港《华商报》陈闲先生寄来的一包书稿，是植芳从日本回国时，把他留在他的同学陈启新兄处的，这包书里有植芳在日本读书时记的日记本、一部翻译稿《加特雷娜》（俄国安特列夫的多幕剧），有写的杂感与片断，零零碎碎的小文章（散文、短篇小说等），还有书信等。这一大包书捆扎的很松，包书纸已破了，于是我买了一条新床单，重包扎好，急匆匆地坐上三轮车，带着这包书往胡风先生家去，一路上想着把为营救植芳求乞所认识的朋友们经办的事情的经过和一些情况告诉胡先生及梅大姐，同时又想着将这一大包书稿让胡风先生看看，这么长时间为植芳的事东奔西走也没有个结果，心情很不好，也就是说心不在焉。我在急急忙忙下车后就一溜烟地直奔胡家三楼，那包放在车上的书，也就忘记带了，自然放在三轮车上。上楼后梅大姐问我，才想起邮来的一大包书仍然放在车上，我即刻回头就跑出弄堂口一看，那三轮车早已不见踪影，我真后悔不该买新床单包书，车夫是看重了那条新床单，并未看重那包书。我愣愣地站在胡先生书桌旁，恨自己不小心，太粗心了，能对得起坐在监牢里的植芳吗？他晓得这一大包书遗失了，会原谅我吗？这时胡先生正和许广平先生谈话，她插了一句话说，这样吧，明天在"新民晚报"上登个遗失广告，将这包书送回悬赏五百万元。胡先生即刻打电话给晚报，以此就左盼右盼这包书送来，但真是石沉大海，音讯渺然。使我感到遗恨终生。

抄去的书稿

一九四七年秋，国民党中统特务，逮捕我们夫妇抄家时，把许多书籍、书稿及物品用具统统抄去，连同别人放在我家的稿子也被抄去没有下落，这些稿子中记得就有方成先生的速写画稿，描画的是他在西南联大大学生生活的一本画稿，多少年过去了，我们无法向方先生交代。

烧掉的书稿

一九四四年夏，我和植芳离开西安时，将他的一些书稿和译书，存放在我的内表侄家，后来经打听，表侄在一九五五年，那一次所谓"胡风反革命事件"，怕遭连累就一齐烧掉了。这些都是植芳困居西安时写的东西，还有与文化界朋友来往的书信。

抄去书的书稿

一九五五年抄去的书稿、日记本、信件、照片，译稿有一部《尼采传》，另一部是匈牙利作家的剧本，还有别人存放在我家的稿子，我们可以说是"扫地出门"。因为抄去的东西太多，时间拖得也太长，一九八一年彻底平反后，这些东西一直到现在还是在探询下落，不知所终了。和当时捕人和抄家，积极行动的表现，迥然不同，风度各异。

抄去书与用具等

一九五九年冬被青海省化隆县公安局抄去的东西不多，在我说来可算是山穷水尽的穷光景，只有我个人从上海随身带去的一点东西，一张三用折叠沙发床，一张鸭绒被，一只瑞士女手表，一只派克钢笔，一部（三本）但丁的《神曲》，还有存款不多的银行存折。时隔二十年青海省化隆县法院给我平反，说原来没收的是"沙发一只，棉絮一条，女表一只，钢笔一支等作价赔偿四百元"和原先抄去的东西面目全非，这种情况只有天晓得就是了，植芳说的对：哪怕他们作价四分钱，但这证明他们抄过你的生活用品，并加以没收，是非法行为，虽然作价抵不上其中一件东西的价值，但他们承认了，就算总有了变化，有了下落。

我在监牢的日子

坐监牢

一九四七年九月，我和植芳被国民党中统局特务抓去，关在上海亚尔培路（今陕西南路）二号，我关了不到三个月，植芳伯父在上海商行办事的郭经理也给捉来了，他是在我们被捕后，来看我们时被留守的特务抓进去的。特务们问清楚他与我们的关系后，他花了五亿元（法币）一齐赎我们二人出来。那时我没有固定的住处，打游击住。当时许多朋友们在精神上支持我，在物质上是帮助我，对我新遇到的困难与不幸，他们都是同情的，想办法代我解决，并多方设法，如何营救植芳，所以我没感到孤独悲苦，绝大部分朋友为我着急，分担着我的忧愁，朋友们既没有仇视我、敌视我、蔑视我，更没有不闻不问不顾不管，怕遭到连累，怕遭大祸临头。相反地都是帮助我，安慰我。

胡风夫妇，他们关心着植芳的生活与命运，那就更不用说了，胡风先生为植芳的事情心很焦急，为植芳遭难到处写信设法营救，要我去寻找与植芳有过来往的朋友同学和与他有过交往关系的人，比如过去植芳在国民党新闻检查处（这是植芳在一九四〇年，由地下共产党派到这个机关工作的，后以被疑而逃）的上司陈卓，托朋友写信设法给他保释植芳，于是我就托上海同济大学法律系教授吴岐先生，他是陈的亲戚，也是陈卓兼职国民党新闻检查机关时的主任秘书，我求吴写信给陈，通过吴的关系，让陈保释植芳，结果等了很长时间，陈回信告知我，他已不做事，赋闲在家，无法帮托。在这以前胡风先生也写信给当时在南京国民党军队中工作的陈守梅（阿垅），要他在南京找找陈卓。但守梅不认识陈卓，毫无办法，这件事在五五年"关于胡风反革命集团的第三批材料"中引用过，以说明"胡风及其集团分子同国民党特务们的亲密关系"。东拉西扯作为罪证安在胡风头上。天晓得，胡风为了营救朋友万万不会想到他自己也为此犯了咱们自己政府的"罪"！

记得为这件事情，我给陈写信，等了很长时间没有个答复，我就没去胡先生家告诉他们。在一个星期天上午胡先生急匆匆地跑来，一进顾征南（《时代日报》记者）家，很生气地朝着我嚷着说："你呀，你不着急，别人倒是替你着急，怎么，植芳的事不管了，这么长时间，没看到你，营救的怎样，也不来告诉我，使我们老放心不下，惦记的很！要想法奔走活动呀！"我看到他关怀朋友的这片真诚，热情，大声训斥我的激动的神态，使我和同坐的几个青年男女朋友，都很感动和感激。当时我正和几位朋友（《大公报》《文汇报》《时代日报》男女青年记者们）在顾家吃中饭。大家这时都急忙站起，赔着笑，请胡先生坐下一起吃饭。饭后我才告诉胡先生说，昨天刚接到陈卓的回信，他说，现在他已不做事了，赋闲在家，无能为力，就这么淡淡的几句官话。并把陈的来信交给他看。接着我又说了，现在正准备一些钱与东西（送礼物）向抓我们的中统局特务苏麟阁送礼活动。

我东奔西走，将近十个月的辰光，为营救植芳而忙乱，朋友们都各尽其力热情相助。舒芜先生从安徽老家出来经过上海，知道植芳坐在牢里，留下一些钱给我，吕荧先生他来上海在小顾家吃饭后，他晓得植芳被关在监牢里，也送二筒炼乳要我带给植芳。我每次给植芳送东西时，梅大姐也是要送些吃的东西让我带给植芳。他们（朋友们）关心我们的生活，我们的命运，在精神和物质上的支持和帮助，使我感到无限的安慰和感激。

我每次去监牢探望植芳，只要花一点小钱送给警卫员和伙房的伙夫，他们并不难为我，悄悄地就带进去了。但只能站到铁门前远望，托警卫送些吃的东西和生活用品，却无法谈话。

一九四八年的冬天，还是由胡风先生托从香港来沪的海燕书店老板俞鸿模先生（他与植芳都是三十年代的留日同学），请他帮忙找关系，由俞写信给中央信托局副局长骆美中以留日同学的名义保释植芳出狱。（因为骆美中也是同时代的留日学生，与植芳不相识。）这样才结束了植芳的一年多的苦难生涯，但他出狱后，特务们还不放心，我们东躲西藏，无安身立足之地，终于在一九四九年春天，坐船离开了上海逃亡到青岛避居，在这里迎来了解放。（在我们一九四八年冬，借住在沪西法华镇一农民家中的阁楼上时，正巧国民党按户发"国民身份证"，植芳化名"贾有福"，以我们伯父的"丰记土产贸易公司"成员身份，领了"国民身份证"，我则化名"朱明"领到一张，正是凭这个证件，我们得以离开上海。）

再坐监牢

一九五五年夏，我又被捕，关在上海南市监牢里，女犯们被关在一个小院里的一幢二层楼上，有六个房间，我住的这个监房还不小，北面有个大窗户，阳光从窗户射进来照得很明亮，地板擦得也很干净，房间三边靠墙壁放着犯人自己的被子，叠得整整齐齐方方正正，每个女犯静坐在自己的被头上面，大家面面相觑，相对无言。监规规定不准互相交谈，只准静坐，各考虑各人所犯的罪行，老老实实向政府彻底交代，争取宽大处理，彼此不准交头接耳，相互谈话，更不准交谈案情，暴露姓名。谁也不认识谁，谁也不晓得谁犯什么罪。在这里姓名都消失了，只知道各自的番号"××××"。如果犯了监规，再被那些积极争取宽大的同监犯，检举报告管教员，结果是罪上加罪，不是调换监房，就是戴手铐。

第一次提审，叫我的番号"××××"，半天我没回答，不知是叫谁？一下反应不过来。也就是说不习惯"××××"，这个番号就是指我，就是我的新名字。以后时间长了，慢慢习惯了。审讯员问我姓名、年龄、籍贯、学历、经历，我都做了回答，但我必须说明，我在旧社会没参加过工作，跟贾植芳生活在一起，除帮忙他抄抄文章外，就是当家庭主妇，做做饭洗洗衣服，社会关系吗？我本人很简单，没参加过工作，也就没有社会交往活动。朋友大都是贾植芳的朋友与同学们。胡风夫妇是老朋友，不错，我们初到上海一时找不到房子，在他家住过，但我不是搞文艺，他家来往的都是写文章搞文艺的一些文化人，这与我毫不搭界，在文艺这方面，我更是外行，一窍不通。为"胡风反革命集团事件"把我抓来，关在这里，我感到莫名其妙，还要我交代问题，考虑问题，要我交代什么？又要我考虑什么？平心静想，我没做过对党与人民不利的事，没事实，也就无罪，把我关在这里，我一点也不害怕，更不忧虑什么，心里坦然。每天独自静坐，不禁回忆起一九四七年秋天被国民党中统局特务捕去，关在亚尔培路（今陕西南路）二号女牢中的情况。

当年的牢房是在大院角落里的一间阴暗的小房，住的都是所谓"政治犯"，在我进来前，就关着文萃杂志社的"娘姨"韩月娟与水惠珍，她也是纺织厂的工人，"文萃社"发行人吴二南的未婚妻子。在我进来后一天，又抓来小学教师陈南如、向群二位老师，还有同我们同时被捕的小廖与小赵。小赵是从河南来上海投考大学的学生，小廖是《时事新报》的记者，她们都住在学生新报社，和我们是邻居，女牢房很狭小，关的犯人却不少，只有一张能睡三人的大床，还有一张上下铺的铁架床，其余还有一条长凳子，这许多人，轮流坐在这条长凳上，那时大家都很亲热，相互同情，彼此照顾，说说笑笑，吃吃喝喝，高声歌唱，警卫人员虽在监房门口斥责几句，不要高声歌唱，但谁也不听他，只管高声歌唱……

有一次小学教师向群被特务提审去，整夜没有回来，在次日早晨才回来，她东倒西歪地扶着墙走来，面色苍白，连说话的力气都没有，喘了口气，慢吞吞地嗯了一声，她的腿疼得厉害，是狗特务们给她上老虎凳刑，她受这大的刑法，但一声都不吭，牙咬得很紧，一句话都不回答，忍受着痛苦，就是不说话，这些狗特务们，对她这么残酷心狠，把人不当人，残暴毒辣，把一个好好的人弄成这副痛苦不堪的样子，使人看到她，心里真难过，急忙扶着她躺下给她擦药、按摩，让她喝点水，缓一下吃点东西，把压伤了的腿放平，躺一会儿，又叫她起来，大家轮流扶着她走动。大家真不忍心看着她痛苦，有的人流着眼泪，难过极了，有的人气愤地咒骂着这些狗特务，没有好下场，不得好死。向群老师，她意志很坚强，笑着对大家说："请你们不要太难过，我什么都不怕，这点伤痛，算不了什么，狗特务对我毫无办法，下此毒手，也只能使我的皮肉遭受点伤而已。"

每天早晨送早饭，求送饭的伙夫代我们买早点大饼油条，只不过比市价高出一倍，但总能买到，当他买来，大家不分你我，谁有钱，谁就多拿些出来，陈南如老师，她很慷慨，每天她拿出的钱最多，她是小教联的老师，她家属送吃的东西来，也是大家围在一起，像亲姐妹们一样，一起分享着，大家对反动派特务们非常憎恨又很仇视，咒骂这群狗东西。我们大家都有共同的理想与信心，眼看黑暗的日子马上就要过去，黎明即将到来，幸福的生活离我们越来越近，大家为这即将来临的幸福明天，兴奋地歌唱着。这时韩月娟，她是从新四军那里来的，她会跳秧歌舞，教大家跟着她跳，同时跟着她唱"解放区的天是明朗的天，解放区的人民好喜欢……"有的唱"茶馆小调"，大家载歌载舞沉浸在一片欢乐中，大家都忘掉了，还是关在牢房里。

现在我静坐在这里回忆起过去才几年的往事，像是忘掉了自己关在静如死水的牢里。而这监牢，则是我们所拥护的人民的政府关押反革命犯的监牢。

在青海——流放回忆

初到青海

一九五八年冬，即我在被关押一年多出狱后，被安排在上海卫生出版社工作时，伟大正确的党号召上海各行各业支援青海社会主义建设，奔向大西北高原去劳动，实际上是不让这些所谓"五类分子"（地、富、反、坏、右）居留上海，清除出去流放到大西北，让上海成为"五无城市"，这是当时在上海当权的"毛主席的好学生"柯庆施的一大发明和创造。在不久前我就听到老张同志说，我们的朋友王戎在一个月前被专政机关叫去就没有回家，直接被送上开往西北的火车，到大西北劳改去了。我听后自己心里有数，我也是属于这类分子，理所当然要被铲除出去，上海有句话："侬识相点"，我积极响应号召报名参加支援青海社会主义建设，这样离开上海总算是光荣的也是体面的。

一九五八年十一月，我们这批支援青海大军乘坐着一列专车开往西北。火车驶出上海站，我心情很沉重，真不敢想，能否回上海，何年？何月？我担心的是目前植芳仍然关在上海监牢里，他会不会流放大西北，或其他地方？他的命运如何？谁也不知道。我只能低着头默默地祝福他身体康健，不要再遭受意外的折磨和更大的痛苦，健康地活下来，活下来就是胜利。

一九五八年底来到了这人烟稀少，景物荒凉，风光凄厉的地方。就是那起伏的群山看来也很孤寂冷峻。有位同志给我念了四句顺口溜"青海好"——

一、"青海好！青海的羊肉叫你吃不了。"的确，当我们刚到青海省西宁市住在西宁招待所里吃饭时，每个桌上都放着几个大盆，里面盛满冒热气的羊肉（连骨头带肉），就好像上海的大小排骨混合一起，本地人叫"手抓肉"，于是大家都抓一块羊肉放在嘴里啃。这里的羊肉确实比上海多而味美，但谁能吃得了这么多……

二、"青海好！青海山上看不见树和草。"我们到青海时，正是寒冬，山上什么树木、枯草都没有，看见的就是荒山秃岭。

三、"青海好！青海房上可以随便跑。"因为青海的房屋都是用泥土建筑的平顶土屋，相连着的平房在屋顶上可以东串西跑走来走去，很随便。

四、"青海好！青海的姑娘（藏族妇女）不穿裤子满街跑。"一般藏族妇女都穿着拖地的长皮袍，脚和鞋都看不见，何况裤。我问过她们，回答是穿着裤子不方便。记得我刚到化隆不久，有事到城西公社，看见一群藏族姑娘穿上裤子敲锣打鼓向公社报喜来了，当时我感到很奇怪，后来才晓得她们祖祖辈辈都没穿过裤子，现在穿上了，难怪她们这么高兴。

在化隆的一所小学

一九五九年春我被分配到青海化隆回族自治县半牧区的一个小学校当老师，这个学校只有我一个是外地调来的，其他六位是本省人，六位里还有一位张老师是本地人，他年龄不大，样子贼头贼脑的有点狡猾，对外调来的人，他总怀疑有政治问题，另眼看待，喜欢捉弄。记得进小学校没有多久，一天下午校长吩咐我们几位教师分批去学校附近的临村办扫盲学习班，张老师同我一个小组去藏族集中居住的一个小村子，离学校不远，翻一架小山弯进山沟里就到了，有七八户人家，几座木结构建筑的房子，除人住外，还饲养着一大群羊、牛、马。年轻妇女们白天都出去放牧，男人们在家里做穿的皮长袍与长皮靴，小孩有的去学校读书。这里的人们不论男女老幼都很老实，对我们教师非常尊敬，高兴老师们来教他们学文化、识字、读书。跟他们在一起学习非常愉快，不觉的三个小时飞快地过去了。天阴沉沉的，怕要下雪，我急忙寻找张老师同路回学校，没料到他早已跑走了。我心很着急，有什么办法，遇上这种同事，只好独自一人手里拿只电筒在这崎岖的小路上摸黑往前走。远处不断传来狗的吠叫声，这声音越来越近，但四周漆黑，什么也看不见，只凭借着这把电筒闪闪的微光往前走，天这时更黑，我心更急，害怕极了，出了一身大汗，总算一个多小时回到学校里。第二天我跟同事李教师讲昨晚的事，她是本省人，她说，多亏有那把电筒的光，那声音不是狗叫的声音，是大小狼的嚎叫声，你不晓得狼是怕火光，所以它们才不敢靠近你身边。听她这么一说，我后怕极了，因为我生长在小城市，从来没住过山村，更没在漆黑的夜里行过路，根本听不出什么是狗叫声，什么是狼叫声，如果那天晚上没有电筒，被狼吃掉连尸首都找不到，真所谓"天葬"了。这可怕的事不敢去想，也不敢问张老师，为什么那天晚上独自一个人早跑了。他是有意地捉弄我。我想起了在一次政治学习讨论会上，他发言说，他喜欢帮助别人，只要同志们有困难，他总是想方设法帮忙，不过对所谓思想政治上有问题的人，不但不能相帮，相反的他要进行批判和斗争。他说的这些大道理不就是说给我听的吗？我自己心里明白自己，处于这黑白不分，是非颠倒的时代，只有夹着尾巴做人，少吭声，求得太平无事。时隔不几天，我发现从上海带来的一些东西，茶叶、咖喱油等，都没有了，连前天买来的鸡蛋也不见了，没见着哪个人偷，捉不住贼，问谁去呢？自认倒霉，临到放暑假时，我刚领到工资放在办公桌上，李老师忙叫我出来一下有事，我马上出去说了一句话，即刻转来，桌上放的钱就不见了，这时屋里只有张老师一个人，我心里十分着急，但又不敢生气发火，笑着顺便问了一声：张老师看见桌上的钱没有？他说没看见，脸一沉接着又说："你叫我替你管钱？"转身就出去了。我一次又一次的丢失东西，能怪谁呢？只能怪自己不小心。再说，工资丢掉这点损失比起以往抄家的损失，算不了什么，只要我和植芳坚强地活下来，"留得青山在，不怕没柴烧"，我会原谅他没有见过世面。

一九五九年冬，我们各公社的小学教师都集中在县上开会，睡在县招待所，吃饭在汉民食堂。一次排队打饭，我和另一位女教师（上海调来的）按顺序排好队，排在我们后边的张老师却伸手从我们二位女同志头上越过去，端出一盆盛得满满的羊肉汤，盆一歪，洒了我俩一身油污。他没说声对不起，反而嘴里叽里咕噜；不知说了句什么，就急忙端着盆，一边歪着头，伸出长长的舌头，贪婪地舐盆边上的羊汤。我俩的衣服，被弄得一身油渍，饭也没心思吃，去找老李同志。老李抗美援朝时在上甘岭打过仗，打断了一支右胳膊，是特等残废荣誉军人，从四川调来青海转业当干部，性情耿直，待人和气，乐于助人。他办的食堂很不错，同志们来县上开会总是和他在一起，摆龙门阵，谈笑，管他叫"我们最可爱的人"。他听了我们两个的诉苦后，笑眯眯地低声说道："丫头们，我给你们一些熟的羊肉和牛肉，快去吃吧，别生气了。啊呀，你们大概还不晓得，这儿藏族同胞，穿的长皮袍，油渍越厚越多越被认为是富有，这是一种光荣的标识，你们呀，要入乡随俗呀!"

在化隆的监狱里

一九五九年冬末，我不知道又犯什么罪，莫名其妙地把我关进了本地公安局的看守所。关进牢房一年多没审问过一次，每天同关在一起的几位女犯（有藏族、撒拉族、回族、汉族）劳动，给干部拆洗衣服和被褥，双手冻得通红，手指泡在冰凉的水里冻僵了，无可奈何，只有将双手捂在嘴上呵呵热气，暖一暖。一大堆一大堆的脏衣服和脏被褥要洗得干净，谈何容易，动不动就要听管教干部的训斥：你们没有把衣服与被褥洗干净，说明你们这些犯罪分子，不认识自己的罪行，不愿接受政府对你们的教育和改造。以后必须老老实实把衣服洗得干干净净，争取得到政府对你们的宽大处理。

关在同牢房里的一位回族姑娘，有一双大大的眼睛，面孔白洁细嫩，留着两条长长的辫子，年龄仅有十九岁，是本地卫生院当护士的。听说她跟院长搞不正当男女关系，院长受了处分后吊死了，她就被送进来了。还有一位是年近半百的撒拉族马米格，她进来时，我看见她背着一只牛头，是被城西公社民兵押送来的。局长问她："这一条大黄牛是你杀了的吗?"

"是的，牛是我杀死的，但牛肉却不是我一个人吃的。大家饿得实在没有什么东西好吃，就连这大黄牛也饿得快要死了，我没等它饿死，就把它杀了让大伙儿分吃了。"局长听了，大怒训斥道："你呀！真是背着牛头不认赃。这是犯法的呀！你去考虑交代吧。"在牢房里靠墙根，躺着一位藏族阿姨，看样子有七十岁，穿一件破烂的羊皮长袍，身体很瘦很瘦，汉话也不会多说，问她为什么送进去，她说没东西吃，实在饿得很，她就杀掉12只羊吃了，民兵就押送她进这儿来。她不会洗衣服，没见过被子褥子，也没见过布做的衣服，她穿着那件羊皮长袍一直穿到死，白天夜里既挡风又御寒。她只晓得要吃羊肉喝牛奶。关在这寒冷的牢里哪里来的羊肉吃，哪里又来的牛奶喝？可怜的阿姨，又冻又饿躺在这牢房里的土地上蜷成一团，不久就饿死了。她死后第二天又送进来一位藏族才旦卓玛阿姨，她比上一位看来还要老一点，穿着长皮袍，还有一件呢子衬衫。我问她为什么进来的，她说，她也不太明白，只说她离开青海很长很长时间，去很远很远的地方，刚回到青海还未回到家就被送进这里来，不明白为什么。我接着问她，你在很远很远的地方和谁生活在一起？她说同喇嘛爷在一起。她说完便愉快地跳起藏族舞蹈，她会唱藏族歌，会讲藏族故事，会念藏经。她跳起舞唱起歌，不像七十岁的老阿姨，倒像十七岁的小姑娘。她来我们这间牢房带来了短暂的欢乐与愉快，使我忘掉目前在牢房里的寒冷，饥饿，以及对远方亲人的思念，忘掉在这监牢里体力劳动加在我身上的折磨和痛苦。可是好景不长，才旦卓玛阿姨身体日见衰弱，躺在地上，闭着眼睛，话也不多说了，舞也不跳了，有时睁开眼睛看一看轻轻地叫一声"阿毛（孩子），我想喝一杯牛奶，好几个月没见到牛奶了。能喝一杯牛奶，也就定心了"。我听了很难过，她就要与我们分离而去了，这点要求，一定要满足她。我去打洗衣水，在水桶旁放着一大桶牛奶，我就顺手偷了一杯，悄悄地给才旦卓玛，让她快喝。谁知这桶牛奶是公安局长给他自己一家吃的，我偷奶时没注意到有人注视着我，后来被别人报告局长，他气势汹汹地跑到牢房，追问"谁偷的？谁吃了牛奶？说呀！"我挺身而出，说"这与别人无关，是我偷的，是我喝的。"局长一副凶恶像，"好哦，你知法犯法，把手铐戴上！"于是跑上几个警察，给我戴上手铐，这是我有生以来第一次做贼偷了一杯牛奶，我并未感到耻辱与难过，戴上手铐也没感到疼痛，相反的，我这样做心情感到轻松愉快，也对得起我们的兄弟藏族同胞才旦卓玛阿姨，她临死前吃了一杯牛奶，不是饿着肚子离开人世，而是安详地升天了，我受了十天背铐的处分，还有不断饿死的女犯的尸首，我必须从监牢里抬出去。体弱无力，又寒又饥，每次抬完回来，觉得头晕目眩，很想躺下休息，但睡不着，这一幕一幕的惨象，留在我的脑海里，永远不会抹掉。同牢的还有撒拉族马梅美，她是青海省地方军阀马步芳的一个师长马老五的大老婆。马老五没有跟马步芳逃入土耳其，留在青海，他是化隆人，是省政府的政协委员，一九五八年撒拉族、回族部分反动分子叛乱，马老五也是参加者，所以被政府抓起来，关在青海西宁市。他的老婆马梅美关在我们这里，她有五十岁左右，身材不高，一双小脚，短小精干，能说会道，心灵手巧，做一手好针线活；外出劳动活，她却干不了，只好关在牢房里做针线，边做活边嘴里念着胡达（真主）呀！胡达呀（真主）！她的一双巧手能把一件又一件喇嘛穿过的旧黄长袈裟改成短棉袄，她不用尺量身体，只拿一件军制服上衣比画一下，既不长也不短，穿在公安局长的身上很合适。她每天就是忙着给局长剪改衣服，一件又一件，关了四个多月，改了不少衣服，都是用被没收的喇嘛的毛呢或黄缎子袈裟作材料的。衣服剪改完了，所长叫她，说，你可以回家去了。她笑眯眯地和大家分别，依然吟着：胡达呀！胡达呀！胡达保佑大家。

我的家乡有句土话，"有犯杀罪，却莫犯饿罪"，也就是说，"有杀罪，有砍罪，有绞罪，却没饿罪"。但我在牢里亲眼见到的她们，却是因饥饿而犯罪，因犯罪而饿死。我真庆幸自己，算我命大，没有饿死在寒牢里。

一天夜里我突然被对面牢里的小男孩惨叫的声音惊醒了。我听着这悲惨的叫声，再也没法能安静地睡着。小男孩先是大声哭叫：妈妈！我肚子饿哩，妈呀，我肚子饿哩！声音连续不断，由大渐小，从半夜一直叫到天亮。早晨所长叫管教干部给小孩子个青稞面馍，吃了叫他母子俩在院里晒晒太阳。当他们在晒太阳时，我就走过去问那女犯，为什么关进来，她始终不说话。她面孔浮肿，苍黄眼睛眯得只有一条缝，年纪仅有三十岁上下，孩子仅有七岁的样子。这时孩子已经把三个馍吃完了，手指仍放在嘴里，也是面黄肌瘦，两只大眼睛不时地看看他妈又看看我。女犯不肯说话，后来还是孩子对我说，他妈妈把他弟弟（一岁多）杀死煮熟同他一起吃了。被邻居看到，就押送来了。母子俩又冷又饿走了半夜，才走到这儿。孩子不知道他现在来到了什么地方，只要有馍馍吃，他就不回家去，因为家里什么吃的东西都没有。孩子躺在妈妈的怀里，对妈妈说："这里有馍馍吃，我们不要回去了，就住在这儿吧？"而他的妈妈低着头，始终没有说一句话。这个小孩根本不懂得他和他的妈妈是犯法的罪犯。

我们有一位文化高的老朋友，在皖北劳改很长时间，一九七九年才回上海。他到家里来讲，他在劳改工地，每天正当吃午饭时，就跑来一大群农民，看我们吃饭，并问劳改队长：你们还收人不？我们想跟你们一起劳动有饭吃，收下我们吧，这副可怜的样子。我们的这位老朋友苦笑着叹了一声，唉！老实说，那时我们就吃点山芋片和杂粮，也是吃不饱，肚子常是饿着，可是农民们还羡慕我们这些劳改犯，想跟我们在一起劳动，来解决吃饭。接着他又说了一件事，农民们在村里没有东西吃，想外出讨饭，还得成分好，有村、队领导干部的后台才给开路条。允许外出讨饭，这是政治待遇，不能随随便便私自外出讨饭，悄悄偷跑外出讨饭是犯法有罪的。

在一九六一年清明节就要来临时，看守所张所长叫我和马玉美还有三个男犯人（一个在我们刚到化隆时，他还是统战部长马部长，招待过我们；一个是当地卫生院右派张医生，还有一个是从上海同济大学毕业分配在青海某地质勘探队工作的青年小黄）一起，代公安干部们糊花圈，是献到烈士陵园里的大花圈。马部长先领了二斤多白面粉，随即在他用的瓷缸里煮成面糊糊，煮得很稠，他先偷吃了一大半，剩下来很少。他很不好意思，请大家原谅他，因为他实在饥饿难忍；也是为了肚子饥饿，他挪用了公款去买东西吃，犯了法，被捉来了。过了片刻，他问我是否认识石家庄的尹支书，他是因为私自卖公粮犯法进来的；还有食堂负责的老李同志（前面说过的那位特等荣誉残废军人），他把一百斤粮票寄回老家四川，被人告发了。

但许多人都了解老李的为人，都同情他，他家里还有六七十岁的父母以及幼小的侄男侄女，老老少少一大群，没法逃活命，他能眼看他们在这百年不遇的大荒年里饿死吗？其实他的粮票，都是同志们互相凑给他的。如果说他犯法，那真是冤枉极了。记得有一次，我也凑给他一些粮票。现在他正停职检查交代，但愿他把问题弄清楚早日获得解决。

张医生是兰州医大毕业分配来化隆卫生院工作的，马部长也是兰州

156

人，张医生对同乡说："不要紧，我医务室里还有胶布可以贴花圈用。"这么一说，马部长很感激，"啊呀！你老弟，真是一位治病（饿病）救人的好医生！"

青年小黄手比我们灵巧，他把白纸折叠几下再翻几下，便翻成一朵一朵的小白花，他一面折纸花，一面说他如何被送进来。他逃跑被抓住，送回地质队以为就没有事了，没有想到押送他的是公社巡查队长，问他是参加了叛乱，想外逃跑吗？他说，根本不知道什么叛乱，更没参加过。只觉得这里要啥没啥的一个穷地方，再也不想待下去了，想逃跑回去，回上海去。而这位队长，非要他交代清楚，他是因为参加过叛乱才逃跑的，只要他承认了，就让他回地质队去。他被送进来已三个多月了，还没有任何消息，他感到莫名其妙。……

一九八〇年上海

在山西——流放回忆

侯　村

一九六二年，青海遭受严重自然灾害，我从监狱里放出来，下放到植芳的家乡，山西襄汾县侯村大队十一小队"接受改造"。这个村庄位于吕梁山脚下的山区，是三个小村——北侯村、东侯村、南侯村组成的一个大队。植芳是南侯村人。这片深厚的黄色土壤，田地很肥沃，也叫"水地"，这里的水地是用洪水浇田的。每年夏天大雨过后，山上暴发的洪水流淌下来，首先经过这三个村子的田地，再往下流去，这洪水里挟裹着牛羊粪、残枝落叶以及在狭窄的山间小道、山崖石缝间沤压成的自然肥料，灌溉了大片田地。所以这里的农民，不大喜欢用化学肥料，一是怕麻烦，他们没有用化学肥料的习惯与科学常识；二是人畜肥料以及山上枯死了的野生草木沤成的肥料足够他们使用，省力而且方便。这些山区农民很保守，上辈人怎样浇灌土地，他们就按老样浇灌，很难改变。虽然解放了，他们还是既不学习文化，也不学科学种田，不学改良耕种的新方法与新技术，他们墨守成规，再加上生产靠集体，吃饭靠集体，社员们依赖思想很浓厚，常

157

常听到这么句话："出工不出力。"每天上地的人不少，男女老幼都有，田里到处是人，但生产的粮食除交纳公粮外，每年分配的粮食，勉勉强强只能吃十一个月。每年夏收前，青黄不接的日子，总得吃救济粮。

我从一九六三年秋入这个小队，年年如此。论成分吧，这个小队"成分好"的居多，只有地主一户、富农一户、中农两户，其他十八户都是贫农和雇农。一九六三年我入这个小队时人口才百十口，到一九七九年我离开这个小队时，人口已增加到近二百，参加上田的劳动力却只有二分之一，吃饭的多，干活的少。小偷小摸是平常的事，社员们有个顺口溜："十个社员九个贼，不如队长偷一回。""大库里不满，小库里满，社员能分到多少，谁也不敢去管。"成分好的什么事都可以做，应付自如。队里的大小干部都是好成分，所以犯了偷盗罪只要检查几句就算完事了，没有人敢去追究。如果地主富农做了偷盗坏事那可不得了，要大张旗鼓地宣传，要游街示众，开批斗会，扣了口粮以外还要罚款，没钱的就以劳力抵赔，也就是说要加倍劳动，出工时得早出迟归。我是回乡"接受改造"的，家庭出身不好，自己本身成分也不好，是所谓"胡风反革命集团分子"，有这样的成分和身份，只好老老实实劳动，别无二话。

从一九五八年冬我离开上海"支援青海社会主义建设"，到一九六三年秋下放到山西襄汾县侯村植芳的家乡，所经历的种种可怕的生活现实和"教育"，使我懂得了许多的事，懂得了事，明白了自己所处的境遇，碰南墙的事也就少了，何况植芳还坐在上海监牢里呢？在农村经过轰轰烈烈的"四清"运动，又经过"文化大革命"运动，这一系列的运动，我算平安过去了。"文化大革命"除抄家时损失了一些东西外，总算没有受到皮肉之苦。每天低头上田劳动，身体反而锻炼得很结实。每天早晨起得很早，扛着锄头跑三里路上田劳动，听着社员们谈论本地人情风俗，倒也长了不少见识。妇女们最爱说东家长、西家短的趣事。一天，张家大婶说了一个真实有趣的故事，这故事是发生在解放前几年。南侯村里的一个男人叫高旦娃的与邻居的一个年轻媳妇张爱爱相好，彼此常来常往，搞不正当关系。在一个大白天里，两人脱得精光正在睡觉，被爱爱的丈夫回家时碰上了，他勃然大怒，吆喝了几个人相帮，把这对男女当场捆在一只门板上，抬到离村二十五里地的县政府大堂上，擂鼓告状，请县官法办这对通奸的男女。县官听到鼓声出来后，大声下令，让男女先穿上裤子再说。旦娃被判了两年徒刑关进牢里。刑满释放回到村里，他对这件事大肆吹嘘："有谁在县衙门大堂上，一丝不挂让县老爷亲眼看着他的毯？"他把这件丢人败兴的事，看成是一件无上光荣的、了不起的事，像阿Q把赵太爷打他嘴巴当成体面的事来夸耀一模一样。她讲完了，听的人都哈哈大笑……侯村的农民是纯朴的，大都老实忠厚，还有些山民耿直强悍，听说过去为了灌溉水田，曾与侯村下边的村庄争水利打出人命。民性强悍刁野，与我的家乡山西汾阳的怯懦而又狡诈的民性不能相比。因为晋中地区是个比较开化的商业社会，而这里却是一个很封闭的农业社会。听说解放前这里一般人的日子还算过得去，只有从外省，也就是从河南山东逃荒到这里落户的农民，因为没有土地，只有帮这里的农民当长工，还有那些在农忙时做短工为生的外地农民，生活比较艰难。

襄汾侯村西北部紧靠吕梁山区，而在东南部却是汾河下流的一大片平原地区，气候在山西来说相当温暖，不像晋中、晋北、晋东那样寒冷荒凉。晋南这片土地既肥沃，气候又温和，农产品主要是小麦棉花。本地农民很勤劳，尤其妇女，在农闲时都会纺花织布。记得在自然灾害时，布证每人只发二尺，这里的人都不在乎这二尺布证，她们会纺线织布，而且织的土布很好，做衣服很结实耐穿，可以说是中国的牛仔衣料，对劳动者来说比机织的布还实用，弄脏时洗也方便。植芳在"监督"劳动时期，我和家乡会纺花织布的年轻姑娘们换工，我替她们织毛衣裤，她们给我纺织土布，把土布做成衣裤带给植芳，他非常高兴穿这种用家乡土布做的衣服。

听说侯村解放前饲养羊群的人家很多，因为靠近山地，野草肥沃，养羊成了农村副业的一大收入。解放后，每个小队都饲养着羊群五六百只，除养羊外，还有养兔子的也不少，所以社员们会纺棉线，也都会纺羊毛线或兔毛线。这些手工纺的线当然与机织毛线不能相比，但却是纯毛线，虽然粗糙，织成衣裤穿上很暖和。年轻的姑娘、媳妇们都想学织毛衣、背心、毛裤等，我便成了她们的老师。在农闲休息时，我教她们织毛衣等活，有时坐在我家灯下，织到深夜才回去。她们心灵手巧，很快就学会了。这些姑娘媳妇聚在一起，一方面学做活，一方面说说笑笑，非常活泼可爱，我十分喜欢她们。她们常对我说："我们能学会织毛衣、毛裤，不会忘掉婶婶，是你教会我们的。"我说："我也不会忘记你们对我的帮助，挑水、背柴等重体力的农活，多亏了你们的帮忙，我才熬过来了。"

159

抄家及其他

　　一九六六年夏天"文化大革命"时，我被农村民兵和红卫兵抄了家，这时我家里没有一本书，没有一张报纸与杂志刊物，衣服也只有仅有的数件，还有一个饭盒。我除过上田间劳动外，空余的时间跟村里的老婶婶们学剪纸花（窗户上贴的）。本来在我小时候与我的小同学们学过剪纸花，后来离开家乡也就不去剪了。可是现在又回到农村，而且山西南部比起我的家乡山西中部更盛行纸窗户上贴纸花，所以农闲时跟老人们学习，也是一种乐趣。刮风下雨不去田里劳动，我有工夫回忆一下在青海关在监牢里，藏民阿姨与撒拉族阿姨讲的许多故事，我整理出一大本，同时将剪的纸花贴了一大册，这时都被民兵和红卫兵抄去没有下落了。还有两件值得纪念的物品也被抄去了。一件是蝴蝶形的一枚翡翠片，可做装饰品别针。这件物品是已经死去五十多年的植芳的伯母下葬时随身的葬品，虽然埋在土里这么多年，但没有一点损坏，依然如新的一样。一九六三年的春天，清明节快要到了，伯父的尸骨从济南搬回故土老家（侯村）与原配妻子合葬，掘开土墓，让小辈们每人捡老人的随身葬品一件，这是本地的风俗，于是我就捡了这件心爱的遗物，留作永远的纪念。另一件是一本照相簿，是我和植芳来上海后拍的照片，也有和朋友合拍的，照片非常珍贵，看到它可以使我回忆起青年时代的我。这些被农村红卫兵抄去的东西，有用的都装了他们的腰包。原来抄家是发横财的合法途径。我国古人把官匪看成一物，官就是匪，匪也能化为官。欢呼"文化大革命"的那些造反起家的大小英雄好汉，很多都成了官，有的甚至直到今日官运不衰，依然是"民之父母"，即可见一斑了。

　　我住在侯村，植芳的父母住在镇上，侯村的红卫兵和当地的红卫兵以"除四旧"为名，先后抄了他们住的家。红卫兵进院先站成一队高喊口号："除四旧，立四新"，然后气势汹汹地进了房子，喝令二位老人不准动。他们翻箱倒柜，敲打墙壁、天花板，撬开砖地，挖地三尺，竟挖出了几吊铜钱，因为购买的这座房子，原来是一座开钱庄的市房。抗战时侯村被日军占领。他们撤退时烧光拆光全村的房子，所以二位老人移住在镇上。他们根本不知道这座房子地下还埋藏几吊铜钱。红卫兵们很满意，高高兴兴地掠走这些财物，后来连植芳母亲的寿衣也被抄走。她的这套寿衣，本是在一九五〇年植芳和我在上海给她老人家买来的，上衣、裤子、帽子都齐全，就是缺少鞋和袜子。因为上海没有小脚妇女穿的小鞋和小袜子。后来我回乡下后，请手巧的张大婶做了一双黑缎鞋和一双白缎袜子，总算整套寿衣置备齐全了，老人也安心了，我们作小辈的也算尽了孝心。这群红卫兵抄家时，折腾一阵，回头临出门时，看见墙上还挂着四扇玻璃屏风，里面画的是四季花卉，他们认为是"四旧"，几个红卫兵一人夹一个胜利地扬长而去。抄家时，两位老人都被撵到炕角里不准动，也不敢动。植芳的母亲本来身体就有病，这两次抄家又受了惊，不久即卧炕不起，到第二年春天就去世了。老人走后，我忙着东找西寻老人穿的寿衣，一件也找不着，心里焦急万分，后来忽然恍然大悟，老人的寿衣早被红卫兵掠走了，这怎么办？不能让老人光着身子去见阎王爷吧？托人连夜赶做了一套简单的衣裤、鞋帽。我想买一双小洋线袜子，小孩子穿的尺寸就行了。可是姑母讲迷信，坚决反对穿洋线袜子入殓，她说："死人不能穿洋线袜子，如果穿上洋线袜子见了阎王爷后，阎王爷罚她一根一根的数棉线，数不清棉线数，阴司里的牛头马面就要打她。"既然姑母不赞成，我不能让老人赤脚进棺材，也只好入乡随俗，求人用漂白细布叠成三角形，缝成袜形，给老人穿在脚上。如姑母说的，她在阴间勿再遭受数线之罪，免得受牛头马面的打，也算是我对植芳年老的母亲的一点孝心。但愿我慈祥的婆婆安息！

东侯村的李丰年伯伯与植芳的伯父和父亲是同代人，两家有很深厚的交情和友谊。我们是他的下一代人，是他的晚辈。植芳常说李伯对他的照顾是从他到北京读中学时就开始的。家中托他照管他们弟兄，他非常尽心尽力。他当时在北京做麻袋生意，植芳的伯父也是麻袋店股东之一，因此伯父就托他代管他们两兄弟在北京读书的费用。他是个商人，交游广阔，三教九流的人都与他有来往。一九三五年"一二·九"学生运动时植芳被捕关押，他到处活动，送礼请客，终于设法将植芳救出牢门，对植芳来说有救命之恩。他喜欢植芳，常说植芳为人热情、豪放、有义气、讲道德、讲交情。

听植芳的父亲说，李丰年伯伯小时家境贫穷，提一个小篮子，里面盛着煮熟的五香黄豆，每天走街串巷地吆喝着："美味的五香豆，甜来、咸来、香又香，一个铜板买一包。"后来本村一位在北京做古董店老板的领他到北京当学徒，他聪明伶俐，头脑活络，从当学徒起到自己集股当麻袋店的经理，再到自己独资设麻袋店当大老板，一直到公私合营退休，在北京住了几十年。退休后他本人户口迁移至家乡山西襄汾县古城公社侯村，但他的老伴是天津人，不肯离开热闹的北京大城市回农村，丰年伯伯只好在农村住个时候，再回北京住个时候。他最后一次去北京住了将近两年，这时"文化大革命"已经开始了，因为他原来是资本家，北京的造反派不让他再在北京居住，他们夫妇俩头上都戴着纸糊的高帽子，胸前挂着吸血鬼资本家的牌子，由北京的红卫兵押回山西交给侯村大队，再由侯村的造反派、红卫兵、民兵押着在村里游斗转了一大圈。游斗完，才让他俩回到自己的家里，并由大队部管制；村里红卫兵、红小兵监督，得整天戴着纸糊的高帽子，站在院子里等村里的红小兵进行批斗。这些红小兵三天两头来批斗，一进院指着他们就大声吆喝："低下你们的狗头，你们这些吸血鬼资本家，得老老实实交代问题，你们是如何剥削劳动人民的？剥削有罪，罪该万死！"这些红小兵走了一群又来一群，连续不断地整天折腾着这对年已古稀的老人。太阳晒得他们满脸淌汗，但又不敢擦，只能低着头一动也不动地站着，等到民兵队长进院后说声："你们回屋去吧！"他们才敢进屋里，但进屋后仍然低着头并排坐着，头上戴着纸糊的高帽子上的五颜六色，被汗水渗透得流满脸颊，他们不敢摘下帽子。后来丰年伯伯把他的退休金两千元献给了侯村大队购买磨面机，才算免遭批斗。当我进屋后看到他们这副狼狈的样子，心里难受极了，一时话也说不出来。还是丰年伯伯说："解放前不少共产党地下工作者住在我家里，我掩护了他们，帮助了他们。解放后三反五反时，我是不偷税漏税、奉公守法的资本家，还被选为北京市政协委员，没想到会落到这个下场！"我不忍心再看他们的这副惨状，含着眼泪回到自己的家里，整夜不能平静下来……

探亲记

一

一九六六年五月间，我接到了分离十一年、日思夜想的植芳的来信。这封信来得太突然，使我非常激动，急忙拆开信，流着眼泪看完。信里说，他已出狱，又回到了原单位参加劳动，身体、生活一切都好，并望我努力学习、保重身体……我看了一遍又一遍，心情久久不能平静，一想到他在狱牢里度过漫长的十多年，能健康地生活下来，真不容易。他的身体健康，就是我的希望。在这十一年里，我为他受苦、受难、受累是值得的，艰难、困苦、劳累都没有白受。常言道："老天不负有心人。"紧接着，我很快地写了一封回信，告诉他我于一九六三年九月从青海下放回到他的家乡山西襄汾古城公社侯村大队十一小队"接受改造"。在田间劳动是愉快的，生活也安定，身体很壮实，一切都好，并希望他努力学习，在劳动中继续锻炼自己，切记保重身体。"你常说：'身体健康就是我们唯一的财富。'我深有体会，所以我们必须特别注意以保健身体为要，切记！目前我正做着去上海探望你的一切准备。我们团聚的日子不久就会实现，你等着吧！"

信里说的"接受改造""努力学习""在劳动中锻炼"，都是当时的"例话"。当时正是"文化大革命"开始，全国都沸腾起来了，各类"黑分子"（地、富、反、坏、右）及其亲友，都在刀口上过日子，朝不保夕。

一九六七年秋，中秋节刚过后，我带着家乡土产，有苹果、柿子、大红枣子、石榴，还有月饼，前往上海。月饼是乡亲们要我带给植芳的，让他尝尝几十年没有吃到过的家乡风味。社员们为我去上海看植芳感到高兴！本队社员卢豹，他是最爱开玩笑的："你呀！这是牛郎与织女相会。"说得大伙都哈哈大笑起来了。从离开老家动身乘火车，过了四天四夜，才算到达上海。一路上拥挤不堪，旅客大部分是串连的学生、红卫兵、造反派、武斗队等。他们肩上都戴着红袖章，气势汹汹，摆出一副打架的架势，车厢里挤得水泄不通，上下车从窗口爬上跳下，一片混乱。一路上没有饭吃，也没有水喝。火车不断地临时停车，不论停在大站或小站，列车员都看不到一个。太原车站候车室脏乱不堪，地上扔满了果皮与破纸，垃圾成堆，室外更是垃圾堆成山。月台上挤满了人，像一群逃难者。比我在抗战时看到的火车站的景象还糟糕、混乱。大家都是你推我挤，拥进车厢再说，火车何时开，谁也不晓得。挤在车上整整等了四个小时，火车才开动了。到达济南车站，让大家下车，南下的火车暂时不开，没有办法，只好等在候车室里。那里横躺竖卧地挤得满满的，但比起太原车站好多了，吃的喝的还有卖的，也不像太原车站那么污浊、混乱、野蛮。没有等多久，火车开往徐州，到徐州站又停住了，说是昨晚武斗队把前面的车轨破坏了，等接好就开车。月台上连个人影都没有，据说昨夜在这儿的武斗队开枪，所以车站的服务员都逃跑了。我听说武斗队开枪，心中十分惊慌，但愿武斗队不要到火车上来武斗。大家都盼着太平无事，早日到达上海。两个多小时过去了，车才开出，到半夜总算到达南京，下车后去打听，到上海的车何时开，一时得不到答复。据说无锡到上海之间的一个小桥被破坏了，修好即刻开车。

谢天谢地！车很快开了，到达上海是上午十一点，到复旦大学正巧是开午饭时分，植芳还没有回宿舍，大约是吃中饭去了。我在第八宿舍门房等着，一看他走进大门，我非常高兴，他没有变，还是老样子，虽然年过五十岁，但没有衰老的迹象，身体看上去反倒比以前更壮实了。他性格还是那么开朗，一点不像长期住过监牢的人。他提着我的那只土布袋子，领着我往四楼上走，走进他住的房子。房内有四张床，另三张是"监督"他的三个造反派青年工人的。他已向印刷厂申请过，造反派头头允许我临时住下，被分派在第六宿舍后面临时工地搭建的一间已废弃的竹席棚房子里。房子面积很大，空无一物。植芳借来一张单人床，我们就在这里临时住下了。这时学校在闹"文化大革命"，已停课了，到处是大标语、大字报，高音喇叭整天吼叫，一天到晚忙于开批斗会，是造反派的天下。被批斗的人，愁眉苦脸，低头走路，有的心思重重，有的茫然不解，走在路上，谁也不敢跟谁说一句话，否则就会大祸临头。我去食堂买饭，常常听到×××上吊、×××跳楼坠死的新闻，这些被批斗的知识分子都是批斗过后想不开，往往以此下场了结一生。我们虽然在这里生活了三个多星期，但没有人敢理睬我们，有的还怒目而视，不把我们当人看。植芳这时在印刷厂"劳动的干活"。他坐了近十一年牢，"文革"前夕，又以"胡风反革命集团骨干分子"的罪名，被上海中级人民法院判处有期徒刑十二年，旋即押回原单位"监督劳动"。每日按时上班，早去迟回，做体力劳动，有时间学油印。虽然他是"死老虎"，但仍然不时受到学校和印刷厂红卫兵、造反派的揪斗。他说对这种生活，他已经很"习惯"了，他又说我们只能熬着，硬着头皮顶着，他明白自己无罪，只要不死，总有个水落石出的日子。

有一天中饭时，植芳被大会批斗回来，一进门就倒在地上，头上被打伤，淌着血，我一看见很难过，他坐下后半天没说话。我哭着劝他说："想开些，千万不要寻短见！"这时他却高声爽朗地笑了起来。他笑着说："那才不会，你放心好了。"这时他张开嘴，向我说："你看我嘴里的舌头不是还好好的吗？他们打我、踢我、骂我算不了什么，我多少年都熬过来了，还怕啥？我要是自杀了，死都死得不干净，他们会说你是畏罪自杀，带着花岗石脑袋见上帝去了。犯不着死，你不要替我担心，放心好了。咱们赶快吃饭，饭菜都凉了，饭后你讲讲家乡的情况，我很乐意听。"我对他说："我离开咱们村子来上海时，队里的社员卢豹，他说小时候认识你。他的小名叫豹子。他最好说笑话，他对我说，你到上海去看植芳，这是织女会牛郎。"植芳听后笑着说："哦，不是牛郎，是牛鬼！"说着我们俩都哈哈笑起来了。

　　在这"文化大革命"疾风暴雨的日子里，我来到复旦大学已是十多天了。植芳上班去得很早，下班又回来得很晚，我的心捏得很紧，总怕植芳再遭到如上次那样的批斗挨打。每天回来总先看他的脸色如何，如面色平常那就没有多大问题，我也就放下心了。一次等我们吃饭后，他告诉我印刷厂新调来一位科长，听说他是在别的单位犯了错误，才调到这里来的。为了减轻自己所犯的错误和罪责，他表现很积极，给这个提意见，给那个发号施令，喜欢训斥别人。一次在印刷厂的批斗会上，他向造反派进言说："任敏这个女人也不简单，她是胡风反革命集团，很活跃的分子，是这个反动集团的联络员，不能让她住下去！"并当场斥责植芳说："你这个臭老婆不能再多住了，快快滚回去！"我听了这事后无可奈何，只好做返乡的准备。我把给植芳带来的他过去穿的旧呢制服与呢子大衣，去旧货店三钱不值二钱便宜卖掉，勉强凑够返乡的路费，又买了点日用的调味佐料（如酱油干、五香粉、咖喱粉）以及云片糕等。我可以去上海市区逛逛买东西，植芳却不能随便去市区，只许他去附近的五角场理发，买草纸、肥皂、香烟，事先得向监督组请示，事后还得汇报。所以我只好一个人匆忙去市区买好东西，又急急忙忙地赶回学校。我跟植芳商量着返乡的日期，日期确定了，植芳请了假，我们赶乘早晨第一班电车去北京东路售票处排队购好了车票，再一同乘电车到火车站排队进入候车室等候北去的火车。植芳背着我在乡下摘棉花用的那只土布袋子，东西不多，他走得飞

165

快，满头大汗直奔车厢。我看到他这么紧张慌乱的样子，心里惴惴不安，但看到他这结实有力的身体，又感到十分安慰。许多青年小伙子都比不上他走得这么快。他经过十多年的监禁和劳改生活的苦日子，反倒没有了过去的文弱的书生气，变得比过去更壮实了。他不像学校里那些被揪出来的"有问题"的人（当时称为"牛鬼"）那样的神情沮丧，畏首畏尾。他走起路来挺着胸脯，迈着坚定的步子，像个正常人。因为他说，他没有罪，问心无愧，所以虽然长期身处逆境，但能处之泰然，仍然保持着开朗乐观的性格，面向恐怖阴暗的现实，无所畏惧。

一九六七年九月离开上海，天气虽然已入秋，但未感到秋风的凉爽。上火车的旅客很多，车厢里非常闷热。我坐的那节车厢里有几个武斗队员。车到蚌埠停车，这几个武斗队员从行李架上拎起几把短枪，匆忙地跳下火车。旅客都惊慌失色地呆看着，我心里也感到很紧张。此前火车刚一进入安徽境内，就突然传来了枪声，冲锋枪声嗒嗒地响。列车员急忙告诉大家说："前方发生了大规模的武斗，我们只好暂时停车，为了保证旅客的安全，请大家不要下车，也不要把脑袋从窗口伸出去，请旅客们在各自的座位上坐好。"车厢里的旅客们惊慌地呆坐着。时间一分一秒地过去了，接着一小时也过去了，列车终于向前开动了，大家才放下心。比起我前月来沪时的情况，总算好得多了，这次列车停的时间最长也不过只有一小时，而且不要半途下车，再换别的车。我坐的这趟车是从上海直达北京的，路经德州时，我转车改坐由济南直达山西太原的。我的运气还算不错，在这次列车上没有碰上武斗，平平安安地回到了植芳的家乡。

二

我第二次来上海探望植芳是在一九六九年冬天，过旧历年以前。上海的情况比我两年前来的时候似乎松了些。这次来住在职工的临时招待所，这是一座平房，每间房子里都是住着外地来沪探亲的家属。印刷厂的青工小陈是个有家教的小伙子，与那些造反派不同，他只是个"革命群众"。他跟植芳同一宿舍，对植芳颇有一些照顾，不那么红眉毛绿眼睛的。我来上海后，他便借给我一个小火油炉，这就方便多了，自己可以随便煮点东西吃，或热一下食堂打来的饭菜。在那个以"阶级斗争为纲"的时代，这真是不容易啊。那个时候没有人跟我们来往，更不敢有什么交往，过去和我们比较熟悉的五十年代的同事们碰见的时候，不是扭过头去，就是当没有看见，还有的狠狠瞪我们一眼，表示他们的政治立场坚定，鄙视我们这些"阶级敌人"。我也有自知之明，装作不认识他们，碰到时低头而过。等植芳下工回来和他谈谈家乡的情况，他倒高兴听。有一次我说，你以前也认识的你伯父公司的小学徒，后来成了分行经理的吴光俭，他解放后回到他的家乡吴村，因为成分好，又很积极，所以当上了干部，后来调到侯村大队，做大队书记。他威风十足，盛气凌人，不仅多吃多占，欺压村民，奸污年轻的姑娘媳妇，还贪污盗窃，虚报产量，为自己邀功请赏。搞生产他是个外行，不会种地，也不了解侯村土地和气候适宜种什么，但他却偏听上级说高粱和大麦是高产作物的宣传。下令改种高粱和大麦，害得社员们吃了高粱面拉屎都拉不下，大人和小孩都生病，而且大麦也不是主粮，更不是丰产作物。但他有权在手，瞎指挥，大家都得听他的。社员们心怀不满地说："吴光俭，爱当干部，不要脸！"他却说："不管要脸不要脸。现在我先把你管！"弄得社员们毫无办法，又不敢告他的状，只好逆来顺受，自认倒霉。他在侯村就这么当了好几年干部，年年都得到丰产奖状，被上级评为模范干部，一再受到表扬，但侯村的农民们都被他弄得生活困苦，连杂粮也吃不饱，还敢怒而不敢言。一直干到轰轰烈烈的"四清"运动后，他才调回他的本村吴村，虽然还是当干部，不过比以前是下降了，成了小队的干部。植芳听后笑着说："吴光俭从小是个做生意的买卖人，根本没种过地，用这种人掌握指挥农业生产的大权，真是活见鬼，只能糟害百姓，他自己一家人快活。"

这回我从乡下来上海，给植芳带了许多家乡的食品，他顶喜欢吃，因为他有几十年没有回过家乡了。这些土产是胡桃、大红枣子、柿饼，以及我自己腌的咸鸡、羊肉和邻居代我烤的饼子。他吃起来又香又有味道，觉得像是回到自己久别的村里一样。这时他吃东西时总感到牙根疼，有个病齿已经活动好久了，摇摇欲掉。他笑着对我说："老虎有病就没有医生敢给它看，自己舐一舐就医好了。我的牙齿疼了好长时候了，我不到医务室去拔牙，因为凭我这个政治身份，医生为了站稳阶级立场，不会给我拔牙的，现在只好自己想办法。明天就过旧年，到时在食堂里多买几块糖年糕，吃年糕时粘在牙齿上自己就会掉下来。"他这个想法果然很灵光。第

167

二天早饭时他吃了两块年糕，那颗坏牙就同年糕一块吞下肚里去了。我说："老虎的牙齿坏了没有医生敢拔，你的牙也是一样，没有医生敢拔。"说着我们俩开心地哈哈地大笑起来了。

我这次来上海精神上也没有上次那么紧张和恐惧。小陈回家过年后，回校时给我们带来了一大包糖果和点心，是他的父母亲送给我们的，这使我们非常感谢，也十分感动。小陈告诉我说，他爸爸是一个小钢笔厂的厂长，前些时候，厂里工人群众批斗他，他爸爸挂着"吸血鬼""资本家"的牌子，名字倒写着，上面还画了×××。小陈兄弟姐妹十个，大的兄姐都已成家在外地工作，家里还有四个和父母亲生活在一起，这天晚间全家人坐在一起，等候着爸爸回来吃晚饭。家里静悄悄的，一家人都惊慌失色地呆坐着，手心里捏着一把汗，担心着爸爸这么晚还没回来，不知厂里的工人群众怎样批斗、打他呢？墙上挂着那座老钟嘀嗒嘀嗒地响着，时针指向近十点半钟了，楼下的门铃响了，爸爸胸前挂着个大纸牌，拖着疲倦不堪的脚，一步缓一步上楼，进了屋，小弟（最小的儿子）连忙扶着爸爸坐在沙发上。老人靠着沙发背闭起眼睛，一句话也不说，像个放了气的皮球，妈妈看到爸爸这副狼狈样子，难受得眼泪流出来，妈妈这一哭，全家大小都哭成一团，晚饭谁都不想吃了。妈妈心疼地送了一杯浓茶给爸爸，让他老人家精神安定安定，一会儿，爸爸睁开眼睛"啊"了一声："我已回到自己家里了吗？"

小陈说了他家里的事，我也感到心里不是个味儿。小陈接着对我说："我给你拍几张照片留个纪念。"当他在学校校园内图书馆附近的毛泽东像前给我拍照时，被印刷厂的造反派看见了，这个工人为了邀功，立刻向印刷厂领导汇报了，印刷厂立即开大会把小陈狠狠地批判了一顿。掌权的头头指着小陈说："你狗胆包天，竟敢给反革命分子贾植芳的臭老婆在我们伟大领袖毛主席宝像前照相，真是罪该万死！"小陈只好低头认罪。我听他事后来对我说时，感到非常对不起他，而他却笑笑说："没啥！没啥！"经过这场照相事件，印刷厂的领导就勒令植芳要我快快离校，滚回山西老窝去。我只得匆匆地离开植芳，又上了北去的火车。

168

侯 村

一九七〇年春，我从上海返回家乡，正赶上过元宵节。村里过春节实在很热闹，除过按照老的风俗习惯，家家户户大扫除外，贴在新糊的窗纸上的纸剪的窗花也要换成新的。只是近几年，随着"文化大革命"的深入发展，每年春节贴在窗纸上的剪纸窗花的题材也发生了"革命化"的变化，原来的"麒麟送子""喜鹊报春""五福临门""早生贵子"等这些老传统题材已换成了以八个"革命样板戏"的内容为题材的"革命窗花"，杨白劳、喜儿、铁梅、李奶奶、阿庆嫂、郭建光等"革命样板人物"已占领了全村窗花阵地；原来的"喜"字、"福"字、"寿"字全换成一个"忠"字，真可谓窗花面貌"焕然一新"。我因过旧历年前就离开侯村去了上海，所以没有打扫屋子，也没有重糊窗纸贴上新窗花。等我休息了几天后，我把房子打扫干净，也剪了一对大红的"忠"字，贴在新糊的窗纸上，墙上挂的是毛主席和林彪副主席在天安门上的合影像。这张彩像是小队里分发给社员们的，大部分社员像供神一样摆放在先前供灶神爷的供台上，再摆上各式各样小型的毛主席石膏塑像，表示对伟大领袖"无限忠诚""无限热爱""无限信仰""无限崇拜"的革命热忱。每个社员随身都带着《毛主席语录》，在田头休息时念几条"抓革命、促生产""要斗私批修"等"最高指示"。念完后，年轻的姑娘们都跳起"忠"字舞，年轻的小伙子们都做起"忠字操"，老头子们低头在抽旱烟袋，年老的妇女们依然说着东家长西家短。侯村这块肥沃的土地，在很多地头边沿上种着有二三十年树龄的老柿子树。还有新种的胡桃树、苹果树。在梯田边沿上的野生酸枣苗上又嫁接上大红枣树，这些树木长得都枝叶繁茂。植芳的家乡可以说是山西的富庶地区，如果这里的年轻小伙子们能脚踏实地、出大力流大汗把生产搞上去，那社员们就不会吃不饱饭，一副穷兮兮的样子了。村里的房舍是被战争年代破坏了的，一下子不易复原，可是山村的美好景色依然如故，山不是穷山，水不是恶水，妇女们倒很勤劳，都会纺棉花、织布，她们喜欢帮助别人，我在侯村居住了十八年，她们留给我的印象太美了。

时隔两年，侯村大队召开群众大会，宣告林彪及其死党在武装政变阴谋败露后，于一九七一年九月十三日驾机仓皇出逃，飞机在蒙古温都尔汗东北六十公里处迫降时，机毁人亡。社员们听后议论纷纷，有的怀疑这件事的真实性，怎么亲密的战友，可靠的接班人，会是谋害伟大领袖毛主席的阶级敌人？大家除过跟上破口大骂林贼外，纷纷把供在灶台上的毛主席与林彪的合影彩照像上的林彪像剪掉了。看到社员们家中挂的毛主席像都是剪去一半留下来的半张，我本来也想剪去林彪的像，但心里又很犹疑，剪不好，不小心碰着毛主席怕会引出一场祸端。记得前几年在青海牢里看见一个上小学的小男孩，只有十岁年纪，一次在食堂吃饭时，跟他的几个同学闹着玩，不小心把墙上挂的毛主席宝像碰破了，结果这个小孩被关进监牢判了五年徒刑。一想到这小学生的遭遇，我很怕这样的悲剧会重演。听说那个小孩的父亲是个阿訇，在五八年青海回民事件中被株连。关在青海西宁监牢里，所以当时同室难友说，这个小男孩吃官司。还因为他是"反属"，才被加重处分的，想到我的处境不免有兔死狐悲之感。因此，我索性又买了一张毛主席宝像，把原来的那张毛主席与林彪合影的彩像取了下来，换上新的，这才安心。

侯村在"四清"运动时，给我留下一些很难忘的事情。侯村大队第四小队队长崔汪江，是中农成分，不过他是侯村大队第一个参军的，参加过解放大西北的战斗，在部队里当兵好几年，以后复员回乡，担任了第四小队队长职务。他个性很倔强，在生产上能吃苦，干活肯卖力气，社员们都拥护他，因此他搞的这个小队每年口粮都比其他小队多得多，社员们公认他是个好领导，一个为社员生活着想的好干部。他跟大队支书、干部常常闹别扭，因为他领导的这个小队每年超产，可说是十三个生产小队里唯一超产的小队，其他小队的干部对他非常忌妒，骂他独行独断，不听大队支书指挥，自搞一套，目无组织，目无领导等等，为此"四清"运动时，这些干部借机对他进行打击报复，在大会上斗他。会场批斗开始时，四周贴满了"打倒"之类的标语，会场主持者大喊一声："把崔汪江押上来！"随着一阵阵"斗倒""斗垮""斗臭"的口号。崔汪江头上戴着纸糊的高帽子，胸前挂着反革命的黑牌子，被民兵押着站在台上。民兵们压着他的头，要他低下，他偏不低，反倒抬得很高，挺着肚皮，民兵狠狠地压他的头，他总是要抬起来，一副桀骜不驯的不服气的样子。有的人检举说："你骂大队支书是贼，是巴结公社主任，吹牛拍马的屁精，不劳动还要向上虚报产量，给自己邀功受奖，让社员们挨饿受穷。这些都是你说的反动话。你要彻底交代清楚，争取宽大！"他始终不说一句话，咬紧牙根，民兵骂他、踢他，他根本不在乎。于是民兵把他押下台，将两根绳子套在他的肩膀上，倒拖着往公社去参加"三干会议"。他被拖了十里路，鞋袜都被拖掉了，脚后跟在沙土的公路上拖得鲜血直流，他不叫疼，不吭声，紧紧地闭住嘴。后来在公社被关了两个礼拜才放出来。他回到侯村，小队长职务被撤掉了，人由大队管制，群众监督，每日早晨早起扫除全村的道路。他戴着纸糊的高帽子，扛着一把大扫帚，一面扫，一面高兴地说："这不丢人，劳动最光荣。""扫地比上田轻快！不出大气力，不流大汗，真快活。""我的小队队长被革掉了，他，丁二小也从大队书记的宝座上滚下来了！"说完哈哈地笑了。

现在我离开侯村已经好些年了，在侯村生活的情况仿佛是昨天的事，时间过得飞快，不知不觉我早已进入古稀之年，其中十八年的时间是生活在植芳的故乡侯村，对侯村的山山水水，一草一木，对侯村的父老兄弟姐妹们，我眷恋着，永远眷恋着……

一九八一年上海

新版题记

    八十年代末，我早已进入了古稀以后的年纪，也就是说，我已走上生命旅程的最后一个驿程了。真像是在信步疾行中肩膀被人从背后猛击一下，我又猛然回头一望似的，我忽然醒悟到，到了我这把年纪，是应该先坐下来，对自己的人生经历做个回顾与总结的时候了。我虽然不过是一个普通的分子，大时代里的小角色，但正所谓"一滴水可以照见一个世界"，它总可以某种程度地映照出它所存身的这个世界的某些本色与底蕴的东西来；何况我所生存的时代，又是中国历史上外患内祸互为交织的动乱时代，而我又是个很不本分的知识分子呢？说到这里，引起我的别一个记忆。我的三十年代的留日同学，学生时代就以革命的观点写日本人民的低层生活，出版过《雾夜紫灯》小说集的谢挺宇，早期的中共党员，一九四○年去延安，日寇投降后，就被派往东北做党的领导工作，也是解放后，历经劫难的幸存者，那次（大约一九九○年）我到沈阳开会重逢时，我们都是年过七十的老人了，他对我说："老贾，你现在以带研究生来生活，不如去写回忆录，研究生带的人可多了，不差你一个，你如果把过去经历的历史记忆出来，为后人留点应该留下的东西，为子孙后代留点精神遗产，那才是你的正业，你的历史功绩……"于是，在这些年常来常往的一些中青年朋友们的多方协助之下，我陆陆续续地写了起来。恰巧这时，

《新文学史料》的负责人，我的老朋友牛汉兄与他的两位同事李启伦先生和黄汶女士由京到沪相访，他们告知我说，他们的刊物已决定在一九九一年登完胡风先生的回忆录以后，将刊发我的回忆录列入该刊一九九二年的编辑规划，并希望我能早日交卷云云。他们这份盛情美意，对我撰写这本回忆录或整理自己的人生档案，更是一种巨大的精神支持和鼓舞力量。从一九九二年开始，它以《在这个复杂的世界里》为题名，陆续地在《新文学史料》上以连载形式刊出，颇激动了一些读者的心，受到注目与赞许，这就更坚定了我写下去的信心和勇气。一九九五年初，又承上海远东出版社的美意，愿将它收入由陈思和、李辉两位青年朋友策划的《火凤凰文库》内，并于同年以《狱里狱外》为题名出版。至一九九六年上半年已连续印行了三次，并在海内外引起较大的反响。日本广岛大学教授小林文男先生，在他的助手高山严先生的协助下把它译成日文，于一九九六年十二月起在东京出版的综合性刊物《状况与主体》上连载，并将出版单行本。恰巧台湾一家私营出版社的老板来寓相访，愿意将它在海外出版；我正好也想对它做些必要的校订增补工作，这就是我现在称为"新版"这个印本的由来。

由于它先是以连载的形式在《新文学史料》上刊发的，由一九九二年该刊第二期开始，以讫一九九五年第四期为止，前后共有四年之久，其中我断断续续地写，该刊只能时断时续地发表；因为我是个业余作者，还要用主要的时间和精力忙于我的教学和其他文字活动。因此，它的印文，与据一九九五年初一次性交稿排印的《狱里狱外》中的印文相比之下，无论在内容及行文上都有不少差异与缺失之处；何况在印行单行本时，又由编辑同志做了不少"技术性的处理"呢？现在这个新版本，是参酌这两种印文，并在此基础上，动了一次大手术，做了一些必要的修订，增补了大量新材料与自我反思的段落。就是说，我对它又做了一次整形工作，使它面容与体态更丰满、更真实，更贴近历史和生活真实与时代风色，所以我称之为新版本，以之区别于旧的刊本。

还应该交代一下的是，在我这本人生故事以《狱里狱外》为题名出版时，曾作为附录刊印了老妻任敏七十年代末重新回到上海后闲中撰写的她的二十多年的生活遭遇与见闻，题名《流放手记》的第二部分《山西》，即她自一九六二年从青海回到我的家乡山西襄汾县侯村当了十八年自食其力的农民的经历与见闻；这次新版，又补入了她这本《流放手记》的第一部分《青海》，即她从一九五八年被流放青海，旋又以"翻案罪"再次被捕下狱四年中的经历见闻部分。正如我的原刊本《狱里狱外》的《后记》里所说："她这篇文章只是用日常的语言写出日常生活回忆录，虽没有修辞文采，但它反映了那个特定的时代、她的命运与见闻感受，是为那个时代留个影子，也为自己留个纪念。"现在都收录在这个新刊本里，一方面它应该是我的回忆录里一种重要的补充部分，因为正如老说话的，"夫妻本是同林鸟"，而我们这对苦命的知识分子夫妻，又没有如那句老话的下半句说的"大难临头各自飞"呢？更主要的是，也为我们这半个多世纪以来的风雨同舟的生活留下个永恒的历史印记。

这本一九九六年修订的新版本，送交台湾那家私营出版社后，不幸翌年该社遭到大的变故，无力承印，又于去年回到我的手里，耽误了二年，香港天地图书公司的朋友们愿意为它提供面世的机会，感谢之余我又对它做了一些新的修补工作。原刊本的《序》及《后记》，这里一律保存，因这它们交代了一些东西，也应该是这份人生档案的组成部分。

去年是上海开埠一百周年，《收获》杂志的朋友约我写一篇文章，并出了一个题目《上海是个海》，它全面地叙述了我们这对知识分子夫妇五十多年来在上海的生活遭遇和政治命运。这本回忆录只写到"文革"前"判决"为止，为此把此文作为附录收入，可为读者朋友认识历史和现实提供一些具有参考意义的材料。

这里抄录了前几年我的一篇自述文章中的一段话，作为这篇小文的结语：

有人说，中国现代知识分子都是些理想主义者与浪漫主义者，他们在生活中所上演的各式悲剧里，实际上正包含着积极的历史性因素，正如马克思所说："历史的最后'一个阶段是喜剧'。"

再抄录最近我为一位朋友的文集所写的序文中的一段话，可以作为我八十余年的人生体验与追求的概括："因为生命就是不断发现和重新认识的过程，世事变幻，人生沧桑，每一天都有可能发生意想不到的事物和情况，生命只有充分沉淀在生活的漩涡当中，不断催发新生，扬弃衰亡，才会有更大的收获。"

话就说到这里，是为序。

一九九九年六月下旬在上海寓所

世纪老人的话:贾植芳卷

访谈实录

二〇〇一年六月九日《世纪老人的话：贾植芳卷》主编林祥在上海访贾植芳（右一）先生

引言：在复旦大学校门斜对面，有一条幽静的小马路叫国顺路，走进去一会儿左转便是教师公寓第九宿舍。这里的三层红砖小楼荫蔽在枝叶繁茂的树林中，天籁之间犹见满目葱绿。再稍走进数步，能见一片美丽的草坪，我想，大约这里是教授们喜欢散步遐思的好去处。果然，贾植芳先生在他老年时期就居住此胜境，是十三号，紧挨着草坪的楼东底层。

草坪往西北面靠围墙的树丛边上有石桌和几只石凳，也是供小憩的园地，贾先生常会来此小坐。那天，一个晴朗凉爽的初夏上午，我与林祥兄相约前来拜访贾先生，我习惯地来到他家后院厨房小门口喊叫，无人应答；我又转到正门揿门铃，仍无动静。正有些着急时，猛地想起老人会不会又去林荫道散步，于是三两步后就看见"小憩园"里，他在家人的陪伴下，清癯的身子风骨峭峻，一如平时挺直端坐着，似乎又在沉思遐想。清风徐来，我注视着这幅"憩园消夏图"，此情此景，贾先生那沉重激昂的话音仿佛回旋起来："生命的历程，对我说来，也就是我努力塑造自己的生活性格和做人品格的过程。我生平最大的收获，就是把'人'这个字写得还比较端正。"

这时，贾先生已经远远地望见我们，即起身走来了。这位耄耋老人，虽然听觉略有些不太灵敏，但视力尚佳，目光明亮有神，洞察力惊人。他知道我今天要带朋友来访，便赶紧把我们让进屋内接待客人的书房，四壁满架图书，一切都显得这么朴实且随意。之所以把书房当作了客厅，是因为他素来习惯于端坐在屋中间小圆桌南向的老位置，喝茶抽烟，看书读报，写作编稿，操着一口浓郁的山西口音与来客谈话，妙语连珠，常常使人忍俊不禁。久而久之，南窗下的写字桌也不用了，上面堆满各种书籍资料。

以前在他家的客厅里，每逢午饭和晚饭时，常常会有学生朋友满座，喝酒吃菜，开怀畅饮，往往天南海北地聊天神侃。退休教授的工资偏低，稿费收入也少，因为喜欢留客吃饭喝酒，贾师母则常会下厨炒菜，家里总是会备上几个下酒菜。有时弄得很拮据，也不以为然。而如今贾师母病了，真令人伤感。她在那儿静养，客厅也成了家庭病房。

听贾植芳先生的神聊，让人很爽快的，会使人感觉很过瘾的。因为他的谈话颇具特点，率真诚挚，幽默风趣，敏锐犀利，充满着睿智、达观和深刻的思想。闲谈中他擅长用一种自嘲式的口吻，又有点黑色幽默，在谈笑风生间洞察世事，剖析自我，不时进发出的火焰有着纯真的热情，也蕴藉着隐隐流露的忧愤。有时也会一脸严峻，纵横捭阖地阐述严肃的话题以及直抒知识分子的人格理想，酣畅淋漓而从不拐弯抹角，一针见血，使举座为之动容。至今我还是清楚地记得他手持已燃着的香烟，猛喝一口浓茶，极为冷静地话语："俄国作家契诃夫说：'如果我再活一次，人们问我，想当官吗？我说，不想。想发财吗？我说，不想。'不用说来世的事，我今世也没有做过当官和发财的美梦，走中国传统知识分子'学而优则仕'的人生富贵之路。我则认为，生而为人，又是个知书识礼的知识分子，毕生的责任和追求，就是努力把'人'这个字写得端正些，尤其是到了和火葬场日近之年，更应该用尽吃奶的最后一点力气，把'人'这个字的最后一画，画到应该画的地方去。"

由于贾植芳先生具有一定的社会知名度，其生活经历极富传奇色彩，尤其是他生性好客，重友谊、喜热闹、豪爽热情、广纳三朋五友，所以他接受种种形式的访谈也就难以计数，散见于各种报刊书籍。如果把贾先生在老年时期与我及其他的一些谈话汇集起来并由此发散开去，以此诠释他几十年来的生命轨迹、体验与感悟，使我们能对这位在二十世纪坎坷道路上行进过来的，饱经人生三痨五伤、七灾八难并极具道德尊严的中国现代知识分子，他的正直、勇敢、诚实及高尚的人格理想、不屈不挠的奋斗精神，在复杂多变的时代起到知识分子应有的积极作用，有一个系统的充分了解和品味。同时，也能引发我们对已过去的二十世纪的历史与知识分子命运做更深层次的思考。

为此，我向贾植芳先生说出了我的心愿和构想，想借我的征询、他的口述，写下我与这位世纪老人的话，为文坛学界的研究留下一份资料，他微笑地允诺了。不久后，又为我提供了一些他的谈话资料及相关的文字材料。由此，我开始把这之前之后许多次谈话记录和谈话资料整理编写起来了。

那天，我和林祥兄在此与老人聊谈至午时，谈天说地，忆旧念友，从国内外重大新闻到社会上的小道传闻，直至王元化近时托人带来送给他的新作《九十年代反思录》《九十年代日记》。我们倾听他的真知灼见，感受他的豪侠之气及浓浓的人情暖意，竟欲罢不能，他盛情地要留我们吃饭，依旧用好酒为诱饵，为了不影响他老人家的午睡，我们还是满怀感激地辞谢而去。

今天，在灯下整理贾植芳先生近年来的各种谈话并漫笔写作这本书时，想起他曾经说过也写下的话语："我生于袁世凯称帝的那年，年轻时曾自号'洪宪生人'，以后又经过了军阀混战、国民党专制、抗日战争等时代，一直到高唱'东方红，太阳升'。有缘的是我每经过一个朝代就坐一回监牢，罪名是千篇一律的政治犯。作为一个知识分子，我是认真地付出过生命的代价的。我在这个世界里的追求、爱憎、信念以及种种个人遭遇，都可以作为历史的见证，为青年及后代提供一些比正史、官书更加丰富和实在的东西。"

这些时刻保持清醒头脑和具有批判意识的话语，呈现出他不断追求人格独立之理想和思想自由之精神，所阐述的思想闪耀着一束束的火花，正如我记得的革命先烈李大钊说过的一句话："从凄凉中看到悲壮。"如此感人的高尚境界，使我为之深深震撼并景仰不已。

一

这是一个初秋的上午，复旦第九宿舍院内一片静悄悄，偶然能听见几声清脆婉转的鸟鸣声，悦耳动听。也许是已经开学了，学生们正在上课，

贾植芳先生在寓所书房谈话时的情景　沈建中　摄

贾植芳先生的家里因此而宁静了许多，虽然好像没有往常下午三时后传出欢声笑语的热闹情景，但是老先生那底气十足的山西口音、诙谐的话语及爽朗的笑声，依然不会使他的书房里显得过于寂静，或许因为旧友新知接踵而来。我走进贾先生的书房，只见他精神矍铄，照旧坐在他的老位置，伏案小圆桌上写作，桌上依旧堆满了新书新刊和数封信件，可见他对文坛学界现状的持续关注。好久没来复旦看望老先生了，我在他的对面坐下，于是就从他的近况开始聊了起来。

沈建中（以下简称沈）：贾先生，您近来好吗？身体怎么样？

贾植芳（以下简称贾）：你好久没来玩了，我还是老样子，身体挺好，每天仍旧忙忙碌碌不得闲，还有许多事情要做，还有不少文章要写。

沈：贾师母的病情好转了吧。

贾：老妻任敏的病情现在很稳定，今年夏天特别热，又坚强地挺过来了。老太太有很强的生命力，一定会越来越好的。我现在要精心照料她，每天都要数次在她的床边坐坐，陪陪她，虽然她失语，还能看着我，听我讲话，我喂些可口的食物给她吃，或为她活动身体。女儿贾英不久前又回到澳大利亚去了，三天两头打电话来询问情况，家务都有侄女来安排，现在这位保姆来了已有三年，非常尽责，做事很认真，任敏能得到很好的照顾。我的许多朋友、学校中文系里的同学都常来探望，关心帮助我们。

沈：不久前，在《文汇报》上读到了陈村先生为您的新书所写的书评，文章结尾时他感慨写道："很久没见贾植芳先生了，不知他尚能酒否。我不是老人家的学生，只以读者的名分祝他健康，祝他爽朗，祝他还有更多新作。人生易老天难老，无妨'借书当歌，人生几何'吧。"您瞧，大家都在惦念您。

贾：我已是个八旬又七的老人了。因为年纪大了，加上腿脚不便，这几年基本过着家居的日子，虽无采菊东篱的雅趣，却也能甘坐斗室。而且我还增加了新的财富：近两年耳朵背得厉害，与人交谈的时候听话很累，每到开会场合，就得戴上助听器，又多了一只假耳朵，成了三只耳朵；前几年遇车祸大腿骨折，从此走路多了一根手杖，由两条腿变成了三条腿，成了《封神榜》上的角色了。

沈：啊！您曾经遇到过车祸？

贾：一九八四年春节夜晚，我和家人在市区朋友家吃饭回来，那时我还住在第六宿舍，下了公共汽车后，正在路上走着，迎面一个小青年骑着自行车歪歪斜斜地把我撞倒了，当时路上没有人，那小青年可好啦，他没有逃跑，他让我坐在自行车后架上，把我推回去了。他是在老丈母娘家喝醉了酒，不慎把我撞倒的。他说你住院的医药费、营养费全部都由我出。我说："你养不起我的，一般职工嘛！我一分钱也不要。假如你当时撞倒我后逃跑了，我一定要叫你吃官司。"我的大腿骨折，住进了医院，腿上钉入两根金属长钉，我一分钱都不要他付。后来我们成了朋友啦。

沈：如此感人的真情佳话，我们面对目前的世风道德，焉能不做深思？现在您的日常生活是怎样度过的呢？

贾：我平时除了读书报和写作之外，唯一的爱好就是边喝茶边聊天，这是我在日常生活中一项自然而重要的内容，我觉得也是自己生活中的一种境界。（朗声笑道）抽烟、喝茶，自娱自乐。

沈：说起抽烟，大家都知道这是您的一大嗜好。可抽烟有害身体健康，如今您年事已高，有没有考虑戒烟？

贾：前两年，我大病一场住了医院，大家都劝我戒烟，我听从大家的意见，戒了烟。出院后又抽了，医生说有抽烟的欲望，是身体正常的表现。但高级香烟我不吸，什么中华、云烟，还有三五、万宝路之类我碰都不碰，如有就招待客人，我只吸这种低焦油的"高乐牌"，低焦油的非常好，医生也说没问题。可是这种香烟价格低廉，市面上很少能见到，我认识一家超市的老板，他特意帮我进几条卖给我。我想，如果一个人吸烟已经有了几十年的历史，那么最好还是不要戒掉，因为它已经成为自己生命的一部分了，否则会有损于身体的平衡。

沈：您不仅喜欢抽烟，也爱好喝酒，其名声大得很呢。曾听您讲过，古希腊有学者说"酒中有真"。您在平时与朋友、学生的来往交游，如都偏爱杯中之物，于杯觥交错间彼此加深了解，为友谊奠定了基础，如此您一定结交了许多"刘伶信徒""杜康知音"似的酒友。

贾：我是山西襄汾人，那是个产汾酒的好地方，我年轻时就喜好杯中之物，养成了喝几盅的习惯，如果有几位客人来聚在一起喝，那就更有乐趣了。年轻时大吃大喝得了严重的胃病，现在大家都禁止我喝白酒，无奈只能从每天喝三顿改为一顿，仅喝一点葡萄酒或黄酒，天热就喝些啤酒。我有了好酒就喜欢请朋友们来喝，特别要劝年轻人多喝些，当他们称赞我的好酒而开怀畅饮时，我就好像自己也过了酒瘾，也会高兴地趁势喝上几盅。现在老妻病了不能喝酒，我也就感到兴味索然，除非有客人来家里吃饭。

沈：去年我在报上看到您写了一篇随笔《我是一条龙》，这个题目很有意思。

贾：（乐呵呵）我的生肖属龙，二〇〇〇年是我的本命年，是我告别二十世纪，踏入新千年门槛的第一年，又是我进入耄耋之年的第一年。《新民晚报》的朋友约我写一篇关于本命年的文章，于是信笔写了。

沈：您老先生在上海生活了这么多年，大半辈子都是在上海度过的，应该可以称作"老上海"了。但是，您至今仍保留着北方人的生活习惯。

贾：虽然我在上海滩生活了长达半个多世纪，但我的语言和生活习惯，却没有什么改变，我仍操着气味十足的山西家乡话，上海人乍听起来觉得像一种外国话；而我的饮食，至今还是以面食为主，对大米、甜食、海鲜等上海日常食品不感兴趣。当年挨批斗时被加上的恶谥"顽固不化"，如从这点上说，该不算冤枉。不过上海人对我生活上的顽固并不惊讶，我家里仍然有许多客人，没有生活习惯上的隔阂，因而我过得十分愉快。

沈：可见上海人的一种海纳百川的性格。近几年，我经常听到您说："我不是学问中人，我是社会中人。"

贾：梁漱溟在《自述》中自我评价道："我不是学问中人，我是社会中人。"其实这句话更适合于我。我自束发读书扎入社会，生存在中国朝代更迭、社会动荡、外寇与内贼交相为祸的时代。我作为一个社会型的知识分子，在社会上闯荡几十年，是认真地付出过生命的代价的。从十几岁离开家乡后，东跑西奔地到过不少地方，其中待的时间较长的地方，除了监狱就算上海，如果把在上海监狱里的时间也算上，那就更可观了。上海对我来

一九九五年五月四日在上海复旦寓所
沈建中　摄

说，是个奇异的地方，尤其是我的遭际都与这个城市密切相连。

沈：您自称为"我是社会中人"，所以您就很愿意结交社会上各阶层的朋友，大家也喜欢上您家里串门走动，为您带来许多温馨和快乐。您老先生不但好客也没有一些会客的规矩，家门口更看不到"年老体弱，谢绝来访"之类的纸条，大门随时敞开，不需要打电话或任何预约，想来就来……

贾：（笑眯眯地打断了我的话）想走可就不容易啦！凡是来客，一定要尽心方才能罢休。我家里一直都很热闹，不断有人来聊天，尤其是年轻朋友比较多，所以至今我还保持着晚上工作的习惯，尤其是写作，一般都在夜晚进行。

沈：作为一位现代社会的老年人，夕阳应当是美丽的。早就听说您很喜欢看反映上海普通市民生活习俗、世态风情的滑稽戏，是吗？

贾：居住上海这么多年，我始终关注城市的现实和市民的喜怒哀乐。我喜欢看上海的独角戏和滑稽戏，以前去剧场看，现在看电视里的"老娘舅""王小毛"之类。它以上海这个热闹都市的市民为取材对象，是一种

183

平民文化，能及时反映上海弄堂百姓的复杂生活和感情世界，那种颇有特色的上海社会习俗和心态。每天晚上的《新民晚报》，我看得很仔细，连孙小琪给我寄来的《现代家庭》《为了孩子》都是我了解社会生活的一扇扇窗口。

沈：每次都能听您大谈社会趣闻、流行话语，各种小道消息您也非常灵通。

贾：我对外界的消息很灵通，一般社会上最新流传的各种讽刺性民谣、民谚及各种笑话，我也会知道一些。朋友来访能带来各种各样的传闻。这种民间口头文学是了解世态和民心的一个重要渠道，那里面有着智慧、情绪和更深的东西。知识分子如果不关心政治经济、社会现实，那就只能成为一个工具，一个技术性的人物，称不上是知识分子。

沈：我觉得您不是一个深居简出，不问世事的书斋式学者。早在八十年代每逢休息天您就经常出门，去市里看朋友或购物逛书店，去五角场上小馆子或洗澡，也看电影看戏，一切都在性情中。而在九十年代您还常常出门开会，近两年还是经常外出吗？

贾：我常说：一个人年轻的时候是"动物"，可是到了老年时期就变成"植物"了，不能跑东跑西了。近两年来因为年老体弱，腿脚不便，加上老伴病了，除偶尔开会外，绝少去闹市中心了，这些年上海的变化真大啊，我连老城隍庙也好多年没去了，尽管我很怀念这个有风俗特色的地

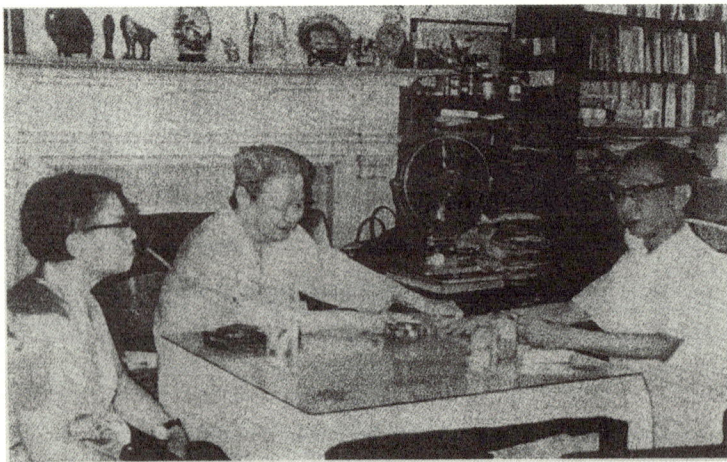

贾植芳（右一）夫妇看望施蛰存先生（一九九〇年六月二十一日）

方。你看，我又渐渐地变成了住在上海的"乡下人"啦。但有机会我还是想出去走走，有时公出开会，人家考虑我老了都派汽车来接我，可我还是认为坐公共汽车好，不仅自己是老百姓，而且多坐公共汽车能保持与社会的联系，从各种乘客的表现，来了解社会的各种动态。人生啊，就是一次一次外出旅游。

沈： 近年来是否还经常去访友，看看老朋友吗？

贾： 人到老年，受体力、精力的限制，与外界接触越来越少了。前两年我去普陀区郑超麟原来住处，拜访这位坚持自己思想并有凛凛风骨的令人敬佩的老前辈，当时他住在一条普通弄堂里的两间房子。不久居住条件改善又搬到赤峰路，遗憾的是，我还来不及去新居看望他，那年七月，他突然病危住进医院，我又赶到仁济医院看望他，走进病房，只见他躺在病床上，双目紧闭，呼吸急促，说不出话，但头脑还清楚，听了他孙女说我来看他，还能点点头。但万万想不到，这就是我们在这个世界上相见的最后一面。

沈： 前些时候，我听施蛰存先生说起您还特地进城去他家看望过他。

贾： 我在学生陪同下去了愚园路施蛰存家里，多年不见，彼此都很高兴，可是我俩都耳聋，只能通过笔谈来对话，学生为我们照了相，还拍了录像哩。

沈： 您俩好像很久没有见面了。

贾： 是啊，记得前一次是一九九〇年，我与老妻一起去他家的。当时我与《解放日报》一位记者谈"现代都市小说"，其中谈到他的有关遭遇。发表后又被《古旧书讯》转载，他见了给我来信说："你的官司还没吃够啊！"（笑）

沈： 真是老朋友之间的一片爱护之心。您与他是在一九五〇年震旦大学执教时相识的，至今已有半个世纪，我不禁想起您曾回忆说："以后交往愈多，说话也愈随便。到一九五四年批判胡风文艺思想，上海作协开会，我在门口遇到了施先生，他皱着眉头说：'这是你们吵架，把我找来干什么？'他说得很认真，我突然感到幽默，对他说：'施先生，你到底还是第三种人哪。'"您的这些回忆使我感到十分传神，真是太形象化了。我想这是不是当年一些知识分子心情的写照。

贾： 大约在我平反后不久，有次我去华东医院探望病中的陈子展，听

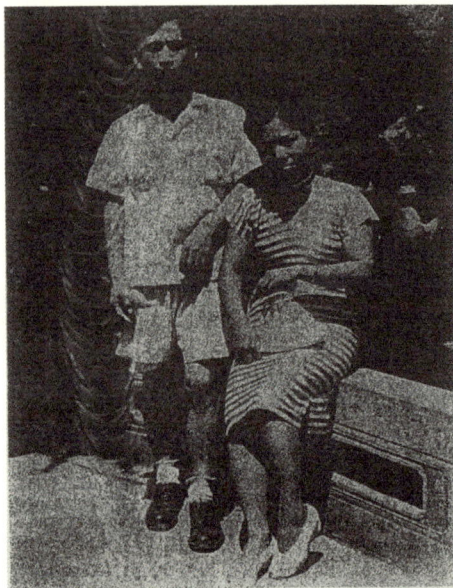
一九五〇年夏天贾植芳夫妇在苏州虎丘留影

说施蛰存也住在这儿，我即去他的病房看他，他穿着病号服在看书，一见我就说："贾植芳，你还活着啊！你是人还是鬼？"说完我们就一起大笑起来了。

沈：从您的经历和性格来看，您对自己周围的许多人和事一直很关心，有着许多快乐的好奇心，爱憎分明又充满着嬉笑怒骂。您现在还仍然喜欢到社会上走动走动，听听有趣的小道新闻，见识见识新现象、新事物呢？

贾：我愿意走动走动，了解新鲜事。有时看到的变化，使我也会招架不住，还着实把我这样的老朽给弄"懵"了。我感到什么都"高"了：新大楼高，高架马路高，收入高，商品标价也高，连做假冒伪劣商品的手腕都高，唯有自己，一点也没法变"高"，只得望"高"兴叹。有的高，我喜欢；有的高，我不喜欢；有的高，我不以为然；另有些高，我根本就讨厌。

沈：听说前几年您经常去苏州，是吗？

贾：我的老学生范伯群在一九七八年调到苏州大学任教，有时邀请我们夫妇去苏州开会、讲学或参加学位答辩，我也很乐意。每次去了就会想起那里的小茶馆。我既不去游名胜古迹，也不逛闹市中心，只是趁闲时请学生帮忙租一辆三轮车，陪我去一家茶馆喝茶。可从前的茶馆都是三教九流聚会场所，是最能体察风俗民情的地方。可惜现在的茶馆与人员结构都发生了非常大的变化，如今难以成为我的理想去处。

沈：早在半个世纪前，您就在这座姑苏小城住过一段时间，是吗？

贾：现在回想起来，那段生活是我一生中难得的安宁日子。一九五〇年初，我们夫妇结束一年多鼠子般隐居生活，回到上海投入文艺界活动，临时住在北四川路的新亚酒店。我长期在贫穷颠簸中生活，身心疲惫，房钱太贵又嘈杂。经正气书店的老板帮助在江南小城苏州住了下来，那里房价便宜，环境清静，能使我安下心来多写些东西。一礼拜内有三天乘火车到上海上课就行了，平时就在苏州家里读书写作，闲来无事时就与妻子一起去小茶馆品茗。

沈：您经常津津乐道地回忆文人上茶馆的乐趣，把喝茶聊天视为一种接触百姓、了解社会的好途径。您现在还去茶馆吗？

贾：现在家里成了我的茶馆，外面的茶馆是青年人的去处，但我一直想去看看这个青年人的世界。（笑）我说一件新鲜事，你听了千万不要笑，我最近也享受了一下时髦的"卡拉喔开"啦。（我一听就已经忍不住笑了起来，他丝毫没有调侃的神情，依然很认真地说道）有一家夜总会新开张，老板请我去见识见识，吃喝玩乐一下午。一去先坐下听唱歌，一位小姐唱流行歌曲，除前面有一句"献给复旦大学贾植芳教授"的话以外，其他我都没听懂。老板请我洗桑拿浴，还有小姐给按摩，我拒绝了，我担心自己这把老骨头经不住别人搓擦，但还是让人洗了洗脚便回来了。我把这件事告诉了几位青年朋友，他们不仅没有笑话我，还对我没洗桑拿浴感到惋惜，我见他们假装的满脸遗憾，也忍不住连连安慰他们：那位老板让我常去玩玩，下次他再请我，我一定叫你们陪我去。

沈：您自从少年时代就背井离乡几十年，但是至今还保留着一口非常顽固的山西乡音，让我们上海人听起来非常吃力，有时还会引出笑话，使人忍俊不禁。同时，您既不会讲上海话，且喜欢广交四方朋友，常常是一杯茶加上一支烟，有时还会一盅酒，聊天时您听人家讲上海方言，您能不能听懂？

贾：（大笑起来，那笑声是地地道道的山西特产又响又爽）我这个北方人来到上海，是靠卖文为生的穷青年，自然生活在下层市民中间。三十年代我就看上海报刊，还给上海报纸写文章，可对这个城市并不了解，仅从新文学作家有关上海生活的小说里知道一些，但对"亭子间""老虎灶"和"老板娘"的名称一直没能搞清楚，我早年在北方从没见过。我读过旧书，逛过风景名胜，"亭子间"，我想是有亭子的亭台楼阁，像美轮美奂的古建筑一样阔气的好场所。可小说、电影里，住亭子间是穷困劳碌的人，像卖文为生的青年。当我来到上海才知道亭子间是最不值钱的房间，多半是贫穷潦倒的人所租住。"老虎灶"，从文学作品的描写来看，又是上海市井泡开水的地方，但为何要叫它为"老虎灶"呢？假如是老虎开的灶，那店子谁还敢去啊？（笑了起来）我百思不得其解。至于"老板娘"嘛，我一直以为是老板他妈。

沈：您如此诠释上海方言，是非常幽默而有趣的。

贾：这些使我迷惑不解的事物，当我跑到上海滩生活时，理所当然地进入了日常生活。首先就是住进了亭子间，甚至阁楼；每天打开水要到老虎灶，买生活日用品就找弄堂口烟杂店的老板娘。这样弄堂口的老虎灶老板和烟杂店老板娘，则成了我们生活中打交道的上海人，有许多上海方言我都懂。

沈：当年您生活在上海平民社会里，使您逐渐认识了上海的市民生活。五十年代开始，您的生活环境发生了变化，主要是在大学的范围里，加上多年遭遇不幸，否则应该是能写出反映上海平民生活的小说来。

贾：后半辈子我在复旦大学里教书和生活，被称为是知识分子成堆的地方，与市民生活有了不同。与我交往的青年人很多，而他们往往在我家里大讲各种趣闻、笑话给我听，这样就为我带来了许多上海方言和各式各样的流行语，我也会学上几句，大都比较生硬，有时还会闹出笑话来。

一次，有人告诉我学生开了"跳蚤市场"，因为说得是上海话，我听成了"蚂蚁市场"，觉得好玩就把这件事转讲给别人听时说成"蚂蚁市场"，人家都听了哈哈大笑，又有一次，我去买助听器，进了店堂便用上海话讲："你们这儿卖'窃听器'吗？"店里的几位女营业员听了大惊失色，半天才弄明白我要买的是助听器，助听器被我用上海话说成了窃听器，她们不禁笑作一团。你说，我的口音如何？你肯定是能听懂的，不至于会嘲笑我吧。

沈：您的学生宋炳辉有一段读来有趣的文字："铃声过后，教室门口一阵椅子响，进来的却是一位黝黑瘦小的老人，身穿半旧的深色中装，提着一根拐杖，后面跟一位年轻的助教。这不禁使我吃了一惊：这难道就是大名鼎鼎的贾植芳先生？先生穿过起身让道的人群，坐到那把椅子上。他一落座，坐后排的我就只能看得见先生的头顶了。我发现，他的头发已经灰白。先生一开口讲课，又让我吃了一惊：这一口山西方言，我几乎一句也听不懂。尽管有那位助教老师的翻译，一堂课下来，还是没听得多少内容。"这段描写犹如白描一样，使我感到极为传神，他也写到听不懂您的一口山西方言啊。

贾：（先是一愣，随手点燃了一支烟，继而笑着自嘲道）是吗？许多人都说听不懂我的话。我居住在上海几十年，无法改变老家土话，我的话像洋文，要有翻译。有人告诉我，前些年南京作家高晓声对她说："我同老贾在一起喝酒时，常常是各说各的话，因为他听不懂我的话，我也听不懂他的话。"高晓声是我八十年代结识的一位酒友，他讲一口常州土话，也是出了名的听不懂的话，而我操一口山西土话，谁也听不懂谁的话，语言交流困难，只能通过互相敬酒交流了。（又开心地笑了起来，得意地说道）你知道吗？一九九〇年十月我应邀与老妻回到母校东京日本大学讲学，期间我在好几所大学讲课，有一次去神户大学做专题演讲，那天讲完后，一些日本朋友都称赞我讲的日文可是地地道道的东京口音呢！

沈：（笑了起来）我听有人"揭发"说您在演讲之前，神户大学校方特地贴出了一张布告写道：因为演讲人操一口浓重的山西口音，所以特请一位能懂山西话的中国人先把山西话译成标准普通话，然后再翻译成日文。

贾：（又得意地大笑，并且还带有几分顽皮的神情）你一说"揭发"这两个字，我就会有些紧张，因为我是从那个被人"揭发"的时代里逃生过来的。当然，日本朋友这么对我说，我想也可能是恭维我的。

在一九八三年，我兼任了复旦大学图书馆馆长，开始召开了几次全馆大会，我发现在会上每当我讲几句话后，大家都要一起拍手鼓掌，我心里有些纳闷。于是，有次会后我找了一位小姑娘问她能不能听懂我的讲话，她回答："听不懂。"我感到奇怪又问，既然听不懂那你为什么还要拍手，她告诉我："干部拍手我也跟着拍手，否则是要扣奖金的。"

沈：熟悉您的人都知道，您总是自嘲是"土包子""义和团"，对于日常家用电器之类的玩意儿，您好像不会操作，因而或许也会闹出一些笑话来。

贾：（大笑起来）是啊，我几乎每天午睡前要看一会儿电视，都是家里人帮我开和关的。不怕你笑话，八十年代时，有次我一个人去参加一个会议，被安排住进了高级宾馆。那天吃过午饭后我回到客房午睡，只感到冷气太大，弄不明白这么大的冷风是从哪里吹来的，我被冻得瑟瑟发抖无法入睡，只得起床坐在沙发上，仍然寒冷不止，幸亏有人来找我，马上叫

贾植芳夫妇一九九五年五月在寓所合影　沈建中　摄

来服务员才解决问题。

沈：这是宾馆里的中央空调，只要把开关拧一下就可以调节温度了。您这样一位早年就出国留学，老年又是中西方比较文学专业的博士生导师，按照您老人家不保守的性格，应该是有些现代的、洋派的。

贾：我后来就知道啦。现在老朋友之间互相戏称：年轻时是"洋务派"，如今老了都成"义和团"，你说怪不怪呢？你看啊，我们年轻时穿西装，打领带，也穿皮鞋；现在年纪老迈，喜穿很随便的中式衣服和布鞋。年轻时经常在霞飞路弄堂内白俄老太婆开的便宜西餐店吃罗宋面包和汤，有时碰到多年不见的朋友，弄一瓶俄国伏特加酒喝喝，据说这酒是在上海的犹太人仿造的；如今老了，还是喜欢老家的饭菜，喝稀饭。年轻时常去咖啡馆，喝咖啡、吃西点，满口洋文；如今就在家里喝茶，乡音未改。尽管如此，我自信在精神上还是现代的、开放的，并不因为上了年纪就顽固、守旧和思想僵化。

沈：贾先生，这么多年来您从挫折磨难、艰辛凄惨中走过，虽然那些苦痛在精神的沉醉和生命的升华之中得到妥帖安顿，可是如今已有八十七高龄了，而您的身体却越发健朗了，由此您的感慨应该也是颇多的吧。

贾：当年那些整我的人，如今大多已离开这个世界了，而我虽然遭受多年磨难，可还是从历史的风雨中挺过来了。十年多的监狱生活，十几年"监督劳动"，本来是为了折磨我，最后反而磨炼了我的意志，增强了我的体质。我想起年轻时就在枪林弹雨、风餐露宿中磨炼；后来在狱中，每天要挑十多担水；"文革"又在校印刷厂成了强劳动力者；干校劳动时，一根扁担差不多不离身。所以我把这二十多年的关押、"改造"称为"脱产锻炼"。（又爽朗地笑了起来）

沈： 您好像是一棵经冬愈茂的不老松，安度老年，始终乐观地生活。

贾： 现在我的头脑更加清醒，生命之火不但没有被扑灭，反而燃烧得更加旺盛，这也是一种历史的辩证法吧！大家出于好心，常劝我戒烟、戒酒。我不戒，因为我是经过多次死亡考验的人，老是在死亡线上散步，早已经参透了生死大限。我觉得，死亡是一种自然规律，越怕，越容易死；越不怕，越死不了。精神是生命的支柱。连伟大领袖都说："人是要有点精神的。"

沈： 平时您在强身延年方面有什么诀窍，参加哪些健身锻炼？

贾： 我不喜欢参加体育活动，更不看各种体育比赛。我的一位老乡说过，一个人想要长寿，要有三不主义：不戒烟，不戒酒，不锻炼。前几年的暑假，学校的一个服务部门，举办气功学习班，大家劝我学习气功，据说，气功不仅可以健身，还可以包治百病。我长期患十二指肠溃疡，稍一劳累便旧病复发，真是不胜其苦。老妻也劝我去练练身体，无奈之下，我只好抱着姑妄试之的态度去参加。刚去时，在小花园里跟着师傅学，我看大家凝神屏气，庄严入定的神态，总是克制不住自己笑出声来，忍也忍不住，毫无办法。大家都责怪我态度不够严肃，不能参加气功锻炼，我也怕影响别人锻炼，所以只好作罢了。

沈： 大家都劝您戒烟戒酒，虽然您极不愿意，但每次态度都是很虚心的。而虚心接受，就是不戒，是吗？

贾： 老啦，病也会多起来，可我患的那些病好像都与忌烟忌酒有关的毛病。（笑）前几年，大家就劝阻我抽烟喝酒，我照例用三不主义搬出来抵挡一下照嗜不误，酒要喝的，烟还要吸的，可我却从喝白酒到喝黄酒，又从喝黄酒到喝葡萄酒、啤酒；从吸烈性卷烟到改吸低焦油的香烟，越嗜越觉得没有意思。

沈： 可见"戒也难，难也戒，不戒不难，不难不戒"。您曾说过："我虽然进入人生的暮境，对死亡可谓是泰然处之。"毫无疑问，这是一种生活的境界。

191

贾：鲁迅在杂文《死》里说过，中国人过了五十岁，就会想到死的问题。大概那时鲁迅正在病中，"死"这个魔影开始侵袭他了。我们乡间有句俗话："人老三不贵，贪财怕死不瞌睡。"也说到死的问题。可见中国人无论智愚贤不肖，在这个自然规律面前都有同感。让我渐渐意识到临近老年的标志，是来函里喜庆帖子越来越少，讣文越来越多。而讣文的主儿大多是我的同代人和比我年事稍长者，遇到较熟的朋友故世，我常到火葬场参加告别仪式，像我这样拄着拐杖的三条腿角色，都被安排在前面一排，面对墙上用黑边围绕的死者遗像低头默哀。每次一种幽默感会在我心里油然而生：火葬场里旧人换新人，独独墙上那颗钉子一成不变，今天挂了这张像，我们在底下低头默哀，明天还不知道轮到谁在上面谁在下面。

我家楼上一位教授不幸得了老年痴呆症，经常在夜深人静时喊叫，他女儿特地下楼向我打招呼："我爸爸这样喊叫，妨碍您老人家晚上休息，实在对不起。"我听了哈哈笑道："女儿，你不必介意，我也老了，过几天也要鬼叫了。"

沈：您这样戏言自嘲的回答，是能够化解她内心的不安。年老是人之常情，老年是人生的一个重要阶段，究竟如何度过，这也是一个话题。那么，您能否理性地审视一下自己在老年时期的生活、思想、观念、情感。

贾：我没有儿孙绕膝、金玉满堂的老年欢乐，没有养尊处优、延年益寿的追求，甚至为活得长命些，给自己订些生活的清规戒律。生命是一种自然体，它总是按照自己规律在宇宙轨道上运行。古代哲人说："人法地，地法天，天法道，道法自然。"但活一天就得做些力所能及的事，老牛破车拖到哪里算哪里。我并不感到寂寞和空虚。

有位年长朋友来看我，许久不见，我问他还写文章吗？他漠然地答："火葬场里又没有办刊物的。"换句话说，对我们这类行将就木的老头子来说，就是快步或慢步地向火葬场走去。过去为写文章吃过苦头，现在，可以一身轻了。不过我的想法与他有些区别，既然活在这个世界上，为了付饭钱，就得干些事。这是一种自我精神安慰，一种自我鞭策的方式，并非还想捞点什么带到棺材里去。

沈：我觉得您从来都是不服老的，虽说年事已高，但在学术研究上所显现出的敏锐及独到、精辟的解析，是非常充满活力的，尤其是面对学术界诸多热点问题，都能极为冷静地观察和思考，并有着浓厚的热情与兴趣。

贾：我七十岁还照样上讲台，讲授中西方比较文学史；退休后直到八十岁，照常带硕士、博士生及出国留学预备生和一些访问学者。现在还为学生审阅毕业论文，每年都要主持比较文学、现代文学专业的硕士和博士毕业论文答辩。有时受邀参与学术活动，各地来信来客向我传递学术方面的信息，使我对文坛学界的风云变幻看得真切，持续关注有关新情况、新问题，抱着冷静的态度看待一些现象。《新华文摘》每期必看，对于我了解文史哲各方面情况都很有用处。

沈：是啊，在您新近出版的书信集《解冻时节》里，读到早在一九八〇年前后有几处记录请学生为您代买《新华文摘》，至今已经有二十多年了，可见这份杂志对于您有着十分重要的参考价值。

说起《解冻时节》选有您在一九七九年至一九八一年的特定历史时期写的日记，正是我国历史转折的关键时刻，也是政治气候乍寒乍暖的动荡日子，您的记录是当时生活处境、情感友谊及社会文化等各方面状况的缩影。这种极为私人化的也被鲁迅称之为"非文学写作"的文体，对于研究者和读者都能成为解读历史而难得的一手资料。不久前我听人说起，日本学者山口守在飞机上读着这本书被感动得掉下了眼泪。近年来您是否还坚持每天写日记？

贾：我从青年时代就有写日记的习惯，但一九五五年以前的日记已片纸不留，接着蹲监狱和作为"另类"监督劳动，个人权利与私人空间被完全剥夺，根本不能再写了，直到一九七八年秋恢复写日记就几乎没有中断过。现在我几乎每晚都写日记，可是我现在写的字别人难以辨认。

沈：（笑了起来）是啊，您老人家写的字像天书。有时

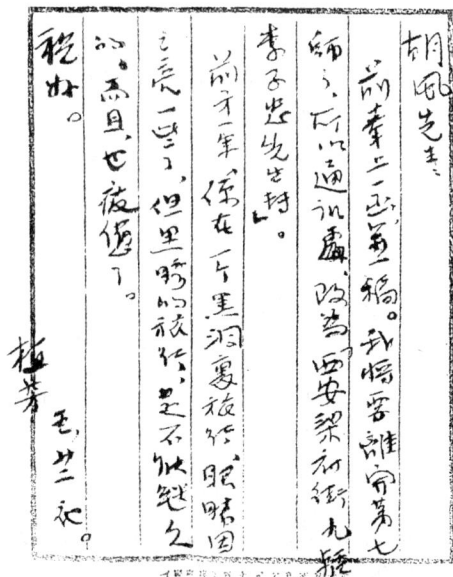

贾植芳先生致胡风书札

193

难得收到您的来信，只见满纸龙飞凤舞，字迹刚劲雄健，看着看着我仿佛见到了您充满激情地在奋笔疾书时的情景，没有丝毫的老态，似乎像青年人写的。但是您所写的字，我却要细看带猜好半天才能看明白，太辜负您了。最近在《书屋》杂志上看到了发表有您早些年写给胡风先生的几封信，其中有插图影印了您写的信的原件，见到了您早年用毛笔写的字飘逸潇洒，很有书卷气。

贾：是啊，年轻时我的字写得还可以，老了后一手龙飞凤舞的恶札，一般人感觉像甲骨文或金文那样难认，自己也搞不清楚怎么会写成这么使人难认的字，可能年纪老了，一点也没有办法。当年我写给胡风的信，从前他都很好地保存着，虽在那场冤案中被抄走，其中有数封被"御批"过后不见了，所幸平反后发还部分，梅志大嫂给我一套复印件，我自然是喜出望外，使我回想起过去的情谊。现在我把这些信编成《写给胡风的信》一书，从一九三八年到一九五四年期间共有三十一封信，是用宣纸影印的线装本。

沈：我想，这真是一件令人欣慰的事情，也能使我们能在近半个世纪后见到这批珍贵的文史资料。毫无疑问，日记是个人生活的纪念，目的本来就是为了保存自己的历史记忆。我们还是接着继续谈谈您的《平反日记》吧。

贾：这部分日记反映我们夫妇获得平反复杂曲折的过程，记载任敏调回上海始得团聚的经历，记录当时生活处境及那个年代特有的社会与文化风貌。如今能够公开印行，交给社会来保存这些属于个人而又不仅仅属于个人的记忆，既为我们这对患难夫妻的人生风景留个纪念，也为历史留个影子，为今人或后人认识和思考我们生存的时代提供一些民间史料。

沈：关于日记，您曾经说过："日记是一个人灵魂的展览馆……它又是一个特定历史时代的聚光镜。"您的这些日常生活的记录是很有价值的，为年轻人了解您的思想生活等方面的情况提供了一定的参考资料。

贾：从前我被迫写过许多套话、空话和废话的"思想汇报"，那不是写作，而是一种"劳役"。七十年代末，由于历史环境的改变，我在日记中真实地记录自己的感想认识。我想，这才算得上是向历史真实汇报思想和留下时间的印记。

沈：我翻阅了您近时记的片断，我以为太真实了。其中有一些您对自己特别熟识亲近的人的批评，我感到犹如父母对自己孩子苛刻责难似的，作为文字留存，需要世俗有极强的理解力，否则也许会造成一定的误会。

贾：是啊，我每天的日记写得比较详细，除记录日常生活中的大小事情，经常会随手写一些有感而触发的随想火花，这些想法并不一定都全面准确，起码是我所思的痕迹，也就开门见山、信手写来，"知无不言，言无不尽"嘛。

沈：这种写作方法也即所谓留下思想的痕迹。您长期坚持写日记，积存至今数量一定很可观吧。我想问一下您写到现在大约有多少本日记呢？

贾：我也搞不清楚，没有数过，写完后都存放在一只大硬板纸盒内。

二

傍晚，到了下班时分，我走出为薪水而忙碌了一天的浦东陆家嘴的写字大楼，快步来到江边码头，乘上了开往浦西的渡船。此时，恰好夕阳西下，黄浦江的水面轻柔粼波，明净的天空被落日映衬得泛着光色如橙，两岸高楼层层叠叠，错落有致。我站在船头，凝望着蜿蜒的黄浦江面远去……

这是一个令人难忘的春天，历史已经悄然走过了二十世纪，这是一个悲喜并存，苦乐同在的世纪。或许正是人类社会及历史发展过程中无处不在的重要命题，关于经济所带给人们的诸多思索。想到这里我不由得又瞥了一眼手里的塑料袋，那里面装的是贾植芳先生半个世纪前的旧作《近代中国经济社会》重印新版的书稿校样，这使我更加快慰了。因为此书即将新版，经过重新排版后，由原来的竖排繁体字改为横排简体字，在校对时发现多处疑问而无力解决，所以今天特地带着校样请贾先生审阅校订。

我兴冲冲地到了贾先生的家里。显然他更是非常兴奋，马上兴致勃勃地仔细翻阅。后来，我告诉他把校样留下，过几天再来取。于是，我利用这次机会又开始了采访，话题就从这本《近代中国经济社会》书的重印新版谈起。

贾：在你的努力下，我在青年时代出版的这部以历史社会学的观点写满清王朝兴亡史的专著，经过五十多年的沉没后，又得到重新问世的机遇。我为我在青年时代的那种历史激情和追求而感到慰藉。

一九四八年贾植芳（后排右二）先生出狱后与胡风、路翎、
冀汸、罗洛等人在杭州合影

沈：这本书能够重版确实很不容易，您这本书的旧版复印稿曾经在上海的三家出版社周游过，前后有近一年的时间，还是没有获得重印的机会。所以应该感谢辽宁教育出版社给予的机会。

贾：是啊，当然要感谢出版社给这部书重见天日的机会，不禁又使我又想起我国老一代出版家对作者和读者的一片热诚，这些出版家不仅出版了我的许多著作，而且在我困难的时刻都能帮助我渡过难关。

沈：请道详情，使我们也能感受一下老一辈出版家们的高尚品德，应该"温故而知新"嘛。

贾：一九四七年我以文贾祸，遭国民党特务关押，胡风为营救我找到刚从香港回沪的海燕书店老板俞鸿模。俞鸿模托国民党中央信托局副局长骆美中担保，两天后俞鸿模告诉胡风：骆美中答应给中统局局长季源博写封信，让任敏去拿，再送给中统局，估计没有问题。任敏去拿了信，立即送到上海中统局本部。于是，我不带任何条件地出狱了。

沈：做老板的居然还有空在"百忙之中"不顾个人安危营救作者，真是不可思议。如今有些人还没爬上老板的位置就逢人喊"忙"，"忙"得连为人的基本诚信也不顾了，开口闭口"这事我不管的，我忙啊！"你不管？是你自己要管的，你自己挖空心思想要官、要权，一旦有事就不管

196

了。（大笑）

贾：（颇为深沉地说）我们那一代极大部分的知识分子，继承儒家"国家兴亡，匹夫有责"的传统，又深受"五四"爱国主义思想的熏陶，追求独立人格和自由思想，自觉投入民族救亡和改造社会的运动，愿意为祖国的强大而献身，这是社会功利者；如今有些年轻人为人处世，都从自己的小名小利出发，那是个人功利者。还有个别人以知识和人格作为赌注，热衷于"黄金屋""颜如玉"，只求一己富贵荣华和光宗耀祖的官瘾患者，钻营奔走于权贵之门卖身投靠，无耻无行。其实就是利己的实用主义，一阔脸就变。

沈：是啊，"一阔脸就变"，确实是阅世之言。有时想想这些人也是够累的，对于他们有用的人立刻一副卑微奉承相，一个滑稽的扭曲的怪现象。此后您与俞鸿模继续保持着联系吗？

贾：解放后，俞鸿模回到上海继续经营海燕书店，我们又碰面了。后来几家私营出版社合并成上海新文艺出版社，俞鸿模任经理。一九五五年他也因胡风被捕，释放后吞大头针自杀未遂。在"文革"期间，我偶然从上海出版系统"造反派"编印的《大批判》杂志上得知，他已"自绝于党和人民"。

沈："尊重作者，服务读者。"这是如今的作者、读者无限怀念敬仰的出版界前辈们的大家风范。也许正由于当时出版环境的良好，因而从四十年代后期到五十年代中期，您的十多本创作、翻译及学术著作基本上都是在上海出版的。确实，前辈们曾经为上海的出版事业树立了一块金字招牌，艰难而漫长，更是众体合力的果实。可是要毁弃，只需两年三载各自干一些缺德事就砸了。

贾：我出狱不久，中兴出版社老板韦秋琛请我在一家天津馆子吃饭，当场掏出十五块银圆说："老贾，你刚出狱，先拿上花吧。"他虽是老板，生活很清苦，没有伙计，里外一个人忙着，但对文化界的朋友却很讲义气。当时我很感动，想了想收下后说："你是做买卖的，情况很困难，我不能白花你的钱，我把过去的散文收集，编一本书给你出，你也可以卖几个钱。"

沈：您的《近代中国经济社会》能够问世，大概也是得益于出版家们的热情帮助，是吗？能否谈一谈。

贾：当时我冒着被特务盯梢的危险，潜居沪西郊区法华镇农民家中的小阁楼。在沉闷窒息的空气里，我趴在木箱上面，日夜写着这本书，待我写完这部稿子，身体完全垮了。那天早晨，我刚要小便准备睡觉，便一头昏倒了，任敏慌了，赶紧把房东叫来，给我弄了一碗开水灌进肚里，才醒过来。任敏说："你好些天没出去了，我们去城里梅志家吧。"晚上房东惊慌地对我说："下午来了两个穿中山装的，还有一个穿黑哔叽长袍、戴黑呢帽子、黑眼镜的人，一来就把门踢开，问这里有没有贾植芳，乱翻一通，才气势汹汹地走了。"我感到不妙，第二天一早赶紧离开了。

沈：太惊险了。

贾：我找到监狱难友卢克绪，经他介绍又避居在他的同学董平在南京路高士满大楼的家中。不久，出狱后伯父给我的五亿法币花得差不多了，为了筹划生活费和离开上海的路费，我打算把书稿子卖出去。

沈：让我插上一句，按现在的说法，这不能叫"卖稿"，"卖稿"岂不丢人？要被有些人笑话的。应该说是联系出版社出版。

贾："著书都为稻粱谋。"我找到狱中结识的光华出版社老板胡明。他主要出版自己译的苏联政治经济读物，全家挤在客栈的斗室内，生活很苦。我们夫妇抱着这捆稿子来，他们又让座又倒茶，听明来意说："你先把稿子放下，我想办法，过两天你再来听讯。"两天后胡明说，找了几家相熟的出版社都是抽版税的，不愿一次付清稿费买稿。他又找到开明书店周予同，愿意帮忙先付五千元金圆券，等出书后再结算。不等我回答，他说："我怕五千元解决不了你的问题，钱不值钱啊！"我们只好抱着原稿告辞。

后来总算找到棠棣出版社老板徐启堂、徐肯堂弟兄，他们一口答应说："稿子先摆下，你先拿两万元作路费要紧。"立即付了我两万元金圆券。

沈：啊呀！假如是在如今的话，或许也有可能会听到这样的发话："出版你的这本学术著作，我们是要赔钱的！稿子可以先摆下，你先拿两万元钱来要紧。"

贾：当拿到棠棣出版社给的稿费，马上用作离开我不能托足的上海的路费而坐船流亡青岛。一九四九年九月我回到上海不久，恰好这本书印出来发行。

沈：这本书的写作和出版过程颇具传奇色彩。几位出版家的侠义行为和服务态度，足以是今天出版社服务观念沦落的一面镜子。作家吴正在《文汇报·笔会》撰文说："眼下神州大地各行各业，当然也包括文化出版界，市场意识空前强烈。依我说，市场意识当然要有，赚钱也天经地义，但对于任何一个还拥有文化人格的文化人来说，靠出卖文化良心而换取利润的手法便切不可为之。"如今真让我们怀念当年巴金先生主持的文化生活出版社。

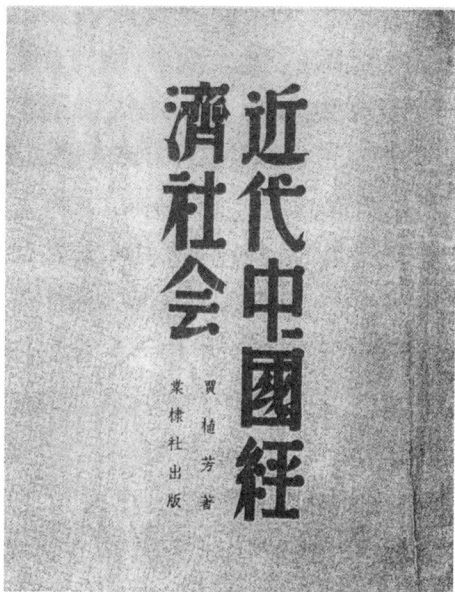

《近代中国经济社会》初版书影

贾：是啊。当年的文化生活出版社虽不属于文学社团或流派，但又不能等同于一般出版商人和市侩，这个由作家或知识分子组成的出版企业，有自己的出版风格或特色，它对中国文学事业的贡献很大。

沈：文化界前辈常说起早年上海的出版机构与作者和读者犹如朋友，买卖之间不用设防。我想前辈出版家不会斤斤计较"码洋""奖金"，打"小算盘"、动"小脑筋"来对付作者和读者。经营出版是商品的等价交换，不能要求作者和读者用"爱情"似的情感来参与。是否有高书价、低稿酬，甚至不付稿酬的现象呢？而编辑面对收入的压力只得急巴巴地承受以至出现偏差呢？您在当年的出书经历真是幸运，如今使我们羡慕不已。

贾：所以，您在本书《再版前言》结尾说："在当时蒋匪变本加厉的白色恐怖的统治下，棠棣出版社敢毅然接受这本书的出版，在作者是一大鼓舞和安慰，兹趁再版机会表示铭感之忱。"不幸的是一九五七年我在监房里看报，得知该出版社的主持人徐启堂、徐肯堂兄弟在大鸣大放时被划为右派；和我们夫妇四十年代后期到五十年代初期所认识的上海进步出版界的朋友，如北新书局的主持人李小峰、光明书局的主持人王子澄、上海杂志公司的主持人张静庐等一同受难，至今下落不明，我常常想念他们。

沈：可是现在的出版家也有德才兼备之人。前几天，某先生的儿子打电话告诉我说，因其父与出版社所签合同不合理未能解决而找了该社的领导，这位出版家了解情况后当即废除此合同，既不拖延也不文过饰非，真是君子坦荡荡也！我听后感动了许久，如今实在太难得了，让人看到了希望。

贾：你说的出版家是不是冀汸的女婿朱杰人？

沈：我不认识他。之前当我看到这家出版社印行的书上署有出品人大名，尤其是有次在《文汇报》上读到署此名文章谈大学生的诚信，我不屑一顾，因我得知这么一纸"合同"上也署了此大名。上次听您说起今年春节他还来看望过您，我有些不以为然。今天我发自内心地向这位正人君子致敬。

贾：真是一位优秀的出版家！我为他感到高兴。

沈：见一九八〇年一月十六日夜您日记："上午去图书馆查书，借得《近代中国经济社会》一册，盖三十多年前的旧作也，本书写于一九四八年蒋政权覆灭前夕，从经济和政治上分析清朝政权，今天读来，使人沉思。"您自己连这本书的自存本也没有了，真是久别重逢，我深深感受到您当时内心的激动之情。

贾：那一年，我又一次被命运捉弄进入蚕室，我前脚一走，妻子后脚也被"搭"了进去，我这个家就算打烊了。（长长地叹气一声）时光就像流水一样哗啦哗啦地白白流走了，等了一个世纪的四分之一时间，我们夫妇成了花甲老人，才开始脱离苦难，初期仍住在阁楼上，只有两条旧棉被。"历史有惊人的相似之处"，这时除了年纪大了三十多岁外，与一九四八年走出国民党监狱避居沪郊法华镇农民家里小阁楼上写作本书时的情况没什么区别，历史真值得深深的沉思！我从漫长"冬眠"中一觉醒来，真是茕茕一身，了无长物，像光着身子从另一个陌生的世界跳进来，家中所有生活用具、藏书与旧稿，包括自己近十种著译出版自藏本，都扫地出门，片纸不留，当然这本《近代中国经济社会》，也从我家的地平线上一下子无影无踪了，我只能去图书馆探访。

沈：那时，您已出版的近十种著译版本的自存本早已荡然无存，这些安身立命之本会引起您的思念，于是您便想寻找这些已经失落的版本，是这样吗？

贾：我想起当年曾把印出的书分赠给友人留念，能否再向友人们索还以自存，可竟然遍寻无着。我才明白，文人在愈来愈低的政治气温中存活挣扎，我既已被打倒声淹没，横遭灭顶之灾，收藏我的书实在和私藏军火的危险不相上下。事实上我照例赠书的友人，有的就因这类缘由而遭受株连的厄运。那些还能生活在社会上的友人们，有的是赶紧上缴，以明心迹；有的是暗自销毁，以灭罪证。这些苦衷，我完全理解、同情并感到歉疚：大难临头嘛！于是，在时代政治大浪潮的冲击下，这些书的每条小命，只能化为乌有。

沈：据说当年因在您家里抄出女作家苏青写给您的信而导致她受株连入狱。

贾：她当时寄来她写的剧本《红楼梦》，让我提意见，后来她又请我们夫妇在二马路甬江状元楼吃了饭。就因为与我有过通信，一代才女惨遭厄运。

沈：在准备重印《近代中国经济社会》时，您给我看的那本作为底本的样书，封面上有用钢笔签名"孙钿"两字，这本书是从哪里得到的？

贾："踏破铁鞋无觅处，得来全不费功夫。"这次重印时，因我的自藏本已荡然无存，这本书是我的留日同学、又是一九五五年同难者、诗人孙钿兄送我的他的存书，大约他当时在浙江宁波偏远地区工作，抄家时没有像京沪一带同难者那样被完全"扫地出门"，所以，他在大劫之后，还有藏书存余之故。

沈：这本写成于一九四八年的学术论著，我查阅后了解到是由棠棣出版社在一九四九年初版，同年十一月再版，一九五〇年九月出第三版，历史学家李平心先生担任这本书的责任编辑，负责审阅书稿。时隔五十年的今天，重读这本书备感您当年的真知灼见及其独特的学术价值。您能否就这本书的写作背景和主旨介绍一下。

贾：我在日本就读社会学，抗战时困居西安，读了不少中国历史、社会的书，也关心三十年代关于中国社会性质论战那一类文献。当时我刚出狱，对黑暗世道一肚子愤懑，而历史性转变的时代气氛已经能嗅出来了；我清楚地感到，一个社会的腐烂必然孕育着另一个社会的新生。我正是怀着这种情绪，开始撰写这本我在社会学方面的最初著作。

沈：那您为什么要专门选择清代这样一个历史时期作为研究的对

象呢？

贾： 我之所以选择清末社会历史作为解剖对象，包含着借古讽今的意义，清代是中国封建社会的最后皇朝，它的灭亡与辛亥革命的发生，不是与一九四九年社会转型有着某种联系吗？借古喻今，这是一种传统，"以史为鉴，可知兴亡；以人为鉴，可知成败"。

沈： 您说这本书"意图解释并探求清代经济社会的意义所在，侧面则在批判地说明一个政权的兴亡的必然性法则，予我们以警惕和勇气，以坚定建设新中国的出发点"。因此您运用所选取的有关史料来阐述自己颇有感情色彩的观点，在结尾时忍不住对清末官方的自强运动发出这样的"非学术性"论点："他们所代表的王朝不能不走向悲剧的闭幕，而中国新历史的第一章一九一一年的意义，就是跨过这个旧我腐烂的尸身而出的！"可见是这本学术专著的一大特色。

贾： 出于刚才所说的这种动机，我很难说它是一本纯粹的学术著作，我在写作及选择材料过程中寄托了当时我的政治感情，在这一点上，我的心态和法国文学批评家泰纳撰写《当代法国的起源》很相似。

沈： 我注意到您刚才提起在写作这本书时，用的主要参考书是日本人内山完造先生送给您的一些日文书籍，能否谈一谈您与他的交往。

贾： 当年我住在虹口吴淞路义丰里九十一号，与内山书店老板内山完造为邻。我常到内山老板家里坐坐。那时他的书店已告歇业，楼下客堂间的四壁周围堆满了书。他对我说："你随便捡吧，有用的就拿去，反正买卖不能做，我也要回国。"在他慷慨相赠之下，我陆续从他那里捡了不少书，大都属于三四十年代的日本出版物。这些书对我的帮助很大，正是利用内山老板的这批书，我当时着手写作《中国现代军阀论》，书未写完就被捉将官里去。出狱后那未写完的书稿没有了，只得利用这批被抄查材料的剩余，又写了这本书。

沈： 据说这本书出版后在五十年代也曾经遭受过批判，有此事吗？

贾： （深深地吸了一口烟，笑道）记得有两次，一次是五十年代初，《人民日报》图书评论版上有一篇批判文章，没有任何分析，一味地乱扣帽子说有"法西斯倾向"，真不知是怎么想出来的。我哥在北京深知其中利害，写信给我说："这回是中央党报发的文章，你必须要认真检查。"我不以为然，给他回信说，我的书有二十万字，他那两千字的批评就打倒了吗？另一次是我后来才知道的，是在反胡风热潮中的权威性理论刊物《学习》上也有对此书无限上纲上线的批判文章，作者署名马家驹，口气就更吓人啦。（大笑）

沈：从写作《近代中国经济社会》开始，我了解到您还有几种有关社会学研究方面的编译旧作，现在似乎有些鲜为人知，请您介绍一下，好吗？

贾：（专注而又冷静地继续说着）我们夫妇原来准备经青岛到解放区去，因战事封锁交通没能去成。在青岛解放之前，外国人都带着细软回国，留

贾植芳先生翻译恩格斯《住宅问题》初版书影

下一些无法搬走的器具、书籍等杂物，都被看房子的仆人拿出来在街头当废品卖。我有时傍晚到街上走走，发现地摊上摆着许多当废纸卖的外文图书，价格便宜，我挑了不少书，选择其中恩格斯《住宅问题》进行翻译。

沈：您在这本恩格斯《住宅问题》"译者前言"中写道："译者把这样一本书的翻译工作，不仅看成自己的学习，而且视为一种艰苦的斗争。"请您介绍一下当时翻译的有关情况？

贾：我是根据"岩波文库"版加田哲二的日译本转译的，能收入"岩波文库"都是有定评的学术和文艺著译。从日译本译笔的句子生硬、复杂而严正的构造中，能看出所依据比较可靠的德文本直译的。当时我译得很艰难，还参照了一九四八年版的俄文本。当把译稿交给泥土社老板许史华时，人民出版社刚出版了曹葆华、关其侗的译本，出版社原不拟再出，我把两个译本仔细对照一读，发现两种本子有较多的出入，可能依据的底本不同。那时翻译马列著作不像后来控制得那样严，只允许一家译本。

沈：据说以前对于马恩经典著作的译本出版是有严格规定的，因此，我想也顺便请您谈一谈，您是如何看待马恩著作的不同译本？

贾：我觉得对马思著作，应该有多种译本互相参照，这样有利于对马恩学说观点的全面理解。听说日本到五十年代为止，《资本论》已出版了九种不同的日译本。八十年代当我看到成仿吾重译的《共产党宣言》出

版，感到很欣赏。

沈：当年您翻译出版的恩格斯《住宅问题》，毕竟是马列经典著作，我想，这应该是您的一大贡献，是吗？

贾：在我调到复旦大学后，当时《新建设》上刊登马列经典作家作品在中国的翻译情况介绍，在复旦只有陈望道先生和我榜上有名，他译过《共产党宣言》，我译过《住宅问题》。那时陈先生还说过："贾植芳信仰马克思主义，也译过这类书，但从他的性格论，好像受无政府主义影响更深，或者像俄国的虚无党人。"我常蒙他的照顾，我和任敏没有孩子，收养了他的侄儿和我的侄女，一家也有四口人，一个保姆。我好烟酒，常在家请客，无形之中开销增大。陈先生知道后，常让他夫人蔡葵送些钱给我花，说贾植芳手大，钱不够花，他们的钱花不了，就请我帮他们用些。

沈：陈先生的钱会花不了，就请您帮他们用些。这足以说明那时知识分子之间的纯粹的友情关系，如今听来真仿佛有"天方夜谭"之感，不胜感慨。也许正因为您当年翻译了恩格斯《住宅问题》，使得陈望道先生对于您由了解、理解，并建立了相互之间的友谊。

贾：我从这里深深体会到陈望道先生对我们这一代"左"倾青年的理解心情。

贾植芳等编译的《人民民主主义的长成与发展》初版书影

沈：一九五〇年四月也是由棠棣出版社出版您编译的《人民民主主义的长成与发展》一书，可见您在解放初期还是很关注社会学理论，是吗？

贾：刚解放时，留日同学老黄由地下转入地上，在华东局做处级干部。他要我组织翻译日本世界经济研究所新编的介绍东欧人民民主主义国家的资料书。在我主持下很快编译完成。本来说好由他交三联书店出版，好像是个政治任务，但我和棠棣出版社是朋友，他们在患难中帮助过我，我就决定给棠棣出版社了。出版后成了当时国际政治系学生使用的参考教材，今天只能作为文献材料来看。

　　沈：长期以来，您是以作家和现代文学研究教授的身份闻名，深为广大读者熟悉。可是您早在青年时期负笈日本，即从事经济、社会方面的学术研究，在这一研究领域里卓有成果。以前曾经听您说起自己赴日留学原来准备学的是经济学，最初也是考进日本大学经济科的。

　　贾：我十九岁就半是逃亡，半是留学，孑然一身到了日本，先在东亚高等预备学校学日文，又考入日本大学经济科。记得当时报考日本大学口试时，经济科的考官问我：德国的希特勒、苏联的斯大林、你们中国的蒋介石，这些人中你崇拜哪一位？我回答说：我崇拜我自己。考官惊讶地问："是吗？"我用肯定的口气说："是的。"后来就被录取了。可是我却热衷于参加留日学生的政治活动，日本警察以为我是来闹革命的，不到一个月警视厅就找了我。

　　沈：后来您很快就又转学社会学，为什么呢？

　　贾：我原来的兴趣是搞文学创作，我想学点儿社会学专业知识，从中得到观察、分析、描写和反映社会生活的理论导引。我去日本留学不是"为读书而读书"，而是"政治避难"。想以读社会学的学生身份生活，避免日本警察找麻烦。经济科是本科，每天上课，学费也贵，没有时间参加留学生的活动和文学创作；社会学是专科，园谷弘教授每周只上两次课。

　　沈：您师从园谷弘教授学习社会学，他的教学和研究对您产生很大影响吧。

　　贾：（有些动情地说）园谷弘教授是专门研究中国社会性质、结构和组织有关理论的著名学者。他的教学方法很独到，使我掌握了研究社会学的基本原理和知识，启发我对社会学研究的兴趣。他是社会学系主任，不经常来校讲课，而由他的助手马场明男教授拿着他的讲义发给我们并做辅导。

　　沈：这两位对您产生较大影响的教授，他们后来的情况您知道吗？

　　贾：当年园谷弘教授的助手马场教授继任为社会学系主任，我重访母校社会科见到几位教授又都是马场教授的学生，他们告诉我，园谷弘教授在中日战争时因畏于军国主义势力，在著作里写过些违心的话，长期自责忧郁而死。我说：这事在我们那里不稀罕，政治运动中许多中国知识分子

一九九〇年十月贾植芳（后排左一）
夫妇在东京与马场明男教授合影

都是这么干的，所以巴金为了忏悔，才写了《随想录》来谴责自己。

沈：园谷弘与鲁迅先生有过交往，查《鲁迅日记》一九三五年十月二十七日："晤园谷弘教授，见赠《集团社会学原理》一本，赠以日译《中国小说史略》一本。"

贾：是啊，当时他们拿出珍藏多年的这本《中国小说史略》(增田涉译) 给我鉴赏，上面有鲁迅亲笔题赠的字句。我们夫妇还去了当年的指导老师马场教授的家，他已八十五高龄，因腿脚不便有三年足不出户，见我们来了破例穿上西服，由他女婿陪同开车到一家法国餐馆请我们吃饭。他说侵华战争隔离了我们几十年没有见面，他还清楚地记得我当年的模样，一副忧郁沉思的面容。

沈：您是什么时候与马场教授恢复联系的呢？

贾：一九八六年间，马场教授与我开始通信，当时他虽然年事已高，但仍然持续专业研究工作，尤其对维特弗格尔素有研究，他得悉我也对这位学者怀有兴趣，还特地寄来他的论文《法兰克福研究所的人们——卡尔·维特弗格尔》，我读后顿开茅塞。遗憾的是，一九九七年春间我住医院回家后，读到他的孙女马场美智子来信，说她爷爷不久前去世了。

此时，贾先生拿出马场教授寄给他的一张东京神田区的旧地图，又取出一张当地的新地图对照起来回忆当年的生活。我发现，我们的谈话竟然唤起他心中如此持久的怀念情绪。在他追忆过去岁月中历经沧桑的往事，老人的山西乡土语音时强时弱，我仿佛在聆听一首《热情奏鸣曲》，因为被深深吸引而恍如身在其中，整个心思也沉浸在激动之中。这时候，夜晚悄然而至，可他似乎没有丝毫察觉，我们仍然不停地喝茶、吸烟，一支烟接着一支烟，必须很费些劲儿才能从这有些热烈的状态中脱身出来。

数天后，为了取回《近代中国经济社会》一书的校样，我又来到贾先生的家里，那天应我的要求，我们的谈话还是接着前几天的话题继续进行。

沈： 您从兴趣出发与社会学这门专业学科结缘。抗战爆发，您以满腔的爱国热情，毅然中辍跟随园谷弘教授的社会学专业的学习，途经香港回到祖国参加战斗。此后，您对这门学科的研究已由课堂转入社会，持久地保持着对于中国社会现状和历史情态的观察、了解和分析，始终表现出极大的学术兴趣。

贾： 从此我养成一种习惯和嗜好，对于中国社会历史、现状、性质、结构和组织机制，始终保持着不竭的探讨热望，积极主动地介入社会生活。留学时我就没进入"不闻不问窗外事"的境界，当时的环境决定的，不允许一个热血青年关门读书而脱离血与火的现实。

沈： 这么多年来，您个人对于社会学专业这门学科不仅密切关注和思索，而且始终贯穿于您自己的文学创作、教学及研究工作。

贾： （过了片刻，想了一想，继续说道）我过去和现在的精力集中在文学方面，解放前主要从事文学创作，解放后被安排到大学讲授文学课，这样对社会学专业渐渐地隔膜了。五十年代中期开始，不要说社会学，连文学都完全隔绝了。近二十年来集中精力从事文学研究和培养学生，但我对于社会学科始终保持着持久的兴趣和关注，现在还为有关社会科学方面的著译写些序跋文。

转眼间已是暮春，在这惠风和畅、满目绿意、弥漫馨香的怡人时节里，我聆听了贾植芳先生有关他与社会学研究方面的一些话题，并查阅了他的相关著述和论文，了解到他丰富的社会阅历，对历史深刻的认识，更惊异于他在这门学科上的学识广博、观点犀利以及对世道有着极强洞察力……

有时与贾先生晤谈之后，在回家的路上，我会于复旦校园栅栏外徘徊，羡慕地远远望着校门口三三两两进出的学生，此时此刻，我的思绪往往由纷至沓来而渐趋平静地遐想。他早年在日本大学就读社会学，虽然中途辍学回国参战，但对于他的治学成就以及思想发展产生了深远影响，假如有这样一种治学境界，既有哲学家的思辨，又有史家的目光，还有专家的方法，同时带有个人体验的深挚情感。那么，读过贾植芳先生的有关社会学著译，我们可以见识到他不仅主张"每每在倒霉时，更想对自己的命运、中国的命运做一番透彻的思考"的严肃沉思，而且擅长"以史为鉴"的历史观来追述史事，又强调"严守学术立场"的纯理论阐述，还能在"写作以及选择材料过程中带有很大的感情因素"并发出"非学术性"的议论。我想，这是一种极为冷静的理性的治学境界。

三

通常文人学者都喜好搜求和购置图书，古往今来文人爱书之好、藏书之多，已经成为他们的一种生活方式。贾植芳先生迄今投入文学活动长达七十周年，从事教学活动也有五十年了，对于这样一位集作家、翻译家、学者和教授于一身的嗜书老人，一般地说来，他的藏书之富应该是可以想象的。然而，每当我坐在他的书房里，我会以一种感慨的目光注视着四壁书架上塞满的这么多书籍，因为只要粗粗浏览一下架上的书籍，就可以发现几乎都是在一九七八年以后的出版物，显然，这些都是他在老年时期的藏书。

毫无疑问，在他崎岖不平的人生道路上，其收藏书籍积累的次序，出现过许多次使人扼腕的断裂。每每听他追忆往昔或颠沛流离，或身陷囹圄，导致一下子无端失去当时的全部藏书，我会为他的藏书发出长吁短叹。这时，在他的脸上虽然也会掠过一丝令人难以觉察的惆怅，但他似乎能很快就忘却散失宝爱的痛苦，马上会反过来宽慰你了。他如此豁达开朗，使我们这些年轻的爱书人的压抑情绪，立刻会被融化以尽。于是，我们的谈话就从他的藏书谈了起来……

沈：我听说，一九五二年您来到复旦大学任教，住在复旦第五宿舍五十四号，是一幢两层日式小楼，家里房子虽大，可到处是书架，藏书相当可观，特别是珍藏了许多西文原版图书和古籍版本的线装书。

贾：或许人到暮年，都有怀旧之感吧，日常繁杂间我也会想起过去生活中的大小事，有时看到国内外的书籍目录，四顾茫然又想念起我当年的这么多藏书来。

沈：（伤心地感慨道）太可惜了。您在复杂曲折的平反日子里，照样三天两头跑书店，不是去五角场新华书店，就是到福州路上海旧书店或者

一九七九年秋摄于临时住处

古籍书店，访书购书领略读书界的行情，于是家里的书又开始慢慢地多了起来。

贾：文化复苏，我又能自由逛书店，如同当时许多知识分子，一如久于饥饿似的贪婪地到处访书，补偿多年来的读书饥渴。每次看到中意的书，就动用很拮据的生活费来买。那时一次在校内新华书店，买了《日汉字典》《语文成语辞典》和两本日文学习书，一下子就花了二十多元。那时我又陆续购置书架、书橱,（环顾书房四壁撑满的书架和不得不从地上叠起的书籍，心满意足地继续说道）我现在又积了七大架几千册书了，与它们共处一室感到人间万事足矣。我还有"珍本""善本"和"孤本"。（说着走进了卧室，从精心存放在书架上的一排排书中取出两本书，又快步走了出来，把这两本书递给我看）你看，这类书现在很难见到吧，具有史料价值。

沈："黄金有价书无价"，这书封面上的书名也写得挺漂亮，不知是谁书写的。

贾：《明辨集》是批判右派思想言论选辑之二，其中有篇《从肃清胡风反革命集团来看肃反成绩》是直接批判我的。这两本"批判右派思想言论选辑"的小册子，是我从积满灰尘的旧书堆中发现，便保存起来了。

沈：我翻看了一下，这里面不尽全是批判您的，也有为您说好话的。您看这本批判右派思想言论选辑之一的《毒草集》中的第八十页，记录了

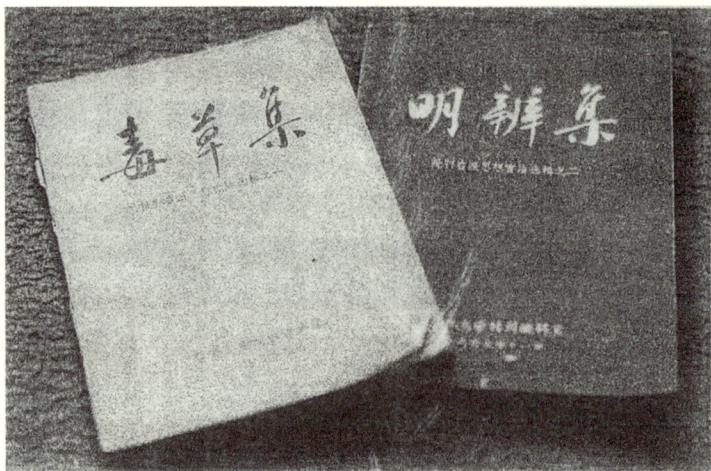

当时，批判右派思想言论的两种选辑：《毒草集》《明辨集》

一段右派分子张孟闻的言论："贾植芳问题不是政治问题，而是思想问题。""虽然我对贾植芳不认识，但可肯定他不是政治问题，尽管你们这样说，我是这样看的。"（一九五五年"肃反"开始时的意见）我想问一下，张孟闻是何许人？

贾：张孟闻原是我校生物系教授，我与他素昧平生，那时我在监房看《解放日报》所载，他说，贾植芳不是反革命，至多是思想问题；报上还夸大其词地说，他要成立平反委员会，自任主任，以包公自居。在柯庆施这个坏蛋的策划下，对他七斗八斗，打成右派，撵出上海。我坐在监房里也受到严厉的对待，停止伙食待遇。这就是所谓"敌人反对的我们拥护，敌人拥护的我们反对"。

沈：一位壮士也！您后来见过他吗？

贾：这样正直的君子，应该当面道谢。一九八一年初，我从报上知道他已改任华师大教授。一天午后，我们夫妇带了礼品找到他家。他在午睡，桌上有本翻开的《吕氏春秋》，我们坐了半小时，他外孙才把他叫醒，因为并不相识，不胜惊异。他谈自己的遭遇，也谈英国李约瑟曾来看他，约他为《中国科技史》写中国动物史部分。当告辞时他要我写下名字，才恍然大悟说：记起来了。他七十九岁了，妻子及小儿已死，他和一个医生新结了婚。我们出门后，我感到他是个开门见山的人。

我们谈话不久就有客人来访，我也怕过分打扰他的工作和休息，便

210

急急忙忙地告辞了。没过几天后，我又去看望他，闲聊的话题便与读书有关。

沈：您是一位热情的长者，在您的家里虽然经常高朋满座，热闹非凡，但我每次来却都能感受到一种极其宁静的书卷气，每每聆听教诲，往往会惊叹您的渊博学识。可见您日常的阅读量非常之大。

贾：每天除了有客人来聊天或休息，我就是读书看报。除读专业书籍之外，一般看的书很杂、也很多，以至无论古今中外有关文史哲的，我都有兴趣。我喜欢把在文园里耕耘的朋友列为相知与同好，这样各地的朋友们相赠许多书报。（他指着面前靠右的一厚叠书）你看这些都是我最近在看的书刊嘛。

沈：长期以来，您主要攻读那些方面的书呢？

贾：我大学的专业是社会学，加上在几十年颠簸流转生活打滚时的实践，养成我读各种中国历史、社会、文化著译的习惯，也读文史旧籍、诸子百家著作，尤其偏爱野史和私人笔记，认为它们弥补了官书正史中所没有的知识。这种读书的嗜好保持至今。我早年在开放性的文化环境里，所接受外来文化是多元性的，这大约是我"思想复杂"的根源。

沈：（随手翻阅书桌上堆放的书籍）所以，现在您既读《义和团》，又读《吕不韦》《秦始皇》，您读的书真多啊。

贾：是啊，我读过几本有关义和团的书，这是中国近代史上的一个具有典型意义的社会历史现象。前一段时间我也找了一些有关吕不韦及秦始皇的传记纪事的材料和评论来看。你看，我还买了一本《和珅》哩。（接着便讲起了书中的故事。）

沈：您在谈到自己的近况时说："人上了年纪，由于精力体力的日益下降，和外面世界的联系越来越狭小了，与外面世界的接触与了解大都不是通过自己的生活实践，而是来自众多传媒——报刊专著的阅读。"可见您老先生平时阅读所涉猎的面也非常广，对于一些新近出版的书更是表现出很强的阅读"积极性"。

贾：这本《我的一个世纪》已经看完了，写书的是一位非常能干的老太太，叫董竹君，从前锦江饭店的女老板，她虽是江湖之人却同情革命、帮助革命。我曾见过她，大约是在八十年代初期，她在锦江饭店宴请上海文化界的老人，我也受邀去了，记得开场她说，经过"文革"大家活下来不容易，请大家吃顿便饭。这本书从她回忆自己一生复杂的经历及奋斗史，能帮助我们认识当代中国的历史以及观察了解一些社会问题、社会现象。

沈：您最近还在看哪些方面的书呢？

贾：最近主要是这两类的：一类是关注目前社会现实题材的纪实性图书，有关社会热点问题的，像一些揭露贪污腐败的报告文学，我看了两本；另一类是历史方面的，前不久读了有关近代史的几本书，像《太平天国史迹真相》《太平杂说》。近来我对晚清这一处于社会转型时期的几个历史事件和在这个社会大变局中的思潮与人物，非常有兴趣。刚看完的这本是介绍"戊戌政变"的，还读了有关"洋务运动"的一本书。（一边说着一边随手拿起一本书）这几天我又在看这本《"名教罪人"谈》，上海书店新出版的。

沈：我注意到您反复阅读鲁迅先生的作品，是吗？

贾：鲁迅是我唯一始终崇拜的中国现代作家。如今在我饱经人生忧患的暮年，每每重温他的小说、散文、诗与杂文，就有很深切的现实感受。可以说，其思想境界和艺术高度，到目前为止，还没有一个作家超过他。他的作品不仅可读，而且耐读。即使是《呐喊》《彷徨》和《野草》，我在年轻时读它们和到了现在八十多岁再重读，都有新的体会和收获。

沈：多年来，您对历史类的书籍一直保持着持续、浓厚的阅读兴趣，有几本书是经常听到您提起的。

贾：你是不是说的《清代文字狱档》，是原北平故宫博物院文献馆编的，上海书店影印的，辑录清代前期雍正、乾隆两朝六十五起文字狱的原始档案材料，有办案奏折、"案犯"口供、雍正和乾隆的谕旨，对研究清代前期政治情况有重要的资料价值。前两年还看过一本关于清代文字狱的《大义觉迷录》，雍正皇帝辑录，汇集有关曾静投书事和吕留良案的上谕，审讯曾静的问语与口供，内容涉及所谓世宗谋父篡位问题，资料珍贵。但是乾隆皇帝却把它列为禁书销毁，生怕对自己祖宗的名声不好。

另有一本《袁世凯演义》，陶菊隐著，中华书局出版。我在一九八一年时，有次去五角场新华书店买到的，看看挺有意思的。你知道吗？我出生在一九一六年，这一年是袁世凯称帝的所谓"洪宪元年"，欺世奸雄袁世凯硬是与历史开了玩笑，演了一场闹剧。

沈：是不是因此而使您常常自嘲为"洪宪生人"。

贾：是的。我年轻时就曾自号"洪宪生人"，请朋友用这四个字为我刻了一方闲章，后来我所有的财物都损失以尽，这方闲章也连同丢失。八十年代后生活安定了，我又请人帮我重新刻了这方闲章。

沈：前不久，您的自选集由山东教育出版社出版，我看了此书封底上所列出的一共有八位学者自选集的书名，感到您题作《历史的背面》很独特并极具个性，体现出您的冷峻的思想家气质。

贾：早年读《水浒》，我对及时雨宋江特别注目，尤其是他充军江州途中，在浔阳楼酒店醉后壁上题诗："自幼曾攻经史，长成亦有权谋。……"在我看来，这段自白中反映的志向与心态，可用来概括历史上草莽出身的开国皇帝，如刘邦、朱元璋以至洪秀全之类的人生境界，这些闯荡江湖的流氓无赖，言伪而辩，行诡而诈，视民命如草芥，无毒不丈夫。"他们的心是冷的。"

《孽海花》中一位官僚说："帝王将相的权力只有一百年，文人的权力有一万年。"屈原的名气比楚平王大，虽然后者可以贬黜他、流放他，但《楚辞》却千古流芳；汉武帝能囚禁司马迁，以至割去他的生殖器，但《史记》却是千古绝唱；乾隆皇帝在弄权之余，也算业余诗人，作品不少，但他的诗作倒不如他大兴文字狱的丰功伟绩在历史上驰名，而他治下的曹雪芹《红楼梦》却名列世界经典作品之列；鲁迅的名声盖过权倾一时的蒋介石。这就叫作历史无情而又有情。（显然非常激动）

沈：您列出了一道道历史方程式，使我强烈感受到您老年时期的思想激情依旧，而这种激情却在阅读历史的深层次中升华。我记得您曾经在一篇文章中写过这样一段意味深长的话："书使我从混沌中睁开了

一九八三年四月摄于家中

213

眼睛，它不断加深了我对世界与人生、历史和社会以及对自己的认识和思考，使我认识了生命的意义和价值，人应具有的品格和责任。因此，在漫长的人生旅程中，书始终与我结伴同行，没有读书的日子，比没有食物的饥饿感更强烈，更不能忍受。"我把这段话领会成是您对于自己阅读生活的阐释。

贾：读书要博读用文字写成的书籍，还要从生活实践中获得知识和认识。二者相辅相成，不可偏废。

沈：您所说的这些关于读书的格言，是可以把它看成是您的读书观，真是言辞精妙啊。所以，您总是强调不喜欢思而不学或学而不思的人。

贾：我深深服膺我国古人把"文史哲"视为一体的观点，反对自我封闭式的研究文学，像马克思所鄙夷的那种坐在书斋里连手指头被烫伤都害怕的三流学者，或者像古人形容的"腐儒"或"书虫"，那就不可能在原有的文化基础上进行创造性劳动。前几年我常对青年朋友说，你们与其甘心做马克思所讽喻的那类文士，不如去卖茶叶蛋、牛仔裤，当个体户去追求金钱享受，这倒实惠。

沈：听了您有关读书与人生相互关系的富有理性的谈话，很受教益和启发。列宁说："为了生活不要忘了生活的意义。"

贾：所以我理解的读书，不能只作为单纯谋生的实用主义手段，那只能成为一个西方人说的"知识小贩"，至多是个小文痞，为人火中取栗。

沈：您说"不能把个人生命的意义和价值仅只停留在'求生'这个动物本能的认识和追求层次上。"言为心声啊。您曾谈起但丁《神曲》，塞万提斯《唐·吉诃德》，笛福《鲁滨逊漂流记》，歌德《浮士德》和吴承恩《西游记》，表现出极大的兴趣，以为是很耐读的好书，为什么？

贾：在我过去所接触到的书群中，有助于我对人生境界的认识、理解和评价的是这五部书。我青少年时读之，老年时又读之，越读越有味道，真是百读不厌。有些好书啊，越读越觉得像嚼橄榄果，越是细嚼细品，越是感到其味无穷。

沈：您的一番涉及读书感悟与人生体验的感喟，真是肺腑之言，也是您几十年历经坎坷遭际的读书心得。藏书成癖、读书入迷看起来是文人既美好又风雅的一种传统乐趣，然而实际上文人的读书生活总是同自己的命运紧密相连的。

一九八四年五月（贾植芳先生）于寓所与曾卓女儿谈话

贾： 想到我自己在历史的风雨中，虽然频尝知识的苦果，但正是"衣带渐宽终不悔"，这个从小养成的嗜书成性，喜欢旁涉博览的老毛病，却依然如故。正是因为读书的吸引与熏陶，我才获得了观察、认识现实与历史的能力，获得了生活的力量与慰藉，当然，也加深了烦恼与痛苦。

沈： 但是，宋朝文人苏轼在《石苍舒醉墨堂》却说："人生识字忧患始"，知识分子在读书、藏书、著书和教书中，演绎了一出又一出悲喜剧式的命运。您说过，有鉴于这些血泪斑斑、一再重复出现的历史事实，建议有心的同志不妨定下心来，收集材料，撰写一部《中国文字狱史》，做个历史回顾与总结。

贾： 从周厉王用暴力弭谤，秦始皇焚书坑儒，一直到汉末党锢，明末东林党及清朝文字狱，都成为知识分子的悲壮而不得不然的历史命运。近百年来，中国社会总处于历史震荡的变幻。我常这么想，要保持自己的独立人格，坚持自己的理想，很不容易。从抗战开始，知识分子就进入了另一个时代，再也没有窗明几净的书斋，再也不能从事缜密的研究，甚至失去了万人崇拜的风光。"五四"时代的知识分子以文化革命改造世界的豪气与理想早已梦碎，哪怕是只留下一丝游魂，也如同不祥之物，伴随的是摆脱不尽的灾难。抗战后成长起来的知识分子只能在污泥里滚爬，在浊水里挣扎，在硝烟与子弹下体味生命的意义，在监狱与刑场上渴望自由。

沈： 身为现代知识分子，在您的读书生涯中非常注重对自我的审视和反思，尤其是到了老年时期，在回顾自己一生的坎坷经历，也常常对自我进行评价。

贾：说我是一个作家或译家，还差得很远；作为一个学问家，更不够格。我只是个浪迹江湖，努力体现自我人生价值和尽到自己的社会责任的知识分子。我在这个世界上生活了八十多年了，眼看就要进火葬场了，可以自我告慰的是，在上帝给我铺设的坑坑洼洼的生活道路上，我总算活得还像一个人。

沈：是否从小就注定您一生要成为一名吃文化饭的读书人呢？

贾：我在五岁时，家里为了图个清静，我哥带着我到同村一个不第的老秀才家念私塾，可我当玩一样。老秀才死了，改上新式小学，还是逃学成性，老是被师傅打板子，罚我下跪孔夫子牌位，在我眼睛上用毛笔画个圈，放学回家被家里厨子看笑话："可戴着个眼镜回来了。"长辈也斥责以至打我。大约是所谓"逆反心理"，在责骂和棍棒的"教育"下，反而使我对念书蔑视和反感。

沈：有这样一种"抓阄"的民间习俗，把各种象征着长大以后所从事职业的物品，放在一只盘子里，让刚满周岁的小孩去抓，他倘若抓到了笔、书本，或者眼镜，这些象征知识分子职业的物品，那么，全家都会为这个小孩长大后成为读书人而兴奋，像《梁书·刘显传》里说："颖脱斯出，学优而仕。"

贾：我老家门上有横匾"耕读传家"，但祖辈没有读书人。我顽劣而不愿读书，师傅为了"挽救"我写下四句七言诗："小子读书不用心，不知书内有黄金；早知书内黄金贵，夜点明灯下苦心。"要我每天照它临摹，无非是要我明了读书的"好处"。我开始好好认字了，家里人把我当"知识分子"照顾了。（大笑）

沈：您这位"小知识分子"在家里的待遇一下子提高了许多，真使人高兴。

贾：有次到镇上参加会考《秦始皇论》，我把学的课文一字不漏地抄上去："秦始皇，灭六国，……"父亲买一只大饼给我吃，以示奖励。在我们那个穷山沟里，一个大饼的地位，要比现在家长给孩子买一块巧克力的价值还要高哩。

沈：您小时候上学用的课本都是古文吗？

贾： 那时山西督军兼省长阎锡山，发给小学生每人一本《人民须知》，上面开宗明义第一条是："人生有三怕：上帝、法律、舆论。"这些词句我现在还记得很清楚。因为在西方社会，这是三个并列的东西，而在我们古代以至现代的东方某些国家它们却是一个东西。

沈： 您终究成了一位吃文化饭的知识分子，以读书、买书、借书以至写书、译书、编书与教书为业。

贾：（笑）由一个山野顽童变成了知识分子，如今不知老之已至，成了一个戴着近视眼镜、拄着手杖，每天捧着书的老读书人。可是我出生在一个财主家庭，我的伯父是买办。我要是不从山西走出来读书，说得不好听一点，我就可能成了一个"黄世仁"了。

沈：（边笑边问道）"黄世仁"，是不是电影《白毛女》中的那个地主啊？您又在作自嘲式的幽默调侃了。

贾：（用一只右手抓抓他自称招风的大耳朵，也笑了起来）你想一想，那时我家有三进院，大小共有七十六间房屋，有花园、果园。我父亲有钱就买土地，雇了长工五人，到农忙时再雇些短工。如我不外出读书在家里当少爷，（语调中有些调侃）那么子承父业不就成了浑浑噩噩的小地主，只会吃鸦片、推牌九，说不定还会勾结官府，娶小老婆呢。（禁不住哈哈大笑）然而，像我这种性格的人，一旦与世界接触，就不能不接受时代思潮的影响。以我的个性，通过读书接受新思想，使我来到这个世界上十六年后，我的眼睛才睁开看这个世界，关心我们的国家。

沈： 可见，读书是能够改变一个人的命运。您说过自己是从迷上读绿林好汉旧小说的兴趣开始爱好文学的，最终走上了文学道路。

贾： 至今我还清楚记得在读高小时看《封神榜》入迷，渐渐把读书变成一种生活需要。在太原上初中，北师大毕业的国文杜老师指导读新文学作品和政治启蒙著作，使我开始注重书本的社会现实意义，从"话说""且听下回分解"的旧文学世界进入了一个崭新的文学天地。当我来到北平上高中，能看原版的英文书刊和报纸，读书的视野也放宽了，对社会科学发生了兴趣，经常和进步同学参加读书会和讲座。

沈： 您的读书生活由读旧小说到自觉阅读新思想、新文学方面的书籍，在这样一个转变过程里开始接受进步的社会思潮教育，使得您逐渐觉醒，您的思想和兴趣也产生了一个很大的飞跃。前一段时期，您与我谈起

217

早年东渡日本，您读的是社会学专业。同时，热衷于文学，尤其是外国文学。我想，您在那一时期大约也读了不少书吧。

贾：确实。（兴奋地语速加快）那时，我特别喜爱俄国文学，包括革命早期俄国同路人的作品，其次是法国文学，东欧及弱小民族文学和日本文学，对英美文学，除了美国杰克·伦敦、马克·吐温、奥尼尔外，不大喜爱。对于俄国陀思妥耶夫斯基、安特列夫、阿尔志巴绥夫、迦尔洵和高尔基早期写流浪生活的作品，我尤其喜爱。

沈：您在二十多年囚禁和劳役的漫长岁月里，读书生活是否是个空白？

贾：一九五七年夏天，有个看守捧着一大包书来给我说："你过去没学好马列主义，现在好好学学吧！"我打开一看，全是家里书架上的书，有苏联版《马克思恩格斯文选》《列宁文选》《联共党史》，斯大林《论列宁主义基础》，三联版《资本论》、精装《毛泽东选集》。我一看这一大堆书，非一两年能读完的，要做吃长官司的打算了。

沈：当时您在狱中还读过其他书吗？

贾：一九六二年形势放松了，第一看守所的所长，自我介绍是西南联大外文系毕业生，对知识分子比较尊重，他对我说：你是搞文学的，可以给你订《人民文学》《新华月报》。我想看电影杂志，他说：再订份《大众电影》吧。我又提出让我哥买些小说给我。没多久寄来《林海雪原》《红旗谱》《青春之歌》和《红岩》。而《红岩》被他扣下了，可能怕我读了书里的监狱生活会触景生情吧。他说：这部小说现在不适合，以后你出去了再读吧。

沈：到了"文革"期间，"红宝书"成为主要读物。在这种恶劣的环境中，作为一个读书人就更加痛苦了。

贾：我受监督管制，只能被迫远离文化生活，身边除了《毛主席语录》外，还有《马克思恩格斯选集》《列宁选集》，这些抄家的"剩余物资"，是革命领袖经典，不好没收，就一直带在我身边。如果在解放前，国民党抄家时找到这些书，会作为犯罪证据，这也是新、旧社会的重大区别之一吧！因为无书可看，我只能反复阅读这些"经典"，尤其是马克思《法兰西内战》《拿破仑政变记》、恩格斯《德国农民战争》、列宁《共产主义"左派"幼稚病》《大难临头，出路何在?》。这些书给了我思考的材料和新的启发，重重苦难反而激发出我的生命活力。

沈：与您在奉贤五七干校的难友吴中杰先生回忆说："在干校里，贾植芳先生最大的享受，是在劳动结束之后，或是在下雨天，抽着八分钱一包的生产牌香烟，坐在床边读马恩选集，读到高兴时，整个身子都会摆动起来，而脏不拉叽的垫单已经有一半滑到地下，他也并不觉察。只可惜，这种享受的机会并不太多。"显然，大家都非常理解您在那孤苦难熬日子里的那份有书读的快乐。

贾：不过并非所有的马列经典都是我们这些"牛鬼蛇神"能看的，有时也会惹祸。一次我在看毛泽东《论持久战》时，被监督人员发现，马上吆喝起来："反革命分子贾植芳！你胆敢看我们伟大领袖的《论持久战》！你真是贼心不死，想与党和人民打持久战，进行长期的对抗！"没想到，读"红宝书"竟然成了我的新罪行，所谓"阶级斗争新动向"，又对我进行大规模的批斗，我遭到猛烈的拳打脚踢。

沈：几十年来，您只要一有机会就勤奋阅读，并且涉猎丰富，为您的生活与治学打下了扎实的基础，如今您仍然保持着每天阅读的习惯，也常听您发出"吾生也有涯而知也无涯"之叹！

贾：我已进入生命的暮年，回过头来算一下读书的总账。我是性喜杂涉的读书人，谈不上"博"，离"专"更有差距，而从小养成的阅读习惯，始终伴随着我的人生旅途。我感到此生读的书实在不够，虽然大半是由于我这个不守本分的"读书人"遭受不少劫难，吃过性命交关的政治官司，几经贻误了如水的年华，但疏懒成性，毕竟是主观要求不严所致。为了使自己有限的余年还能发几分光和热，还得继续好好读书。

沈：众所周知，图书馆对于读书人来说，不仅是一个不可忽略的读书场所，而且是极为重要的读书宝库。在我看来，一大批学者专家的学术生活是和图书馆紧密相连的，而许多学者的学问都是在图书馆里坐冷板凳得来的。您在几十年的学术文化生涯中，与图书馆当然也是很有缘分的。

贾：（语气显然有些兴奋）说起图书馆，我这个老读者，如同碰到一位有深交的老朋友。它是古今中外典籍的宝库，各种新的学术讯息的情报中心。我们要充分利用这个第二课堂，以汉儒董仲舒的面壁十年，目不窥园的功夫，埋头苦读、苦思，才能进行创造性的专业劳动，建立自己的学术事业。（颇为感慨地继续说着）每当我在本校图书馆看见莘莘学子刻苦

贾植芳先生在阅读　沈建中　摄

攻读的情景，特别是听到朋友说起一大早读者在上海图书馆门口排队等待进馆的情景，我就非常激动。

沈： 抗战胜利后，您来到上海卖文为生，也常与几家图书馆打交道，能否介绍一下当年图书馆的盛况。

贾： 从前上海没有市级综合图书馆，但有馆藏厚实的专业性图书馆，如新中国成立初易名历史文献图书馆的合众图书馆，作为科技图书馆的明复图书馆，作为报刊图书馆的鸿英图书馆及原为天主教会的徐家汇藏书楼。而经营古今中外图书的新旧书店多不胜数。上海有得天独厚的丰富的社会图书资源。

沈： 图书馆对于像您这样有成就的老学者现在还有用处吗？

贾： 像我这样已年老的知识分子，原来的知识储备，只是相对而言，需要求助于图书馆来吸收新鲜的营养，更新知识结构，避免老化、僵化。我现在仍与图书馆常打交道，有时请学生或家人帮助我去图书馆查阅、复印所需资料，有时还得自己亲自去。

沈： 在您的《解冻时节》日记里可以读到，有一个阶段您是几乎天天跑上海图书馆查资料，可见您一定也与上海图书馆结下了深厚的友情。

贾： 当时我主持现当代文学资料编集的几个项目，在前后有近五年的时间里，我和几位中青年同事，几乎是马不停蹄地去上海图书馆"上班"，每日早出晚归，从那浩如烟海的馆藏中查阅所需的中外文资料，就地复印、抄写。几个项目能够顺利完成，送交出版社印行，得力于他们的鼎力支持。

沈：一般说来，任何地方要使得文化兴盛，学术繁荣，在很大程度上依赖于公共图书馆的发达。现在，上海图书馆新馆建成开放了，复旦也建成新图书馆，您看了一定会更加高兴。您现在还常去图书馆吗？

贾：每当与外地和外国来的客人谈起，新建图书馆藏书和阅读之地的扩大，运用现代化设施和一流的服务，我这个上海人、复旦人会感到无比自豪。只是近年来，我因腿脚不便，除偶尔因开会外，很少去市区，也难得有机会去上海图书馆串门，正像我很少去看望住在市区的老朋友一样。但在教学和研究过程中如有所需，我还是通过给图书馆朋友写信、通电话求助。为了自己和我的学生，以及国内外友人在上海图书馆查阅资料，我写了许多信，都有求必应。因此，我一再说，我要给他们挂块匾："衣食父母。"（笑）

沈：曾经听任敏师母说起最不赞成您当官，但是自一九八三年起，您还担任了复旦大学图书馆的馆长，这是不是您平生又当过的一次官啊？

贾：（听了猛一愣，马上笑了起来）无论是在解放前还是解放后，任敏一直反对我当官，她对我的那些朋友们都讲："谁要是拉拢贾植芳做官，我就不准谁进我的门！"说起当官，我想起早在我初来上海时，一次在胡风家中碰到冯雪峰，他对我说："你性格豪爽，经历丰富，在上海卖文为生实在可惜了。你应该做个干部。你到张家口去，我给党中央统战部徐冰副部长写个信，你去后至少是个县长。"可我向来对从政没兴趣，也就婉言谢绝了他的好意。

沈：一九五二年您在震旦大学当上了中文系主任，第一次算是"干部"了。

贾：当时，陈望道先生的夫人蔡葵是英文系主任，和我在一个办公室。她常对我说起陈先生，回家也向陈先生说我的事。一次她对我说："陈先生说，像贾植芳的性格是不能当干部的，他上午当了，下午就得下来挨批。"这话果然被应验，我一直铭记在心中。当然，学校的图书馆馆长不算官嘛，因为没有专门的小汽车坐。我又是兼任的，时间也不算长，总共才三年多。但是，图书馆馆长这个管理职务对于学校很要紧。有人告诉我这样一件事，对我触动很大。一次，英国首相撒切尔夫人去某校图书馆参观，有人好心地拿出馆藏的《撒切尔夫人传》给她本人看，表示藏有她的传记，她拿到书后很高兴，翻到最后一页的借阅记录，遗憾的是没有记录，不免扫兴。

沈：据我采访了解到，当时您主持筹建了现在使用的这座现代化的文科图书馆，在本校图书馆实现正规化与图书资料的扩充整理，以及图书馆系统专业技术职称评定的制度化等方面，都做了大量具体的实事。

贾：在日常馆务活动中，每当外宾来校访问，不论是政府首要或专家教授，都希望参观图书馆，在参观时看得、问得挺仔细。从这些现象中，我醒悟出其中的道理，一个学校的声誉与图书馆是息息相关的，只要看图书馆里的藏书和设备，就能判断学校的教学水平。当时，虽然困难重重，也下决心积极筹建文科图书馆，学校里拿出约八百五十万元钱。后来，我还设想在文科图书馆的边上再建一座十层楼的图书馆，当时谢希德校长说学校里实在拿不出钱啦。

沈：您在主持复旦大学图书馆工作期间，正处于"文革"十年动乱结束，当务之急是清除原来的干扰和破坏，全面恢复正常的工作秩序。

贾：那时外界流传着一个笑话，来人在图书馆要借本《论语》，工作人员一听就说："没有！我们这里只有英语、法语、德语、日语，没听说有什么'论语'。"刚上任不久，我发现了一个极为严重的问题：有些书没有编目，而有编目却没有书。我便着手制定馆规，严格要求；深入部门，摆脱复杂人事纠葛，倡导为全校师生提供最好的服务。

贾家书房的东窗外，朗月清风，葱翠的竹枝隐没在夜色茫茫之中，微风轻轻拂动枝叶。贾植芳先生依然神动色飞，滔滔不绝地畅谈，竟欲罢不能。哦，老人的一片拳拳之忱。

四

这几天，天天下着细雨，是江南地区特有的一种春雨绵绵。双休日的晌午，北窗前翻阅着积存的报刊，偶尔望望窗外缓慢飘洒的淅沥雨丝，有些倦怠，像是连阅读的精神都打不起来，这个城市的雨水真多啊。此时，我想起了贾植芳先生多年前在给友人的一封信中写道："上海这些日子阴雨连绵，又晴雨不定，这样的天气，正形成上海人的生活性格，它富于变幻，但从发展观点看，它缺少停滞不前或保守自封，还有其可取的积极一面，老话说'上海是一个海'，大概就是一种科学的概括，在这里生活，积极的意义或许就在这里了。"

一会儿，又想起昨晚贾先生的家人来电话说，他在香港天地图书公司新版的《狱里狱外》已经寄来，嘱我有空去取他的赠书。先生每当有新作出版就会花钱买上许多送给朋友、学生，我深知他有此习惯，或许是他的侠义性格使然，因而我是十分看重这样难得的一份情谊，向来珍视为一种精神财富而加以收藏。

一九三六年在日本东京留学，时年二十岁

于是，冒着这样的小雨出门，我是喜欢不撑伞地一路走去，以为能使自己的思绪更加清晰地流动。漫步路过复旦的一个校门旁，见到题为"莘莘学子"的雕塑，形体有些艺术变形的阅读女学生，在绿色雨丝中湿漉漉地微微发亮。不觉间，又走上了斑马线穿过马路，我的脑海中竟然会浮现出贾植芳先生早年在日本东京拍摄的正面小像，这是他至今幸存的唯一最早的学生时代形象，无论对于他本人还是我们都是弥足珍贵的。由此，我又想到应该以他对自身经历、遭际的回忆和人生感悟作为访谈话题。

沈： 贾先生，我看您今天的神情好像显得特别高兴，是吗？

贾： （连连摇摇手笑着说道）没有，没有，我是天天如此。但是，我昨天半夜却做了一个非常奇特的梦，你来了，正好可以告诉你。

沈： （十分惊讶，连声问道）梦？您做了一个非常奇特的梦？说出来听听。

贾： 昨夜我睡下不久即入梦乡，突然，我的侄儿、侄女跑来拖住我，要抽我的血进行化验，说看看与他们的血统是不是一样，还大声责问我："你和俺爹是不是真兄弟，你老是闯祸，给我们惹麻烦，你不像是我们的叔叔，会不会是俺爹同父异母的兄弟。"我醒了仔细一想，我与我哥确实性格各异。

223

沈：有一种说法是"性格决定命运"。

贾：但个人的命运又总是受着社会政治历史播弄的，我相信这个生活真理。我们兄弟俩从小性格不同、处世不同，命运也就会不同，老古话说："龙生九种"，是不是这个道理呢？

沈：大约在一九九五年六月间，我正好要去北京采访，您为我写了介绍信，让我去拜访您哥贾芝先生，我记得那时您的《狱里狱外》刚出版，您还托我带一本给您的侄女哩。他住在演乐胡同，是老北京那种典型的四合院，他向我谈了些从事民间文学研究工作和组织有关学术会议的情况。以后我又去北京，他为我联系访问了延安时期的老同事罗工柳、张仃等人。经过几次接触，我感受到您哥的性格、气质与您确实是不尽相同；你们贾氏兄弟在血缘、长相、自小所处的家庭环境、所受的教育以及理想、追求和信仰，虽然有许多相似之处，但我以为您俩最大不同在于人生经历和命运各异。您昨晚却做了这样一个梦，而一般说来，日有所思，夜有所梦。您最近是不是常在回想自己的往事？

贾：是的。（吐了口烟，沉默片刻）随着体力与精力的日趋衰退，做事情越来越感到心有余而力不足，与复杂纷纭的生活世界的距离越拉越远，而和自己的主体世界的距离越来越近，总会自觉或不自觉地沉湎在记忆的海洋里浮游，诸如"我来到这个复杂的世界里，这么几十个春秋，是怎么活下来的，是为什么而活，干了些什么……"之类。

沈：贾先生，从您的许多回忆之中，解读您生活在那些特定历史时期的经历，我以为，您不论处在任何艰难境地，自始至终地保持沉着自尊的气定神闲情态，坚守极为独立的人生观念，昭示着顽强不屈的生存能力。尽管您受尽了灵魂与肉体的折磨，竟然奇迹般地挺过来了，没有自杀也没有发疯，以自己的人格力量承受着所有的苦难。由此可见，在您瘦小的身躯里有一种坚忍不拔的自处精神，令人叹为观止。

贾：有人说，一个人只要经过战争与监狱这两种出生入死境界的磨难，就能获得自由。我生于乱世，有幸经历过这两种境界的考验。年轻时我在中条山前线参加抗战，算是经历过出生入死，那时背上煮熟的牛腿，腰间挂个大酒壶，迷迷糊糊地跟着队伍在枪林弹雨里没日没夜地走，饿了割一块牛肉，渴了喝一口土造白酒。人生就是这样一步步地走过来了。

沈：由此，我们能体验出您在战火硝烟情景之中出生入死的忘我境界。

贾：再说监狱也成了我人生旅途的驿站。回想过去，有过许多选择，我总是自愿吃苦受难，仿佛冥冥之中有一只无形之手，关键时刻在背后推一把，总是把我投入监狱。而面对突然降临的灾难，胡风、阿垅就太书生气了，一个精神受到刺激，一个死在牢里。不像我这个走江湖的，坐牢是轻车熟路，像到外婆家吃饭不花钱，不至于被命运之神吓唬住，我还是我。但在铁窗里夜深人静的时候，每每扪心自问，也曾惶惑过：难道我这一辈子就这么度过？监狱里的事情看得多了，人生的许多梦也做醒了。

沈：您生活在纷乱的时代湍流中，少年就背井离乡，几经腥风苦雨，饱受人世悲辛；当您进入了老年时期，却没有让人感到您是一位衰惫忧闷的老人，从不怨天尤人，更没有变得偏激、冷漠、迟钝。记得您在八十岁生日时写过一首诗："风风雨雨八十年，险滩暗礁都踏遍；暮年回首生平事，不愧人间走这遍。"如今您还是一如既往地追求理想、坚定信念，保持永不衰败的赤诚和热情，"不愿意像别人那样丢开独立思考的包袱而轻装前进"。您在近年来更加勤于通过反思自己几十年来惨痛的人生经历，以此来分析、思辨社会和历史，其冷静独到的审视目光超然于自己的苦痛。

贾：（颇为深沉）如今我走上生命旅程的最后一个驿程了，真像是在信步疾行中肩膀被人从背后猛击一下，猛然回头一望，忽然醒悟到这把年纪，是应该先坐下来，给自己做个回顾与总结。（话语间略作停顿，喝了几口茶，抽着烟又继续说）我的留日同学谢挺宇，他是早期的中共党员，日寇投降后被派往东北，也是历经劫难的幸存者。一九九一年我去沈阳开会与他重逢，我们都老了，他说："老贾，你现在以带研究生来生活，不如去写回忆录，研究生带的人可多了，不差你一个，你如果把过去经历的历史记忆写出来，为后人留点应该留下的东西，为子孙后代留点精神遗产，那才是你的正业，你的历史功绩。"

沈：是否因为有这样极为清醒、理智的想法，而促使您在老年时期写出了作为一个正直的、有良知的知识分子在社会上的闯荡、社会的变迁及您所亲历和目睹的具体的人物与事件的历史，自述您四次入狱的始末。

贾：说来惭愧，这倒不是要学时髦做深刻状，我不过是一个平常的知识分子，不是什么人物，我的生活经历和遭遇，也许能作为一点参考资

贾植芳先生在宿舍园中散步

料，帮助人们认识在这个曾有过严重封建负担的国度里，做人难，做一个知识分子更难的历史命运。这是在一般的教科书里读历史的青年人或许想象不到的。

沈：我以为，在过去的二十世纪里知识分子所写的自传有许多，而您的《狱里狱外》却是一本难得的、奇特的、沉甸甸的，含有深刻历史意蕴和留下某种社会真实见证的回忆录。作为回忆录这种个人化的写作文体，您写的《狱里狱外》独具匠心，不仅富于人性化，而且能够因小见大地把知识分子个人命运融化在时代的脉搏之中，借此对社会、历史和人生做更为深入的剖析。

贾：我的回忆既无关治国大业，也不会给文学史填补空白，但个人的命运总是与时代休戚相关；何况我所生存的时代，又是历史上外患内祸互为交织的动乱时代，而我又是个很不本分的知识分子呢？

沈：您的回忆录所采用的质朴、自由和坦率的追叙形式，也颇具特色。

贾：由我这个老头来回忆，是无法也无意流水账式地从头说起。岁月如晦，该遗忘的早已遗忘，能留下若干痕迹的印象全失去时间的意义。在写作时我采取以回忆后半生的经历为主线，穿插着前半生的故事，想到哪里就写到哪里，倒有一点意识流的味道，写起来也感到顺手。

沈：在一般读者的眼里，监狱是一个令人忌讳而难以想象的非常之地，而您恰巧与此结下了难解之缘，在不同的历史时期先后四次品尝过铁窗的滋味。狱里狱外，进进出出，这样传奇式的坎坷磨难构成了您的生命轨迹。如您自己说的："为了真正活得像个人，我是认真地付出过生命的代价。"尽管您是以惯常的平静口吻和诙谐笔调追忆自己个人的往事，但我却惊奇地读到其间还有许多叙述，是随着时代的变迁而诉说他人的事迹、他人的命运，把时代精神与一代知识分子的人格力量融为一体。

贾：这本书是我步入晚境后的一大精神收获。但它是尚未完篇的人生故事，只写到我在"文革"前被"判决"为止，如果条件允许的话，还想继续写下去，写我在"文革"中的故事，那应该叫"狱外即狱中记"。

沈：您是非常珍惜自己的笔墨的，作为您的读者，我们衷心期待您早日写成《狱外即狱中记》这本书。《狱里狱外》这本书印数很多，许多读者都读过了。我想，请您谈一谈这本书的写作成书过程，好吗？

贾：此书的写作是一个集体工程，因为我是一个业余作者，要用主要的时间精力忙于教学和其他文字活动。那时同行朋友谢天振，几乎每天上班似的抽空就骑自行车来我家，为我的自说白话式的自白录音。完工后，由陈思和根据录音，参酌我这些年里写的零碎小文章，及我们相处十多年的谈话内容，谋篇布局，整理成文。我从事实的角度，做必要的修订与增补的扫尾工作。我女儿和多位青年朋友帮助抄写。恰巧《新文学史料》的同志来沪说将刊发我的回忆录，希望我能早日交卷。这份盛情坚定了我写下去的信心，又使我尝到"以文会友"的甜头。

沈：听了您的介绍，我们会被成书过程中鲜为人知的友情细节所吸引，为凝聚着情真意挚的帮助所感动。

贾：一九九五年出版后，颇激动一些读者的心，印了三次。也被日本友人译成日文，在东京出版的《状况与主体》连载。台湾一家私营出版社

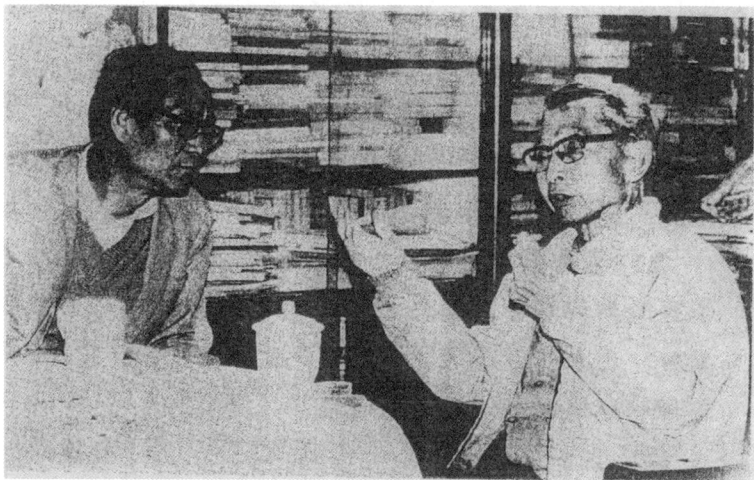

一九九〇年十一月贾植芳（右一）与牛汉

227

的老板愿意在海外出版，我正好也想对它做些必要的校订增补。可交稿后，该社不幸遭到大的变故，无力承印，又回到我手里，耽误了两年。后来，香港天地图书公司愿意印行，感谢之余我又做了新的修补。

沈：《狱里狱外》这本历经数年完成的长篇回忆录，最初是在一九九五年三月出版的，时至如今已有六年多了，香港天地图书公司现在出版的这个版本又被您称为"新版"。

贾：因为增补大量新材料与自我反思的段落，使它面容与体态更丰满、真实，所以我称之为新版本。

沈：我注意到在"新版"书中的附录之一任敏师母写的《流放手记》增加了三篇关于"青海"的部分手记。

贾：这次新版，补入《流放手记》第一部分《青海》，即她从一九五八年被流放青海，旋又以"翻案罪"再次入狱四年的悲惨见闻。现在都收录在这个新刊本里，作为我的回忆录的一种极其重要的补充部分。有关她在二十多年来，辗转在上海、青海、山西之间的曲折艰辛的生活过程，之前也没有全文发表过，收集在这里，也有避免散失的意思。

畅谈至此，我不由感喟，血性硬汉，真情文字。《狱里狱外》并不单单是一本平常的个人生活回忆录，没有狭隘、偏激的情绪。应该说是我国现代知识分子在特定历史情景或历史际遇下的自处精神以及性格、命运及奋斗的坦诚写照。从此书中读出了一种既悲凉又昂奋的强烈的激荡情绪，

一九九二年十一月贾植芳夫妇摄于浙江东阳

看到贾植芳先生从历史深处走来的侧影及一个思想者的雕像，被书中所呈现的精神力量和人格魅力深深打动。

沈： 近年除了《狱里狱外》，您还相继出版了数种书，引起读书界的注目。您对现在图书出版的行情了解吗？

贾： 像我这样在"五四"精神培育下生长的知识分子，把精神生活的自由与丰富，看作最重要的，对穿戴之类的物质生活就马马虎虎。我生平最大的乐趣是逛新旧中外书店和书摊。

沈： 您是一位勤于逛大小书摊的"淘书"人。

贾： 从年轻的时候一直到现在，我这一生啊，只要环境允许，就是喜欢跑书店、逛书摊。我一生不嫖不赌，不抢不偷，弄几个血汗钱，除必要的生活资料和烟酒花销外，都买了书。有时不惜倾囊来买，不惜借贷以求。以前我与任敏外出，现在学生陪我上街，他们都一律先把我寄存在"书店"，让我在那里看书，等他们逛完街回来再把我"领走"。（笑）

沈： 您现在还经常去书店访书、买书吗？

贾： 如今人老了，还是保持这种习惯。现在图书供应的渠道得到改善，打破新华书店独家经营的过度集中局面，各地陆续开设了不少民营书店，提供不少方便。这里开了好几家小书店，我就成了常客，也是我现在生活的一个重要内容。我还常去较远的鹿鸣书店，他们看我年纪老了，说需要什么书，可以帮我送上门。我想如果把书给我送来，那么逛书店的乐趣也享受不到了。这是万万使不得的！（笑）

马路旁的书亭、书摊很吸引我，从武侠小说到言情小说，从社会热点透视到各种人物外传，我都要一一浏览、随手翻阅。这些稗官野史，通俗读物，其中有一部分倒是可以了解大众阅读心理、社会面貌的材料。我一去这些小书店，就喜欢打听最近有什么好书？最近畅销什么书？我自己喜欢看的一些书卖得好不好？我还要问老板生意好不好？并不是关心老板赚不赚钱，而是想了解买书的人多不多。

沈： 《贾植芳致胡风书札》中反映出四十年代您在西安时，常常在书店站读，与书店老板也极为友善，其中有一家叫新民书店。这样看来，在您几十年的文化生活中与一些书店的关系很密切吧。

贾： 就是嘛。我来到上海，更是流连忘返那些新旧书店。那时上海外文书店很多，山东路一个弄堂口的小书店，那老板认识我，凡收进外文书先让我挑选。白俄在淮海路一带开的书店我常去，有个俄国老头会吹口琴，也认识我，我从他那儿买了不少书，记得买到俄国库普林的《亚玛》，我让同学王浩的弟弟翻译成英文，我改了书名叫《陷坑》，给了文化生活出版社。

　　沈：听说库普林的《亚玛》施蛰存先生也译成中文，但未能出版。五十年代初，您在安定的生活、教学和写作之余又积累了大量的藏书。

　　贾：那时，经常从旧书肆中搜购我所偏爱的作家的英译本和西方作家研究俄国文学的论著，书也就买得更多了，是我家里藏书数量最多的时期。在苏州居住时还淘了好些有版本价值的古籍，如明版刻本《史记》之类。

　　我想起早年在东京总习惯到神田区内山书店溜溜，它离我上课的地方不远，专营中国图书，正像它在上海就专营日本图书一样。借这个渠道使我保持和国内文化界的联系，我把这家书店看成是了解国内政治、社会和文学动态的一个渠道。说到这里，使我又想起当年在东京也经常去的丸善书店。

　　沈：您常常深情地回忆起丸善书店，至今给我们留下很深刻的印象，在此，您能不能再次介绍一下丸善书店，行吗？

　　贾：确实值得再次回忆一下。（稍停片刻又说）虽然和它的交往已是五十多年前的往事；之所以对这家书店怀有感情，因为它是我青年时代的良朋益友。我知道丸善书店，最早是在北平上学时，已经涉猎外国文学书籍，北平东安市场有几家旧外文书店，成为我时常出入之所，听说那里卖的外文书都是从日本丸善书店批来的廉价书。

　　沈：凡是优秀的书店都具备有一定的服务特色，因而深受广大读者的欢迎。我想，丸善书店为读者服务的工作肯定是做到了家。

　　贾：他们经营世界各种文字的出版物，你只要投函写明专业爱好，遇有廉价书出售，他们会把书单寄给你挑选；你把需要购置的书目寄去，他们会照单把书寄来，你看后决意买了再寄书款，如不中意可把书退还，邮资也由他们支付。他们像相信自己那样地相信读者。我哥和他的同学的英、法文藏书，大都是从丸善书店邮购这个途径积累起来的。

　　沈：您到了东京读书后，便与这家书店结下友情。能不能回忆一下当年这家书店给您留下的美好印象。

贾：这个驰名亚洲的外文书店成了我时时涉足之地。由于年深月久，现在印象中的布局格式，我不觉得是个买卖场所，倒像是研究单位的书库。它那幢三层红色建筑和耸立在大门两旁的纯白维纳斯塑像，仍然鲜明地留在我的记忆里。八十年代初，我读周作人写于四十年代的《瓜豆集》，其中有一篇记叙丸善书店的文章，对丸善书店的历史和规模论述得甚为详尽，好像是一篇为丸善书店写的碑文。你如果能找到的话，可以读一读，以便有一个了解。

沈：好啊，我是很有兴趣的。但周作人的《瓜豆集》好像是在一九三七年初期出版的，我抽时间去图书馆查阅一下。这本书岳麓书社在八十年代可能重印过，而据说湖北教育出版社最近又在重印。

贾：丸善书店在早稻田大学前门还有营业所，我每日出外就食或散步时总要进去看看。我从日本桥总店和这家营业所买到不少廉价的我所喜爱的书，如马沙克《俄罗斯精神》，勃兰兑斯《俄国印象记》，尼采《查拉图斯如此说》(英国印的毛边本)，阿尔志巴绥夫《〈沙宁〉续篇》，柯根《安特列夫研究》，法捷耶夫《十九个》，高尔基《日记断片》及凑成套的加奈特夫人的英译本陀思妥耶夫斯基作品集，蒲宁《乡村》等。可惜我这堆心血，在日军占领香港时都毁于战火。

沈：当年您在这家书店买书时也许能体验到他们为读者服务的热情。我觉得如今再次重温一下，具有一定的现实意义，对于现在正确处理图书

贾植芳先生在寓所与来访者谈话　沈建中　摄

231

的出版、销售与读者、作者之间相互关系，应该会有一些启发。正如您所说的："大约还不算明日黄花，值得作为参考。"

贾：说两件在那里买书的事吧。（于是点燃了一支烟，连吸几口，屋内袅袅的蓝烟、白烟间似乎燃起了悠远往事的烟云。从他深邃的目光中，我好像感受到他已经沉浸在自己所经历过的那些日子里，他语调极为平静地给我讲了起来）我哥初学德文，来信要买斯托姆《茵梦湖》。我跑到丸善书店德文部，店员抽出一本厚沉精美的《茵梦湖》，我正要付钱，他忽然发问："你买它作什么用?"大约看我的服装年龄，不像个收藏家。我说，是用作初学德文的教材。他笑着："这么讲究的版本，花钱多，使用不便，买一本廉价的就行了。"又找出普通纸印的三十六开平装本，递给我说："那种版本要十多块钱，这个文库本只要一角五分就够了，多便宜呀!"我感到这位店员倒像一个相熟朋友。

沈：听您讲述的这件往事，使我得出这样一个印象，丸善书店卖书就如同药店卖药似的仔细认真，对待读者厚道、真诚。毫无疑问，那是买卖活动中所渗透的难能可贵的文化精神与道德修养。

贾：这年底，我哥又要买法朗士《在白石上》。法文部的店员歉意地说这本书脱销了，打电报到巴黎订购，到货再通知你。我想这么大的店，不会为不值几法郎的书费周折，不过出于商人的礼貌安慰我吧，我写下地址走了，随后也忘记这回事。

过年后，因帮助朋友把钱用光了，离家里寄钱的法定日子还远。我住在早稻田大学后门户冢町小街上的斋藤公寓里，附近的店铺就数当铺顶醒目，至今我还有几种外文辞书没赎回来。真是山穷水尽，连习惯在小饭铺吃一毛五分的客饭也不行了。我只能花四毛钱买只长面包，切成薄片，烧些开水，"节约用粮"地挨日子。好在雨雪纷飞，不会有朋友来打扰。就坐在房间里一边读书，一边听着肚子叫，又有一种莫名其妙的快感。

沈：听了您的讲述，使我对您早年留日生活有了一些了解，当年自费出国留学真是很不容易，是在极其艰难困苦的生活条件及生存环境下求学。

贾：一天早上楼下邻居喊我有人找。我下楼看见披着斗篷雨衣、穿着长筒胶靴的小伙计站在门口，连忙鞠躬递给我用纸包的书说：我是丸善书店的，给您送订的书来，耽误了您的事，真对不起! 又深深一躬再把发票给我。我打开包纸是《在白石上》，才想起年前在丸善总店买书的事，像一个梦境。（稍停片刻，喝一口茶又娓娓道来）书价是日币五元，我显得很狼狈，身无分文，既不能向邻居借钱，又不能对这个冒着雨雪送书的小伙计说推托的话。

沈：那您怎么办呢？

贾：我猛然记起住在附近的山西同乡、早稻田大学政经科的侯兄，便请小伙计等一下，连忙冒雨去找他，我讲近日"苦况"和目下的"窘状"后，他马上摸出十元钱给我。这才打发冒雨送书的小伙计，望着他发出隆隆声的摩托车的后影，我不禁对这家书店"言必信"的风格感到钦佩。

沈：这就是现在常能听到的"诚信"。丸善书店这种服务态度和意识，值得我们长久回味。这种精神也是他们的一笔宝贵财富。所以您能在东京居住不到两年的时间，就与丸善书店结下了很深的感情。

贾：记得抗战最艰难的时期，我蛰居在西北荒漠的城里，像一只鼠子似的生活着。一天，读到当地报上简要消息，东京丸善书店宣告歇业。当时我的心一下紧缩起来，好像听到一个友人逝世的噩耗，有几天都很难过，我很想濡笔伸纸写点什么，来抒发我的愤懑之情。

沈：岁月的更替，时代的变迁，这家书店还存在吗？

贾：八十年代后，我碰到来访的日本客人，总爱打听丸善书店的情况。他们总是平淡地回答："丸善书店嘛，在东京日本桥一带，经营外国书籍。"并不能从我问话里听出弦外之音，以为是打听地址呢。这也难怪，他们大多年轻，并不了解历史上的情况。但我听了这些回答，心里不禁为这家书店战后得以重生，感到高兴。

沈：前几年，您到日本讲学去看过丸善书店吗？

贾：那次我去日本几所大学讲课，行程安排得很紧张，实在抽不出时间去看丸善书店，只能多次向日本朋友打听一下书店的现在情况。

围绕有关写书、买书和卖书的话题，听他谈了较长时间，天色渐渐暗了下来，贾植芳先生谈兴还是很浓，而我也是意犹未尽，这时，他又用好酒款待了我。于是，我们边吃边聊，又从他的童年以及与其兄贾芝一起生活求学的往事，这样一个并不轻松的话题继续谈了起来，我随着贾先生的思绪畅游在他丰富的生活长河之中，关于经历、性格、命运及其他……

五

沈： 前面我们谈到您自号"洪宪生人"，生于一九一六年。可是我也看到许多介绍您的文章、书籍上写成是一九一五年，这显然是错了。我有时会想，关于您的出生年怎么也会以讹传讹呢？

贾： （听了哈哈笑道）关于我的出生时间，我自己说了有三个，我好像出生过三回，真是一种人生幽默。造成这种以讹传讹的情况，主要原因是我这一生四次身陷囹圄，不断被审讯；再加上"文革"期间三天两头要接受外调人员的审问，每次先问我出生年月，被问得晕头转向，为了应付，随口乱说一通。有次他们发现有了问题，提审就说："贾植芳！你不老实！你的出生日期怎么会有几个？你老实坦白交代！"我心想，从小亲老子都不管我，你来管我的生日？我难道还要找个干老子来管我不成？我就回答："记不清！"其实我的出生时间很确切，我生在山西南部的偏远山区农村，我从小就知道自己的生肖属龙，家里人告诉我是生于阴历九月初三晚上八时，记得清清楚楚。

沈： 我要为您编一份年谱，关于您出生时间的问题也就有了依据。

贾： 人老了，现在的事记不清，但越是久远的事就越深刻。我出生时就难产，把收生婆请来，在俺北方的土炕生下，哭叫不停，浑身抽风，一直叫得没气了。我母亲吓得哭了，我老家有这样的风俗，人要死的时候，土炕上垫的毡条要抽掉，当时已把我身下垫的那条毡条抽去，家里人看着我奄奄一息，准备一断气马上埋掉。这时我父亲忽然想起祖父在北京捎回来的同仁堂牛黄丸，死马当活马医地给我喝，果然活过来了，但我的嘴却有点歪，两个耳朵招风了。我母亲怕我活不长，把我抱到禹王庙里，在一棵大柏树下叫我认大柏树为干爹，希望我像柏树那样长命。

沈： 您常说起自己："生性冥顽不灵，从孩提时代就在家里闹事，外面闯祸。"

贾： 是啊，我老家的小山村荒漠贫穷，民性淳朴而又刁野强悍。这种生活环境使我从小野性十足，是村里的孩子王。天天泡在长工堆里玩，天黑也不回家，有时睡在那里，直到我母亲跑来赶我回去。有时闯了祸，挨了父亲打，就跑上山坐在小庙里，家里打着火把到处找。家里老怕我惹事，凡村里红白大事，不敢带我去参加，怕我不守规矩被人家笑话。我妈气得说："你也算个少爷，怎么能这样的德性呢？"每当我和村里孩子打架闯祸时，父亲生气地骂我："嘿！当初不该喝那牛黄丸。两耳招风，闯祸的妖精。"

沈：您的名字贾植芳是不是父母给取的？有没有含义？您还有其他用名吗？

贾：我哥原名贾树芝，我的名字贾植芳，都是小时候父亲请人给取的学名，是以培育植物来象征家有芳草的意思。另外我们兄弟两人的乳名也挺有趣，我哥在冬天出生叫"冬来"，我出生叫"跟来"，以后我伯父生了儿子叫"新来"。因此，我老家村里人只知道我叫跟来，俗名都叫我"跟"，直到现在村里人也不知道我叫贾植芳。一九五五年专案人员去我老家调查，村里人都不知道谁叫贾植芳，听专案人员说是去上海的那个人，才恍然大悟说这个人叫"跟"。我哥长大后改名贾芝，而我的名字则一直沿用至今，除了在解放前写文章用笔名外，没有用过其他的名字。

沈：顺便问一下，您在解放以前用过哪些笔名？

贾：我最早用的笔名叫冷魂，自感颇有鸳鸯蝴蝶派的情调；在三十年代时用过的笔名有鲁索、霍达森、张四等；到了四十年代时用的笔名是杨力、Y·L、南侯、王思嘉等，也是那时险恶的政治环境所致。

沈：据说杨力这个笔名是胡风先生给取的。

贾：我以前写小说都用本名贾植芳，写杂文和政治性的文章则随便署个假名字。胡风编《七月文丛》有我的小说集《人生赋》，他说，上海政治情况复杂，还是用个笔名好些。他知道我母亲姓杨便说：那就叫"杨力"吧。随手拿火柴杆写了硬劲的"杨力"两个字，制版印上了《人生赋》的封面。后来《热力》出版时，我顺便也沿用了这个笔名。

沈：那么，"Y·L"这个英文字母的笔名也是由此而来的，是吗？

贾：记得一九四七年我写了小说《一

《人生赋》初版书影

235

幅古画》交给《时代日报》发表，当要刊登时，我已坐在蒋介石中统局监牢里，关心我的报馆朋友，为了大家省事，发表时给我署了个"Y·L"的名字，前后连载了九天。

沈： 您有没有书斋名号？

贾： 我从来没有用过斋名。但我从年轻时就自号"洪宪生人"，以后又自号"秦坑余民"，为此我还专门请朋友帮我刻成两方闲章，这两个自号可以说基本上概括了我八十多年来曲折多难的人生旅程。

沈： 前些日子，电视里播放您这位"老顽童"摇头晃脑地回忆童年上学背课文时的情景，真让人忍俊不禁。

贾： 那时上学就得背书，先把书拿出来摆在桌上，给老师作个揖，转过身来背诵，"大狗跳，小狗叫，大狗跳一跳，小狗叫三叫，汪汪汪……"明明是叫三叫，我却一股劲儿叫下去，不是老师直拍桌子，我还会"汪"下去，因为背到狗叫觉得挺好玩，就叫得特别卖力。

沈： 您对这种吠叫声有特殊的敏感。那年汉奸汪精卫在河内卖国的消息传来，您义愤填膺地在《扫荡报》头版上用了"汪逆狂吠，汪汪汪"的标题，这一壮举惹得国民党人士大为不满。多年前您说："在'文革'中，红卫兵每每批斗我时，我就往往想到我那份'汪汪'的积极性。"又再次提到了这种狗吠声。陈思和对此解析说："若把植芳先生一生的遭遇串起来，那'汪汪汪'的声音总不绝于耳，这倒是地道的民间创作。但一生从事民间文学研究与领导工作的贾芝先生，似乎对这类声音无兴趣，也陌生得很。"我以为颇耐人寻味。

贾： 这首打油诗很滑稽，也挺有意思，狗的世界竟然也是这样！当时老师制住我的"汪"叫声，让我念字，我都不识。老师要打板子。我不求饶，就说尿憋急了，等尿完了，再挨板子。老师恩准了。

沈： （笑）您的老师还是挺讲"人道"的哩。

贾： （故意瞪大眼睛，语速继续加快）我一溜烟跑回家扯谎说，背书又快又好，老师放我先回家。祖母被我诳得拿出麻糖犒劳我，我刚放嘴里，几个学生破门而入来揪我，我这位溺爱不明的祖母不禁大怒：我家孙子不准打，师傅要打就不念了。几个学生灰溜溜地走了。（大笑）

沈： 这个关于"汪汪"的有趣故事，说明您从小顽皮淘气、难以管束的不羁个性特征。您兄弟俩从小就在一起生活、求学，但性格差异很大。

贾： 是啊！我哥从小很懂事，循规蹈矩，孝敬长辈，长大后对上级言听计从。而我则完全相反，不守规矩，家里闹事，外面闯祸，完全是一个不驯顺的人。我从青年时代起就不愿为找个饭碗和靠山而失掉自我。当年我参加留学生抗日特训班，在武汉看到国民党军队中的种种腐败现象，心中很反感。毕业前有次参加录用人员的面试，一位政府考官问我："你学的是哪门外语？"我说："土耳其语。"他一听自己不懂，又问："你学的是什么专业？"我答："天文学。"那人只得说："我没法考你。"

沈： 您俩去省城太原上中学，是您俩走出老家所迈出关键的第一步，也是您俩生活与命运最初的极其重要的转折点。现在您与令兄贾芝先生都成了学者，他是一位民间文学研究专家，而您是一位现代文学研究专家。

贾： 我家乡的传统习惯重视长子，而次子不受重视。我哥是老大，考试都是第一名，颇得大人们的赞许。我伯父还没儿子，让我哥过继给他，与父亲商量花钱送我哥到省城上学。（边讲边不断吐出一圈圈白色烟雾）至于我这个老二，考试最差，伯父对我说："你不适合念书，胆子太大，老把人家的头打破，还是跟你在宁夏卖鸦片的娘舅去闯荡吧。"我妈跪下说："大哥，你只供老大念，不让老二念，这可不行。要念书就让他哥俩一起去念，不念都不念。"伯父在我妈的恳求下，才勉强同意我也去省城上学。

沈： 在这关键时刻，您母亲好不容易才为你争取到走出小山村去省城上学的机会，而没有去贩卖鸦片。

贾： 如果当时我跟着娘舅去学贩卖鸦片的话，说不定我可能去了土耳其。因为我娘舅是和马步芳勾结在一起，后来这些人都跑到了土耳其或埃及。

沈： 应该看到，您母亲对您成长的开始产生关键性的影响，由此您迈出了人生重要的第一步。

贾： 那时被自给自足封闭视野的北方小山村，有人要去省城上学成了惊天动地的大事，全村的人都来看我们。母亲送我们走时，哭得很厉害，就像我俩要上战场一样，邻居劝她："这是好事，中了秀才回来。"我俩祭了祖，给祖宗磕头，又给父母磕头，才由家人把我们送出村外。

我们骑着马先来到临汾。第一次出门，外面什么都很新鲜，睁大眼睛到处看。看见公路，觉得很奇怪；进了城晚上住在旅店，夜里有汽车开过，父亲就叫我起来看，黑夜里只见两个大灯慢慢照过来，很亮，很晃眼。后来到了太原城里，见到站在路上的人打着白绑腿，穿黑衣服，戴大沿帽子，觉得纳闷，就问："这是啥人？"人家告诉我，这是警察。（不无调侃地感慨道）那是我头一回见到警察，真没想到我这辈子常要和警察打交道。

沈：读您的回忆文章得知，您俩考上太原的成成中学，您哥的成绩很好，而您却常常是考榜上最末一名。因听不懂老师讲课的话，您就似懂非懂地在课桌下看同学借给您的各类武侠小书，能不能形容为"两耳不闻窗外事，一心只读武侠小说"是这样吗？

贾：好景不长，"九一八"事变发生了，当局对日本侵略不抵抗，学生们罢课游行，我也参加了。国民党山西省党部竟下令军警，向包围省党部的游行队伍开枪射击，当场打死一名中学生，我被这次爱国救亡的血腥事件深深震撼了，激发了我为国效命的意识。

沈：您与令兄在初中读了三年毕业以后，离开山西老家，来到新文化运动的发源地北平求学，开始了无拘无束地自由闯荡社会，这是否标志着您在性格、知识及生活上迅速独立长成起来。

贾：（坦然一笑）初中毕业后，与我哥来到北平继续求学。由于在太原上学时，家里人让我哥管着我，可我到处闯祸，根本不肯听他的管教。在来北平读书前，他向父母亲提出，不再负责管理我的事，让我方便自由。到了北平就各自分开了。他整天埋头复习功课，准备报考学校，而我不安分复习迎考在街上游荡，看到大街墙上北师大举办社科讲座的广告，便报名听了两个月。

沈：后来您好不容易考上美国教会办的崇实中学高中部就读，您哥在中法大学孔德学院高中部上学，您俩经常往来吗？

贾：我哥政治上激进，与几位同学结成诗社。我经常去看望他，与他的诗友也熟了。我生活马虎，不修边幅，而他们举止文雅，颇重衣饰，在人生观、生活习惯和情趣上，我与他们不同。但我们这代人在思想深处抛弃儒家"非我族类，其心必异"的文化专制传统，平等、自由、尊重人的价值和尊严，正是"五四"精神的成果。我们交往虽淡如水，但彼此并未相忘于江湖，以后都有不同程度的相互帮助。后来诗社有同学去了法国、日本。我哥一直留在北平读大学，到抗战爆发后，他随学院迁至西安，由哲学系改读经济系，毕业于西北联合大学，然后去了延安。

沈：那么，您哥是延安时期的老革命啦，听说他是革命先辈李大钊的女婿。记得多年前，我曾在《新文学史料》上读到他写的研究李大钊的有关文章，包括周作人与李大钊一家的史料，他还有一本专著哩，印象中写得感情真挚，行文朴素，史实丰沛。

贾：是啊。那时我哥与同学李星华在自由恋爱。我想，我哥从一个循规蹈矩的优等学生到投奔延安参加革命，时代的影响是重要的，但李星华对他可能有影响。

沈：您哥是什么时候与李星华结婚的呢？

贾：我在日本时，我哥写信说他结婚生了儿子，取名"马拉美"。我伯父听说我哥结婚了非常生气，当他得知他们夫妇生了一个男孩，这才高兴起来，赶紧请客，把在北平做生意的老乡都喊来吃饭。

沈：据说您对这位革命先烈的后代、自己的大嫂曾有过帮助。早在一九四〇年，李星华在周作人资助下带着弟弟李光华和儿子贾森林秘密赴延安与您哥团聚，是您想方设法帮助与西安八路军办事处接上关系，并亲自护送他们到达西安的。

贾：一九七九年星嫂患病，我还在上海忙着帮她找药，后来接到北京来的电话说星嫂病逝，想不到一九五四年全家在北京相聚后我与父母、星嫂竟成永诀。我因公去北京也参加了星嫂的追悼会，陈荒煤致悼词中提到

贾植芳的父母与长子、二女等家人合影（一九五四年五月北京）

她通过家属关系到达延安。而不提我的名字，是因为当时我的"胡风分子"问题还没得到最终平反。那时送人到延安，是要冒生命危险的，为给他们准备去延安的食品用品，我把一千多元钱的积蓄全用完了。

记得一九三七年我从日本回国后，听说星嫂一人带着孩子生活很艰难，我就写信给受我伯父委托代管我生活费的北平麻袋店老板李丰年伯伯，让他每月给她一些钱，算在我的生活费上。

沈：中央电视台《东方之子》拍摄您多年前在北京重访崇实中学的镜头，看到您旧地重游，无限感慨的情景。

贾：一九七九年我在北京，因去北新桥附近访茅盾，顺便去看了崇实中学，当时旧地重游我独自一人看着，别有一番滋味在心头，那是我四十多年前念过书的地方，景物有些依旧，但情景全非。你看的这个电视片是在一九九六年底去北京出席第五届中国作家协会代表大会时，我又去重访母校，也见了这所学校的现任校长，正在采访我的电视记者随我一起去了，为我拍了这些镜头也给我留下了难忘的纪念。

沈：您就读于崇实中学，开始热衷于参加革命活动。我想，当年进步学生都参加散发宣传革命的传单，听施蛰存先生回忆早年在震旦大学求学时，也参加过散发传单的革命活动。前几年，我在北京访问萧乾老人，听他说起与您是崇实中学的老校友，并且经历也相仿，都是被学校当局开除的。他在一九二九年被除名，您是在一九三五年也遭开除。当时听了后，我说您俩是同难校友。

贾：我在崇实中学就读两年半，应该说是我的世界观开始形成的关键时期。我参加许多革命活动，还散发过传单哩。我的这些活动渐渐为学校当局不满，美国人莱仪亭牧师用一板一眼的中国话说："贾植芳，你不喜欢我们，我们也不喜欢你，你现在可以走了。"那时我已读高三再有半年就能拿到文凭了，学校选择这个时候把我赶出去，不给转学证明和成绩单。

沈：纵览中国近现代爱国史上，青年学生一直是走在民族历史的最前列。一九三五年冬天，全国抗日救亡运动风起云涌，斯诺《我在旧中国十三年》里说："这是我们第一次看到中国知识青年所表现出来的政治勇气。情景振奋人心，无论是对参加者还是旁观者来说，都是如此。"当时您已由一个顽皮少年转变为一位忧国忧民的热血青年，置身于爱国热潮之中，和同时代的学生一样，投身于这场激动人心的爱国学生运动的行列。

您谈到因参加这次运动而遭被捕时的情景："这样，二十岁的我穿着别人的狐皮蓝缎子皮袍，被押上停在公寓门口的黑色小汽车，一路风驰电掣地进了北平市警察局的看守所。这是我人生道路上第一次被捕入狱，也是生平第一次坐小汽车，却是警察局的小汽车。"那时，您还不足二十周岁，就承受如此磨难。这样一种为爱国而舍身的精神，真令人唏嘘不已。当时，您与令兄一起远离家人在北京求学和生活，在那样一个动荡不安的年代，他肯定少不了为你这样一位并不安分的弟弟而担惊受怕吧。

贾：我哥从未经历过这类风波，听说我被抓的消息，本来是站着听电话的，就这么腿一软，咕咚坐到了地上。当时国民党颁布了《危害民国紧急治罪法》，政治犯就地处决。他很害怕，知道我贪吃贪喝，就在麻袋店李老板柜上取了二十元钱，买了许多从当时学生眼光看都算"高级食品"的点心和水果，送到警察局来，想让我在临死前吃饱吃好。可是警察矢口否认抓过贾植芳这个人，他只好抱着一大包食品回去。

沈：那么，后来如何找到您的呢？

贾：还是那位代管我们生活的麻袋店李老板熟悉门路，一边通知我伯父出钱保人，一边几经辗转与我联系上了，给我送进来十块钱和一件呢大衣。我被以"共产党嫌疑犯"的身份，尝了三个月的铁窗滋味。

沈：后来是您伯父花了一千元银洋和五十两鸦片烟，才把您"保"了救出狱的。他又怕您在北平再待下去会再闯祸，就决定送您到日本去上学。

贾：他花钱买了一张北平朝阳大学法律经济系的文凭，我哥托中法大学的一位教授，从日本领事馆搞到一张签证。那时出国，不需要国民党政府发护照。

沈：我最近在为您编年谱时，查阅相关的一些材料，以为您是在一九三六年的五月去日本，是吗？

贾：年代久远，加上当时动荡的生活，不像现在每天看报或看日历这样清楚。但当时我哥穿绸布长衫，我穿一身白哔叽西装，这是可以作为参考的。我们悄悄地坐火车离开北平，在天津塘沽，我上了日本大阪商船会社的"长城丸"号，他就匆匆返回北平了。

沈：从此您俩分别以后，何时再又相见的呢？

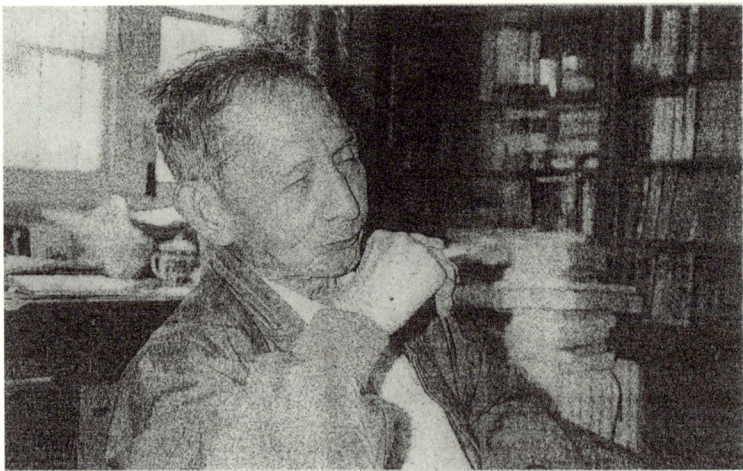

贾植芳回忆往事，无限感慨　沈建中　摄

贾：唉！这次分别，我们兄弟俩从此各奔东西，直到十八年以后，一九五四年才在北京重逢了，那将又是另一番滋味了。

沈：前面我们谈到了，当年您与您哥一同走出娘子关，来到"五四"新文化运动发源地的历史文化故都，他考进了由蔡元培创办的中法大学孔德学院高中部，而您考入美国教会学校崇实中学的高中。此后，他从高中毕业到读成大学，从一名青年诗人到研究民间文学的专家，从一位爱国学生到文化工作的领导干部，从北京到延安再回到北京。而您的命运却相比他要坎坷得许多。倘若以你们兄弟两人的性格特征、生活命运等方面的现象，做一次比较和解读，是借助观察二十世纪中国历史和知识分子命运的丰富见证。

贾：一九五四年北京相聚后，不久他来信责备我："你在旧社会造反造惯了，什么也敢反。"直到一九七九年再次进京，我哥是"儿女忽成行"，在火车站排队等我，社科院接我的干部向我逐一介绍我的侄儿侄女。你想，由别人来介绍自己的亲属，当时我恍如还在荒诞梦中没醒来。

沈：您兄弟俩这么多年来又能幸运相逢，一定会非常动情吧。

贾：我们哥俩多年没见面，他一宿未眠，见了我一番激动。那时星嫂刚刚病逝，他本来就很悲伤，见了我更是相对黯然。

记得在星嫂追悼会结束时，我与堂弟陪着哀痛的哥哥坐在车里，等候办理火葬手续。一位治丧人员来请示我哥备办骨灰盒的事，我哥问：最贵的多少钱？答：一百二十元。我哥马上说就买这种。那人去后又回来说：这种只能部级以上干部才能用。星华同志是局级，按规定只能买七十元的。我哥只好无奈地点头应允。我为了替他解忧，转换车内沉闷的空气，也是实事求是地说："像我这样的平头百姓，又是有案在身的，只要能买三块钱的就不错了。"他听了，横看了我一眼，好像是责怪我改造二十多年，头上还戴着"帽子"，怎么说话还这么放肆，忘了自己的身份，也忘了这是什么地方。

沈：您天性幽默喜调侃，无法"改造"，挺好的。

贾：前不久，他来上海看我，适逢他九十岁生日，我在本校教工餐厅设席为他庆贺。我俩还拍了合影照片，（说着便拿出几张照片给我看）我哥穿上一件红色的夹克衫，也送了一件给我，旁人叫我也穿上拍合影照片，我不愿意穿。

沈：为什么不愿意呢？

贾：（边笑边颇为风趣地说道）……哈，红色外衣，不能穿。

沈：最近出版的一本好书《世纪学人·百年影像》，其中贾芝先生的一张摄于一九五〇年北京演乐胡同的相片。非常像您的相片，不知是否有误？

贾：（取出这本书翻看后，大笑）嘿呀！我这个……怎么能冒充革命老干部啊！或许是他的太太给弄错了。

每次访问他，待请安过后坐下，抽上他的好烟，照例先听他讲故事，这些极富于他个人感情色彩的绘声绘色，十分动人。最近他几次又为我讲了《水浒传》里的几个段子，讲了许多有关武大郎、武松的事情，还不断阐述自己的感想，好听极了！

沈：贾先生，我想，今天能不能围绕您的家史讲起，谈谈您的家庭、您的父亲、伯父。毫无疑问，这有助于我们了解您早年的环境、性格、教育，乃至生活旅程等诸多成长因素。

贾：要说我的家史，从曾祖父起就有三代冒险的经历。山西人出门做生意的很多，有点像西方犹太人，我家也有三代生意人。我曾祖父是个小商人，他不安于家中平淡日子，到北京做小买卖，像现在说的"个体户"。他认识很多清军中下级军官。后来便跟着湘军作随军商人发些财。（笑了起来）当我读到果戈理的小说，描写哥萨克人打仗，犹太人随军不打仗专门做买卖，我看我曾祖父和他们蛮像。他一出门就十年，杳无音讯。山西有一种乡俗，家里人外出十年没音讯，则当作已死。在他离家出走整整十年，家里人为他设了牌位，请人来吹喇叭，去庙里烧纸。没想到第二天他赶着两头毛驴，驮着几只大包袱，沿着乡间小路回来了。他不但没有死，还背回来许多金银财宝。

沈：您曾祖父的冒险性格颇有传奇色彩，我看是可以用作写小说作品的原始素材，非常精彩。

贾：我祖父依然继承这种性格。那时祖父遭到后娘的嫉恨，发山洪时，后娘硬让他去邻村取东西，他被洪水冲走，被邻村人救起才感到是故意害他，便逃到北平，在城南骡马市大街"大兴永"成衣店当学徒。八国联军打进北京，东家对他说：洋人进京，必定要杀人放火，你还是赶紧回山西。没想到他说："我不怕。"东家就和他立了字据："你不走，洋人杀了你，我不负责；若洋人不杀你，这铺子就归你。"等洋人退了后，他便当上掌柜，拿性命换来了铺子。他给清朝官员做制服，赚了钱，捐了六品顶戴。但他因看到洋人杀人放火而受到惊吓，后来神经错乱了，回到老家便去世了。

沈：那么到了您父亲这辈时，这种冒险的性格还是被延续下来了，是吗？

贾：并不完全如此。到我父辈这一代，这种性格便在他们兄弟之间出现分化。我父亲秉承祖上世代农民的本色，是个闲居乡间的地主。最初也去北京在一家钱庄当伙计，老板是同乡，和我祖父是朋友。我父亲当学徒，不用给老板提尿盆，也不大管事，经常上茶馆、看戏。十九岁时他回家结婚，当骑着毛驴回京城来到德胜门下，慈禧太后和光绪皇帝死了，城门被关闭，小民一律不准进城。他只好骑着毛驴姗姗回到老家。从此待在乡下管家，虽说有点贪玩的少爷脾气，但种田绝对是一把好手，只要看天上的云彩就能知道雨会下得有多大，有一套很好的摇耧技术。

沈：凡是了解您经历的人都知道，您自从少年时代离开老家到太原上学以后，赴北京，去东京，辗转各地颠沛流离，再定居上海，几乎没与您父亲在一起生活，而您父亲一辈子在山西老家维持家业，能否谈谈您印象中的父亲？

贾：是啊，应该说我父亲一辈子是个善良、朴实的农民，他一直在老家生活，是一个比较开通的人。抗战时，他积极捐款给八路军抗日。

从前我家祖坟上的祭品，让看坟的老长工吃了。（他笑着继续说）这老长工不就成了我家的祖宗嘛，我父亲从不追究。他为人慷慨，肯借钱给别人，长工没棉衣，他就把自己的棉衣给长工；邻居没谷子，登门来借，他就借给人家。所以无人怨，土改时没受什么罪。说来有趣，那年斗地主时，他也被捆了一绳，有人指责他是"老封建"，他却反唇相讥："你们是新封建。"（又乐起来了）

在我小的时候，他就向我灌输长大要做官，他对我说："你知道这'官'字怎么写吗？下面是两个口字，比老百姓多一张嘴哩。"刚解放时，我在震旦大学教书，总算刚安定下来，先后两次把他接来南方游玩。第一次是在一九五〇年，我客居苏州，父亲来了苏州。初来乍到，一大早他就上街，看到人家把洗干净的红漆马桶摆在门口，他以为是北方干活时带到田里的饭桶，就感叹道："南方人生活这么好，就是靠勤劳！大清早就把下田的早饭准备好了。"

沈：（笑）真有趣。

贾：第二年，我回到上海居住，又请他来玩。说来也挺有意思。一次，我和任敏陪他在国际饭店楼上喝茶，服务员刚送来一壶茶，他连喝了两杯抹抹嘴就催我走，我说："您慢慢喝，坐着歇歇。"他说："喝完了，还坐在这里干啥？太贵了！五角钱一杯茶，三个人一元五角，能买两斤茶叶，半年都喝不完。"出来后，我雇小汽车，他说就三个人坐没意思，他

一九五〇年五月贾植芳（后排右一）夫妇与父亲及家人在上海合影

245

指着公共汽车说要乘大车，那上面人多，有气派又热闹。我们在美琪大戏院看英国电影《乱世佳人》，我父亲就打起瞌睡，也觉得一元钱的门票太贵。而他非常喜侃"白相大世界"说："那里热闹，两角钱的门票，要啥有啥。"

沈：这么多年来，您长年漂泊在外，与父母亲的联系很少吧。

贾：我自少小离家，只要环境允许也给父亲写信。一九六二年任敏从青海出狱，她主动选择照料我的老父老母，相依为命。我父母都在"文革"期间去世，我是"专政对象"，没有人身自由，更不能回老家奔丧，使我既悲伤又内疚。但是，值得安慰的是任敏为老人料理了后事。

沈：在听您回忆家庭往事时，您多次提及您伯父，不仅在学业上资助了您，而且他对您的成长产生影响。这引起了我的关注，尤其是您父亲并没有完全继承闯荡社会的冒险性格，而您的这位伯父却成了洋买办。由此可见，在您父辈这一代的家族内部出现了土与洋的不同性格、命运的分化现象。

贾：我的家族是从曾祖父时开始发迹，到了我伯父的手里，才达到全盛时期。我伯父是精明的商人，思想很开明，年轻时就外出冒险谋生。先跑到北平，在和平门外琉璃厂海王村古董店里当学徒。清朝末年，汪精卫与反清革命志士在琉璃厂开照相馆，准备谋杀清摄政王。我伯父与照相馆的人有来往，结识了汪精卫，他想介绍我伯父参加同盟会，我伯父说家中有父母，参加"乱党"被杀头，不能寄钱养家了。后来做买办的姓崔老乡，雇用了我伯父。那时山东常有土匪拦路抢劫，他装扮成农民，身上带着大笔公款独来独往。他办事精明能干，吃苦耐劳，很受上司欣赏，让他升上英国亚细亚火油公司在山东的买办，雇了翻译，受到西方的影响。他在济南开了公济煤油公司，在各地设了分公司和营业点。财大气粗，又花两万银子在老家修了个庄园，盖了许多房子，还买下几百亩田地。

正因为我伯父在城市经商，办的又是洋务，见多识广，知道了现代社会知识的价值，他才决心让我们兄弟走出闭塞的娘子关，到城市上学求知。

沈：这样您两兄弟彻底改变了贾氏家族的传统门庭，因为您俩都从上学开始，成为现代社会意义上的知识分子，与地主的田地、商人的财产分道扬镳。不论您的伯父怎么帮助了您，而您此后自己所选择的人生道路，应该说是违背了他的期望。是不是这样?

贾:你说得对啊。我既没有像父亲在家维持家业,也不像伯父做一个商人。我走上与他们完全不同的自认为是正确的人生道路,只有祖辈的冒险性格在我身上得以继承,一旦投入社会新思潮中,便不由自主地成了一个永不满足于社会现状的冒险者。

沈:贾氏家族的那种天生的冒险闯荡,在您依然继承下来,但已不是祖辈的求富冒险,而是带有"五四"精神印记的,投身于时代风浪中去。好在您的父辈都极为开明,没有旧家长式的作风,把长辈的意志强加于您两兄弟,任你们在社会上闯荡,您伯父曾为您哥在山东谋了一个县长职位,但您哥去延安革命,他并不反感;而您更是不断给父辈惹出许多担忧来。

贾:是啊!那年伯父送我到日本留学,临行前叮嘱了几条不失为受西方价值观影响的精明商人所设想的前程。然而,当时我一肚皮离经叛道的血气,除了对"不娶日本老婆"遵照不误外,其他都没办到。我不仅对经商行医没有兴趣,而且铁窗生活和流亡生活,反而增加了我投入社会活动的勇气。

沈:抗战爆发,您毅然回国参战。可是您伯父早在七十年前为您安排留在香港读书或去欧洲留学的计划,至今看来仍然没有过时而有极大的世俗诱惑力。

一九八六年九月贾植芳(左一)与其兄贾芝、二妹宜静在山西老家合影

247

贾：伯父对我的前程考虑得很周到，连我的习惯、脾气都考虑进去了。但唯一没有考虑的，是那个时代的主潮对一个热血青年的刺激。在一起归国的留日学生中，也有许多留在香港谋生，我们就很瞧不起这些"冷血动物"。

沈：早年您颠沛流离于华北、西北、西南、华东各地，几经贫困饥馑、枪林弹雨和生死磨难，演绎了苦难与奋斗的人生连续剧。几十年来所遇小祸连绵、大祸接踵、九死一生，也是您伯父所始料不及的。我想，这并非完全是您桀骜不驯的性情使然，您时至耄耋之年做何感想？

贾：有时我觉得奇怪，我的一生像《西游记》里唐僧取经一样，命中注定要经过九九八十一难，这于我是天生不安分的灵魂所致。八十年代我两度去香港，与当年留下的同学相聚，都是须发皆白的老人，喝酒饮茶打麻将，健康无事，颐养天年。再想到自己几经囹圄、伤痕累累的一生，我感慨万千！不过话说回来，虽然我经历的苦难是我难以想到的，但回国抗战，是我的良知所决定。

沈：据说您伯父思想很开明，像您哥知道外国有个马克思，最早就是伯父讲给他听的，还讲一个人要靠劳动生活，将来要共产哩，自己从小就靠劳动才起家。他有很多金条也捐给八路军抗日。凡此种种，我以为这位老人是可敬的。

贾植芳散文集《热力》初版书影

从您几次拒绝伯父对你生活前途的热诚安排，也可见您伯父对你的关心和厚爱，当然您对他也很有感激之情。岁月如白驹过隙，这么多年过去了，他老人家一定会给您留下深刻的印象吧。

贾：我伯父一生办洋务，但始终摆不脱光耀门庭的观念。《热力》在上海出版后，我正在济南伯父家里，书店老板把书寄来，他见封面署名杨力，便问怎么回事。我说是我的笔名。没想到他一听大为光火："我出钱供你读书，是要你为祖宗争光，你出了书是扬名的事，怎么不用自己的姓，倒去用外婆家的姓？他们杨家又没出钱让你读书！"我对他的认真劲感到好笑。后来《近代中国经济社会》出版，署"贾植芳"的本名，我特意寄给他，他才高兴起来。同时，他重男轻女的封建意识是很明显的。

这天晚上，直到很晚我才回到了家。夜静更长，我打开书桌前的窗户，呼吸着只有在春天、在深夜时才特有的一种清新气息，但见夜空晴朗，繁星点点。想起刚才在贾先生家里的谈话，仍意犹未尽，毫无睡意，这样使我又想起有关他的命运的一个个事件，竟然使我难以平静，不可言状的激动慢慢在心中涌动。从这些坎坷经历和心路历程，深刻揭示出我国当代知识分子中这样一位传奇人物是怎样由一个乡间的野性顽童受到"五四"精神熏陶而成为一位传统保守思想的叛逆者、人格尊严的维护者及现代意义上的爱国知识分子；他始终保持着热情、朝气和进取精神，在波谲云诡、白云苍狗的动荡人生中把"人"这个字写得端端正正。理应成为当代文化史上的一份难得的例证。

六

特意选了一个晴朗的上午，刚走进第九宿舍的大门，只见小道旁边的花园里，长得又高又大的阔叶树的叶子在微风中泛着透绿的光泽。那天，贾植芳先生的性情依旧是好客开朗，可是随着谈话的进行，我们的话题似乎过于沉重，因而气氛有些许沉闷。

每次听贾先生回忆那痛苦的往事时，他仍然谈笑风生，讲一些关于人生的黑色幽默，然而他却少有怨言牢骚，可是那天我却在老人的目光里分明看见了一丝难以察觉的忧愤，但仅仅一会儿又恢复了他的乐观。我接过贾先生递给的专门招待客人的好烟，随手抽出一支点燃，欲言又止，生怕不愉快的回忆会影响老人的情绪。这时，也许贾先生猜透了我的心思，于是又开始为我讲起了他的人生故事。

贾：一九八三年，我刚任本校图书馆馆长，先与大家见面。我来到一个办公室推门进去，一个小青年突然转过脸跑到高高的书堆后面。我觉得奇怪，与大家打招呼，又慢慢走到他的面前，只见他低着头在躲我，旁边的同事也把他介绍给我，他只好抬起头，满脸通红，我一看就明白了，连忙说："我们早就认识了。"他低下头说："我对不起你。"原来"文革"中，他多次凶狠地打过我这个"老牛鬼"，当时他满脸凶横，边叫骂边拳打脚踢。

沈：在那个丧尽人性的年代里，有些人却堕落变成了疯子和豺狼，干起恶事而有恃无恐。

贾：可他万没想到天真是太小啦，我这个"牛鬼"，现在竟然成了他的顶头上司，而且前呼后拥着馆内一群大小干部，偏偏冤家路窄，使他无地自容。（他说着说着，果然笑了起来，我却感到了其中的苦涩）

沈：您就这样轻易地原谅他了吗？

贾：我对他说："那时候你年轻，没有社会经验，也不懂是非，难免做些错事情。上帝允许青年人犯错误。你不要背包袱，以往的事就让它过去吧。你年轻，有前途，要好好学习，把工作做好。"他连连点着低下的头，说明他已经认识到自己错了。

沈：您是一位非常宽容大度的长者。我想，在那荒唐的年代，许多青年人非常不幸地被扭曲了人性、人格，狂热地成了"红卫兵""造反派"，从事文斗、武斗、抄家、砸烂之类的极端行径，因而不可避免地充当悲剧角色。作为一代年轻人，关键是在于能够从已经过去的惨痛历史、民族悲剧中吸取教训。

一九七九年"文革"结束，贾植芳（前排右二）夫妇与同难友人摄于复旦大学

250

记得您曾说过："我一生四次从监狱里走出来，都是处于风雨骤变的年代。一九三六年出狱，一年以后爆发了全面抗战；一九四五年八月第二次出狱，正是日本侵略军宣布投降的翌日；一九四八年第三次出狱，一年以后国民党就在大陆垮台；一九六六年五月第四次出狱时，一场史无前例的'文化大革命'即将爆发，中国将再度陷入大浩劫之中，我也又一次被抛进了受苦受难的茫茫苦海。"在这狱外的日子里，国家正处于危难时期，您的命运也随之危在旦夕，饱尽了劫难，不断被批斗，还惨遭毒打和凌辱，度过了人生经历中最耻辱最难忘的岁月。对于自己的回忆录，您曾经多次表示：如果条件允许的话，还想写写自己在"文革"中的故事，书名叫《狱外即狱中记》。虽然您现在还尚未写成，我想，今天能不能先谈一谈您在"文革"期间的遭遇？

贾：我在监狱里被关押了十年零十个月，到了"文革"前夕，我才被判刑十二年。十天后又被押回原单位复旦大学，由学校的保卫科分配我到校印刷厂，在"群众专政"下强制"监督劳动"，他们成立了监督组，向我宣布了"改造纪律"，不准乱说乱动，在劳动中进行"脱胎换骨的改造"。不久爆发了一场席卷全国的政治灾难，复旦校园成了"红卫兵""造反派"的天下，我也受到冲击，饱受了文斗加武斗的迫害。

沈：俗话说："山中方一日，世上已千年。"当时您刚走出监狱，在与世隔绝了近十一年后，迎接您的却是一场史无前例的"文化大革命"，面对眼前的社会现实状态，您是否有惊愕之感？

贾：在狱中时，我无数次想象着外面的情况，想象社会的进步、经济的繁荣、文化和教育的兴盛，有时我还想象自己一旦出狱后，也许会恍如隔世，难以辨认这样一个飞速发展的社会现实。但是我刚回到学校在校园里干活，经过观察不禁大吃一惊，疑惑外面情况怎么反而没有十一年前那么好。这使我备感伤心，我忽然觉得自己白白坐了这十一年牢。记得头两天新闻系一位教授见了我，忙向我打招呼："贾植芳先生，你回来啦。"我回答说："别叫我贾植芳，贾植芳已经死了。"

沈：当年您居住在复旦第五宿舍的家是否还存在？

贾：(听我问后，立刻笑了起来) 你想想，怎么可能呢？十一年前，我在第五宿舍五十四号的家是一幢两层小楼，被抄得一丝不留，任敏也被赶走了，那里早就成了别人的家了。当时把我安置在第八宿舍四楼顶层上朝北的房间，在三个青年工人组成的"监督小组"监管下过日子，他们与我同住一个房间，有四张床，我的床摆在靠门后的角落里，这是我的生活空间。我还要待候他们的日常生活，干一些杂活，帮他们买菜票、买肥皂，都得我自己贴钱。

沈： 这样您仍然被完全剥夺了人身自由以及私人的生活空间，所以成了一个名副其实的狱外囚徒。

贾： "文革"开始，"监督小组"变成"专政小组"，我这个"反革命"又被作为"四类分子""专政对象"来对待，在"红卫兵"和"革命群众"的拳打脚踢下度日，人们喊我的时候，都用一种凶横口气大声叫"贾植芳"，有些造反特别卖力的工人、干部干脆就叫喊我"牛鬼"，好像直呼其名还不足以说明我的"反动本质"。我每天早上七点钟就得出去上工，在"革命群众"雪亮眼睛监视下，干最苦、最脏、最累、最危险的活。平时除了管油印外，还要干扫地、打扫厕所、通阴沟、搬运重物、拉劳动车等重活。晚上要很晚回宿舍，没完没了地写"交代""检查""思想汇报"。被大会批、小会斗，天天要低头认罪。

沈： 在这样大泛滥、大疯狂的"红色年代"，您白天除了干各种苦活、重活外，还要在"革命群众"的不断批斗中，苦苦地挨着凄风苦雨的日子。

贾： 校印刷厂里的工人大多是小年轻，也是红卫兵、造反派，一副气势汹汹的样子，嘴里还不干不净地骂人，动不动就对着我脸上一掌，对着我身上一拳，或朝我腿上踢一脚。我常常被他们打得头破血流、倒在地上，他们不仅不停手，反而骂我"装腔"，打得更凶。有时一拳没能把我打倒，再补上几拳，直打到我倒地，才算他们威风。我要是用眼睛蔑视地看他们，他们就骂"还不服气，是不是还想再吃两记耳光"。

沈： 您当时饱受了"红卫兵"小将们残酷无情地殴打，真是惨不忍睹！

贾： 在学校印刷厂里，一些心地不良的人还恶作剧，故意欺负我这个身为"反革命"的老头，自己的活不愿干，勒令我去干，连喝茶倒水，都让我这个"老牛鬼"伺候他们。我整天不断听到声色俱厉的呵斥声："贾植芳，打热水去！""贾植芳，过来给我看会儿机器！""贾植芳，把纸搬过来！""贾植芳，把地扫一扫！"有的人索性伸出手来向我要钱："贾植

252

芳，拿出两块钱！"钱到手，绝不会还；如果不给，那么一顿恶打等我尝滋味了。

沈： 您成了一个"百家奴"，我看他们非要把你这个瘦老头累死、整死才罢休。

贾： 是啊，谁都可以支使、打骂、敲诈我，这些人拿着"无产阶级""工人阶级""革命群众"这类御赐"执照"，干着人性中的丑恶和野蛮勾当。我既是"牛鬼"，又是"反革命"，就该像报上大批判说的那样"打翻在地，再踏上一只脚，叫他永世不得翻身！"造反派头头对我说："你要识相点，不把你关在监狱，就算宽大了，还不多干点活，折折罪？"有次我病得很重，不准我休息，继续干重活，"头头"还轻巧地说："劳动改造嘛，不是来养老爷，不好好劳动，怎能改造得好？"

沈： 反右册子《明辨集》有中文系一位讲师写道："右派分子妄图为反革命分子贾植芳翻案，我们中文系的全体革命师生一千个不答应，一万个不答应！"那时，您在学校印刷厂里受尽各种折磨。中文系里的"红卫兵"造反小将就不用再来批斗您了，是这样吗？

贾： 不！要"扫除一切牛鬼蛇神"嘛。我虽然人在校印刷厂劳动改造，但中文系"造反派"并没有忘记我这个早就被揪出来的死老虎，又能当作活老虎来打，先后几次把我揪回系里作开路式批斗。那些"造反派"为了批斗我五十年代的学生章培恒，也把我一再揪回来陪斗。这只能算作小批小斗啊！

沈： 那么，"大批大斗"又是如何的呢？

贾： 一九六八年，"工宣队""军宣队"开进复旦大学，进行"斗、批、改"，立即在校大礼堂召开三千人参加的"彻底批判和肃清胡风反革命集团骨干分子贾植芳反革命罪行"大会，连电影演员赵丹、白杨等人也被弄来一起接受教育。几个体育教师轮流在台上反拧着我的两臂、压着我的头，据称这叫让我坐"喷气式"。当时还拍了许多照片记录"盛况"，陈列在学校的大批判橱窗里。

沈： 这些照片现在还能找到吗？

贾： 估计学校档案馆还保存着。我也想再看看这些照片，重温一下历史，曾经打听过，可能还是属于保密材料吧。后来我还被押到江湾体育场接受"革命群众"的猛烈批斗，这就更加厉害啦。

沈：（惊诧地问）竟然还在这么大的江湾体育场开批斗大会？

贾：那是全市性的号称万人批斗大会，有数万人坐满了整个体育场，主要斗我，还有几位陪斗的。由上海市革委会的"工人阶级"主任王秀珍主持，她在台上声嘶力竭地叫喊："你们别看贾植芳个子瘦小，很可怜，但是这个人能量却很大，胆敢反对我们伟大领袖毛主席。狗胆包天，罪该万死！"接着"群情激奋"高呼口号："砸烂贾植芳的狗头！""反革命贾植芳不投降，就叫他坚决灭亡，永世不得翻身！"

沈：当时您还能听清楚，我想您仍然保持着一贯清醒和镇定的自处精神。

贾：是啊，伟大领袖说："不管风吹浪打，胜似闲庭信步。"体育场内有高音喇叭和扩音器，我当然听清楚了。我听着他们一个个发言，心里想，到底谁有罪呢？我对共产党、对革命有贡献，当年我帮助许多人去了延安，为革命受过很多罪，坐过日本人、国民党的监狱。那年头我还经常被拉出本校到同济大学等其他单位去游斗，还要被带到农村。

沈：去农村？是不是下放农村接受贫下中农的再教育呢？

贾：那时我还没有资格接受贫下中农的再教育哩。我是被带到附近公社的各个大队游街批斗，戴上纸高帽、胸前挂着木牌子，上面是侮辱人格的恶言恶语。到了"三夏""三秋"农忙时节，就把我押到长兴岛、宝山、青浦、南汇等市郊农村，在公社、大队里接受贫下中农的批判声讨。批斗之余，就参加农忙劳动，挑水、挑粪、挑稻草、挑花箕、挑沟泥，风里行，雨中走。

沈：就像炼狱般一样默默地忍受着自己身体和精神上的摧残和煎熬，如同您自己所形容的那样："熬着。"

贾：（良久无言，然后微微一笑，平静地继续说了下去）当时，学校里造反的"红卫兵"学生成立了"台风造反兵团"，成了对"牛鬼"专政的司令部，不时召集我们这些新老"牛鬼"训话。一九六八年春节前，又把众"牛鬼"召来训话。"头头"站在讲台上随意叫下面的"牛鬼"，站起来回答问题。他先叫朱东润教授背一首毛主席诗词，朱教授只背了一句，只好站着。他又叫赵景深教授背《敦促杜聿明投降书》，赵景深教授低下戴着深度近视眼镜的头，两手摸着裤沿，没有吭声。这个"头头"训斥说："怎么，你装聋作哑？"赵景深教授讷讷说："我背不上来！""头

254

一九八二年，贾植芳（右一）在复旦第六宿舍与陈子展教授

头"听了一拍桌子，大声训斥："你们还是什么教授，都是饭桶，你们当中什么货色没有？贾植芳还是胡风分子，都是些乌龟王八蛋！"

沈：任敏师母曾经回忆在那"文革"疾风暴雨的日子里探亲见到您时的印象，她是这样说道："他经过十多年的监禁和劳改生活的苦日子，反倒没有了过去的文弱的书生气，变得比过去更壮实了。他不像学校里那些被揪出来的'有问题'的人（当时称为'牛鬼'）那样的神情沮丧，畏首畏尾。他走起路来挺着胸脯，迈着坚定的步子，像个正常人。"

贾：我经常对她说：我没有罪，问心无愧。虽然我长期身处逆境，但能处之泰然，保持着开朗乐观的脾气，面向恐怖阴暗的现实，无所畏惧。我之所以能坚持下去，因为我始终保持着清醒的头脑，我相信终有一天胡风冤案会大白于天下，即或我看不到这一天，子孙也会为我们昭雪，历史会还我清白的。

古人说："以力服人者非心服也。"我虽然身被奴役，是"奴在身者"，但并不是"奴在心者"，在我的心理上并没有被奴役，我的思想是非常独立的，只留下胡风说的"精神奴役的创伤"。我牢记鲁迅的提示："可悲的是，不是身在奴者，而是心在奴者。"看着那些批斗我凌辱我的人，我觉得他们是"奴在心者"。我常想起当年的"政治犯"耶稣在被押着走向刑场时，对那些沿途向他掷石头的人们所说的话："上帝原谅他们

255

吧！他们不知道自己在做什么。"

沈：从中我感受到您身上具有一种坚韧得不可摧毁的精神，就是顽强地活下去这样一种坚定的信念。而正是这种强烈的生存愿望，构成了您自始至终对于历史公正性的信仰和忠诚。因此，保护自己的性命就至关紧要，而您也奇迹般地挺了过来。正如鲁迅先生说过："要在中国办成一件事，就得争取长寿。"

贾：有一段时间，几乎每天都会遭到无端的殴打。每次挨打时，我都咬着牙，把血咽到肚子里。我在心里对自己说："我要活下去！我要把身体养好！你们越是摧残我，我就越要好好地活着！"每月只有三十元生活费，还要给远在山西农村的妻子寄去十元，平时只能省吃俭用；但我为自己订了些规矩：一般只抽八分钱一包的"生产牌"香烟，每次遭到批斗受辱后，我就花一角二分钱买一包"勇士牌"香烟，享受享受；一般我舍不得吃肉，只吃几分钱的菜，但在被游斗挨打后，我会用一角四分钱买一块大排骨或花上一角三分买块大肥肉吃，自己安慰自己嘛。

沈：那时，您能不能去市里或外出走走呢？

贾：当时规定像我这类人是不准外出去市区的，后来才能在星期天请两个小时的假，步行一站多路到江湾五角场镇上去买日用品。但必须先向"专政小组"申请，回来后还得汇报。我一般实在苦闷时，也算替自己改善生活，在星期天中午请假两小时去镇上小饭店，花二角四分钱买三两土烧酒，买上二角钱的猪头肉，再买半斤阳春面，自己一个人坐在那里默默地吃了起来，每一次我都在那里陷入深思……可是，这种劣质土烧喝下去，头就会很晕，有时吃完走出店门，头上戴的帽子像要飞起来。

沈：我感到这好像是在为自己举行一场"宴会"似的，并不仅仅是为了排解自己的忧愤，诗人食指有这样的诗句："身世如秋雨般凄凉，内心却落日般悲壮。"您坐在小饭馆里可能就进入了如此境界。当时您在学校印刷厂被监督劳动期间，您的社会、文化生活基本上是处于封闭的与世隔绝的状态，是吗？

贾：(沉吟片刻，笑了起来)并非像你想象的那样，印刷厂是一个比较特殊的场所，我看到了许多印刷出来的"文革"运动的文件、上面的讲话、翻印的各种"运动"材料，使我及时了解外界的情况及社会上的形势。知道了诸如什么"三家村""四条汉子""旧中宣部阎王殿"，直到"批林批孔""批陈伯达""批投降派宋江"，还有本校所谓的"胡守钧反革命小集团""'反复辟学会'反革命集团"。

一次在车间里扫地，看到角落里堆了许多"运动"方面的书，乱七八糟满地上都是，我拾起一本翻看，就这样我第一次见到一九五五年六月人民出版社出版的《关于胡风反革命集团的材料》，我看后发现就像《木兰辞》所写的"军书十二卷，卷卷有爷名"。这本书上也卷卷有我的名字。于是，我就"偷"拿了两本，带回住处，保存至今。（他把这个"偷"字，特别加重了语气）

沈：您是一位重友谊、喜交往的人，在当时那样险恶的环境里，您与五十年代初的那些同事、学生和朋友还有没有机会往来？

贾：从前与我比较接近的朋友大都惨遭株连，我的身份是"反革命"，接受监督劳改，每天被强迫干最苦力的活。我的许多同事一般都是"反动学术权威"，比我这个"反革命"相对要自由些，有几位受监管的教授，也在校园里劳动，碰到时彼此不便谈话，只能通过眼色互相问候。赵景深教授每次看见我，都把自己头上的帽子往上掀一掀以示致意，如果边上没人看见，他还会轻声说："老贾，你好。"谭其骧教授每遇到我，总会先看看四周，如没人的话，他会走过来悄悄说上一句："要好好保重。"这样的关心爱护，给了我极大的精神支柱，我从内心里感激他们。

沈：在"文革"期间，你们这些同样落难的"臭老九"，在路上碰到也不能公开打招呼或交谈。

贾：平时我们在造反派的吆喝声中默默地干这干那，不准说话，更不准交头接耳。一位戴着右派帽子的教授，趁监督我们的造反派临时走开的瞬间，叹了口气说："这么下去，我们这些人都不会说话了，成了名副其实的牛马了！"

沈：据说你们只能利用上厕所的机会才敢打招呼，相互问候、说话，甚至谈论政治形势，传播各种小道消息，或发发牢骚，或开几句玩笑。

贾：提起厕所，那时仿佛成了我们的"客厅"，只有在厕所里相逢，才敢悄悄地相互寒暄，交换一些小道消息。我有许多关于厕所的记忆，可以写一篇文章，内容保证丰富多彩，足以显示出"文革"时期的风格特色，前无古人。（果然又发出了爽朗的笑声）说到这里，又想起那些年头的流行语"一丘之貉"，知识分子，都被用这句古语联系过，批判过，甚

257

至自我批判过，这是历史悲剧，富有时代印记，也是那时的一大贡献。

沈：生活在这样一个历史悲剧里，患难之际，大家相互之间能有如此濡沫涸辙的情谊，这是多么难得，多么珍贵啊！

贾：有次历史系陈仁炳教授到印刷厂来修房子，我正在门口扫地。带他来的师傅都进楼内干活了，留下他在楼门口搬修房顶用的滚圆而又长的木料，要他一根一根地搬到楼上。我手提竹扫把，看到他从车上把一根木料扛在肩膀上，歪着头一步挪一步地向楼门口移动，显得吃力而狼狈。我想，他在平地上都力不能支，要是从楼梯上摔下来，那就性命交关。我连忙跑到他跟前说："咱们也算老阶级弟兄了，亲不亲阶级分嘛！你坐下来休息，我替你扛，我比你年轻，身体又好，扛这几根木料是不成问题的！"他停下脚步，从木料下歪过头对我说："这使不得！你替我扛，他们会斗你。"我笑着说："他们要斗，扛不扛都要斗。来，我帮你扛。"我就从他肩膀上接过木料，噔噔地上了楼梯，他站在原地，担心地瞅着我。这时楼门外只有我俩，成了我们两个"老牛鬼"的自由天地了。

沈：对于您这样视友谊如同生命的人来说，我理解您的那份快乐。

贾："文革"中期，我被押到南汇乡下参加与贫下中农"同吃、同住、同劳动"，劳动改造之余住在一户农民家中，这家人对我这个受难者一点都不歧视，我也帮助干家务，或扫地、挑水，或替他家做饭时拉风箱。我看他家两个小孩连饭都吃不饱，买上一毛钱的酱菜通常要下五顿饭，虽然每周交给他们十二元钱生活费，但我不忍心吃他们的饭，就买当地一种价廉耐饿的定升糕吃，或去河里捉几条小鱼煮一下吃。患难之中我与这一家农民建立了友情，那主妇还给我做了一双布鞋。搬出他家后，小孩子阿牛见到我会说家里给我留了粽子，等我去吃。由此，我认识到当时农民的生活真苦啊。

沈：在这样一个风雨凄凄的特定时期，人心叵测，道德沦丧，个别趋炎附势者在您伤口上撒把盐，反戈一击揭发侮辱您。我想，人世间炎凉世态的滋味，您也许体验更深吧，甚至会深深地刺痛您善良和真诚的心。

贾：嘿，说起来也真无奈。那时，我常与工人连夜赶印《红卫战报》，其中负责监督我的一个工人，在白天骂我"反革命"，到了晚上吃夜点心时，却像个可怜虫悄悄地向我哀求："你这块肉给我吧。我家里有小孩，他们吃不到肉。"我就把自己碗里的唯一的一块肉送给了他，他把肉放在

258

饭盒里带回家。

当年个别人碰见我，不是扭过头去，也只当没看见，有的还狠狠瞪我这个"阶级敌人"一眼，表示他们坚定的政治立场。（用手抓了抓自己的头，脸上掠过一丝不易察觉的悲凉，颇为动情地说着）一次，我在校园里拉着一辆装满货物的劳动车，我光着膀子，赤着双脚，累得浑身大汗淋漓，艰难地移动着脚步，许多人走过我旁边都放慢步伐，用关切的目光示意同情。一位以前的"挚友"，春风得意地迎面走来，走过我身边，两手在腰间一撑，满脸蔑视地斜眼一瞟，又趾

贾植芳先生在"文革"苦难中

高气扬地走了。对我这个赤膊拉车的"牛鬼"不屑一顾，好像根本不认识。因为我是"专政对象"，而他是正得宠的"名"教授，所以就不认识我了。他却忘了自己在五十年代初是我家座上客，我还帮助他出版了一本翻译小说。（边说着边站了起来，有板有眼地模仿着那人一副鄙夷自得的样子。尽管动情，但语气平和，仿佛是在向我述说其他人的故事。我听着、看着、想着，在他轻松的口吻之中感受着一种无奈并隐含的苦涩，不免使人沉重起来）那年在"五七"干校，有天晚上"专政小组"的两个教师，在昏暗的灯光下伏在床边写汇报，我恰好睡在上铺，只听一个说："贾植芳又顽固又狡猾。"另一个讲："他从不暴露思想。"一个再说："对他一定要加强监督。"当时，他俩不知道我这个"牛鬼"的"革命警惕性"也很高，在看他俩的"表演"。听了这些话我并不生气，反而心里暗笑他俩，也可怜他俩。我是奴隶，是被迫的，身不由己的；而他俩却是奴才，是自觉出卖自己的灵魂。

沈：（不免有些黯然，禁不住感喟起来）那时的复杂环境实在太险恶！

贾："革命小将"响应伟大号召，掀起了"破四旧，立四新"的抄家行动，有个号称批孔的教授也跟着"革命小将"去抄另一位教授的家，随后只见他竟然手托人家的大衣昂首离去。（流露出十分愤慨的情绪）

沈：您讲述的这些不堪回首的往事，正如常言道："患难见人心。"

贾：从干校回来后，对我的监管变得宽松一点，监督人员由三人变为两人，态度也不那么恶声恶气了。厂里承担排印语录、翻印文件的任务，"头头"就把我这个"废物"利用起来，叫我检查质量。我深知，这可是一项人命关天的事，万一发生质量差错，"革命群众"不会有责任的，而我这个"专政对象""牛鬼蛇神"却要负全部责任，诸如"故意破坏""阶级报复""现行反革命"罪名，都能把我再次送进监狱，甚至砍头。在刀尖上过日子，我要强打起十二分的精神，不敢有丝毫放松，仔细检查印刷品上的墨色是否清晰、是否均匀，逐字逐句校对。我还特地节省生活费专门买了一副眼镜。

沈：一九七五年一月四日您在给任敏师母的信中写道："从本月份起，我的生活费已调整了，这也是组织上对我的照顾和关怀，所以前信说，往后每月寄你三十元生活费。今天领导上发我一张干部登记表要我填写，需要两张照片，所以我也要照个相，照好后，即寄你一张。这个情况也是个新发展，值得注意。现在调整生活费也如此，这些说明形势在不断发展。从此有关情况，你知道就行了，不可对外人讲，在生活上更应谦虚谨慎，戒骄戒躁，处处严格要求自己才好！"这些话语极具当时的时代特征，也反映出"文革"后期您的处境、情感和个性。增加了生活费，您并没有一丝一毫地高兴，而我却从中读出了一份悲凉。

贾：校印刷厂来了一位新的支书。据说这位支书是个老八路，"文革"开始被打倒罢官，曾跳楼自杀未遂。那时启用下台的老干部，他才下放基层降级使用，也是五十多岁的人了，有次他把我叫去说："贾植芳，你在这儿劳动了这么多年，我们也没有发现你有什么新的罪行。你的政治问题，不仅学校的革委会无权处理，就是上海市革委会也无权处理，这要看中央。但生活上我们可以照顾你，从这个月起，你按二十二级干部标准，每月生活费六十五元五角。但你要明白，你并不是二十二级干部！"这样，经济上有了一些改善，每月可以寄给乡下妻子三十至三十五元，留下三十元自己用。此后，星期天的行动也有些自由，能去五角场理发、洗

贾植芳先生在历史深处沉思　沈建中　摄

澡，有时甚至去市区走走。

沈：我想到您在回忆起自己在苦海中浮沉时说过："值得安慰的是，我并没有失掉自我，我还是我，苦难反而深化了我对中国历史和现实的认识与思考，净化了我的灵魂。"不久前，《解冻时节》披露了您始于一九七二年写给妻子的信。信中真实地反映出那个年代特有的社会政治风貌与文化凋零的景象。

贾：这是特殊年代里的扭曲通信。我们是"监管"对象，来信都要经过各自单位的审查，才能交到我们手里，有时也被他们随意丢弃。我学习马列著作，列宁说："在狼群中要学会狼叫。"这些家书为了应付检查，只能特别小心地写些"虚话""套话"，来表明各自还活着。任敏在农村看不到报纸，我在信上用"大批判"式的政治语言告诉她一些形势，甚至联系自己"改造"的"意义"，实在是"事出有因"。有时不慎会惹出麻烦，一次任敏写信说，老家邻居看她孤苦，要送一个男孩给我们当儿子。被检查的人看到，作为"阶级斗争新动向"开了批斗会，斗我"为反革命找接班人，企图永远与人民为敌"。

沈：当时您被获准能够难得外出去市区里走走时，我想，您擅长观察了解社会的兴趣是不是又油然而生？

贾：是啊。我看到昔日繁华的上海经过"改天换地"成了一片单调灰暗的景象，到处贴满了大字报、大标语。商店大多变成民房，偶尔有个食品店或合作社在营业，也很早就打烊了。货架上的单调商品，还得凭票证限量购买，有粮票、布票、油票、肥皂票、香烟票、草纸票等。满街的行人不论男女老少一律穿着深蓝色、黑色和草绿色的制服，或行色匆匆地赶路，或成群拥挤在商店门前排队，或在车站上争先恐后等公共汽车。

在这样一个国际大城市，外国人绝少见到，只有"帝国主义夹着尾巴逃跑了"的革命歌曲。因为实行严格的户口制度，外省市的人难以流动来上海。晚上七八点钟后，马路上一片死寂，不多的几盏路灯发出昏黄的灯光，偶尔有行人或远或近的脚步声打破沉寂。从前热闹的大戏院、电影院，只有样板戏中阿庆嫂或者杨子荣的唱腔飘出。

沈：您就这样熬过"文革"这段苦难的路程，可谓劫后余生。如今您依然那么身体健康，乐观自信，不卑不亢，傲然而立地生活。我不禁想起您在一九七七年十月四日给任敏师母的信中写道："……今天我年过六十，经过三十多年的残酷的生活历程，才完全正确地看懂了这本中国历史，同时，也使我不胜怀念我们年轻时的正直的生活。这三十年来我们经历的生活是极为严峻的，但也是对我们在政治上和思想上的成长起了巨大推动作用的，因此也是非常有意义的。所以虽然艰苦，我们却没有陷入悲观和颓唐的泥坑，我们走过来了！我们在精神上还保持着年轻人的气质和纯正。这些你一定是有所认识和体会的。"

七

一九九七年秋天，与贾植芳先生相伴相依长达半个多世纪的妻子任敏，因脑血栓突发中风脑溢血，病情十分严重，住进了医院抢救。他常常挂着拐杖赶到医院探望病危中的老伴，时时牵挂着她的病情，就在病情最危急的时刻，贾先生始终坚信老伴有很强的生命力，是一定能够挺过来的。

在那段难熬紧张的日子里，我听说后也赶去探望贾先生。面对病魔如此突然地侵袭老伴，虽然贾先生焦急万分，寝食无宁，但素不向命运低头屈服的他，依然保持着一种既坚强又独特的勇气与自信。我想，倘若与贾先生谈谈有关他和任敏师母的生活遭际、患难之中的相亲相爱，或许在回忆往事的过程中能够排解老人内心因老伴患病而生的深深痛楚。这样，就有了如下的谈话。

贾：（深深吸了口烟，不无忧虑地缓缓说道）现在老太太生病住了医院，我在家里手足无措，什么事都做不成，好像失掉了主宰一样。

沈：师母的病情很重吗？

贾：确实很重，什么脑血栓、脑溢血的，一直处于半昏迷状态，最近我几乎天天要去医院看望她，看到老太太身上插着许多管子，什么氧气管、输液管、鼻饲管，我心里很难过。我想，多少年来，我们夫妇两人风风雨雨、磕磕绊绊，这次她也一定能够好起来！过

一九八三年四月贾植芳夫妇在复旦第六宿舍五十一号寓所楼下客厅

几天，我准备为她买一部手推轮椅，等老太太出院回家后用，这样天气好的时候就能把她推出去到户外晒晒太阳，活动活动。

沈：您千万不能太着急、太紧张，要注意自己的身体，师母会好起来的。

贾：那天十月八日，中午有几个学生在我家吃饭，老太太说有点不舒服，因为她平时身体挺好，也没太在意。饭毕，我让她先去房间休息，自己陪学生在书房稍坐一会儿，就进房间看她，她说头痛，我便去书房叫学生陪她看病，一转身只见老太太浑身颤抖，赶紧送医院，说是中风，救治半个月好了。谁料到出院到家只坐了半个小时，又发病了。（此时，他有些动情，好像千头万绪突然涌上似的，一下子竟无从说起）我们，我和任敏两人啊，不是一般的柴米夫妻，是患难夫妻，一起在人生的道路上坎坎坷坷地走了五十多年，一次次的饥寒交迫，一次次的死里逃生，是从凄风苦雨中一天天熬过来的。

沈：这么多年，你们二老真不容易啊！我至今清楚记得您曾经深情地说过："我是个一文不名的穷光蛋，她与我结合不久，就发生了在黄河边上逃命的险事，我也曾觉得很对不起她，但是任敏那时说了一句话我终生

263

也难忘。她说，她这人苦吃得起，就是气受不起。所以她跟我在一起，吃苦都不怕，只是不要受气就行。婚后几十年坑坑洼洼都走过来了，我们都遵守着诺言；可谁知道，她吃得起的'苦'，会是这般的大。"每每想起您的这段话，我就会为之感佩叹息，也不免心生想探究您所说的"黄河边上逃命的险事"。在危难紧急的关头，正是由于您平常有着极好的人际友情，关键时刻及时帮助您逃脱了灭顶之灾，可谓不幸之中的大幸。

贾：哦。我写过当时逃亡的情景："我立即就与任敏商量黉夜逃亡。这天夜特别黑，伸手不见五指。我们不敢走大路，就翻山逃命，一路都是荒山巨石。我走在前面，慢慢地往前摸，爬过一块大石，就轻轻喊任敏，她沿着声音走过来，就这样在黑暗中翻过一座又一座的荒山，整整逃了一夜，直到脱了危险，天始转明。任敏环顾四周荒凉山石，怨恨地说：'我们这么苦，还不如到延安去吃小米吧。'当时我们相对哑然，这句话后来时时出现在我的心头。"

沈：从此任敏师母以坚如磐石般的意志跟着您这位命途多舛的青年作家，在社会上奔波流转，接踵而来的是不断地面临难以想象的困苦与灾难。读过您的回忆录深知任敏师母跟着您更是多灾多难，先后受牵连入狱，虽九死一生，依然赴汤蹈火，不改初衷。这些生活事迹早已成了往事，如今我们怎能不为任敏师母这种可歌可泣的人生选择而感佩不已呢？您俩一起跌跌撞撞地同甘苦、共命运，相互挽扶走过整整半个多世纪的惨淡岁月。我想，烦劳您讲一讲任敏师母的有关身世，好吗？

贾：她和我同为山西老乡，是山西中部地区的汾阳人。她家祖传家谱在"文革"中遭毁。她是朱明王族的后裔，祖籍安徽凤阳姓朱，与明太祖朱元璋同祖同籍，分封的领地就在山西汾阳，传说清朝要杀姓朱而改姓任。她曾祖父做过大官，祖父跑到山东开了票号，她父亲继承了家业，家规和家教极严，她家的大院在汾阳县府衙门前面。她有两个哥哥，家里最小，她父亲支持女儿离家外出读书。她先在汾阳县城上小学，考入省城太原有名的平民中学。"七七"事变后，她随着学校迁往西安，又迁到陕南读完四年的中学，随校到了四川读高中。毕业后回到西安，先考取西北大学农学院，觉得没意思，又考上了西安商业专科学校会计系。

沈：或许"黄河边上逃命的险事"是您俩最初的一次遭遇。不言而喻，从您俩一开始结合就经受了同生死共患难的经历，因此事的发生而蒙上了一种悲剧的色彩。在那兵荒马乱的年代，像您俩这样的知识分子的日常生活是非常艰难困苦的，要能够应付也是很难的吧。

贾：是啊，确实很难很难。

沈：现在您能否回忆一下当年您俩相识时的情景。

贾：那时我流落在西安，任敏也在念书，爱好文学，经常阅读文学杂志，思想激进，"左"得很。而我文章也写得很"左"，引起了她的注意。她有个热心的同学姓崔，是我老家村里人，一次他看到任敏在读《七月》，便告诉她上面那个写文章的贾植芳是咱们老乡，便牵线搭桥介绍我们认识了。

沈：您俩确实有缘。如此这般，虽然有热心朋友帮助介绍，能否说《七月》杂志是您俩有情人终成眷属的第一红娘。当年您初识任敏师母，一见钟情，那么，时至今日给您留下什么印象？

贾：当时任敏只有二十三岁，是个一脸稚气又爽朗活泼的小姑娘。

沈：我曾经也是从陕西境内到过黄河壶口观光，那里黄河两岸都是山，滚滚奔流的黄水折射出绮丽的彩虹，惊涛汹涌，怒吼声震数里可闻，非常壮观！那时，您俩就在景色壮丽的黄河边上开始享受着你们相识最初阶段的浪漫、幸福并且也是很平静的热恋生活。

贾：任敏在西安读书，但三天两头跑来战地找我。这年秋天她干脆不去上课，跑到黄河边上来与我住在租借的一间土坯草房。我们面向山西老

一九八五年九月贾植芳（左二）先生全家合影

265

家的方向烧了一堆纸钱，默默地向我早逝的前妻表示我们的哀思。我们俩，一个流浪汉，一个女学生，就这样结合了。

沈：这是否算是您俩因结婚而举行的别开生面的婚礼？就像现在青年人颇为时尚的"婚誓"仪式。

贾：说起婚礼，是很惭愧的。那时知识分子已反对旧式婚礼，由自己相互发展起来的感情，完全自己做主，无须用旧仪式来认可，也没有像现在的法定手续。事过境迁，八十年代末期，我们已是七十朝外的老公婆了，有次去广州中山大学开会，陪同的中山大学副校长把我们夫妇安排住进招待所，服务员突然提出要看我们的结婚证明，否则不能住一个房间，说规定如此，他们服务员可负不起责任。弄得我啼笑皆非之余，突然想到，我们那时的结合，确实没有任何束缚力。

沈：我想，当时你们都是出门远行在外，而您一没"权"、二没"钱"。有关你们的婚事是否遇到来自家庭、长辈方面的阻力？

贾：我们两个家庭都是经商的，在商务上也互相了解，所以家庭对我们的婚事没有干预，也就谈不上什么阻力了。我与任敏完全是自由结为夫妻的。

沈：刚才说起您与任敏师母结婚的仪式却是向您早逝的前妻致哀的情景，特别令人感动。我不禁想起您发表于一九四五年重庆《希望》杂志创刊号上的小说《我乡》，其中您写道："就在近山脚下，我看到妻的孤墓，正在朝阳里曝晒着，我脱了帽子，静立了几分钟。我想，胆小的妻的墓旁不知经过多少次激烈的战争了，但她既然告别了人间的幸福，也就忘却了人间的愁苦吧！"

当我说到这里，贾先生也与我谈起了他的第一次婚姻，我记得他如是说。

贾：我老家男人二十岁还不娶媳妇，会被人瞧不起。家里早早地为我操办了与邻村比我小一岁的女孩高婵娥成亲，是我母亲为我物色的有传统性格的女孩，虽说包办婚姻，但感情很好。婚后半年我去北平上学。去日本前，我怕家里不放心回了家。临别的前夜，她帮我赶做一件大褂。

我在日本，我们一直通信。我回国后在战乱中辗转各地，却断了音讯。在我流落到汉口时，忽然收到我哥来信，得知她因患急性肺痨去世了。听说她得病后，家里毫无办法，只能给她吃些鸦片，没多久就不行

266

了，临死前她让家里人把我寄给她的相片和钱物转交给我。我闻讯后非常伤心。我想，我长年在外念书、闯荡，还被捕入狱，一定使体质纤弱的她在精神上增加了压力；加上战争动乱，在逃难中受尽惊吓和困苦，我也没在她身边帮她分担些什么。

沈：后来，就像您在小说《我乡》里写到赶回老家去看了她的坟墓吧。

贾：当时山西大部分都已沦陷，家乡房子被日本人烧了，父母、妹妹、乡下嫂子一家老小，整天在山里躲日本军队，还要躲土匪。但我也看到了一向麻木的乡民，投入了神圣的自卫战争。我随着他们逃难，还化装回到在敌人刺刀下的村里，探望我已故妻子的新坟。我在《我乡》中写了伫立在妻子墓前致哀时的感怀。以后我更是长年漂泊在外，世事沧桑，等到了土改以后，我妻子的墓也就再也看不见了。

沈：您发表在一九三八年《七月》文学杂志上的剧本《家》，描写一位乡村少妇在战争中的经历及死难，是否有您这位早逝的妻子的原型？通过对这样一位人物形象的塑造，来寄托您对前妻高婵娥的怀念之情。

贾：当时我十分伤心，朋友陈启新拉我到街上喝酒解闷。酒量不好，心情更不好，就坐在小酒馆里写了抗日独幕剧《家》，在描写那位农村少妇形象时，情不自禁寄托了我对婵娥的悼念与追思。加了副标题："呈婵娥君之亡灵"，寄给胡风。这是我写的第一个剧本，如今想起也是很有纪念意义的。（听他叙说这些缠绵悱恻的动人的爱情故事，我情不自禁陷入了默默的沉思）有这样一种情形，多年来在我心头萦怀。早年我从北平出狱后亡命日本，给家里留下了一个亡命者的妻子，由我的父母照料到她病死。可真没想到三十年后，我的政治官司老是打不完，又一个囚徒的妻子回到了故乡，与我的父母相依为命。不过这回是由她来照料老父老母了，直到把两位老人送了终。

面对他那般无奈的生活遭际和爱情境遇，我思绪纷纭。在其丰富的情感世界里，爱情的孤寂和沉重所蕴含着超乎世俗习惯的幸福，真是有些异乎寻常，因为在他生命时光最悲哀最凄凉的日子里，正如保加利亚瓦西列夫说的："爱情激励人去克服前进路上的困难，去创立功勋。"有坚贞的爱情在黑暗之中给予了他精神上的慰藉与温暖，妻子成了他唯一的精神支柱，使他一步一步顽强地跨过许多次生死险境奇迹般地走过来。从中使我能感受到他俩的爱情生活具有忧郁的美丽、悲壮的热情、痛苦的忠诚，乃至像"忠贞不渝""悲欢离合"之语，又多了生动的事实例证。而我更多地体味到他俩人格精神中的高尚美德，重情重义是他们健康的性格使然，即所谓的"境由心造，事在人为"。其中无不渗透着他们夫妇的一种庄严的社会责任感，无论是遭到贫困、关押、流放和迫害，都尽了自己的道德责任。瓦西列夫还说过："爱情是揭示人的个性的一种极为奥秘的因素，同时它又完成重要的社会职能。"

在那动荡翻覆，人性也受到冲击以致会发生癌变的时期，也有受难者夫妻大难临头各自飞，不是离婚就是支撑不住而自杀，更有甚者竟然干起了检举揭发的卑鄙勾当。而贾植芳夫妇却能够在五十多年的狂风暴雨中相依为命、共患磨难，熬过了"开水里煮，冷水里浸，烈火上烤"的凄苦时日。他感喟地说过："直到七十年代末，中国历史上发生了新的转折，我们夫妇也才重新团聚，可此时，我们都已是白发苍苍、伤痕累累的老人了。我们还算是幸运者，还等到了冤案重新昭雪的这一天，而更多的人，都已经含冤而去了，至死都不明白自己因何问罪，因何受苦。"有时我会想到传说薛仁贵东征，他妻子出身于宰相之门，拒不听家人的劝诫，在寒窑里苦守了十八年，等待丈夫归来。从某种意义来论，妻子所背负的苦难及承受的精神压力也许会超过丈夫。可想而知，贾先生夫妇能够生死不渝、无怨无悔地熬得白头偕老，身为妻子无疑也是举足轻重的，如果从任敏的家庭背景来看，是否受到传统伦理道德积极一面的影响呢？当然他们也深受"五四"新思想的熏陶。那天我忍不住向他提了这样一个问题。

沈：诚然，你们夫妇在近六十年风雨坎坷的旅途中饱经世变，相扶相持顶住了一次又一次的疾风暴雨，一脚高一脚低地走了过来，以生命的磨难为代价拥有了真正的爱情，使我们青年人激动不已，这并非是偶然的。如今时至老年，能否谈谈您的爱情观，好吗？

贾：（坦然笑道）至于我的爱情观，就是相互之间有共同的理想，有共同的人生追求，能够同甘共苦，始终遵守着各自的诺言。

如此这样简简单单的、朴朴素素的三言两语，就把一个复杂、丰富和深奥的哲学命题做了透彻的阐述。于是，我又接着问道。

沈：那么，您是否能评价一下自己的爱情生活？

贾：想起当年我俩刚来到上海落脚时，我是三十岁的青年人，她也是梳着两根小辫子的二十多岁的女青年。光阴似箭催人老，于今却垂垂老矣，我俩都成了年逾八旬的老人了。"文革"期间，她在老家农忙之余学剪窗花，给我寄来一对小鱼，使我情不自禁地联想起我国古代的大作家庄生的话："涸辙之鲋，相濡以沫。"我们的婚姻充满艰辛曲折，却是非常圆满的。"夫妻本是同林鸟"，而我们这对苦命的知识分子夫妻，又没有下半句说的"大难临头各自飞"。我是十分幸运的，我要感谢我的妻子这么多年来对我的信任和理解。在我八十岁生日时，我写了一个自寿联："脱胎未换骨，家破人不散。"

冬去春来，我也常常惦念贾师母的病情，然而，奇迹终于发生了，八十岁的贾师母处于半昏迷状态几个月，病情几度恶化，屡次转危为安，现在终于苏醒过来了，可以喝水，也可以吃面糊、水果泥和稀饭，并且出院回了家。记得那天，我刚走进贾植芳先生的书房，他便兴奋地告诉我："嗨！老太太终于出院回家了。"我见到了贾师母已经能够在旁人的搀扶下行动，或坐在手推轮椅上外出晒太阳；我还见到了他们夫妇在这次战胜病魔后在家里的合影。

贾： 老太太住在医院里的时候，我一个人在家总感到心事不宁、百事俱废，直到她病情得到控制，现回到家里休养，看到她的身体逐渐恢复，我才能静下心来，处理堆积在桌上的这么多信件和约稿。我们的两人世界的生活秩序又得到了正常的运转。

沈： 任敏师母是您的精神支柱。由此我想到当她顽强地与病魔作较量并能够挺过来，她也一定会深知自己活着对于您的重要性。可见您俩是心心相印，永远相互支撑着活下去的。

贾：（语气沉重地说道）记得我们初来上海住在胡风家，任敏还是个很幼稚的女青年，梅志教她如何照料家务，胡风也常说她"小孩子"。冯雪峰来走动时，也常与任敏开玩笑。但胡风脾气不好，不知怎的任敏问他：胡先生，您为什么要这么凶啊。胡风意味深长地说："你以为做知识分子的老婆容易吗？"胡风无心讲的这句话，而任敏却记住了，常向我说起这句话。但无论胡风还是任敏，大概以为知识分子生活清苦，又不安分，在世界上总是不如意的事情居多，做妻子的格外辛劳；但他们都不会有这个思想准备，即做个正直的知识分子，在未来的社会里还有更大的不测与风险要去承受。

269

一九八六年四月贾植芳夫妇与梅志（右一）于上海寓所

沈：贾先生，任敏师母在这么多年里承受了难以想象的委屈和沉重的负担，凝结着她无数的欢欣和眼泪。正像您所说的做知识分子的老婆真是太艰难了。然而，就在您俩被迫天南地北离别多年后，当任敏师母最初得到您依然健康地活着的音讯却激动地说道："在这十一年里，我为他受苦、受难、受累是值得的，艰难、困苦、劳累都没有白受。"

贾：这就是任敏当时的真实心情。这么多年，她为我吃了多少苦啊！四十年代，她随我颠沛流离，历经苦难；抗战胜利前夕，我在徐州被日伪警察关押，她一人在外为我送饭，饱受惊吓；上海解放前夕，我遭到国民党逮捕，她也被捉进牢里；再后来任敏因我的社会关系的牵连，也被关押一年多；流放青海，又一次被捕，关在青藏高原的牢里长达四年。一九六三年出狱后，她毅然不悔地选择我的家乡，与我年迈的父母住在一起，在襄汾县古城公社侯村大队十一小队做自食其力的农民，在歧视和贫困中苦度春秋十八年，为了等待狱中的我。

（这时，贾先生进了里屋取去一张照片来给我看，边看边向我介绍道）一九八六年我与我哥回到阔别四十多年的侯村，有几个年近古稀的老头还依稀记得小时候有个顽皮的"跟"，我的小名叫"跟来"，村里人叫我"跟"。但村里的父老乡亲都记得任敏，他们陪我去看了她当年的"宿舍"，其实是一个破败的马厩，连窗户也没有。你看这张照片就在那里拍的。

沈：任敏师母所受的这么多苦，经常与您谈起吗？

270

一九八六年贾植芳（左二）返回家乡看了妻子任敏当年在苦难中的住处

贾：她几次回上海探亲并没有告诉我这些遭遇，只是说了一些令人高兴的事情。她多年所受的委屈和苦难，我也是在平反后才知道的，我问她，为什么不早告诉我曾在青海被判过刑的事，她平静地说，当时你的处境不好，心情更不好。这就是任敏的脾气，为了不让我陷入绝望的境地，就掩盖了一些真正让我绝望的事情。想当年，她就对老家村里人说："我就是要等待看出个结果。"她始终相信，我，还有我的那些朋友们，终究是清白的。

沈：一九五五年五月的大难降临，您突然被捕遭到关押，从此失去自由并与在家操持家务的妻子相互之间音讯全无，您肯定是日日夜夜地在思念着她，为了她的平安而时时刻刻地牵肠挂肚。

贾：一九五五年五月十五日清早，谁也想不到，匆匆一别，竟在十一年后才相见。任敏是家庭妇女，与文学界一点关系没有，平常所接触的都是我的朋友和学生。按理说我再受审查，总不该牵连她吧。但我被关在监狱里得不到她的任何消息，只能随时猜想她的情况，日思夜想着她会不会凶多吉少呢？

沈：那么，当时您处在与世隔绝的状态又如何猜想她的情况，又是根据什么现象来判断她的踪影呢？

贾：我始终不肯穿象征耻辱的黑色囚衣。但我入狱时衣服很少，便要求家里送衣服，看守给我送来一包杂乱的衣服，里面有一件任敏的睡衣。

271

我一惊，如果任敏在家的话，决不会这样的。从此，我总是焦虑中常有深深的歉意。直到一年后，任敏被释才给我送东西，那时看守比较和气，还说她就在门口可以传话。过了一段时间，忽然她又不来了，我心里又开始犯愁了。

沈：唉！您俩就这样被活活拆散，天各一方，生死两茫茫。您后来又是怎样才得到了她的音讯。

贾：一九五八年，我被转到南市车站路的第一看守所。我被叫去看我哥写给公安局的信，才知道她去青海"参加社会主义建设"。我是喜忧参半，这说明她没有被剥夺做人的权利；但是她为什么要到青海去呢？做什么工作呢？我心中不安得很。直到我由"鬼"变成人，才知道当年她释放后在卫生出版社当校对，那里的人事科长（上帝保佑这个同志万寿无疆！）对她进行思想教育，苦口婆心地"挽救"她，要她与我"划清界限"，提出离婚，"回到人民的立场上来"。而任敏"不识抬举，不明大义"，只得"支援青海社会主义建设"。可半年不到，上海来文件说她为"胡风反革命"翻案，又被收监关押，因"自然灾害"才被下放到我的老家。

沈：谈到这里使我想起了您在回忆录里有一段感人肺腑的回忆："一九六三年十月，我突然收到了一个包裹，包裹的布是家乡织的土布，里面只有一双黑面圆口的布鞋，鞋里放着四颗红枣，四个核桃，这是我们家乡

一九八四年十二月与同难者在北京胡风家中合影
前排左二为贾植芳，左三为胡风

272

求吉利的习俗。虽然一个字也没有，但我心里明白，任敏还活着，而且她已经回到了我的家乡了。这件事使我在监狱里激动了很久很久。"同样，这样的情景也使我们为之激动不已。任敏师母怀着无限的思念，寄给您的这双黑布鞋里放着红枣和核桃，真是情深意长啊。她不仅想让您知道她自己还活着，而且还在远方的家乡默默地为您祈求大吉大利、祈求平平安安。精神的力量是无穷无尽的，她用这种特殊的传统方式表示自己内心深处的情愫和愿望，以此来激励您勇敢地活下去。

贾：好不容易熬过了牵肠挂肚、日思夜想的近三年时间，我出狱后的第一件事，寻找离散十一年之久的任敏，我立即先给老家写了一封信。

沈：给我留下深刻印象的是，任敏师母回忆当时收到您来信时的激动情景："一九六六年五月间，我接到了分离十一年、日思夜想的植芳的来信。这封信来得太突然，使我非常激动，急忙拆开信，流着眼泪看完。信里说，他已出狱，又回到了原单位参加劳动，身体、生活一切都好，并望我努力学习、保重身体……我看了一遍又一遍，心情久久不能平静，一想到他在狱里度过漫长的十多年，能健康地生活下来，真不容易！他的身体健康，就是我的希望。"真是"老天不负有心人"。

贾：一九六七年正是"文革"的闹剧、惨剧愈演愈烈时，那是中秋节刚过后的一天中午，我刚走进复旦第八宿舍的大门，只听见一声："植芳！"任敏终于凑够了车钱，从千里之外的家乡农村来探望我。

沈：虽然这是任敏师母第一次探亲，久别重逢。但那是在"文革"动乱期间，而复旦闹得更凶，她是不是感到十分惊怕。

贾：当时复旦已经停课了，到处是大字报、大标语，高音喇叭整天吼叫，今天听到某教授上吊、明天又听说某教授跳楼。我向印刷厂造反派头头申请，被允许住在第六宿舍工地搭建的已废弃的竹席棚房子里。那时在"造反派"的眼中，我是"死老虎"，每天早出晚归"劳动的干活"，还不时被揪斗，我已经很"习惯"了，就对任敏说："我们得熬着，硬着头皮顶着，我们无罪。只要不死，总会水落石出。"但任敏却还是为我担惊受怕，天天紧张得很，总要等到我"回店"后才安心。

沈："回店"？

贾：就是回家嘛，我们夫妇是外地人，在上海等于是旅客或打工的，家就像旅店。一次我被打破头淌着血，中午"回店"便倒在地上半天说不出话来，任敏看了很难过，哭着劝我："想开些，千万不要寻短见！"我赶紧笑着安慰她："那才不会，你放心好了。他们打我、踢我、骂我算不了什么，我多少年都熬过来了，还怕啥？我要是自杀了，死都死得不干净，他们会说我是畏罪自杀，带着花岗石脑袋见上帝去了。犯不着死，你不要替我担心，咱们吃饭，饭菜都凉了，你讲些家乡的事，我很喜欢听。"任敏讲了一个笑话：小名叫豹子的社员说小时候认识我，他最喜欢说笑话，对任敏说，你到上海去看植芳，这是织女会牛郎。我自嘲地说："哦，不是牛郎，是牛鬼！"我们不禁都笑了起来。

沈：（情不自禁地感慨）在这样危险恶劣的环境里，您俩居然还能够如此幽默地说起了笑话，真不容易啊！

贾：（高声爽朗地笑着）是啊。又一次，我有只病齿摇动了很久，吃东西时很疼，我说："老虎有病没有医生敢给它看，自己舔舔就医好了。我的牙齿疼了好长时间，凭我这个政治身份，医生为了站稳阶级立场，不会给我拔牙的，只好自己想办法。明天就过旧年，在食堂里多买几块年糕，让年糕帮我拔牙。"这个办法果然很灵，那只病牙和年糕一同吞到肚里。她打趣笑道："老虎的牙齿坏了没人敢拔，你的牙也一样，没有医生敢拔。"我俩又开心地哈哈大笑起来。

沈：由此，您俩虽身处逆境，却凭着这种开朗乐观的勇气，还是享受到一种困境中的独特的幸福的爱情生活。从中也使我们更能够理解你们这

贾植芳夫妇在"文革"的苦难中

274

对患难夫妇之间生生死死、相依为命和坚贞不屈的崇高爱情。

贾：好景不长。她只住了没几天，负责看管的"造反派"就给脸色看，总是板着冷冷的面孔训斥我俩。一次在批斗会上有人向"造反派"进言："任敏这个女人也不简单，她是'胡风反革命集团'很活跃的分子，是这个反动集团的联络员，不能让她住下去！"还当场斥责我："你这个臭老婆不能再多住了，赶快滚回去！"这样，只得勉强凑够车钱，返回家乡。

沈：唉！真是十分不幸，"相见时难别亦难"。任敏师母第一次重返上海探亲就遭遇了如此屈辱和难堪。我想：那时候团聚对于您俩显得是多么重要啊。只有团聚，才能使您俩相互支撑着顽强地活下去，这也是你们这对患难夫妇的一笔最大的、最宝贵的人生财富。

贾：我们夫妇最大的愿望就是能够团聚。我过着单身的日子，穿着她在老家自己种棉花、纺纱、织布和缝制的粗布衣服，劳动时挺耐磨。各自省吃俭用，积存她来上海的路费。熬到第二次来探亲。那时情况似乎比两年前松些，虽然她没有上次那么紧张、恐惧，但结果还是与上次一样，可谓祸不单行，一次意外的照相，使我们夫妇仍然饱受屈辱和难堪。

与我同宿舍、平时很关心我的青工小陈，过年回校后带了一大包点心，来住处看望我们，聊了一些他家里的遭遇。接着小陈又好心地提出为任敏拍几张照片留个纪念，于是去校园内拍照。当他正在毛泽东塑像前为

来上海探亲的妻子任敏因为拍了几张照片而被"造反派"赶回老家

任敏拍照，被"造反派"看见了，立即向"头头"报告，厂里马上召开大会把小陈狠狠地批判了一顿。"头头"指着小陈骂道："你狗胆包天，竟敢给反革命分子贾植芳的臭老婆在我们伟大领袖毛主席宝像前照相，真是罪该万死！"小陈只好低头认罪，我们感到非常对不起他。"头头"勒令"你这个臭老婆不能再多住了，赶快滚回去！"这样任敏只得匆匆地返乡。

沈：任敏师母直到什么时候才正式调回到相别二十多年的上海？

贾：经过二十五年"脱胎换骨"的天路历程式的"改造"生涯，老妻终于从山西农村调回来了，我们重新建立被政治风暴摧毁的家。我平反后得灾难生活补偿费五百元，任敏得青海法院赔偿没收财物折价二百二十元。房间里的所有家具什物、生活用品都需添置，一切都是新的，真是"重新做人"啊！当时一位干部来征求意见，我说：你把我家里的饭锅还给我。他有些惊讶地说：不是补助给你钱了嘛，你自己去买一只算了。我对他说，我不买！你们怎么连我吃饭的锅都拿走啦。（笑）当年胡风被抄的书籍文稿发还了极大部分，不知什么原因，我当年被抄走的所有物品，特别是文稿、信札和书籍都没归还给我。我现在最大的心愿就是盼望能早日归还其中的书稿。

沈：您刚才说说令人痛彻心腑的苦难经历，我在任敏师母所写的回忆录中也有一定的了解。作为受难者的妻子，这么多年来苦海浮沉，承受着漫长的痛苦，背负着沉重的压力，及至老年时期仍不顾自己年迈体衰，以自己深情的笔墨来撰写回忆录，她也真不容易啊。确实，使我们这些年轻人为之肃然起敬。

贾：她虽说是知识分子出身，但没参加过社会职业活动，只是经营着我们"两人世界"的家事，闲中帮我抄抄稿子。同时写她受冤案牵连的生活遭遇的回忆录，她只是用日常的语言，虽没有修辞文采，但它反映了那个特定时代、她的命运与感受。

沈：更主要的是也为你们这半个多世纪以来的风雨同舟的生活留下个永恒的历史印记。听说任敏师母的回忆录原来还准备继续写下去，回忆自己早年丰富的生活往事，可是如今却病成这样了，非常可惜。

贾：（显得颇为伤感，接着大口吸烟、大口喝茶，长长地叹了一口气）唉！真是太遗憾了，老太太原来是有一个计划的，准备按自己的生活一段一段地慢慢写。现在大病一场，也无能为力，只得搁笔了。

沈：任敏师母曾拿给我看过她编的《北方土语辞典》，是一本极为有趣的书。

贾：是啊，那是在一九五一年十一月由上海春明出版社出版的，当时初版就印了五千册。一九八〇年章培恒由日本讲学归来告诉我，他在东京大学今富正巳家看到这本《北方土语辞典》，是香港印本，已经第二版。

任敏师母的病一天天地好了起来，总算转危为安，使所有关心贾先生夫妇的人们都松了一口气。每次去看望躺在病床上的师母，贾先生总是颇为懂行地介绍她身体的健康状况："现在，老太太的体温、血压、脉搏都很正常，我也总算安心了。"他每天对任敏师母的情况关心得非常仔细，从体温血压到饮食起居，每一件事情都要亲自了解，情况正常他的情绪就好，饭也吃得香；倘若出现问题他就会十分焦急，便开始出主意、想办法。

只要天气晴朗，无论在春光和煦的上午、盛夏凉爽的清晨、秋天金色的傍晚、冬日暖融的午后，在他们居住的宿舍院子里，人们都能看到贾植芳先生迈着结实的步伐，推着坐在轮椅上的任敏师母行进在林荫道上散步，并不时热情地与相熟的路人打着招呼。当他们走过以后，有时人们也会情不自禁地回望着这对相亲相爱、风雨同舟的老人，他们蹒跚而去却坚毅不屈的身影。

我记得二〇〇一年二月五日，天阴沉沉的，我依然早早地在上午十时

一九九八年贾植芳先生八十三岁生日与病中妻子合影

277

前到了贾先生的家，他刚起床不久，边用早餐边与我谈话。

贾：今天我九时起床，醒前做了一个梦，梦见一九五五年被抄家没收的两部译稿《尼采传》《幻灭》被发还了，大喜过望。于是便为它们的出版奔忙，四处找出版界的老朋友，准备换些钱给老妻治病……

沈：唉！日思夜梦啊。任敏师母的医药费很厉害吧。

贾：我现在最大的心愿是想让任敏能醒过来，好好地再过一阵子。至于花钱也就无所谓了，因为我和她来上海时手里八块铜板，一直用到现在；当年只有一卷铺盖，现在是有一个家了。只要能把她的病治好，大不了我们还是带着八块铜板和一卷铺盖回老家去。

另一天，贾先生留我吃了午饭，照例喝了一些他家乡山西的汾酒，吃了一大碗颇有他老家风味的炸酱面，或许是还有山西老陈醋作佐料，或许还是听了他的一席话，总之我的眼睛似乎有些湿润了。记得贾先生如是对我说："每晚我都要在老太太床边坐上一些时间，用手指拢拢她那稀疏的白发，为她揉揉难得活动的手和腿，再帮她搓一下脚底。虽然她现在已经不能讲话了，但是我还是要告诉她每天家里家外的各种大小事情，当我在她耳边轻轻地叫她几声：'任敏，任敏……'此时，我分明能看到她的眼光仿佛闪亮起来，并在注视着我，而她的手也会微微地有些颤动。那次我对她说了，我们《解冻时节》的这本书出版啦！我清清楚楚地看见了一滴泪水从她的眼角里流了出来，滴在了她的枕头边上……"

八

又到了夏天，天空是那样的湛蓝，日光是那么的明媚，马路上好像被热气笼罩着。六月下旬的上海天气已经够炎热了，藏在树荫浓叶里僻静的院墙仿佛阻隔着热气，贾植芳先生的家里便有了出奇的阴凉。午后四时，经过休息以后照例是贾先生的会客时间，我又来到这里拜访他。他点燃起香烟隔着小圆桌与我相对而坐，我望着一缕缕蓝烟白雾，听着他一如平日的笑谈。

东窗外一片竹叶在微风中簌簌作响，犹如温柔的绿波，沁得人神清气爽，我们一起欣赏这竹子的自然妙趣之所在，谈起了竹子的性情，谈起了中国传统的士大夫，又说到了大名士苏东坡，及至他的好友久病住院的陈从周先生（已于去年故世）。记得那天，贾先生告诉我他与陈从周先生在八十年代初的交游史，感喟陈从周先生是一位难得的性情中人，评说其风骨毕现的操守、率真潇洒的品格，每每赞叹不已，说到动情时，他把我领进了卧室，卧室除了床和衣柜外就是书架，贾先生指着墙上两轴条幅娓娓道来。

贾：八十年代初，有一次我与陈从周在一起喝酒，酒毕，他对我说："我为你画了两幅画送给你。这幅画的是竹子，象征着你的性格，在这样长的条幅上画这枝细细的竹枝，我一口气一笔从下往上画到顶端，顶天立地，高风劲节。"（我仔细看了画上的题款："老去画竹，未能知足；数黄劲竿，又染新绿。植芳任敏方家双正，壬戌春节，从周。"）

他又对我说："另一幅画的是梅花，象征着你的文学命运。"你看，在这一长条画面上只画了一根梅树老枝干，弯弯曲曲地从左上方延伸下来，一直长到画面的右下部，比喻我的文学生命。这根老枝干在开头时长出许多梅花，好像我在年轻时期写作了许多文章和作品，也出版了几本书；可是这根老枝干中间一段却是光秃秃的枯败，好像我的文学生命在壮年时期一片空白；等到老枝干一直长到头，虽然傲霜而立还能开出几朵小小的梅花，但是已经老了，力气不够了，仿佛我老年时期还出版了几本小书，毕竟年老体弱了。（这幅画上的落款是："植芳道长属写。芳林华枝。从周同客沪东。"）

沈：对啊，太形象化了。您如此珍视这两幅画，说明是不是让陈从周

陈从周先生赠贾植芳先生的画

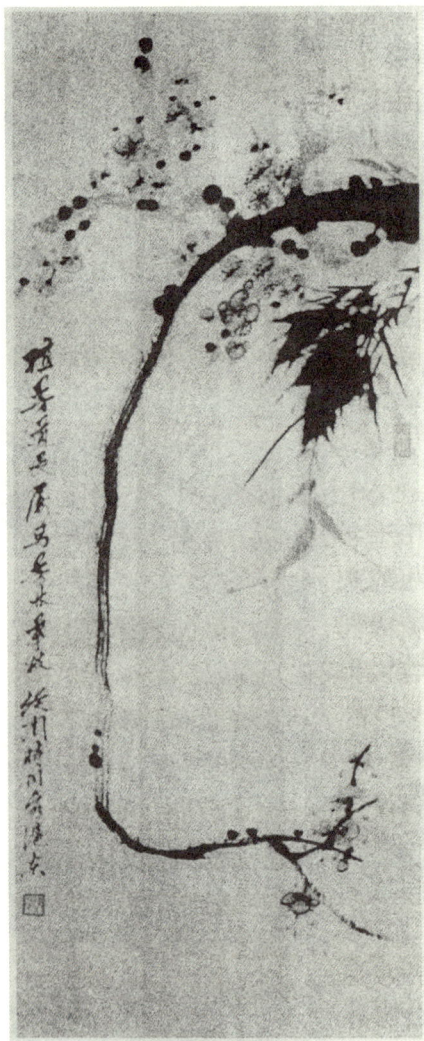

陈从周先生为贾植芳先生所作《梅花图》

先生一语道破了您整个的文学历程。

贾：（大笑）几十年来我的那些杂七杂八的文学活动，只能看着是消耗我的生命力的一点历史记录，它们寄托了我的理想、希望、爱憎和思考，只是如此而已。我因文受祸，在新旧社会都吃过断命的政治官司，这些文字也只能是我在崎岖不平道路上的零星的体验和感受，我自己的一些思想感情的浪花的自我表现，有的还是鲁迅所说的"遵命文学"，真如向黄浦江小便一样，它们没有什么影响力量。从五十年代后，基本做了"绝育"手续，实在算不得什么作家，而且我也早忘了我自己还曾是一个作家。

沈：您的这种说法并非仅仅是幽默，您的文学作品大都是在三十余岁前写成的，自五十年代开始到震旦大学、复旦大学执教，随后又是二十多年的空白。

贾：解放初，我已经把《人的证据》第二部分写好，以《人的斗争》为题在《大公报》连载其中一个片断，第三部正在撰写之中。一九五一年我在"文协"配合"镇反"运动号召下，我写了独幕剧《当心，匪特造谣!》在《文汇报》登了一版，还有一篇政治性小说《血的记忆》，在华东作协内部受到批判，说我坚持小资产阶级立场，宣扬反动人性论和人道主义。

沈：这篇小说写的是什么内容呢？

贾：这是我在国民党监狱里，听老难友讲的真实故事，加上我三次监狱生活体验写成的。一个农民被抓壮丁当上狱卒，对革命者同情，逐渐产生了生死与共的情感。在押解途中，本来革命者可以逃脱，但为了狱卒一家的安全，终于没有逃成，最后两人都牺牲了。但因为写了两个不同身份的人物之间的特殊感情交流，被视为宣扬阶级调和受到指责。

贾植芳先生《人的证据》初版书影

沈：请问，这是否意味着从此以后，您就基本放弃了文学创作与活动，而专门从事高等语文教学以及文学理论研究工作。

贾：像我这样的知识分子，按解放后的标准，出身都不好，被称为"阶级异己分子"。这篇小说是我五十年代的最后一篇小说，我这个"小资产阶级知识分子"，小说是不能写了，因为不懂工农兵生活。这篇小说也成为当时我与文学创作准备告别的"绝笔"。此后仅写点表态的小文章，如对电影《八女投江》。

沈：漫漫长夜，当噩梦醒来，我们又读到您的文学作品。尤其是您当时写的散文《花与鸟》，给我留下极为深刻的印象，其中的一些片断我至今记忆犹新。在题为《屋檐下的花》中，您深情地写了："我在一次洗手时，发现了这两盆在风雨中飘摇挣扎的花，我同情它们被遗弃的命运，我的发热的双眼流出了热泪，我本能地折回去，拿了一只小杯，给它们浇了水，我似乎看见它们对我怀着感激的微笑，花的微笑，我感到我和它们的生命之命运之相通，我感到生命之被恢复的欢乐，生之昂扬。"而在《小鸟和它的新居》结尾时挥笔写道："我站在小而窄的晒台上，抬头望着碧蓝的万里晴空。我祝福那只振翅重新翱翔在自由天地里的小鸟，它战胜了自己的命运，获得了生命的源泉：自由。"您在重新获得自由和做人的权利后写出的这篇散文，没有一点伪饰，没有一点矫情，是您当时内心世界的真实写照，以日常生活所遇见的花与鸟，表达了对自由和光明的热烈向往，对生命的礼赞以及对未来的无限憧憬。使人们再一次感受到在您身上又洋溢着当年您身为文学青年时的勃勃生机。

贾：确实如此，反映并表达了我当时内心深处的真实的思想和情感。

沈：在一九八一年十月十日的日记里，您写道："约好为《地狱边沿的曼陀罗花》写评论文章，八日工作整天整夜，九日下午完成。报馆八日下午冒雨派员来取，还未写成。昨日方托陈思和下午后送交报馆。这是二十多年来上海报纸约我写的第一篇文章。"在您如此平平淡淡的记录文字间，我读出了您当时的激动和欣喜之情，这是否意味着您开始重新恢复写作、发表的权利。

贾：从一九七九年开始，我又拿起了废置多年的笔，陆续写了一些短文，仅限于自己私人范围。当时，中国的政治大气候虽然开始改变了，文艺界的小气候似乎还未变，或者由于历史的惰性，变得很慢。因为我是一个有"前科"的人，这又使一些编辑见我而色变，甚至排了版还得抽下来。

沈：您在一九七九年九月三日的日记中这样感慨地写道："我们在东京的三个'同仁'，春潮已于五七年被迫害致死，子豪客死海外，只有我是'硕果仅存'，经过十一年多的监狱生活，十一年多的'劳改'，还活在这个世界上，真是一个好小说材料：《三人行》。"真是灵感泉涌！而在一九八〇年六月八日夜您记下了自己的创作构思："李平的来访，很像一篇小说材料，题目可定为《忆旧游》。"八月四日夜您又记下了拟写作的设想："悲哀有时是一种正面力量。小说或诗的题目和题材：余灰。写'文化大革命'（学校范围）的题目：改造。写二十多年的生活，题目：冬眠

八十年代初贾植芳夫妇摄于复旦第六宿舍五十一号寓所门前

期。"可见，当时您还是不断有写作小说的创作冲动及构思，您在那一时期也很多产啊。

贾： 对啊，自从八十年代初期，我有了独立的生活空间，我又开始蠢蠢欲动，试图重新挣扎，便根据自己多年的生活体验与人生感悟，写了些小说、散文和杂文之类的小文章，借以自娱自乐。

沈： 在一九八一年二月您还将写于一九七九年的一篇约四千字小说《邂逅》，重新改定交文学刊物《雪莲》发表。当时您写作的体裁也很广，好像还写过诗歌，我记得您发表过一首诗《笔颂——致老友》。

贾： 这首诗发表在一九八三年。当时我虽然有了"人民"的身份，政治上平了反，但在文艺问题上，我还是有麻烦的。我们这一案的朋友们，能否公开发表文章，还是个大问题。我便活学活用毛主席的革命策略"农村包围城市""抛开大路走两厢"；好在我在文场上混了不少年，总有个三朋五友。刚才你提到的那篇散文，因有碍于禁令，无法在老友黎丁编的某大报副刊亮相，他就把此稿转到香港《文汇报》发表，算是在海外给我亮了相。

另一篇写于一九七九年的小说《歌声》，是我这一辈子所作的最后一篇小说。在一九八三年被我家乡的《山西文学》登出，为我亮相，此后我就不写这类东西，面带微笑向我从青年时就迷恋的文学创作告别，完全办妥了"绝育"手续。

沈： 您如此面带着微笑向自己从青年时就迷恋的文学创作告别，却令人感到深深的遗憾。

贾： 不必遗憾，其实我也无须再办什么"绝育"手续，而是大大地超过文学创作的"育龄期"啦。（大笑）

沈： 这不禁使我想起前两年，中央电视台的《东方时空》节目为您拍摄制作的专题片。这部片子拍得非常好看，极为传神，通过记录您的近影行迹和访谈心声，介绍了您在风雨坎坷几十年中所追求理想、崇尚真理的人格品德，虽然备受苦难，还是自始至终保持不息奋斗、积极进取的精神力量。

贾： 是在《东方之子》栏目内播放的，几位记者从北京专程来到这里采访我，拍摄了很多镜头，非常辛苦也很劳累。不久后，我正好去北京参加文代会，他们又为我补拍了一些镜头，有一个我与老妻漫步在天安门广场的镜头，当我抬头望着天安门时，心情无比感喟。

沈：记得您在这部片子里自述的第一段话很有意思，也非常耐人寻味。

贾：(沉思片刻) 我是怎么说的呢？一下子想不起来了。

沈：我记得，您是这样说的："土改那会儿，我家是地主，上面来了工作队的干部，问我父亲：你有两个儿子，一个在延安当干部，是我们的同志；还有一个在哪里？我父亲说：小儿子有十年没消息了，也没信，没有什么联系。他要钱就找我了，不要钱信也没有，不知道他在哪里在干啥。工作队的干部说：我们知道，你家小儿子是个作家。我父亲没啥文化只知道做买卖的、种地的、做官的，不知道作家是干什么的，便问：作家是干啥的？工作队的干部回答说：作家就是造书的人。我父亲一听连忙说：孔圣人才造书，我家小儿子怎么也会造书，这不成了圣人了吗？"我想，作为一名现代社会里的作家，一生就是为了"造书"，不断地生产文化精神方面的产品，也许能成"圣人"。我想，所谓"圣人"或许是思想家吧。请您谈谈自己的文学生涯。

贾：谈起我的文学生涯，想起少年在太原成成中学对文学开始觉醒时的生活。我由看旧小说入迷，以至动笔学着模拟写老家村里一个富商家庭的纠纷，写成一部中篇章回体小说《古堡笳声》。直到我去北平前，才把稿子投寄到《山西日报》副刊，不久得到编辑部用红格白宣纸给我的准备采用的复信。

沈：这篇小说后来刊登了吗？是不是您的处女作？

贾：但随即我就离开太原，此后只路过一次，也未停留，不知它的下文，不能算为处女作。当时我热衷于想当作家，试写新文学体式的作品，有诗歌、诗剧、小说。我起了鸳鸯蝴蝶派味道十足的笔名"冷魂"，我的第一篇小说应该是登在一九三一年《太原晚报》上的《一个兵的日记》。

沈：这是一篇怎样的小说？

贾：这篇小说有两千字左右，连载了几天，因为是一张小报，报屁股的地盘本来就不大。我用第一人称的日记体写的，写了阎锡山旧式军队的野蛮和腐败，初次表现我对现实生活秩序的不满和抗议。

沈：当年您就是这样踌躇满志地开始踏上文学道路，可谓"初露锋芒"。

贾： 这些习作的发表对我的创作兴趣是一个鼓舞。从那时起，我开始认识到文学是一种改造社会、改善人生的武器。曹丕在《典论·论文》中说的"盖文章经国之大业，不朽之盛事"的观点，在我的头脑里有了新的发展。

沈： 这是不是您最初的文学观。从您的回忆录中可以了解到您后来去了北平上高中，又继续从事着文学创作活动。

贾： 那时我继续学习着写作，小说、杂文、散文都写，也向北平、天津、上海的大报投稿。在八十年代初，我的研究生孙乃修从北京图书馆里，为我找到一九三四年我在天津《大公报》上发表的小说《相片》，并给我复印回来了。

沈： 几年前，您曾经给我看过这篇小说，应该说，这也是您早年的一篇以社会现实为题材的力作。三十年代初的情景，对于我们现在来说已经显得非常遥远了。当时，您怎么会写成这篇小说的呢？

贾： 我并没有这种生活体验，当时读鲁迅批评梁实秋的文章，梁说出身下层的人们，只要安分守己往上爬，也能出人头地。为了批判这种理论，写了这篇小说。想说明在金钱统治的社会里，穷苦青少年要得到受教育上进的机会简直比骆驼穿过针孔还难，不能幻想；嘲笑一心望子成龙而向上爬，以改换门庭的小生产者的自私和愚蠢。（说着说着，一下子笑了起来）这倒是一篇主题先行的作品，但当时我那种热情却是真挚的。

沈： 我以为这篇小说的语言句式很有特色，显示了您深厚的文言文基础，您早年的文学创作是否受到我国古代散文语言的影响？

贾： 那种简而短的句法构造，是受当时文坛上受人注目的张天翼的文风影响。我还以教会学校的亲身感受写了小说《米》，在北平《京报》文艺周刊《飞鸿》上连载了两期，可惜至今没找到这份报纸。从那时起，我由原先朦胧地以文学为改造人生和社会理想，逐渐具体而清晰地发展成文学为人民服务的思想，指引我以后的文学活动。

沈： 我想，纵观您整个的文学历程，这些作品应该是您从事文学创作的颇有收获的最初阶段，正如像您自己所说的："我的文学创作原是出于个人爱好，发表创作也属于散兵游勇状。"确实是您"对文学开始觉醒时候的生活"也为您日后的创作打下基础。请问：您文学创作的第二阶段是不是在留日期间？

贾植芳先生获中国作家协会颁发给抗战时期老作家的纪念铜牌

贾：你把我整个文学生活划分为几个阶段，很有意思。我的留学生活，给我以后的生活道路产生深刻的影响。虽然我在出国前就已学习文学创作，向报纸投稿，但我是在这个阶段才与国内新文学运动直接发生关系。可以说，我的人生道路和文学生活发生了又一次大的转折，就是从留日开始的。

沈：您到了东京以后，才与中国左翼文学运动发生联系，随即成为新文学队伍中的一员，留日期间也就成为您文学生涯的重要阶段。同时，我们应该看到中国新文学与留日学生的关系一直都是非常密切的，在我国现代作家中有这样一种现象，留日学生似乎比欧美留学生要多一些。您当年处于这样一个历史环境里，对于您也一定会产生相当重要的影响。您曾经说过："似乎是郭沫若说过，中国新文坛大半是由日本留学生建筑成的。这话自然有点以偏概全，不过也包含了一个重要事实：中国新文学运动初期，有一大批作家是留日学生，他们以激进的姿态投入并推动了新文学运动。若再往上溯，从清末到三十年代，留日学生中已经产生过新文学的四代作家。"这四代作家极大部分学成以后都回来报效祖国，尤其是一些代表人物，用现在的话语来论，可以称作"海归派"。像您这样在抗战爆发前留日的作家，是否应该算为第五代留日学生呢？

贾：我们这些三十年代中期到日本留学或政治亡命从事文学活动的青年应该算是第五代。抗日战争即将爆发，但赴日的人还是不少，留学生文艺社团很活跃，和国内文艺界的联系很密切，可谓声气相通。我一到东京，就被吸收进文海社，参加《文海》的编务活动。

沈：我注意到了您当时在读书之余，热情投入到留日学生的进步文学

286

活动中去，这些经历显得尤其重要。

贾：对我触动最大的是两次文艺性的纪念集会。一次是六月高尔基逝世，另一次是十月鲁迅逝世，在东京的留学生举行了纪念会和追悼会，我都参加了，使我对左翼文艺运动有了真切的体验。

沈：关于这些当年具体的实况，您在重访东京日本大学的讲演稿《中国留日学生与中国现代文学》中有过详细的回忆。当时您在业余时间仍不放弃文学写作，发表了不少小说、散文和译稿，在留日学生的文学活动中产生了一定的影响。近日读到一九三八年您在武汉致胡风信中说："二年前在日本的海滨，在夜雨声中，辗转于席上，想着过去的人与事，爬起来写了这样一篇，用以纪念友人。"寥寥数语，从中可以窥见您在当年留日期间的创作激情。

贾：这篇寓言式的小说《蜘蛛》，是暑假与覃子豪结伴在伊东半岛度夏时写成的，原稿回国时也存放于香港。这是后来我从记忆中抄出寄给胡风的。

沈：这篇小说后来发表了吗？

贾：记得胡风收到后来信说写得有些晦涩，怕读者不易懂，劝我修改一下再发表。因为当时生活环境动荡，没能及时修改，后来连原稿也散失了。

沈：您在留日期间写的小说《人的悲哀》，我以为是您早期文学创作中的一篇有力的代表作品，具有强烈的社会批判精神及明显的荒诞意识，反映了您对社会现实苦闷、人性悲剧困境的一种极为冷静的深刻思考。您在青年时代的那种创作激情和性格特征，在冷嘲幽默的笔调和冷峻理智的文风中得到尽情的展示。这篇以第一人称所写的小说是否取材于您自己的生活原型？

贾：这篇小说以我来日本前的生活为素材写的，通过"我"一个有民主自由思想和志向的学生，出狱后在北平一家麻袋铺寄居的经历、感受。我努力学习鲁迅的现实主义艺术手法，在平淡生活中揭示出人性的麻木与悲哀。总之，我写的那些以第一人称的小说，都是我在人生旅途中的思考，也是我眼中的生活现实的不大高明的文字记录。

沈：品尝这篇小说简洁而富有韵味的语言，有些恍如在观赏上一个世纪三十年代的历史文物似的，它们静静地闲置于陈列馆里，虽经久而耐

287

读；虽写实而荒诞；虽文字省简而具有意蕴；虽陈旧而依然结实地赋予怀念感；虽黑黝黝而散发出芳泽幽亮的昔日神韵；虽在历史烟云中沉甸甸而却显得绝妙诙谐；虽说已少有人浏览而能深深地吸引阅读者入迷。凡此种种，例如在"我"的眼里，这家麻袋店的"整个店子像失去太阳的宇宙一般""人们显得可悲的，像没有声息的动物，只准看着自己的鞋尖，低着头挣活""我就上了楼，背后是一群奇异的眼睛，像送葬行列后的眼睛，饱含着惊奇和悲哀""我在这些脸的注视中，像一株荒地的野草或一根广场上的擎天高柱"。您还把小说里的人物写得分外传神，如"掌柜"的"小胡髭像是得了充分灌溉的花草，在清晨精神地开放着，挺得很硬；眼睛透过镜片分外圆，像两颗劣质的宝石。"令人拍案叫绝。从中我们大略能窥见您早年的创作才华及其作品的文学价值，这无疑是有意义的。

您在小说创作中显示出冷峻的思想家气质和深刻的忧患意识，使我们能够体会您在青年时代的激情以及在历史深处的沉思，可谓："铁肩担道义，辣手著文章。"我又想起其中的片断：

我感到又空虚又愤懑，我把书本用力地歪了一眼，觉得"思想"并不存在于这里，它是存在于生活里。……我觉得真理是被历史的沙土埋得重重的，透不过一口气……

这世界大概便靠这沙土维持吧？……

我要把自己化作一只铁锹，……

晚上，我在给一个遥远的友人写信，结末我痛苦地说：

"……这世界正在发育，真理和生命一样的存在于我们的本体中啊！……"

此时此刻，我好像是在阅读一首既有哲理又有韵味的散文诗，我也仿佛瞥见了当年一位年轻的孤独的思想者在做沉思状散步时的背影。

贾：（充满深情地）鲁迅逝世后，一次，我在东京神田区的内山书店里，看到上海生活书店出版的《工作与学习丛刊》，惊喜地发现这是坚持鲁迅传统的战斗文学刊物。抱着试试看的心情，我把这篇小说寄给了它的编辑部。

沈：就在发表您这篇小说的此刊《校后记》里，署名X·F写道："《人的悲哀》是一篇外稿，也许读起来略显沉闷吧，但这正是用沉闷的坚卓的笔触所表现的沉闷的人生。没有繁复的故事，但却充溢着画的色调和诗的情愫，给我们看到了动乱崩溃的社会的一图。"这是对您这篇小说诚恳的评论。

贾： 这是外界对我的文章引起的第一次批评和反应，是胡风写的。八十年代初，江苏人民出版社要我把自己文字生活中一部分被目为小说的作品，从还能找到的散见在图书馆旧书刊的文字堆里剔出来，搜集编成一本小说选，我就以这篇《人的悲哀》作为首篇，在我是有很深刻的纪念意义的！

沈： 您当时是否知道这本丛刊的主编是胡风先生？

贾： 当时我并不知道这个刊物的编者是什么人，也没有写信。过了不到两个月，我就收到刊登我的小说的丛刊第四期《黎明》和稿费，与胡风的热情来信。这时我才知道丛刊的编者是胡风，而他三十年代初期用笔名谷非写作、翻译，我就是他的一个读者了。也就是说，我从他的著作和翻译，早就认识了他，可谓"神交"已久。

沈： 由此因缘，通过投稿的关系您初识了胡风先主，从此开始了与胡风先生的交游史。您俩第一次见面是在什么时候？

贾： 我们保持通信并给他寄我的小说、散文、通讯和剧本，但我俩直到一九三九年才初次见面，是在重庆。他的最初来访，使我很激动，也使我亲身体会到他的热情、纯真的为人品质，完全是一个平民化的知识分子

一九八二年九月在北京贾植芳（左一）与胡风在其新居合影

的朴素形象。这就是我们真正订交的开始。

沈：当年您与胡风先生结识以后，逐渐开始了"牢不可破"的友谊与感情，对于您的文学生涯以及人生道路都产生了极其重大和深远的影响。

贾：是啊。我与胡风由投稿到相知，抗战中进一步成了朋友，我成了他主编书刊的作者之一，把我的作品介绍给新文艺的读者，使我与新文学运动有了真正联系。他又鼓励我把经历的复杂生活写出来，是我第一本小说集的编者与推荐者。因此，愈是回忆我与胡风来往的历史，就愈感到他在我生活道路上的影响和帮助之大，以至成为同一冤案中生死与共的朋友，很多年生死两茫茫，谁也不知道谁去哪里了。

沈：此后您又在何时历史性地再见到胡风先生？

贾：一九七九年深秋，耿庸给我寄来一张胡风携长孙游峨眉山的近照，时隔二十五年，我看到他样子还健壮，不像"屈原"的形象，心中宽慰了许多。直到一九八一年五月，他来上海医治精神分裂症时，一别这么多年，又经过这么多曲折离奇的命运，想不到又能在上海滩头聚首，这也真是命运啊！

沈：当年，您是胡风先生主编的一系列文学书刊的撰稿人之一，这是您早年的重要文学活动。抗战时期，您不断为《七月》杂志写稿和通讯，成为这个杂志的特约撰稿人，被胡风先生聘为七月社西北战地特派员。

贾：我在中条山战地写了一些战场通讯和散文，如《悼黄浪萍君》《距离》等。有一篇《从中条山寄到重庆》则是我给胡风的信，由他摘取一部分发表，标题也是他拟的。

沈：抗战整整八年，您闯荡于军队与社会之间，深切地观察、认识中国社会的情况，积累了丰富的生活经验，开拓许多写作的素材，写出一些反映抗战生活的精湛的短篇作品，也构思并写作长篇小说。近读抗战时您致胡风先生的书札，看到您时常谋求写作长篇，但终因人生颠簸，未能如愿，最终都没能完成，甚为可憾。

贾：记得我在西安写一个长篇《新尸》，写成万把字，去重庆路上底稿遭大雨淋湿被毁；在重庆我又开始写以军队生活为题材的长篇《霍林上尉》，也未能完成。我还曾想把三位山西籍革命家合起来写一部长篇《河东英雄传》，也只写成了一篇《嘉寄尘先生与蚂蚁》。一九三九年，抗战形势发生第一次政治上的大逆转暗流，我不得不逃离所在的部队，辗转到了重庆，把这篇稿子交给胡风，我觉得"蚂蚁"部分写得累重，建议删除并改题为《解放者》，发表时题为《嘉寄尘先生和他的周围》。

沈： 四十年代初，您困居西安时写出随笔《沉闷期的断想》，在这些格言箴语式的短小精悍的文字里，蕴含了您在年轻时代的思想火花、人生感悟。

贾： 鲁迅著作和他冷峻、傲骨的性格及严肃的批判意识，对我的思想与写作产生很大的影响，还有尼采、易卜生，所以在我的文章中难免也会带有一些这样的思想轨迹、表达形式。记得当时我最爱读尼采《查拉图斯特拉如是说》。

沈： 一年后，您这位思想式的作家又写出了几个短篇小说，依然保持着清醒的批判意识、积极的思想追求和生活态度，以及对人生形而上的哲学意味的思索。由此，您与胡风一直保持着作者与编者的密切关系，也结识了路翎、阿垅等一批同属于"七月派"作家的朋友。因而，您就理所当然地被以后的文学史家称之"七月派"中间的一位重要作家。那么，"七月派"是中国现代文学史上的一个重要文学流派，它究竟是怎样形成的呢？这是很值得探究的。

贾： 我认为，这个文学流派是在胡风长期从事编辑的过程中形成的。从他参加左翼作家联盟的领导工作，接触一些作家和这个文学团体的成员，到协助鲁迅编辑《海燕》杂志开始；鲁迅逝世后，他在冯雪峰授意下主编《工作与学习丛刊》；又创办了《七月》，再编《希望》及《七月诗丛》《七月新丛》《七月文丛》。正因为他编辑文学书刊的关系，在他周围结集许多作家和他发现的文学新人，其中不少人又成为朋友，以至形成一个"胡风派"或"七月派"的文学流派。后来却被打成所谓"胡风反革命集团"，而这个文学流派的作者，多数被打成"胡风分子"。

他在生死大难后谈到和"七月派"作家的关系时，不无辛酸地说："我检查自己，我和他们之间建立了友谊，以致没有割断联系，原因就是上面提到的对人民（革命）的共同态度，对文艺工作的彼此思想和感情上的交流。"这也是当年把这个文学流派定为"暗藏在革命阵营的反革命派别"的原因。

沈： 胡风先生在晚年时说："虽然许多朋友因我受牵连，我也感到内疚，但是他们靠近我时，已经有了自己的思想和理想，我更多的是出于一片爱才之心。"

贾： 确实啊！胡风是著名的文学理论家和批评家，更是一位热心肠的

一九八一年十月十三日贾植芳（戴眼镜者）与诸友人在
龙华医院探望来沪治病的胡风（坐者）先生

人。对于他重视和发掘从生活深层来的青年作者的来稿，我是有亲身体会
的。他的编辑风格继承鲁迅的编辑传统，他编杂志取稿的标准，不以作者
的名位为准，完全看作品的思想和艺术质量而定。这么多年为他所编辑的
文学刊物撰稿的有许多人，其中大多数通过投稿和他结识，并被他培养成
作家、诗人。但这样严肃认真的编辑态度，在无形中得罪了一些知名作
家，他被扣上"宗派主义""小集团"的帽子，大概与这一点不无关系。

沈：梅志先生在《胡风沉冤录》中写道，鲁迅先生曾说胡风先生"为
人耿直，易招怨"。查《鲁迅全集》第六卷五三五页有："因此，我倒明
白了胡风耿直，易于招怨，是可接近的，……"

贾：我读过鲁迅这篇文章，又认识了胡风为人品质及鲁迅对他性格和
文风的评价。这句"胡风耿直，易于招怨"的话更深深地印在我的脑海
里，以至一九四八年他受到在香港同一阵营同志的批判，一九五四年对他
更大规模的批判时，我都想到鲁迅这句话。其实，我这种观察和看法，只
是皮相之见，并不能概括他所遇到的这两场政治性灾难的本质。咎不在
他，在今天看来，是洞若观火的。也是从这篇文章，我粗略地了解到在左
翼文艺阵营里胡风和周扬等人之间的纠纷和矛盾。

沈：据说"拨乱反正"后，胡风仍没能出席第四次文代会？

292

贾：是啊。尽管有些当初迫害胡风的人后来自己也受了许多迫害，可在这些人眼里，他们的受迫害是真的冤枉，而胡风却是活该！这种政治上被视为异己的滋味，在今天政治观念普遍冷漠的人来看，似乎很难体会，但对胡风来说，精神上的打击却是致命的，应了前几年流传的一句民谣：道路曲折走不完，前途光明看不见。于是胡风从期望到绝望，从自信到幻灭以至精神分裂，在幻觉中不断感到有人在迫害他，摧残他……

沈：抗战胜利后，您在上海正式下海卖文为生，还曾主编《时事新报》副刊《青光》。最近我在图书馆查阅了当年刊登您作品的旧报刊，看了一些同为"七月派"作家的有关与您交往回忆的文章。我忽然对您这位当年上海滩的文学青年，想象而生出一种"另类"的印象，但不是现在那种时髦的"另类"。

贾：那时候年轻，初次进入上海落脚，走在马路上总喜欢东张西望地看看，对一切都充满着好奇感，路过大世界附近的"共舞台"，也会被戏院门口的大幅彩色招贴所吸引。当时社会动荡不定，我们夫妇居无定所，搬家只要借部三轮车就行了，一般住亭子间或阁楼。平日埋头看书、写作，要么就去看朋友、聊天、逛马路、跑书店、听音乐、观画展，还结交了许多青年艺术家朋友。

沈：看到当年您与友人的合影，一派风流倜傥的样子，可是理了光头而身着西装，有时又会戴一顶礼帽，看上去确实有些"另类"。您的老友回忆第一次看见您的情景说，有次他去胡风家，"门前有个身穿挺括的灰色西装却剃着光头的中年人散步似的在来回走动。这副装束不符合'规范'，也与上海风尚格格不入，心里觉得奇怪，不免多看了他几眼。他毫不理会，只顾自己踱着、踱着；但也不是毫无目的的，活

早年老友画家卢鸿基为贾植芳七十五岁时所作速写像

动范围只限于阳光照着的那块地方。原来他在曝太阳!"他进屋后问了梅志,才知道"那位穿西装的和尚"就是您啊。

贾: (笑)那是冀汸在文章里回忆的,其实他当时怀疑我像一个特务。

沈: 那么您为什么总是喜欢剃光头呢?

贾: 这是我早年在军队里养成的生活习惯,很方便又干净。虽然来到大都市,但我还是想以这种形式来保持自己独特的个性和"另类"的气质。(又笑)

沈: 因为有如此一种卓尔不群的"另类"姿态,所以当年您不仅与朋友一起听贝多芬、瓦格纳的唱片,还去看法国画展哩。真是浪漫极了!

贾: 是啊!但是我在生活上却很严肃,决不腐化。我们这些人在政治运动中之所以屡打不倒,原因之一就因为在个人生活作风上严肃正派,无懈可击,我们没有什么乱七八糟的事,否则早就完蛋了。

沈: 而胡风当时对您的生活方式却提出看法,说您那时"新旧朋友真不少,时间可就在聊天会友中度过了。我曾多次和他说,希望他能安下心来从事创作"。

一九四八年十月贾植芳(前排左一)夫妇与胡风等友人同游杭州灵隐寺

贾: 他是一片好心,可我不是一个在书斋里写文章的人,也不把文学创作视为职业,从未认定去当专业作家;我经历过各种复杂的场面,周旋于各种社会关系,见识过各种政治和社会人物;我关心人生社会甚过文学,虽然二十年代中期就开始写写画画,但我始终把它看作业余爱好和人生感受的一种记录。我不是为创作而体验生活,而是由生活走向创作,生活对我来说是第一义,创作是第二义。我总是不着急去写作,而有许多其他事情,比写文学作品更有意思。

沈：我以为，您在这一阶段不仅创作许多短篇小说和散文集《热力》中的大部分散文作品，应该说是您文学创作的鼎盛时期。转瞬之间，您已成了文坛学界的一位耄耋老人，您自己说："我虽然已进入古人所谓'从心所欲，不逾矩'之年，但我自信并没失去我在青年时期那点对生活的激情，那是一团理想的火光，它在我的漫长而多难的生命途程中，一路毕毕剥剥地燃烧着，使我觉得暗夜不暗，光明永远在我的前面。"您是如何看待自己青年时期的文学作品呢？

贾：当我重新生活在党的阳光下，就去图书馆从尘封的三四十年代旧报纸堆中找到了当年发表的一些作品，像在街头碰到久已失散的亲人一样，恍如隔世之感！屈指算来，极大多数是我在半个多世纪前写的文字，既然是旧作，是历史上的我写的，那时的认识天地只能是这么大小。如何用今天的眼光来看，要有严肃历史责任感。但我确实为自己青年时代那点对生活的激情而感到慰藉。

沈：尽管在您的写作生涯中，漂泊无定的生活和连番遭遇苦难，给您的读书、写作的时间真是太少、太少。但您毕竟是一位勤奋的作家，总是在历史所限定的夹缝中寻找写作机会，可令人扼腕的是，至今留下的作品却并不是很多。

贾：（非常感慨地说）在我的一生中，我总是在人生道路上任何一个安定的瞬间匆匆忙忙抓起笔来，努力要留下些人生的感触。可结果就是手稿的多次失落。每当暂时的安定过去，随之而来的厄运第一击总是摧毁我的作品。

沈：您的许多著译原稿都在恶劣情形下遭遇劫难而荡然无存。您在日本读书期间和整个抗战八年写作了不少文学作品，结果也就留下了一些被收入出版的小说集《人生赋》与散文集《热力》中的部分，真令人为之叹息。

贾：现在回头想想，老天给我安定写作的时间太少了，而让我遗失稿件的机会又太多、太多。还有我的有些文字，因为各种复杂的原因，发表或收入文集时，大都被编者同志删节过。为此，我曾有说不出的苦恼。我希望它们都能以原始面目刊出，少受些凌迟之罪。

沈：说起您许多失落得只字无存的著译稿件，使我想到了您曾经从事过的翻译活动。今天时间已很晚了，我下次再来听您一谈。

九

有一天，在黄昏时分，当我与贾植芳先生开始谈话的时候，天色很快就暗了下来，我被他不止一次说过的一席话深深地吸引住了，而在相当长的时间里，他那极难得才有的低声话语，常会在我的心头盘旋："我们这一代知识分子，是在'五四'新文化的氛围里成长起来的，接受的文化主要是西方的，而且是多元的，很庞杂，五花八门，可以自由接触，自由取舍。读尼采的书，也读马克思的书，读克鲁泡特金的书，也读卢梭的书，读列宁《俄国资本主义的发展》，也读托洛茨基《文学与革命》《我的自传》。"

贾植芳先生译作《契诃夫手记》初版书影

一转眼，已是二〇〇〇年的春天，那天他的小圆桌上放着一本封面雅致的新书，我猛然一看，嗨！《契诃夫手记》，贾先生在五十年代初的译本，这已经是第三次重版，由百花文艺出版社列入"世界散文名著"丛书出版，又印了四千册。

贾：（兴奋之情溢于言表）看到过去的译作能够新版，我既高兴又激动。当初收到谢大光老弟来信说要重印这本旧译，我衰老的神经又被深深震动。往事又浮现在我眼前，并不因时间的流逝而蒙上尘埃，一切都好像在昨天。

沈：您翻译的这本契诃夫的文学创作笔记《契诃夫手记》，早在一九五三年就由上海文化工作社出版；到了八十年代初浙江人民出版社和浙江文艺出版社又分别印过两次；如今又重印，可见此书流传之广。

贾：八十年代初，我偶然从图书馆"内部书"库内找到了这个译本，我望着书里契诃夫像，记得他的话："一个人没有什么要求，他没有爱，也没有憎，这样的人是成不了一个作家的。"这句简单明白的话，被我当作金玉之言，使我从漫长而坎坷的道路走过来，我是多么感激他啊！

沈：您那时连续翻译出版了两本契诃夫的书，后来又编译了《契诃夫年谱》。一九五四年您在《解放日报》上撰文《"用爱和信念劳动"——纪念契诃夫逝世五十周年》。我想，您一定是很偏爱这位俄国作家。

贾：契诃夫不是职业作家，他是医生，生活在普通人之中，为人们解除各种病痛。他在送给高尔基的一只表上刻着"契诃夫医师赠"，可见他为自己的医生身份而自豪。对于这位用辛勤劳动忠实而正直地完成人生责任的劳动诗人，对于这位"头脑清楚、心地纯洁、身体干净"的作家，他的品性很让我尊敬。

沈：记得您说过："这个译本在五十年代和八十年代初出版时，契诃夫还是'旧俄作家'，现在苏联解体了，契诃夫又恢复了原来的身份，成了'俄国作家'，历史就像一个魔圈，绕了一圈，又回到了原地。但无论是在苏联还是俄国，契诃夫仍然是契诃夫，是一位不朽的作家。"我想，这些称谓变化也许正是某种历史现象，而伟大的作家却是永恒的。如今我们读着这本书依然备感生动真实、简洁朴素和富有诗意，确实"他的手记，每条都很短，甚至只有一句话，是所谓'比麻雀鼻子还短的东西'，但正如高尔基所形容的，它们是些美丽的精致的花边，是经过深刻地提炼后的产物。"显然，您的这些精辟赏析使我们也能感受到您的治学趣味和文学观念，能否再谈谈有关译本的一些情况？

贾：这是一本契诃夫文学创作备忘录，在契诃夫去世后的第十年，由他夫人选编的，为研究契诃夫贡献了一笔财富，也为研究文学创作过程和创作规律提供了一份重要资料。当年我就很喜欢这本书，曾到国际书店去寻找过原文本，没有得到。后来我根据日本的俄国文学专家神西清的日译本转译的，参照一九二二年出版的英译本。此外，我还译有《契诃夫的戏剧艺术》，作者巴鲁哈蒂是苏联的契诃夫研究专家，这本书是他的一本重要专著。我根据日译本转译的，书末附有方典的论文《关于契诃夫与艺术剧院》一文。

沈：方典是谁啊？

贾：方典就是王元化，这是他当年所用的笔名。这篇论文写得挺好，其中独到的观点在当时报刊上是难以发表，他给我看了后，我说："别急，我来给你发表。"于是就把它作为附录印在书后面。

贾植芳先生译作《契诃夫的戏剧艺术》书影

沈：不久前，我访问王元化先生时还听他说起，您俩现在都已年老体衰，各自的住处也离得很远，相互看望已经很不容易了。有一次，因为开会遇见，非常高兴，于是干脆找了一个地方聊起了天，会也不开了。我觉得王元化先生很惦念、关心您，对于您目前的生活情况和任敏师母的病情也都了解。

贾：（笑）我们相交已有半个多世纪。当年一起进入震旦大学教书，后来他去上海新文艺出版社当总编辑，而我留在震旦大学。我们都有共同的理想与追求，也有着相近似的遭遇与命运，是饱经世变、历经沧桑的老友。最近，他托人带来了新作，说近时要来看我。都老了，相互之间来往很不容易。前两天，他专门介绍一位江西医生为我治皮肤病，效果挺好，其情可感。

沈：贾先生，说起您的翻译活动，我想把您短暂的翻译生活也归纳为三个阶段，不知是否妥当？第一阶段是留日时期，用自己所掌握的英文、日文，在广泛阅读西方的现代哲学、社会科学和文学作品的外文原版书籍之余，便开始了译文、译书。期间译有俄国作家安特列夫的剧本《卡列尼娜·伊凡诺维娜》，后来这部书稿也遗失了。真是可惜得很。您是一位勤奋的翻译家，倾全力从事翻译的。第二个阶段应该是在避居青岛时期。

贾：那时我以行商的身份住在当地的小客栈里，迫于形势险恶，也打不起精神再写小说。反正穷居无事，就潜心翻译来打发日子。从英文译了英国奥勃伦《晨曦的儿子——尼采传》，匈牙利剧作家维吉达的多幕剧《幻灭》，从日文转译了恩格斯《住宅问题》。

沈：除了这本恩格斯《住宅问题》外，其余的两种译作均未能公开出版吧。

贾：另外两种译本的命运就惨了。《晨曦的儿子——尼采传》是当时译得最早的，有三十万字，那年二月始译，到四月初完工，写了序言《旧时代的回忆和告别》，连同译稿寄给上海《大公报》刘北汜，请他帮助处理。等我欢天喜地回到上海，得悉序文已发表在他主编的副刊上，译稿也由一家书店排好打了纸型，等待付印。带着解放的喜悦，我像大家一样忙碌着，早把译稿连同尼采一起忘到九霄云外了。一天，书肆主人带着一包油污的原稿来旅舍苦笑说，这书不能印了。那时书出版前先要登广告，他去报馆碰了个钉子，人家对他说，你怎么还印吹捧法西斯的书？他只得把原稿"璧还"给我说："你留下作纪念吧！"

沈：就这样您收下了这部退稿，当时有没有感到很大的失望呢？

贾：(猛吸一口烟) 我接下油污的稿子，心中不免嘀咕：对外来文化、思潮和理论，是不能采取禁绝的态度，就算是敌对性质的东西，也应"知己知彼"嘛！但我的这点小感触，如电光火石一样，一刹那就自行消亡了。人逢喜事精神爽，这是多么激动人的时代啊！我把这包稿子随便一塞，又忙别的事情去了。转眼到了"那一年"，这部书稿当然也在劫难逃。

沈：我记得您回忆这部书稿时说过："奥勃伦把尼采称为'晨曦的儿子'，实在是一个非常精彩的比喻。尼采是资本主义文明高度发展中产生出来的自身否定力量，他对基督教文明的深刻批判与对未来超人的向往，都成为世界文明转型期的一种深层象征。他的思想学说对于本世纪初扫除旧文明、迎接新文明的中国知识分子产生过重大的影响，王国维、鲁迅、陈独秀，以至沈雁冰、郭沫若都曾经翻译或者介绍过他的学说。"基于这样的认识，显然是您当年花了大力气译这部传记的由来。

贾：现在我才知道国外有不少有关尼采的新著出版，也出现过"尼采热"，仿佛尼采忽然一下子又成为西方世界的精神领导了。这促使我想起当年翻译这本书的往事，居然有些怦然心动，很想把失去的译稿能重新回到手里翻读一遍，或者找到原书，重读一遍，可惜这都是不切实际的奢望。

沈：您的这部译稿虽然遗失了，但您当年为此书写的译序《旧时代的回忆和告别》又居然重见天日了。

贾：(脸上露出了微笑) 一九八四年，适巧我女儿贾英在图书馆帮我查阅旧资料，无意间发现了我这篇发表在解放前夕的序文，使我大喜过望，颇有点像商人发了横财一样地手舞足蹈。

沈：您说过："我早年就在鲁迅著作的锐利语气中，深切感受到尼采

一九五〇年五月贾植芳（后排右一）夫妇与来沪的胞妹宜端和丈夫张守敬合影

的思想力量，随之对这位现代思想界巨人发生深厚的兴趣。"我计算了一下时间，这篇译序从写成后至重新找回，时隔有三十五年。那么，您又是如何看待自己当年的这篇译序。

贾：重新审阅这篇译序，觉得我在青年时代对尼采和他的思想及在现时代里可能遭遇的命运有关体会，还值得炒一下冷饭，拿出来献丑，如果能引起读书界的注意，又出现一些有质量的"尼采传"译著，有助于我们了解西方现代哲学和现代派文学。与当年一样，我仍然觉得无论从研究还是批判的观点来看，作为现代思想家和作家的尼采，我们还是需要了解一些的好。

沈：您还翻译了匈牙利作家维吉达的剧作《幻灭》，它是一个怎样的剧本？

贾：是写一个对人生抱有美好理想的青年人与上流社会的有夫之妇发生爱情的故事，由于他在爱情上被欺骗和玩弄，对匈牙利现实社会产生了幻灭之感，揭露上层社会的腐化虚伪现象。我记得原书名是搞爱情游戏的那位有夫之妇的名字。《幻灭》是我根据剧情拟的书名，因年深日久，原书已遗失，我已无从记起原名了。那也是从青岛街头地摊上买的英译本，是第一次世界大战时期的黄色硬皮精装本，印得非常考究，但我在翻译它时却穷得连像样的稿纸都买不起，所用的稿纸都是凑起来的废纸，大小不一，装订在一起很零乱。

沈：这个剧本最终也没有能够逃脱未能刊印出版的命运，是吗？

贾：（神情凝重）这份原稿及原书一度也由老友刘北汜转到文化生活出版社巴金那里，但最终因原著者的政治原因而仍未能出版。当时我托友人取回原稿存放在家里。然而，谁又能够料到我会再次遭遇劫难，以至使我在困居青岛期间所留下的生命痕迹，除了一本薄薄的已出版的译作恩格斯《住宅问题》，其他一切都荡然无存。

沈：您的译作手稿也是多灾多难，让人痛心疾首。您翻译的第三阶段是在解放初期，虽然只有四五年时间，但您这位勤奋的翻译家，具有拼命三郎的刻苦精神，因而译作迭出，一连出版了六本译著。不久前，有幸翻阅了当年出版的这些译作，我感受到您在新中国成立初期，作为一名知识分子的爱国热忱和昂奋的工作热情，正如您自己所回忆的那样："那个时代，人们有一种解放的喜悦感，一股狂热劲头，仿佛长期困于饥饿的人，忽然得到了美味的食物，不顾一切地大嚼大咽一样，人们身上有使不完的劲，总想多干点什么才过瘾。"由此，您利用课余时间，勤奋地译书，根据当时的社会政治和文化情况，及时选译国外尤其是苏俄的有关学术论著，向我国读者介绍外国社会科学和文学艺术的成果。

贾：当时政策一边倒，"苏联的今天就是我们的明天"。我讲授苏俄文学其实是一门配合政治形势的课程，"苏联文学"是个笼统的称呼，其实就从拉吉舍夫的《由彼得堡到莫斯科的旅行》讲到苏联卫国战争小说，但贯穿分析的理论是用苏联流行的日丹诺夫式的一套东西，我也参考日、英文的有关研究材料。当然我从青年时代就醉心于俄国文学，为了配合备课，也不甘寂寞弄些钱，增加经济收入贴补生活，我将文学活动转到了翻译，"避席畏闻文字祸，译书都为稻粱谋"。

贾植芳先生五十年代初辑译的《俄国文学研究》书影

301

我翻译出版的几本专著中那些斯大林时代的文学批评和研究著作，它们的理论和学术价值，只能作为历史资料存在。随着那场灾难的来临，我的短促翻译史也就结束了。

沈：我感到，俄国文学列于七十年代以后出生的青年人似乎已经有些遥远了。您翻译这本谢尔宾娜等著的《俄国文学研究》是一本怎样的书呢？

贾：这是我翻译的俄国文学论文集，是平时从期刊和书籍上随手译下来的论文，经过一番取舍和整理的工夫后才结集印行的。反映了当时苏联学术界的理论水平以及我本人对于有关俄国文学的偏爱和整体上的认识水平。（边说边从里屋拿出这本书和另一本《论报告文学》）这两本旧译失而复得，一本是戏剧家赵铭彝赠我们的；另一本是泥土社老板许史华的前妻劫后余存之物，是在一九八一年她来看我时送给我的。

沈：我读过您当年写的纪念果戈理、契诃夫和《伟大的人文主义者拉伯雷》等文章，内容丰富，感情真挚，蕴含着您的严肃思考。不难想象，您那时深受这些具有人格力量和批判精神的外国作家的影响，热衷于翻译介绍或撰文分析。

贾：那时我响应斯大林发起的纪念世界文化名人的伟大号召，分别为几家报纸写了几篇纪念性文章。我在上海《大公报》上写过一篇《果戈理和我们》纪念这位伟大的作家，当然他也是我比较偏爱的作家，也因为手边有关果戈理的材料比较多的缘故。

沈：一九五五年六月号的《文艺月报》刊有《贾植芳在复旦大学的阴谋活动》，其中称："他在复旦大学中文系三年来都担任了'苏联文学'一课，可是他每年都不按照规定的计划完成教学进度，他把大部分时间去讲契诃夫和果戈理，借着讲解他们的作品，宣扬胡风的什么'精神奴役创伤''卑微的人生'之类反动的理论，等讲到苏联十月革命以后的文学，就已经没有多少时间了，结果'苏联文学'变成'俄罗斯古典文学'了。"请问，您在当年是不是有如此"罪行"？

贾：(大笑) 真是有趣得很！当年我被推上了任何一言一行都可以获罪的境地，你想一下，连爱好契诃夫和果戈理也成了"宣扬胡风的反动理论"和"破坏苏联文学教学"的罪名。

沈：顺便问一下，我注意到您在五十年代初翻译出版的六本译作中所

302

一九五四年贾植芳（右二）全家合影于复旦第五宿舍

写的题记或后记，有些落款处署上"写于上海筑庄"。

　　贾："上海筑庄"就是复旦第五宿舍嘛。我在一九五二年八月后搬到这个复旦教授宿舍"筑庄"，住的五十四号是一幢两层的日本式小楼，这六本译著都是在那里完成的。那时我家里来往的人就多，杂事也多，每当夜深，我习惯坐在楼上备课、译书，有时还通宵达旦。可在批判我时，一位同事明知我每晚睡得迟偏"揭发"道："他家的电灯总亮着，天天夜里不睡觉，从事反革命活动。"现在他遇见我就说："贾先生，你晚上不要工作得太劳累了。"我听了只得一笑罢了，其实我想对他说："我现在老啦，搞不了反革命活动了。"

　　沈：因为众所周知的原因，您的翻译史很短促。虽然短促，但是您的收获却是很大的，尤其是在您翻译生活的第三个阶段。

　　贾：（他沉吟了一会儿，笑了起来）在你所说的第三阶段时，我就是以教书和译书为生。前些年我曾摘录过一些外国作家对翻译家的评价，如歌德把译者比喻为"下流职业的文人"；英国诗人蒲伯译荷马史诗，有人惋惜他说"这样一个好作家不应当充任翻译者"。我看了这些话，不禁为自己的选择苦笑，既然我做了这样的选择，仍是逃不出历史的魔掌。

　　沈：王蒙先生说："通过翻译，外国文学进入本国的精神生活，成为当代文学的一个活跃的因素。"在您的文学活动及学术生涯里，您总是身体力行，勤于译事，如今我还常常看到您的案头上放着外文原著。

303

贾：我向来对翻译工作比较重视，也有兴趣。由于年迈精力不济，已有多年疏于译事，遗憾得很。但像陀思妥耶夫斯基《作家日记》那样的好书，我还是希望年轻人能把它译出来，介绍给我国读者。还有阿尔志巴绥夫《沙宁》，尽管二十世纪二三十年代就有中译本，但明显老了，很值得重译。前两年，我把德国路德维希《耶稣传》英文本交给张新颖重译，他译成出版后，效果很好。

沈：现在大家都学外语，懂外语能翻译的人才很多，但有些外国文学作品翻译的质量似乎不如以前，经典性的译作太少了。

贾：现在不是外语水平差，而是失去了对文学翻译的虔诚。过去的翻译家，因为对作品的挚爱而翻译，像傅雷译巴尔扎克、朱生豪译莎士比亚。现在有的人只看钱，把翻译当作纯粹的商业行为，译出来的东西，哪里还有文学的品位？

沈：二十世纪八十年代期间，虽然您依然承担繁重的教学与研究工作，还是十分重视对外国文学理论和作品的翻译介绍，显示出一种老年人难得的活力。那么，您在繁忙之余，是否还重操旧业，继续译事吗？

贾：记得我曾把搜集到的十多篇西方学术界关于中国现代文学方面的研究论文主编过一本《中国现代文学的主潮》，其中我还翻译了一篇英文的论文《日本文学思潮对中国现代作家的影响》。

沈：多年前由百花文艺出版社出版的一本《勃留索夫日记钞》，从这本书的前记中使我们得知，这个译本是您帮助校对过的。

贾：我早就想把这本具有散文特色的《勃留索夫日记钞》译介给我国读者，但终因年老事杂，力不从心。于是，多年前由在我这里攻读比较文学硕士学位的任一鸣接手翻译。因为我相信她的外文功力和文学素养，足以胜任这个任务。她的这个译本，我只是做了必要的校改和润色，加注了大部分的注文。

沈：多年来一些外国文学作品，会出现不同时期的数种新旧译本。作为老翻译家，您积累了许多宝贵的经验。请问您是如何看待这样的重译现象呢？

贾：翻译是一种再创造的文学活动。我认为，译本的质量往往取决于译者的文学、语言素养和对原作的理解判断程度，因之，总是有它的成就与不足；而对于享有世界性声誉的著作，更需要一代一代人的重译劳动，日趋完整地再现作品的原始风貌和真实艺术境界。同时，又由于社会的变化，来自生活的语言本身也在变，无论词汇还是语法结构，都有发展和进步，当代人的重译，其语言和表达方式，会更适合于今天读者的阅读习惯，何况旧的译本，受主客观条件的局限，往往有漏译和误译之处呢！

毫无疑问，贾植芳先生的翻译生活是他在文学和学术生涯中极为重要的一页，也是不容疏漏的一个方面。在整理一些有关谈话时，我领悟到他在译介自己所偏爱的外国作家时，特别强调像契诃夫那样"庄严的人格力量和乐观主义""崇高的道德心灵"和"深刻的人生批评和社会批评力量"的精神特征。由此，对于贾先生作为一个正直的现代中国知识分子的思想渊源、心路历程，能有一个更为全面的理解，能见识一位特立独行的学者及睿智和良知兼备的翻译家，能解读他的思想锋芒和人格魅力，在暗淡岁月里对历史与现实的观察思索的印迹。而最能拨动读者心弦的，却是他那一以贯之的先天下之忧而忧的高尚品德和历史责任感，这是十分难能可贵的。

又一天午后，当我来到贾先生的家，他也刚从外面散步回家。

沈：贾先生，您又去哪里散步了？

贾：我在陈望道故居楼下的草坪上散步，与那些扶手杖、坐轮椅的老太太们闲话。这些老太太们早年留过洋，都是教授夫人，可她们的教授丈夫也都死于"知识越多越反动"的年代。

一九八七年贾植芳夫妇摄于香港中文大学校园内

沈：前几天谈了有关您的翻译生活，今天我们的话题就围绕您复出后，为比较文学研究这门学科的重建做了许多开创性的工作谈起，好吗？

贾：应该高兴的是我校中文系率先开设这门课程、设立了教研室，我从一九八一年底在全国开始招收比较文学硕士生，确定"二十世纪中外文学关系史"的研究方向，主持"二十世纪中外文学关系资料汇编"等科研项目，参与组建中国比较文学学会和上海比较文学学会。

沈：贾先生，翻译文学是跨文化、跨学科的比较文学研究的一个重要方面。您在有关比较文学理论方面的阐述中，十分重视对于翻译文学在我国现代文学史上的地位及其重要性进行深入的分析和探讨。

贾：从鲁迅起的现代文学作家，无不从翻译文学中吸取到珍贵的养料。可以说，没有翻译文学，也就没有自"五四"发端的中国现代文学。翻译文学理应是中国现代文学的一个有机构成部分。但也出现了有意无意地把翻译文学拒斥在中国文学史以外。

沈：由此我想到您对于中外文学关系史的研究，您为《外来思潮和理论对中国现代文学的影响资料》所写的审读意见，这是一篇重要的论文，虽然写成已近二十年了，但其中精辟独到的观点，我以为至今仍有较大的学术参考价值。

贾：这部大型的资料集，把一九二八年到一九四九年翻译介绍的外国文学作品目录、文艺思潮和理论流派的文章目录以及翻译书籍的目录，由吉林大学刘柏青、李凤吾和郝长海编辑得相当完整。遗憾的是，这部大家都寄予厚望并能在研究中外文学关系史上发挥基本参考文献作用的书，至今未能出版。后来我与几位同行准备在此基础上编写一部更完备的《中外现代文学关系史》，目前这部书正有计划地在编写之中。

沈：您写的《中国新文学作家与外国文学的关系——以茅盾为例》，通过茅盾翻译介绍外国文学的情况来评述他受到外国文学的影响，借此探讨我国新文学的兴起与外国文学的引进有着很大的关系。

贾：在我国现代文学史上，除鲁迅、郭沫若和茅盾曾在文学生活中与外国文学发生过深刻的关系之外，其他有成就的作家如巴金、老舍、曹禺、艾青等，都不同程度地受到过外来文学和作家的影响，这是不奇怪的。一个发展着的向上的民族，不仅对人类文化有出色的贡献，而且善于和敢于接受任何有益的外来事物，从中吸取营养，丰富自己。

沈：从您的谈话中不难看出，您对于我国现代文学研究是自觉地应用比较文学的方法。我感到，您在比较文学方面的研究是基于自己一贯的理想和信念，从少年时代深受"五四"新文化思想熏陶，所追求的自由的开放的爱国理想。

贾：我认为，比较文学的一个基本精神是开放与交流。比较文学之所以产生于十九世纪的欧洲，是当时欧洲民族文学打破封闭；又之所以在二十世纪得到发展，是各国、各民族的文学走向开放与交流。如中国现代文学，固然是对传统文学的继承，但还是"五四"开放和接受外国文学影响的结果。而马克思主义也是在当时开放性文化环境下引进来的。

沈：我们知道比较文学是一门边缘学科，也是一门综合学科，作为一种世界性的文学现象，它的发源地似乎是在法国，但在我国也有很长的研究历史了。

贾：比较文学研究最初执其牛耳的是以致力于各国文学间的渊源、流变、媒介、文类等影响关系的论证和研究为能事的法国学派。在世界范围成为独立学科的时间并不早，我国对这一概念的引进与发展，虽不能说同步，至少也没落下太长距离。二十世纪初，一些先进知识分子，在严复、林琴南、梁启超等人译介外国社科理论与文艺著作的推动下，注意到中外文学的对比和互证。像苏曼殊在译拜伦、雪莱诗歌的同时，将他们比之李白、李商隐；鲁迅《摩罗诗力说》把屈原与西方浪漫派诗人做比较；王国维《〈红楼梦〉评论》运用西方文学理论与美学观点，对中国古典小说的思想意义与艺术价值重新评论，他把贾宝玉与浮士德相比较。

沈：请问，这是不是我国最早的比较文学研究？

贾：这是我国最初运用这种方法来从事文学研究的文献，并不是自觉的，所凭借的仅是感性认识，作为一种新的治学方法引起作家和学者的注意，当时就有将老子与尼采、陶渊明与托尔斯泰做比较的论文。周作人在《人的文学》中，将写同类题材的中国小说《九尾龟》与俄国库普林小说《亚玛》相比；将李渔《肉蒲团》与法国莫泊桑小说《一生》相比。还有冰心《中西戏剧之比较》，钟敬文《中国与欧洲民间故事之相似》，赵景深《中西童话之比较》和茅盾、郑振铎、耿济之等人的文章，都把这种方法伸延到世界文学研究领域。

沈：那么，"比较文学"这个名词，是什么时候才开始在我国首次出

一九八二年夏天在复旦第六宿舍寓所门前贾植芳夫妇与女儿贾英

现的呢？

贾：早在一九二〇年，通过译介日本学者本间久雄《新文学概论》发表在《新中国》杂志，输入了这一名词，并介绍了有关理论著作波斯奈特《比较文学》、洛里哀《比较文学史》的内容。翌年，吴宓的《论新文化运动》第一次介绍了比较文学的理论观点；他在东南大学讲授欧洲文学史与世界文学，又在清华大学讲授中西诗比较，都是带有比较文学讲座的性质。

沈：由此看来，吴宓先生是我国比较文学研究史上的一位重要的开路人。

贾：吴宓在新文学运动初期属于"学衡"派，其思想、文学上有些保守的可议之处，在文学史上自有公论。但他对于比较文学的介绍与引进是有开创性意义的。他在一九二三年发表《希腊文学史》中说《伊利亚特》的题材写两军作战，类似《三国》《封神榜》；《奥德赛》写流离迁徙，类似《西游记》《镜花缘》。又把荷马比之左丘明等。从作品的题材、主题、文体和人物形象进行对比研究。

从三十年代起，傅东华、戴望舒关于西方比较文学的专著译本相继问世，闻一多、朱自清、钱锺书、李健吾、朱光潜、杨宪益、李长之等人的文艺理论著作虽然没有对比较文学做专门论述，但都运用了比较研究的方法，既有对西方文艺理论、批评方法的介绍，也注意到东西方文化之间的异同与比较。

沈：通过回顾我国学术界有关比较文学方面研究的早期情况，您对这样一段学术研究的历史做了一番评论和分析。可是，很多年来这门学科在我国却不复存在，直到八十年代初方才重新崛起，终于又回到了学术研究领域里来。

贾：（语气充满欣慰）要知道我国比较文学研究前辈辛勤开垦的基业

里，有一份并不菲薄的遗产。但从二十世纪初到三四十年代我国比较文学研究较多的是停留在方法论的运用上，没有形成一门独立的学科，这当然有种种原因。新时期比较文学如同农村经济一样发生了翻天覆地的变化，重新崛起。（又笑着说）前些年当这门学科重新在我国出现时，竟被当作一件万分新奇而又时髦的东西来看待，这就从反面证明了走过的弯路。

沈：最近，成都的友人给我寄来了《中外文化与文论》第七、八辑，因缺乏有关专业知识而只能粗略翻阅，但我却感受到当今我国比较文学研究领域的繁荣景象和活跃气氛。因此我又想到多年以前，您在自己的有关论文中提到了王元化先生的《文心雕龙讲疏》，也与比较文学研究的方法有关。

贾：现在的研究偏重于运用超越民族与国家界限的比较方法研究我国古典文学、现代文学，甚至当代文学，把它们放入世界文学的框架加以研究与评价。像王元化《文心雕龙讲疏》是一部很有启发性的著作。我们不仅能从作者对《文心雕龙》研究中获得益处，也能从其研究《文心雕龙》的方法中获得某种启发，其实后一种收获较之前一种更有意义。另有像钱锺书的《管锥编》也是如此。

春天清澈的夜晚，弥漫着暖洋洋的倦意和清新，临窗的竹林也仿佛在沙沙地絮语。我们的谈话已经持续很久，我要告辞了，贾先生照旧用底气十足的老家口音，并且杂以上海方言来对我说："侬跑啦？打一部差头！"意思是说：你要回去了，租一辆出租车吧。当他自己感到上海方言说得音不太准时，马上就又"嘿嘿嘿"地笑了起来。

十

沈："一九七九年见到他时，他刚刚回到中文系资料室管理图书。中文系的那幢老楼，经年未修，地板踩上去，咯吱咯吱作响。系资料室分两部分，外面是阅览室，摆放着各种报纸杂志；里面是图书，一排排书架，光线昏暗。入口处，一张破旧的办公桌挤在角落，一个矮小精瘦小老头就坐在桌旁。有人喊他'贾老师'，有人喊他'贾先生'。"这是李辉先生写您当年复出时的情景，至今有二十余年啦，这种回忆性的叙述，不仅具有诱人的陈旧色彩，而又显得那么珍贵。

八十年代初贾植芳先生在谈话

贾：七十年代末，在新的政治形势下，有关方面以"未再发现新的罪行"为由，让我告别了十多年的体力劳动，到中文系资料室坐班，虽"留着一条尾巴"，但似乎能以"戴罪之身"为社会主义建设所用了。头上那顶"反革命"帽子虽没被彻底摘除，而我自己却根本不把它太当成一件事。

沈：陈思和先生也有精彩的回忆："植芳先生一出现就会让人注意：他说话声音高，为人又热情。一踏进资料室就能听到他的一口山西腔，替人找书啊，推荐什么文章啊，又是解答学生的疑问啊。虽然那时他头上'胡风分子'的帽子还没有摘掉，但朴朴素素、问心无愧地与人交往，看不出一点'老运动员'的畏缩相。"大难之后，您好像并没有一蹶不振或长期沉湎于愤懑不平的情绪之中。

贾：我在资料室当上图书管理员，日常就是借书还书，像商店营业员对商品性能、用途和产地，职业性地回答顾客询问，每天忙得很，也无意于消沉在过去的苦难之中。中国知识分子有一种知难而进的韧性品格，可贵之处是在季节转换、深陷绝境以后，并未沉湎于消沉麻木与怨尤逃避的泥泞中，仍以昂奋之姿，忧国忧民，埋首工作。

沈：这是中国知识分子身上优秀的人格品德与可贵的精神境界的生动体现，在备受困境灾难后依然保持荣辱不惊、执着奉献的理想追求和历史责任感。

贾：当时为了清除以一时的政治需要，人为地干扰破坏使许多珍贵史料被摧毁，历史被任意地篡改。出于专业教学和研究的需要，在全国开始大规模的现当代文学资料的搜集和整理，我也是"重打锣鼓新开张"，先后以《中国现当代文学社团资料丛书》编委身份参与几部大型资料的编纂工作。

沈：您开始"从头收拾旧山河"，亲自主持编纂了《赵树理专集》《闻捷专集》《巴金专集》《文学研究会资料》等一系列资料丛书。

贾：刚开始的几本书，都在几位青年同事的协助下，由我编选完成的。但"乍暖乍寒"时候有碍于我的敏感身份而不能署名，那么就做无名英雄吧。

沈：您在学界是一位多面手，当时您埋首书堆里勤奋地编辑了这么多研究资料方面的书，应该说对于编书不仅驾轻就熟也是颇有心得吧。

贾：一个学者应当写书、译书、编书、教书。编书是一门学问，不是简单地把一些资料搜罗在一起就完事，需要编者有深厚的学术功底。现在有不少书编得不好，没有学术功底。编者应当有选家眼光，应当有自己的学术见解和思想，选哪篇，不选哪篇，这在于眼光和学识。《中国新文学大系》就编得很好，贯穿着一种对"五四"新文学的见解和思想，勾画出时代的基本面貌和特点。

沈：您当年以编委身份写了多篇长达好几万字的审读意见，对每一项内容、每一篇目录、每一条注释，都提出具体的指导意见。尤其是对于一些被遗漏的重要篇目，包括原始出处、历史背景及在作家本人生平、思想和创作中的地位，一有疑点就查找核实历史资料，做出实事求是的判断，力求准确无误。

贾：是啊，你的这番话引起了我的回忆。那时，我在图书馆意外发现一本原来一直没查到的书，使我感到某先生在他的青年时代是走了一段弯曲的路，这恐怕也就是解放后他往往当"风派"，在各种运动中故作姿态的原因，原来他内心有很大的隐忧，不能不以高姿态来保护自己的生存。

沈：虽然丛书编委通常是名誉职务，但您对这类虚职从不敷衍了事，把审读过程作为一种学术上的研究探讨来进行。您曾经说过："编书需要尊重历史，不必为贤者讳，也不要怕挨骂。比如巴金先生早年信奉无政府主义，曾写过很多文章，巴金先生本人有时候也不愿意再谈这些往事了。但是在编研究资料时就不能回避这些文章的存在。那是历史，应当尊重。要为研究者提供重要、宝贵、比较难得到的第一手史料，要花力气去爬梳原始资料，必要时还应当加编者注。"这在当时那个年代可是极为难能可贵的学术精神和严肃态度啊。

贾：我想既然是研究性的书籍，就应该从文献学的角度，以历史的观

311

点从事编辑工作。无论是作家自己的自述性作品的选录或是评论家的评介文章的收用，应该严格地采用初次发表时的原文，才有真正的学术意义和历史价值，符合古往今来编辑研究性资料书籍的一般惯例。

沈：当年您的这些审读意见显示出强烈的学术勇气，尤其在为《郭沫若研究资料》所写的审读意见，字里行间流露的真知灼见突破了许多当时的条条框框，不仅保持全力以赴的敬业精神与踏实的学风，而且具有一种严肃的尊重历史本身的学术责任感，敢于打破传统儒家伦理观中的"三讳说：为尊者讳，为长者讳，为贤者讳"。

贾：我特别强调一个编辑原则，就是"在选文内容一个应比较客观、全面，应打破'三讳说'，从学术研究、历史观点的严格要求出发"。有意纠正一些由于政治原因所造成的谬误、残缺不全，甚至编造历史的现象。

沈：那时郭沫若是位国内外关注的重要人物，对他的评价很高，如您说的是一个聚光灯，在那里凝结了中国现当代的历史光线。那么，您又是如何选编的呢？具体地讲一讲，好吗？

贾：当时已有一些体现这一编辑原则的选文，像《卖淫妇的饶舌》，署名杜荃的《文艺战线上的封建余孽》等，但做得还不够。郭在"文革"前后的有关言论，曾发生重大的政治社会作用，如一九六六年四月二十八日《光明日报》所载《向工农兵群众学习，为工农兵群众服务》一文，其

一九八三年四月贾植芳夫妇摄于桂林

312

中自认自己过去的著作"严格地说，应该全部把它烧掉，没有一点价值"，他的这一倡议，震惊中外，社会政治效果很大，就应该选入。选文应该延伸到逝世为止，使他的思想的发展过程更完整、更富于血肉。

沈：我看到了，您在这方面还写了一些更加具体的建议："原稿目录中收入了一九六六年四月二十八日'烧书'文，及反胡风的《斥胡风的反社会主义纲领》文，修改稿删去，应保留。包括《科学的春天》亦不应删去。又如反胡风时，他写的另一篇有重大政治社会影响和历史文献意义的《必须严厉镇压胡风反革命集团》，亦应收入，以存历史真实。"二十年后的今天，当我们读到这里，深为您当年那种勇气而由衷赞叹。您对重新审视和反思中国现当代文学史的学术讨论十分关注，在接受《文艺报》记者采访时，更是直言不讳地发表自己的一些观点。当时《上海文论》发表两位青年学者提出"重写文学史"的观点，引起较大的争论，而您以肯定的态度，撰文或谈话予以支持和鼓励。

贾：那时由文学史观的狭隘和偏颇带来对具体作品、作家评价的失误，有的明显偏高，有的明显偏低。我想，这项工作应更多地由年轻人来承担，他们没有历史恩怨，没有个人的利害关系，如同戈尔巴乔夫对斯大林的清算比起赫鲁晓夫来要彻底得多。"重写文学史"的观点不是孤立的，或由几个青年人随心所欲地提出来，而是在学术基础上提出来的文学史理论。

沈：从您参与重新评价一些长期被忽视和贬低的文学流派、社团，或就某些作家与作品在文学史上的地位进行再评价中，不难看出，您对现当代文学研究方面的思路，其实也体现出一位学人的人文精神、学术风骨，欲致力于"自由之意志，独立之精神"的理想追求。

贾：对历史上那些有争议的人和事，要能取公允的审慎态度，做出尊重客观史实的理性陈述和评价，既不能从主观感情角度上看人论事，又必须避免杂万端、纠葛重重的历史上的文学现象。那年沈从文去世，海外立刻用专辑专号的形式给以报道，而国内报刊连一个讣告也发不出，据说原因是当时对他没有做过重新评价的结论，而政治上没有级别，报刊不知按什么规格来报道。

沈：我曾在旧书摊上看到一本一九八七年上海书店影印出版的《社会思想的冠冕——韦伯》，翻看出版说明其中说："为了解当代世界的学术动态，促进文化交流，繁荣我国社会主义学术事业，本店特请王元化、贾植芳先生选编，陆续影印出版港、台及国外有一定参考价值的著作，内容涉及哲学、历史、文学、社会学等各个领域，包括各种学术专著、传记、学术思想介绍与评论等，供研究者参考。"恕我孤陋寡闻，这使我一阵惊喜，便毫不犹豫地买了下来。

贾：（若有所思，似乎沉浸在往事的回忆之中）当时有这样一种现象，对于重新拿出来的波德莱尔、尼采、叔本华，年轻人以为是新事物，其实是炒冷饭，早来过了，清朝末年就纷纷来了。后来复杂的社会原因导致现代文学各类文献资料流失严重，包括众多的作家文集、传记和评论、论争文献、研究论著。为改变这种情况，上海书店把许多旧版书影印成多种丛书，起了"及时雨"作用，大大缓和了当时的"旱情"。

沈：上海书店当年选印出版的《中国现代文学史参考资料》，把被冷落和遗忘的作家作品作为出版对象，所产生的影响非常深远，至今仍使我们这一代年轻人得益甚深。

贾：这是一件功德无量的历史盛举。我作为一个长期厕身于这门学科的教学研究人员，也是受惠者。当年这套丛书出满百种纪念时，我表示希望这家书店保持这种拾遗补阙的出版风格，除选印流传稀少或久已湮没无闻的作家文集和研究文献，也要选印一些重要作家的作品初刊本。可惜他们后来就不印了，或许怕不能赚钱吧。

沈：我想，现在如果再印，影印制作得逼真精致，可能又会挣来许多银子的，挣银子也要有自信心嘛。在这套丛书里，由您主编的《现代都市小说专辑》选印了刘呐鸥、穆时英、杜衡、施蛰存、黑婴、徐霞村、叶灵凤等人在三十年代的现代派小说，当时怎么会想到请您这位"七月派"的作家来主编的呢？

贾：最初，出版社是请施蛰存自己来主编的。后来，施先生特意找到我说，"还是由您来主编吧，因为你是个局外人，比较合适、也妥当，选编出来的作家与作品会更加客观和公正。当然，你也可以挣一些烟酒钱"。（笑）

沈：这套丛书印数极大，您大概着实挣了一大笔银子吧，发了大财。

贾：一分钱也没有得到！人家就给了我几套书，让我帮他们送送人，就这样把我给打发了。（说完，又无奈地大笑起来）

沈：值得向您老人家学习。这是崇高的文化出版事业，或许人家可能还要赔本，连奖金也拿不到。而我们又岂能要银子呢？

贾：这使我想起了自己早年流落西安，跑单帮做小买卖为生的经历。我虽出生在经商家庭，但生性不会做买卖，西安有我伯父的铺子，可我连去住也不习惯，宁愿住到山西会馆，与住在那儿从前线溃败的军人合伙做买卖，不是赔钱就是被骗，弄得连饭也吃不饱。但我总算花钱买到了经验，社会太复杂，人心太险恶，我干不了这个生意行当。

沈：所以现在一旦碰上"有头无脸"的朋友，当书稿要不回来时，什么署名、稿酬都不要了，赶紧撤退，溜之大吉。（笑）您想，这样岂不减少多少烦恼？所谓"吃小亏，攒大便宜"。规范、信用的道理人人皆知，做起来问题却多多。

贾：我的那本书，去年早就看过校样了，广告也登了两次，今年又过了五个月，为何连合同也不拿来？书稿是你拿去的，帮忙问问。

沈：每月问一次，问了三次，答得很动听，"合同马上寄给你"，就是不给；问"有何困难"？答"没有"。我已请您家人直接联系，据说也如此。我又要"溜之大吉"啦！（笑）

贾：那怎么办呢？只能听天由命罢了。

沈：刚才我们谈到的一些作家与作品长期被排除在文学史以外，这些被遮蔽或遗忘的作品，能与读者见面更为不易。影印陈年旧作能使我们有此际遇读到这类作品，对"五四"以降的现代文学有一个全面的了解和认识。

贾：其实，"五四"新文学本身就是多元的，但过去文学史却留下许多空白，有些作家消失了。如现代派作家，长期被不公正地说成"第三种人"，

贾植芳先生（一九九五年）

315

甚至是"满脸擦着雪花膏的洋场恶少""卖淫书的瘪三"，名声一直不好。可是左翼作家的好多文章，鲁迅《为了忘却的记念》，都在现代派的主要阵地、施蛰存主编《现代》杂志上发表的。

沈：施蛰存先生当年加入了共青团，"四一二"反革命政变后，国民党市党部在一九二七年九月六日《申报》公布本市共党嫌疑分子名单中就有他。

贾：这样看来他倒是名副其实的第一种人，不是"第三种人"。但因为毛泽东讲过鲁迅"三个伟大"，当时鲁迅的话能左右一个人的命运。到了"大鸣大放"，施蛰存为自己做辩护和解释，结果被打成右派。

沈：您在评述三十年代的现代派小说时说过："我认为这也是新文学发展过程中的一个重要环节。"既然是一个重要环节，那么当年的这批现代派作家的作品在八十年代之前是向来不被推重的，而且都是被尘封已久的。

贾：除了刚才所讲的因素外，我国现代文学传统历来重视农业文明，乡土文学是"五四"以后文学发展的主调，这也是一种原因。一部中国现代文学史多少能说是"乡土中国"的缩影，都市文学非但不受重视，还被打入冷宫。这样老的现代派没有了，新的现代派也出不来。

沈：据此您就把这些三十年代有关城市的现代派小说选编成《现代都市小说专辑》，是吗？

贾：西方现代主义文学思潮的传入，对我国新文学发展产生了影响。在二十世纪二十年代末期的上海，几位有着现代文化结构和创作意识的文学青年开始探索和尝试，形成了都市小说创作的作家群和小说流派。他们写的小说以吸收西方现代小说技巧为手段，反映城市的生活节奏，揭示城市人的生活方式、心态及其精神现象。

沈：施蛰存先生对我说过："作家从事创作要有生活基础和经验，而表现手法是要看题材的。我跟刘呐鸥、穆时英等人的小说，正是反映一九二八年至一九三七年的上海社会。可是到抗战开始，整个上海社会改变了，这种小说就创作不出来了。"

贾：对啊。早在二十世纪初上海就是国际性大都市。国际资本主义势力的介入、半殖民地半封建的经济格局、异域的文化思想、异国情调的生活方式，五光十色，光怪陆离，上海成了"东方的魔都"。这座城市为刘呐鸥、穆时英这批作家提供了最现代、最时髦的都市生活经验，他们写酒吧、舞厅，很顺手；他们写汽车，不厌其烦地写牌子、生产年份。因为汽车实际上是都市一种象征和符号，所以这些小说是正在成熟的以上海为代表的城市高度发展后的产物。

沈：常常听老一辈的作家谈起三十年代抗战前上海文化的繁华景象。

贾：那时的上海与世界文化是同步的，那批作家，外文好，古典文学的底子又厚，可谓学贯东西，博古通今，每人身兼几职，有几副笔墨，又搞外国文学翻译，又搞中国文学创作，又搞学术研究，又办杂志，还开书店。外国文坛最新信息，上海的报刊很快就出现。在茅盾主编《小说月报》上，他自己写了二百七十多条有关外国文学的报道，赵景深也写过不少。外国文学的新思潮、新方法、新理论，还有意识流、新感觉派、心理分析，无一遗漏地得到介绍。

沈：看施蛰存编的《现代》杂志时，就能感受到当年上海文化的这种气息。

贾：三十年代我在香港住过，那时香港虽是个自由港，但没有自己的工业，也没有自己的文化，远远不能和上海比。那时东京也不如上海，所以当时日本文人都要来上海领略一番世界文化的最新气息，看几部最新的电影。

沈：真是一片繁荣的景象啊！当年的现代都市小说由此应运而生，它的主要特征是都市性和现代性。可惜也就在二三十年代曾经昙花一现地存在过。

贾：西方现代文学艺术的产生离不开城市，抽去了巴黎、伦敦、维也纳、柏林这些大城市，西方现代文学艺术也就无由产生。而当时中国能和世界大城市对应的只有上海，能和西方现代主义文学思潮直接对话的基本上也只有这个都市小说流派。只是这个现代派带有强烈的中国色彩，是半封建半殖民地的产物。它里面出现的人物，如姨太太和买办，就是这种经济格局的产物。

沈：在谈到有关新的现代都市小说的问题时，您曾说："在目前的作家中，程乃珊还是具备这方面生活素养的。她的《蓝屋》可以算是近年来第一部描写都市生活的小说，虽然小说中的物质生活还只是停留在三四十年代的水平上，但作品还算成功的。"看来在多年前您就对于作家程乃珊在这方面的创作寄予厚望。她旅居香港多年，听说现在也经常回在上海居住，在《上海文学》上开设了一个名曰"上海辞典"的专栏。

贾：我注意到了她的这些新作，读过几篇。她具有这方面的生活、经历和环境，是在这种生活之中泡大的；也不是那种空泛的怀旧，更不是那种外行人写内行事，同那些为了去了解素材而深入生活的感受是大不一样的。我感到她写得很具有老上海的市民气息和生活氛围。没有在这座城市中浸泡过，绝不会有这种大都市的文化意识和格调。

沈：最近，有人撰文质疑她关于上海方言"白相"一说"是很为牵强的"，我看了后感到不以为然。我觉得程乃珊其作体现出她本身的那种深厚的城市日常生活的底蕴，是用自己的都市生活经验及美学意识对老上海世俗生活所做的一种新的诠释，以知根知底的笔调来追溯探究这座城市以往的生活细节与图景，写得活灵活现。这种文学性的诠释、演绎是有别于那种空泛的引经据典，而更加妥帖、真切和富于上海市民阶层和中产阶级的生活气息。读后也使我领略了在有关词典、地方志中所没有的形而上的含义和认识。我想，程乃珊"上海辞典"专栏其文体是否能称为笔记类小说。这使我想到前些年您对与新文学之间存在很大差异的近现代通俗文学也十分关注。

贾植芳夫妇四十年代摄于上海

贾：大家都把小说笔记这类文学作品称为"闲书"，从晚清到"五四"是这类作品大量涌现于文化消费市场的旺盛时期。被称为"鸳鸯蝴蝶派"或"礼拜六派"的通俗作家，也自认不讳地把自己的作品看成是供读者茶余酒后消闲解闷的东西，是一种"游戏文学"；因而遭到新文学家的迎头痛击，斥之为"文丐""文娼"。但一直处于兴旺状态，与新文学的发展同步而行，作品的市场销售数量却是新文学作品不能望其项背的。

沈：您曾举例说过："观乎鲁迅先生的老母亲，她除过遍读中国旧的通俗小说之外，还喜欢读张恨水、程瞻庐等人的通俗小说，而不喜欢看她儿子的小说，便可窥见此中讯息。"可见，这类小说的确大量占据于文化消费市场。

贾：从文学史研究的角度来看，这些作家和作品作为一种文化现象的存在，也总或多或少、或强或弱地反映了社会生活内容和时代讯息，有其一定的历史认识价值。这类作品看重文艺的欣赏价值和娱乐性质的艺术功能。正是中国社会由长期封闭状态走向开放这个历史特征的反映，也是商品经济社会所形成的文化市场开始出现后的一种特征。

沈：直到现在这类通俗小说仍然拥有许许多多的读者，您自己读不读这类通俗小说？

贾：我自幼杂读成性，这类小说以至报刊，也是我的杂读对象之一，从那里能看到我在中国近现代历史和经济史、社会史等专门著作里所得不到的知识和认识。这类小说的南派作家周瘦鹃、秦瘦鸥、桑旦华、王小逸、周天籁的社会言情小说，让我们窥探江南的风土民情，对上海"十里洋场"的生活和人物，能尽收眼底。而北派作家李熏风、陈慎言、凫公、张恨水、刘云若的同类作品，对古典型的北方社会，尤其对京津一带由官场到商场、家庭到社会的人间百态，了如指掌。从塑造的人物形象看，上自军阀官僚、富商巨贾、地主豪绅、洋奴买办，下至市井细民、流氓瘪三、欢场儿女、江湖艺人，构成半封建半殖民地社会的各阶层。他们广阔的生活视野，多层次剖析社会生活的能力，深刻的世态人物描画，有助于了解当时的生活现实、社会动态和人情风物。这类作者都有旧学根底，文体自有其独特艺术性，可读性很强。

沈：这类作品中也会出现一些封建性的糟粕，在审美情趣方面也有片面追求娱乐性而存在庸俗的一面。

贾：自然，流品不一，鱼龙混杂，正像新文学队伍中，也有文痞和市侩一样；作品质量也因人因时而异，正像古今中外的一切文学作品那样。

沈：近现代通俗文学作家的作品多产，一直与上海这样一个开放性的大都市有着很深的历史渊源，其实开放性、地域性也是海派文化的一个重要组成部分，三十年代时上海成为全国文化的中心绝不是偶然的。

贾：有人说上海是个海，我看它颇像美国社会由各国移民组成的那样，在二十世纪二三十年代的这个大工商业城市，它的居民是各地移民组成的，连一些冒险的老外也来了，而各行各业大都是外省人构成的，如宁波、绍兴、湖州人在银钱业；无锡人在工商业；广东人在百货公司、旅馆酒楼业；安徽人开茶叶店、笔墨庄、当铺；山东人在饮食业和警界；苏北人在服务性行业。

沈：您老家的山西人来上海专门干什么营生呢？

贾：我们山西人专门放高利贷。（开怀大笑，转而又严肃地说着）旧上海是"冒险家的乐园"，上海滩大亨如犹太人哈同、沙逊，来上海时都是不名一文的"瘪三"。被当时上海人称为"罗宋瘪三"的白俄，也是流落到上海滩的一种杂色社会力量。而它的真正的统治者则是以绅士淑女面目出现的西方各式冒险家（恶棍流氓）和以"绅商""闻人"面目而出现的黑社会恶势力，又与中国当政者相互勾结，连成一档，互为表里，鱼肉小民。这是旧上海的历史本色。

沈：您对这座城市的过去观察得很仔细，颇有研究并具有深刻的认识。我感到，海派文化有一个重要特征就是它的开放性，能够容纳各种风格流派的作家与作品相融会与并存的"海纳百川"的精神。

贾：这个华洋杂处的大都市所构成的因素是中外新旧文化交融又有地方性格和时代烙印。这样便形成活跃恢宏的海派文化，作为中国现代文化和出版的基地，是东西文化交流最活跃的场所。我国现代科学与文化的建立、发展与演变，都离不开这个码头。后来有了严密的户口制度，海派文化渐趋枯寂。现在海外来客和外省民工又多了起来，上海又重新活跃起来。我在这个海派城市生活五十余年，深感文化开放的重要性。

沈：学术界对于"海派文化"的概念向来有多种解释，您是如何解释的呢？

贾：我认为是指二十世纪初以来以上海地区为代表的文化审美现象，是在中西文化冲突和融合中，也是在传统文化与现代都市的经济文化相结合的过程中，在文学、绘画、音乐、戏曲、建筑、时尚及各类文化生活等领域中相继产生的综合性文化形态。

沈：有海派文化，必然就有京派文化，而"海派"与"京派"之争，却长期成为文坛的一个持久的话题。您又是如何看待的呢？请您分析一下。

贾：海派文化一直处于尴尬的地位。北京皇家之地，士大夫式的文人站立在皇城头上目空一切，要么以天下为己任，好像国家兴亡全系于身上；要么以传统文化的顾命大臣自居，宁可跳河也不愿与现实同流合污；也有的因清高而自命不凡，爱惜自己的羽毛连飞翔都不愿意；他们在文化上自有贡献，但创作里嗅出时代脉搏、生活变革的气息，似乎勉为其难。

京派士大夫式文人，一类适合做领袖，一类适合当学者，还有便是纯粹的艺术家。高的、大的、雅的，几乎全让京派文

贾植芳先生近影　沈建中　摄

人给占了，他们大多是教授、学者、名流，出入高雅讲堂，因此瞧不起人，尤其瞧不起海派文人。当初郭沫若从日本回来办创造社，刘半农轻蔑地称他为"上海滩的诗人"；到了鲁迅来概括上海文人时，干脆用了"才子加流氓"，一锤而定音。其实刘半农和鲁迅，都是江浙一带的南方文人，相比其他京派文人来说，似乎更海派一些。

沈：这种地域性的文化比较形成不同的形态现象和思想观念。那么，南方地区的海派文化与北方地区的"高、大、雅"文化相比较又是怎样的情形呢？

贾：海派往往显得低调、松弛和杂乱，但也自在得多。因为远离皇城，正统思想和传统道德少了许多，而十里洋场的半殖民地背景，在藏污纳垢的同时，也保存了各种离经叛道的生气，文化气氛相对轻松一些。海派文人直接面对市场，要把读者从传统文化的市场中争夺过来。因此北京文人出思想明星，上海文人出文学先锋；北京文人讲载道，上海文人讲创新；北京文人提倡为人生，上海文人讲为艺术而艺术，什么唯美派、现代派、颓废派、新感觉派，全出在上海。（兴趣盎然地继续说着）海派近

321

商，一方面把文化当作商品，难免媚俗；另一方面是文化得到传播，走向社会。三十年代，京派作家一大拨，却没有一个像样的出版社，不得不到上海四马路来找出路。

沈：众所周知，以文学的情况来论，海派也有着辉煌的过去。

贾：晚清以来，北京是各派政治力量斗争的场所，而文学创作的重镇则被开埠后经济繁荣的上海取代，那时南社成员都在江南一带活动，政治小说和谴责小说在上海流行。"五四"后，新旧文学思想交锋在北京，而文学竞争擂台摆在上海，支持文学研究会的商务印书馆和支持创造社的泰东书局都设在上海，形成代表新文学主流的作家群，而鸳鸯蝴蝶派文人则转移阵地，垄断上海的小报副刊、通俗杂志、电影戏曲、连环画报、无线电台。三十年代，上海更是各种流派角逐的战场，从左翼文人的社会批判（如鲁迅作品）和对现代都市生活的揭露（如茅盾《子夜》），各种现代艺术流派群雄逐鹿，百花斗艳，有龙吟也有虾跳，长期纷争形成多元并立的格局造就了海派文化的独特面貌。

沈：如今看来，您在当年参与的文学资料编纂工作意义重大，也产生了深远的影响。据说，前几年您还带领学生们一起查阅了几十种"五四"时期的期刊以及现代作家的作品初版本，积累了丰厚的现代文学研究史料。

贾：学术上有许多东西是会速朽的，但史料工作永远不会过时。搜集发掘、整理保存现代文学史料，是我们义不容辞的责任，而资料又是学术的基础工程，没有比较扎实、丰富的资料储备，很难设想会有高质量的学术成果。（依然兴致勃勃，谈锋甚健）一些作家出于时势的需要对自己以往作品做修改，这种涂抹行为带来新的版本课题，给研究者制造了混乱和难题，而这种涂抹本身又构成历史的一部分，能窥见现代文化史的某种特色。对这些"今籍"的鉴别和整理得越早，遗留给未来研究者的麻烦就越少，交给子孙的那一份历史也就更真实。

沈：现在从事史料研究整理工作的人似乎越来越少，急功近利的倾向使这项文化积累的基础性工作不仅松懈也不受重视，这项学科渐渐成了"冷门"。

贾：（深深地吐烟，情绪昂扬）应该说，不良的研究风气是一个问题。有些人置基本的研究程序不顾，避重就轻，不愿在繁多的第一手材料上多花力气，或辗转引用，或断章取义，争走捷径。最近，看到报上有批评学术界的腐败现象，我深感痛心。针对这些学术上的急功好利现象和短期行为来说，诚实应是一帖良药和清醒剂。毋庸讳言，现在确实后继乏人，做这项工作要有坐冷板凳的坚忍毅力，容不得半点浮躁。搞理论的人要重视史料工作，搞史料的人也要提高理论素养，从事各种断代性文学史科学的学者之间也应多交流。

在贾先生书房里听他老人家的所谈所言，并非都是幽默调侃，而更多的是如上一些严峻深刻的话语。倘若坐的时间稍长些，也许会碰到上门约稿或求序者。值得注意的是，他在老年时期的写作文体主要是以序跋为主，尤其是他为别人著述所撰写的学术性序言占了很大的比例，其冷静清晰的思想观点、独立求实的学术品位和严谨真诚的道德文章，使我们为之深深惊叹和折服。

沈：序与跋，是一种有着悠久历史的文体。这些年来，我感到序跋这类文体已经成为您写作的主要形式，您费时费力地为他人的著述译作写序，乐此不疲，并为此常常戏称自己是"写序专业户"，是"在文苑跑龙套、打零工的老文艺学徒"。

贾：记得鲁迅说，"老"在中国也是一种资本。我多年混迹于文场，又执教于学府，这仿佛是一个营业执照，应邀为各类著译写序，好像成了我的一个专业。前几年南方的某刊物就抬举我为"写序专业户"。我在苦笑之余，觉得自己真像旧社会在邮局门口摆个小桌子以代人书写家书和状子谋生的潦倒江湖落魄书生。顾炎武说："人之患在好为人写序。"我就得了这个不治之症。现在我已心有余而力不足，这种营生只好宣告憩业。

沈：您老人家好像并没有正式歇业，最近我又在报上不断看到您写的序，例如：为秋石重版的《两个倔强的灵魂》一书作序、又为陈青生所著《年轮——四十年代后半期的上海文学》作序、给孙正荃新著《大众美学99》作序，据您家人告诉我，您刚写完了为西安公炎冰论著《陈忠实及其创作》、为山西大学张敏论著《冰点的热度》作序，还有两篇序等着您写哩。我想也许是您乐于助人的仗义性格使然，当有人慕名前来请您作序，是不会推托的，仍然笔耕不辍。

贾：我已到了行将就木之年，做不成什么事情了，但看到中青年朋友的著译成果，总是从心头涌起喜悦感。他们来找我写序，也是相互交流的机会，我会爽气地答应。正如"文革"名句："人还在，心不死。"对我来说，凡是有助于社会进步的文化事情，我总是习惯性地卷起袖子，奔上去，自觉地做些什么，或是为之呐喊几声，擂鼓助阵，都当成义不容辞的社会职责。

沈：所以，您就常常不顾年迈体衰，还要拼一记，下决心继续为人铺路架桥，这就是您成了"写序专业户"的一个理由吗？

贾：我从青年时代就形成当一个好事之徒的本性，虽然曾为之不止一次地付出沉重的生命代价，但仍九死而不悔，这真是又应了"文革"中流行的另一句权威性名言所概括的："要改也难！"（说罢大笑）

沈：上次我在旧书摊上觅得孙乃修编的《劫后文存——贾植芳序跋集》，还特意拿来请您签名留念。我想起了您在此书"前记"里有一番意味深长的介绍性的话："从本书的构成上说，它既有我自己写、译、编的书籍的序文或后记，更多的是给老中青三代人著译写的序文；但大半是为中青年两代人著译写的序文，目的是起个广告作用，用商业语言说，是为了'以广招徕'。因为这年头，严肃的文艺著译和学术著作，出书尤其不易，为了对他们的劳动成果给以应有的品评，把他们推向文化学术界，我应义不容辞地为他们的破土而出摇旗呐喊。其中有两篇，是给我的老同事范希衡教授和余上沅教授遗著写的纪念性序文，既是受他们的遗族之托，也是为了纪念亡友。"由此可见，您所作的序文并不是应景式地匆匆挥就的送礼文字，实际上也是表达自己对友情、学术、人生和社会的感受及理

一九九〇年十月贾植芳先生（左三）重访日本结束时，日本学术界朋友为其饯行

念，是一篇篇具有敏锐目光、宽广视野和鲜明品格的散文或论文。我感到，您所作的这些序文在您一生的写作生涯中占据了非常重要的位置。

贾：我这一辈子的写作，如果说青年时代的创作，主要是小说、散文等，反映了一个青年知识分子的时代观感与历史追求；那么，我写于垂暮之年的杂色序文，则反映了我的人生体验和对历史的沉思与展望。这些序跋文，既信笔抒写自己先睹为快的随感，又是以我的人生际遇和历史感受为底蕴与视角的，作为我与作者之间友谊的一个标识，所以它们并不是严格意义上的学术性文章，只能说是具有学术性而已。

沈：我看了一下您在近二十年间撰写大量序跋文的目录，涉及的领域非常之广，有现当代文学、外国文学、比较文学、通俗文学、传记文学、文学史料、目录学、社会学、政治学及文学作品等方面。您对各门类学科的学术思想、理性探索、精辟见解、独到分析和客观评价，都是通过为中青年朋友的论著、译著和编著作序的方式而体现出来的，因此，您写的这类序文具有很强的专业性和学术性。反之，假如没有广博的学识和精湛的理论，是很难涉笔于社会科学著译的广泛领域。

贾：我虽然多年以文学为安身立命之本，但我读的大学专业是社会科，所以也兼干这一行业。至于我写的称为序的这些短文，则只能算是凑凑热闹。信口开河之处，只能请求读者原谅我这个老人的糊涂了。（说完又朗声开怀大笑起来）

十一

我第一次登门拜访贾植芳先生的情景，至今依然给我留下了非常深刻的印象。那是在一九九五年，这一天恰好是"五四"青年节。下午三时半，陈思和先生约我在复旦大学门口见面，然后陪我去贾先生的家里摄影。

当我与陈思和进了贾先生家门，还在过道时，只听见一阵哄然大笑声。站在贾先生的书房门口，一望满屋是快乐的大学生，见有陌生人笑声戛然而止，霎时一片安静。书房中间小圆桌旁，一位手执香烟的瘦小老人笑眯眯地忙站起招呼我进去入座，看到老人端坐藤椅所处的中心位置，我想，这位就是贾植芳先生，肯定无疑。于是，在大家热情介绍、让座的好客声中，我坐下后马上发现书房内仅有的一只三人沙发竟然已坐满五六位大学生，气氛也一下子变得不像刚才那么活跃。使我顿感无所措手足，心头掠过一丝尴尬，我有些内疚自己成了不速之客，打扰了难得能见到的如此欢乐情景。

为了尽快摆脱窘境，我想先拍照吧。或许当时在众目睽睽之下，或许被首次遇见的独特氛围所感染的情绪所致，我似乎拍摄的注意力难以集中。老人在谈笑风生之间的动作幅度大、频率快，浓重的山西口音连连称呼我为"先生"，使我不由得走神，想起读过他的散文《我的称谓忆旧》。但我终究却是感到诧异，因为之前，我是去过许多文坛学界耆宿的府上拜谒摄影，从没见过有这样的热闹情景。

我为贾先生拍完照相，虽说是初次登门拜访，但他热情地让我在为住在对门的蒋孔阳先生摄影后，再回到他家吃晚饭。这又使我感到十分惊诧。那天，在陈思和的劝说下，我大胆地跟着他一起留下吃了晚饭。记得是在客厅里，除了我以外，其他都是常来常往的贾先生的学生，满满坐了一桌子。贾先生夫妇频频劝酒，大家兴高采烈，当然我也喝了数小盅。

七年过去了，我越来越体验到贾植芳先生身上特有的可敬可爱的人格力量，每当想起他的古道热肠，我会情不自禁地感叹，这就是贾植芳先生！正如每一个人都会有自己独特的生活方式和处世态度。

此时，我忽然想起了《上海教育报》曾刊登贾先生写于两年前的一封信，题为《这才是真正的知识分子》，摘要如下：我老伴因脑溢血两度住进医院。我们夫妇俩都是年逾八旬的老人，唯一的女儿当时又不在身边，从任敏病倒的那一天起，在中文系攻读博士、硕士学位的十多位研究生及几位青年教师，立即闻讯而动，或者来我家照顾我的起居生活，或者排好了班次，轮流到医院去陪床看护。尽管他们各自都有着繁重的学习或工作任务，但他们都投入了大量精力来照顾我们夫妇两人。我女儿赶回家中后，不愿

贾植芳先生时刻牵挂病中的妻子

意再耽误同学们更多的时间，曾经拒绝大家再到医院去的要求，可这个学期同学们怕她一个人累坏了身体，仍然经常主动到医院去替换她，直到最近，他们又重新排好了班，把去医院值班作为一件固定的事情来做。联想到前年冬天我住院时他们对我的悉心照看，作为一名并非他们的导师的退休教师，我只有心里面的感动与感激。由此我想到了今天所说的"教育"的目的，所谓"教书育人"，也就是鲁迅所言的"立人"，其中第一位的事情其实正是确立一个做人的标准。古人云"道德文章"，又有"立德、立功、立言"之说，我以为在我们所从事的教育事业中，最重要的就是使我们的学生成为一个符合类似标准的人。在我看来，我周围的这些同学都是人品极为端正的青年人，这也许正反映了学校德育工作的出色成绩。我写下这封信，一方面表达我对同学们的感谢，另一方面为了让他们的这种品格成为更多青年的表率，使"教育"的目的能够得到更大程度的实现。

沈： 我想，您把这封信在时隔两年后还要拿出来发表，具有很重要的意义。

贾： 一次，我翻阅案头堆积的信件文稿，发现因老妻患病，写给我所在单位领导的信，想起不久前从报上看到"二〇〇〇年上海推进素质教育的文件"，恰好《上海教育报》编辑来约稿，我把这封信交给他发表。因为信中说的具体事实，不是官样文章，它的意义就是示范作用。

沈： 我们有幸读到这封信，怎能不感慨系之！我以为，这封信不仅仅是表扬帮助过您的青年人，从中呈现出年轻人对你们夫妇的一片真挚感情，更是学生对您俩的报答感恩。人世间所谓"爱的奉献"，我想大约莫过于如此吧。从您教育生涯开始，家里就热闹起来了，学生们来来往往，师生间情深谊厚，您俩发自内心深处爱护学生的情感始终贯穿于日常生活，形成你们的一种生活方式和处世态度。由此想到您由卖文为生的作家转为靠月薪收入的教授，成为您生活的重大转折点。请问，您是怎样进入大学走上讲台的呢？

贾： 我是个以写作译书卖文为生的自由职业者。解放后，自由职业这一行被改造取消，实行每人分配一份固定岗位，"一个萝卜一个坑"。我是左翼作家，公家给我安排工作。

沈： 刚解放时，"大军南下，文人北上"。您怎么没去京城弄个一官半职？

贾：文化部新成立，全国文协征求我意见，想派我去北京文化部工作，让我当个副处长，我喜欢自由自在，不愿意去。我想留在上海，有个安定的家；解放初出版业还很兴旺，我想继续写作、翻译，当个自由的作家。没想到文协专职秘书梅林来找我说：上海解放了，教会学校还是帝国主义势力的地盘，震旦大学地下党支部书记郑康林，通过文协请一些进步作家去当教授，让进步力量掺进这个法国天主教办的大学。这样我去了震旦大学。

沈：您是作为"进步作家"而转入高等学府成为大学教授，开始了漫长的执教生涯。我想象您当年一袭蓝布长衫，手提装着讲稿和书的土蓝花布包袱，穿行于校园里。您的生活开始发生根本性的变化。

贾：我成了一名身为教授的职业者，但我并不是科班出身的书斋学者，我是个在时代风浪中奔波流浪的社会性的知识分子，到大学当教授，按我的说法是来高等学校"插队落户"。经过一九五二年的思想改造，我对生存环境已由狂热转为冷静了。院系调整后，我被分配在复旦大学任教，在《武训传》《〈红楼梦〉研究》一系列政治批判热潮中，我只作冷眼旁观，取不介入态度。我是把大学当作避风港，像鲁迅形容的："躲进小楼成一统，管他冬夏与春秋。"

沈：作为一名专职教授，教书育人，在悉心培养学生的过程中，您与许多有德有才的进步学生成为朋友相处。

贾：当我进入了这个新的生活圈子，以我的个性便很快与学生们建立了很深的友谊，尤其是五四、五五这两届学生是新中国成立初期进的大学。那几年正是百废待兴、前程似锦的年代，政治运动的干扰比较少，学习的路子还比较正。他们感情都很纯朴，学习干劲也足，因此冒出很多才华横溢的学习尖子。

一九八二年贾植芳（前排左一）全家与学生施昌东夫妇合影

沈：听说，那时您家里很热闹，不断有学生和朋友上门来问学求教、喝茶聊天、吃饭饮酒。当时教授的薪水比较高，稿费也多，您夫妇俩并不讲究自我享受，也不事积蓄，往往有钱大家一起花，把钱用在学生朋友身上。

贾：那时与我接近的都是一些进步青年，我也总是毫无保留地向他们谈出各种各样的看法。但谁能料到，这些都成了我在复旦搞"阴谋活动"的"罪状"，和我比较接近的学生，也给扣上一顶"胡风影响分子"的帽子受苦受罪。

沈：当时《文艺月报》批判您："与胡风一样，一贯把自己打扮成一副爱护青年的样子，拉拢欺骗，利用政治上还没有成熟的青年。请学生喝酒，送钱给学生，都是他惯用的手段之一。每当学生投稿被报刊编辑部退稿以后，他总是表示惋惜，在学生面前说某编辑部如何不好，并劝学生们写一些稿子由他介绍出版。他就是用这种办法，既离间了投稿人与国家刊物编辑部之间的关系，又巧妙地为自己建筑了群众基础，而且又为他的那个泥土社拉了稿子。"难道这也算罪行？真是"眼睛一眨，老母鸡变鸭"。如今看了让人感到莫名其妙。

贾：（大笑）这是一个过去常来我家的助教写的，撇开上纲上线的话，写得还算符合实际，使我想起与学生交往的一些细节，我至今怀念那情意融融的友情。我与学生的课外关系，大抵就是喝酒、送钱以及介绍稿子这些方面。

沈：师生之间的友谊能发展到这样的地步，又会是多么好啊。早年复旦大学洪深、马宗融等教授为了保护自己的学生不被国民党特务抓走，挺身而出地站在学校大门口。

贾：这跟以后专门鼓动学生检举教师，教师又处处设防学生，师生如同路人的情形相比，真是多么难得！我一生颠沛动荡，很少有连续的平静日子，而这几年的教书生活，无论与师友相处、与学生相交；无论教学、写作和译书以及个人生活，都是愉快安定的。

沈：常听您谈起当年最得意的门生有施昌东、章培恒、范伯群、曾华鹏诸位，您重返教席又先后培养几十位现当代文学专业的硕士、博士和比较文学硕士以及访问学者。"一分耕耘，一分收获"，真是一片"植芳果然桃李芬芳"的美丽景象。

贾：教书育人，这是我一辈子颇感欣慰的大事！说到这里，令我浮想联翩，八十年代初重返教席的情景，至今还恍如眼前。一九八一年春天，我应邀在上海海关专科学校做了"关于狄更斯和《大卫·科波菲尔》"的报告，全校学生百余人都来听了，下午二时开讲至四时讲毕，有同学十余人围着提出各种问题，我都一一作答。这是二十五年来头一次上讲堂。

沈：这是历史性的一堂课。为此，您肯定做了精心备课，是吗？

贾：对啊。记得当时找了几本有关英国文学方面的书参阅备课，在前两天还开了一个夜车到凌晨三点多，才写好了讲演的提纲。

沈：您是一位名副其实的"真教授"。（忽然似乎想起了什么，忍不住笑道）我在您家里常常看到这样的情景，来您这里求学问学的人总是络绎不绝，因为大家都十分尊敬您，一般也就免不了多称呼您几句"贾教授"吧，往往就能引起您的幽默，您总是会高兴地说道……

贾：（眯起眼睛嘿嘿笑着抢先接口）我这个教授是假的。不是人人都叫我"假教授"吗？不过，我教书，却是真的，从来不卖假货。（一阵爽朗的大笑声）

沈：在您富于浓浓人情暖意的言传身教之间，给学生们有力的扶助和提携，因而有一批仰慕您道德文章的学生、青年朋友与您频繁来往。听说最近还出版了一本您写给学生的部分书信。

贾：不久前，李辉又将我八十年代以来，重新回到教学岗位后写给同学们的信，选编成册，已经出版了，我送你一本吧。（说着便拿出这本《写给学生》的书信集，为我签名并题了四个字"友谊长存"）

沈：（我接过他的赠书，边翻阅边感激地说）贾先生，真情永久！这是一本充满对学生一片深情厚谊的好书。可是，这样一本好看雅致的书就印了三千多本，好像印的有些少了。

贾：此书的前一部分是写给那些老学生范伯群、曾华鹏、赵博源、王聿祥和张德林、陈秀珠夫妇的，他们在一九五五年都因我的关系而受到株连，沉入苦海。但雨过天晴，他们又与我来往如昔，重修旧谊。另一部分是当我重新出土后写给一些青年学友的。我尊敬这样的师生友情，视为自己的一种精神财富。

沈：这本书还收录多篇学生写您的文章《学生眼中的老师》，让我们这些不是您的学生的局外读者都为之感动。我想，这些动人的师生友情也是文坛和学界的佳话。

您的精神境界和人格价值，成为具有一定意义的文化现象，引起了广

一九九四年十月六日贾植芳（前排右一）夫妇与两代学生合影

泛的关注和人们普遍的尊敬。

贾：（听了我的一席话，显然使他十分高兴，连吸烟的举止也有些悠然自得。但继续说下去时，却非常动情）当时我头上还戴着那顶两吨半重的政治帽子，有人很在乎我的这顶帽子，一位干部对大家说："贾植芳回来了，但还是'反革命'，现在宽大他，不让他在印刷厂劳动。"那是政治气候乍寒乍暖，一些学生就在我刚分到的小阁楼上走进走出，建立了很深的感情。他们不畏权势，敢于突破当时的条条框框，我喜欢他们的勇敢精神。

沈：您在教学过程中与学生们建立起来的友谊，始终贯穿着强烈的人文精神和独特的人格魅力。五十年代初听过您课的学生回忆说："当年先生声如洪钟大吕，纵横决荡，酣畅淋漓的讲课气势，我至今仍然历历在目。"

贾：那时年轻嘛，讲课时我的嗓门就更大了。

沈：李辉在毕业二十年后回忆说："他关于现代文学的广博见识和真知灼见，贯穿于这样的一些闲谈中。他所描述的一个远去的时代，和那个时代的五光十色的人物，引起我浓厚的兴趣，成了我的现代文学的最好营养。与课堂教学相比，我更喜欢这种聊天式的熏陶。在我看来，甚至这是大学教育真正的魅力所在。一位名师，著书立说固然重要，更在于用一种精神感染学生。在我眼里，先生就是这样一位名师。我感到幸运，遇到了

331

他。"而陈思和在几年前也说："我特别喜欢植芳先生在一杯茶、一支烟中，侃侃而谈，风骨毕现，从中不仅传授了读书的心得，更是传染了一种难得的为人风格。"可见，您传授给学生们的不仅是专业知识和学术研究方法，更是一种人文精神和知识分子人格魅力的熏陶。您与这几位得意门生交往多年，一定会有许多感触吧。

贾：他们是"文革"后我国招收的第一代大学生。虽然我们属于两个不同时代的人，但一见如故，声息相通；我与他们相处既久，成为老相识，又当过他们毕业论文的指导老师。我在与世相隔二十多年之后的人生暮年时期，有缘与他们这些在"文革"苦难中长成，又能在做人上有品有德，在做学问上也有胆有识的青年一代人相识和交往，真像在沙漠中长途跋涉的旅人，突然发现了草地和清泉一样地感到欢欣和慰藉，我在他们身上看到了历史的现在和未来。

沈：您的学生孙乃修为您写了传记，能否讲讲他的一些情况。

贾：他在一九八一年毕业于复旦中文系，又考上我指导的比较文学专业研究生。他是我国第一代获得学位的比较文学专业硕士生，通晓英、法、日文，而古典文学的造诣又深。毕业后到了中国社会科学院文学研究所工作，我每次进京或他来沪，我们都相见，日常也通信。他为了给我写传记，还住在我的家里，对我和任敏进行细致的采访。他的著译颇丰，《屠格涅夫与中国》《论怪诞》《符号帝国》等十余种。现在，他旅居加拿大

一九八一年与学生孙乃修合影

为访问学者。

沈： 从书中披露了蕴含着师生之情的部分信件，使我们体味到您为人师表的真诚，曾听钱谷融教授说："贾先生是一位真实而又天真的人，非常随和。"

贾： 这些信谈治学、谈生活。现在看看，还能从不同侧面反映一些近二十年来社会状况和知识分子的生活处境与文化心态，能提供一点有参考意义的资料。又因都是以诚相见的生活、思想语言，信里虽然间或有隐晦之处，但绝无无聊的套话、官话、废话和混账话。

沈： 这本书的书名能让人一目了然，简洁切题，是您自己拟的书名吗？

贾： 你知道吗？按照我国的传统，老师与学生在校时是师生关系，离校后就是朋友了。我要把书名改为《写给中青年朋友们》，但李辉不同意，执意要用《写给学生》。其实，我这个耄耋老朽，到现在还是个老学生，因为知识分子的一生就是不断学习的一生，每时每刻都可能出现意想不到的新事物、新情况、新思潮，如果放弃阅读、观察、思考、认识与研究这些精神活动，那就等于生命的终结与死亡，也是我所理解的"哀莫大于心死"的人生悲剧。

沈： 我记得您曾经多次说过："我是个历史的风雨中，东南西北四处走的知识分子，我于自己的人生体验与感悟中，发觉友情不仅在感情上给我以温暖和慰藉，在精神上更是一种支持、鼓励与鞭策的力量，正是无数生死之交或萍水相逢的旧朋新友的帮助和厚爱赋予了我新的、在人海中搏斗的勇气。"无疑是您对屡次危难关头受到友人热情相助的侠行义举之感慨。

贾： 像我在"文革"患难中的邻居，他们并不嫌弃我的政治身份，却与我这个"专政对象"常来常往，关心照顾我的生活。当年我在印刷厂"监督劳动"，厂里的一些女青工现在都成了中年妇女，我外出散步碰上她们，见了就像当年一样直喊我"贾植芳"，有说有笑挺高兴的；而当年那些凶横地管制我的干部，有时在宿舍大门遇上点头哈腰地叫我"贾先生"，还送上一支烟，我心里想：你还是直呼我贾植芳更真实些。

沈： 现在大家都叫您"贾老"啦。每每回忆起大难前后，从人们对您称呼的转化，可以看出您命运的浮沉变化，您也往往会显得有些激动。

贾：一九七九年中国社科院文学所要我赴京参加会议，在给我的通知上用墨笔批写着："贾植芳同志何日进京，请电告车次车厢，以便安排接车。"这是一九五五年以来第一次称呼我"同志"，并在我的问题平反之前，第一次恢复了我"教授"规格的待遇。我当时感到是一种殊遇，也不知其中究竟，激动了很久。适值冬天，我要去北京没有衣服，在学校事务科借了棉军大衣、棉军鞋；我的邻居工人卞志刚借我一件棉背心、一条裤子和三十元钱。现在他们一家搬到凉城新村居住还常来看我，小卞的妻子在我校后勤部门物资科工作，现已退休，这么多年我一直叫她"小姑娘"，她的儿子则叫"小毛头"，也早就长大工作了。（笑）

沈：当年他们一家与您也结下了深厚的友情。

贾：是啊！（动情地说）有次，他们家的小黑狗让人偷走打死，被发现要回来，晚饭时给我送了一碗狗肉，我下酒刚吃两块，就想起它刚被抱来"小毛头"外公家的情景，看到"小毛头"外公家的情景，看到"小毛头"叫它"黑狮"并与它打闹着玩，眼前老是晃动着这条小狗的影子，真可惜！实在吃不下去了。

沈：您经常会说"出门靠朋友"，记得在为您举行祝贺八十华诞暨文学活动六十五周年、教学活动四十五周年的会上，最后您在作答谢词时，颇为激动地开口就又说了这句老话，给大家留下了极为深刻的印象。

贾：（由衷地感慨说道）是啊！在生活中，每当我面对友人的深情厚谊，使我一次又一次地体会到"在外靠朋友"这句旧话的历久弥新的意义。我从少年时代就懂得了"在家靠父母，出门靠朋友"这句生活格言，半个多世纪的生活实践，又一再反复地向我证实这句中国老话的真实性和珍贵性。

沈：贾先生，恕我思想觉悟低，现在我常会感到应该是"在家靠父母，出门靠领导"。……（笑）

贾：我也注意到了这种现象。"文革"把好多人给坑了，把人与人之间的关系弄坏了，变得很冷漠，妻卖夫、子卖父、徒卖师，这种事屡见不鲜；有的把自己的"幸福"建立在别人的痛苦上，心安理得；经过这么多的运动，谁也不敢管闲事，谁敢管闲事祸就落在谁的头上，没有是非观念。还有"不说假话办不成大事"，八十年代有一种现象，有些人入党时没有海外关系，一开放海外都有亲戚来了，忙着接待成了时髦，这也是出于无奈之举。

沈： "文革"中的揭发、告密摧毁了我国传统的伦理道德观，很多古训都忘了。您说过一段感人肺腑的话："我决不出卖朋友，用朋友的血来洗自己的手，换取自己的'自由'这只能是那些犹大们才能心安理得地做的勾当，我决不会做这样的出卖自己的人格和人性、有辱我的做人的准则的事情！一九四七年不会，一九五五年同样也不会。"

贾： 不出卖朋友，这不过是做人，尤其是一个中国知识分子最基本的做人道理。我坐过四次牢，从来没有乱说乱写，既没有悔过，也不出卖朋友。其实出卖朋友这也是一种社会现象，古往今来都有这种人。

沈： 您每一次遇难遭罪，不仅不会把自己臭骂一顿，也会不识抬举。这样就会遭受更大的危险和不测。

贾： 正因为不识抬举，一九八〇年平反时被留了"尾巴"，揪住不放，直到我给胡耀邦写信申诉，才摘掉"汉奸"的帽子，而胡风到死也没见到自己彻底平反。他在晚年曾一度恢复健康，我去北京看他有说有笑，没隔多久再次进京开会去看他，却发现他神情呆滞一言不发，像是受了大刺激。听说有位被发现为"七月派"诗人的手握重权的官员探望胡风，胡风对他怀有朋友感情向他提出，过去在狱中被迫承认的所谓"政治历史问题"，是冤枉的，能否澄清一下。可这位当初在文学上受过胡风恩惠的原朋友官员却恩将仇报，一口拒绝并说确凿无疑，不给他一点希望。这对胡风来说是致命一击，使胡风抱恨终身。直到胡风死后，有关方面才撤销他的这些所谓"政治历史问题"，但老胡已经永远不会知道了。

沈： 我想，您与胡风先生的真诚友谊应该堪称是知识分子为人处世的典范。

贾： 我们是文章朋友，他在我最困难的时候帮助过我。我与他的感情，完全由于我们之间在患难中建立起来的深厚友谊关系；也是出于对朋友忠诚这一古老的中国人的为人道德。而时代命运的播弄，越来越加深我们相濡以沫的情谊，可以说是一种缘分。

沈： 您喜欢广交朋友，虽然为此吃过官司，但也不后悔，依然很珍惜人与人之间正常的交往及感情，也常会说："我把交友作为自己了解社会和历史的一个窗口和渠道。"如此这样一些给人以启发的话。

贾： 各类朋友分别带着他们各具个性的社会、文化、人生背景，有其

335

一九八四年十二月初贾植芳(前排右二）与同难者出席第四次作代会
于北京京西宾馆合影

各具特色的人格风采，千差万别的知识背景，多一个朋友，就等于多一份阅历，多读一本书，多长一些智慧或教训。我喜交游，喜了解社会的各种真相与动态，都是为了丰富自己的人生阅历。

沈：曾听任敏师母说起您热情好客、喜欢热闹的有趣情景，有次连续下了几天的大雨，使大家都不便串门，而您老人家却耐不住这样的清静。于是，便端着茶杯在客厅里来回走，还不时走到门前听听有没有敲门声。任敏师母笑着说，因为家里几天没客人来了，所以您是在焦急地等待朋友们来敲门。

贾：我在各个时代和场合都结交了不少各色各类的朋友。因此在解放后的档案中落了个"社会关系复杂"的政治结论。雨过天晴之后，我又故态复萌，一如往昔，家里常高朋满座，我不管亲疏，也不论贵贱，旧友新知都是客人，本性难移，积习难改啊！

沈：我见您每遇到一位谈得来的新朋友，总是显得兴奋。由此可见，您的交游史也一定是丰富多彩的吧。

贾：最近我准备写一篇散文《赤子之心——记我的朋友王缘先生》，记叙我与八岁小朋友王缘交往的故事，（指着书橱玻璃上夹着的儿童画，上面童趣十足地题写"王缘先生赠送贾植芳先生"）你看，这是他送我的贺卡，他在瑞士读书回国探亲时，还要给我买酒哩。（深深地吸了

336

一口烟）

沈：四十年代您在上海时以文会友，日常喜好接纳文艺界有才有识的青年贫士，为人处世豪爽大方、热情可靠。因此，曾被朋友们雅号为"孟尝君"。

贾：我从投稿进入文艺界，几乎都和"左翼"知识分子在一起。我住过的溧阳路源茂里亭子间，对门住着搞木刻的李桦、麦秆、黄永玉，画漫画的方成、余所亚，搞电影美术的韩尚义等人，除李桦年事稍长外，都很年轻也很穷，整天画画，说只要有吃饭、剃头、洗澡的钱就行了。这伙人中只有我有家室，常聚在我家喝酒、聊天，遇到没钱也不能委屈肚子，任敏就把衣物拿到当铺换几个钱，买白酒、花生米、猪头肉、阳春面，大家热闹地吃一顿。记得那天深夜我们夫妇在他们那儿欣赏贝多芬《暴风雨交响曲》，没想到第二天暴风雨真来了，国民党特务抓我们夫妇时，把方成放在我家的一本西南联大速写画稿一起抄走，这么多年过去了，我们都没法向他交代。

沈：听谢蔚明先生说黄永玉曾来过上海与你们夫妇聚会。

贾：前几年，黄永玉来上海，请我们夫妇在宝隆宾馆吃饭，黄永玉拿着烟斗说，植芳兄、任敏嫂，多年不见，现在咱们不吃阳春面了，拣好的吃！聊起当年我们这些"洋服瘪三"的穷开心，不禁相视而笑。

沈：新中国成立以后，自从您当了大学教授，生活的圈子也改变了，所结交的朋友基本上都是以大学里的同事为主。

贾：高校的生活空间相对狭小一些，平日结交的多是学院派知识分子，逐渐与一些著名教授交上朋友，他们身上的正直人格，过人才学给我留下了很深的印象。五十年代的那场政治风暴，彻底击碎了我那刚刚平静下来的生活，我被剥夺了做人的权利，更枉谈交朋友了。许多朋友也蒙遭和我同样的厄运，其中有人给折磨至疯、至死。想及这些历史，我的心中有一种揪心的疼痛。

沈：最近出版的《不能忘却的纪念——我的朋友们》，是您从八十年代后所写的那些怀念故人与旧友的文章合集。您在文章中关注他们的道德文章，还着重记录了与他们的交游史及患难之中的情谊，让我们从中窥探到一部中国知识分子的生活和命运的历史缩影。

贾：作为历史的幸存者，有责任把他们的命运记录下来，我把写这些文字，当作一份庄严的历史使命，一份应该履行的社会责任。我写他们的才学与成就和人品与个性。通过记述我们的交友过程以及他们各自的生活史、命运史以至苦难史，让人们对历史多一分了解。

沈：您是一位左翼新文学作家，在追忆朋辈的这本书中写有二十多位故旧，提供了一些很高的史料价值，引起现代文学研究者的注意。其中有胡风、萧军等人，尤其是还有一些新文学圈子以外的人物，像还珠楼主，而邵洵美与左翼圈子则更其隔膜。

贾：所以，我自以为自己不是一个"左派"作家，我更是一个"江湖派"作家。你看看，我与胡风关系深厚，与陈子展关系也很密切，还有范泉。

沈：最近在《新文学史料》上看到您写给范泉的十余封书信。故人半凋零，您更看重的是朋友之间的情义，字里行间您始终怀念着这些心中友人的种种好处，因而"走笔到这里，不禁潸然泪下"。

贾：（黯然的神情，感喟不已）许多老友都先后不幸亡于阶级斗争的大风大浪之中，只留下我这个老头子在这里啰嗦，我这个后死者有责任为他们的亡灵献上一束鲜花和几杯清酒吧。我要写的、应该写的朋友还很多很多，这些朋友仍然活在我的记忆之中，他们是我生活的支撑，也是我写作的动力，我仍会用我颤抖的手中的笔，将这些历史形诸文字。

沈：我特别注意到书里悼念戴厚英的文章，文中娓娓道来："她是一个直率、坦白、纯正的人。她敢于面对历史，勇于正视自己的失误这种坦荡的做人品格，又使我对她十分敬重。"我感到一种充满理解的态度和友情，这是极为感人的。

贾：（吸着烟，颇为深沉）像我这样经历过长期的牢狱生活，几度在生死线上跌爬滚打过的人，对那些曾在政治运动中风云一时的人物，倒有另种眼光，虽然对别人终究是一种伤害，但如果是出自真诚的信仰，毕竟与那些为了私利己欲而投机害人为虎作伥趁火打劫者有别，盲目的轻信当然需要反省忏悔，以总结教训，但也不能完全无视当事人的那一份"真诚"，尤其对我的晚辈和年轻人来说，更应如此。他们其实也是受害者，即年幼无知，误入歧途。

沈：听您老人家一席冷静理性的话语，使我深受感动和启发。我想，虽然那些动荡年代早已过去，历史的阴影也不会轻易抹去，但您这样宽容理智、充满理解的品性，是为人们所铭感的。

贾：在我看来，戴厚英无疑是一个真实的人。她出身贫苦的农村家庭，"文革"发生，真诚地相信"斗私批修"的必要，否则劳动人民会"吃二遍苦，受二茬罪，千万人头落地"。理所当然成了"响当当的造反派"。这种信仰的背后有很大的盲目性，因而伤害了不该伤害的人，做了不该做的事，使人对她敬而远之，甚至怀有敌对心理。但经过切身的生活体验和理性思考，她醒悟并有了忏悔和反思，给当年受伤害的老师当面认错；在这之后的风浪中，能坚持住经过理性思考而获得的信念。

沈：正是基于您这样的理解与认识，她与您也成了朋友，经常到您家里坐坐。我认为，这种友情更为难得和珍贵，真不容易！俗话说："物以类聚，人以群分。"作为一个现代知识分子，您在历史的风雨中一贯喜交友、善交友，能不能谈谈您的交友观，向我们这些年轻人介绍一下您的宝贵经验。（笑）

贾：我虽然生性喜交友，但绝不滥交。我交友是有选择的有原则的。古人评价文人用"道德文章"这样的标准，我认为用于现在，也不失其原则的真理性，虽然随时世变迁，"道德"与"文章"的内涵发生变化。我交友，首先看他的人品，做人道德，其次看他的才学和能力。我要交的朋友是精神朋友，是事业上的朋友，思想上的朋友，道义上的朋友。

沈：您好几次说过，早在八十年代中期，您就做了一副对联想贴在自己的家门上："欢迎四方豪杰，接纳天下好汉。"是吗？

贾：是的。最近我根据多年来在历史风雨中的感受与经验，立足于自己的行业，又写了一副反映我交友观的对联："欢迎四面八方中外一丘之貉；谢绝官匪商娼非我族类之辈。"横批："寒士门第。"后来我的一位朋友又建议我把横批改成"布衣之家"。这里的"商"指的是官商、洋商、私商、富商大贾。"娼"非指那些卖肉体的人，而是那些出卖灵魂，依附权势，为虎作伥的文人。那些恪守做人良知，从事于人类文化创造和知识传承的知识分子不在此列。

沈：聆听了您的这些教诲，确实很受教益。您虽然交的朋友各式各样的都有，但是您交友是极讲原则的，有的成为终身朋友，也有的以后便绝交了。"道不同不相与谋"，您从来不交功利性的朋友，像伪知识分子之类的朋友也不交。前些日子，外地的一位朋友来沪，颇为感慨地说起目前在这个所谓的"圈子"里世风日下，至于另一个所谓的"圈子"，我浅尝辄止便感到也是躲躲闪闪地无趣得很。怎么办呢？寻找友情，聊以自慰。

贾：（大笑）寻找友情？

沈：（也笑了起来）实话实说吧，这是我做的一个梦。在梦中的一个周日清晨，我走进了附近卖菜的自由市场，只见熙熙攘攘，人声鼎沸。在此起彼伏的小摊小贩高声叫卖声中，我被人来人往的人群挤东挤西，却依然乐此不疲，随遇而安地注视着在这拥挤喧闹不堪的世界里，买卖之间却是井然有序。

贾：你在梦中跑到了菜场里，是不是想得到某种启示？

沈：在梦中我看到所有摊位按出售品种排列，卖水产的摊位相邻，卖蔬菜的都在一起，相互融洽，偶尔交流各自生意的好坏，而无遮遮掩掩、闪烁其词，更看不到彼此妒忌使坏，倾轧暗斗。各自都以诚恳的态度接待"上帝"，不厌其烦地说服买者，倘遇斥责还是笑脸相迎，以此赢得各自的顾客。我恍然大悟，小摊小贩做生意的"争客而争斗"，这无疑是一种境界。

毕竟这里不是真空世界。晨霭弥漫，突然一片吵闹声，有两位摊主发生了激烈的争执，颇有大动干戈的架势，我幸灾乐祸地躲在旁边窥视。有几个摊主马上放下手中的生意上前劝架，坦诚地帮助吵者沟通，劝说各自息怒，很快就化干戈为玉帛。此时，一位摊主猛然拍打了我一下，大声怒斥："你在这儿看什么？有什么好看的哩？是不是打算马上奔走相告啊！"又继续讥讽说："你们这些人连借本书互相之间也没有信任感，嘻嘻嘻，不愿借！不愿还！"

当我说完这些梦话，我们两人相对不断地吸着烟，默然许久、许久……

尾　声

（镜头摇摄）松柏蔚然成林，常青阔叶环绕，翠竹蓊郁掩映，浓重的绿色一片庄严肃穆，（特写画面）贾植芳先生恭恭敬敬地在鲁迅先生之墓的花岗石墓台上放了一束鲜花，然后他又缓缓地来到鲁迅铜像前默默地深深三鞠躬……（镜头渐渐拉远变成俯视全景）

悲壮激昂的旋律声蕴有柔肠寸断的怀念和忧伤情绪，贾植芳先生的画外音："我们这代人都是吃鲁迅先生的奶长大的，我们这些三十年代知识分子啊，都是在鲁迅先生开创的战斗文学旗帜下成长起来的。想起当年鲁迅先生逝世时，我正在日本留学，看到日本报纸刊登的和当地广播的这个不幸消息，我心里非常难过，好几天在街头失魂，一种悲哀情绪难以表达，心里伤痛，好像失掉了什么似的，失掉了很重要的东西，精神上的东西……"

这是一家电视台为他拍摄专题片中的片断，观赏之初我就为之震撼，这一幕令人难以忘怀的镜头，至今时常会萦绕浮现在我的脑海之中，尤其是当我即将写成本书之际，想起他对鲁迅先生的崇敬之情，使我深深折服和感动，寻回一种久违了的精神情怀；由此窥见贾先生丰富的精神思想及其实实在在的人生，感悟他生命中与生俱来的那种崇高的忧郁性格。

沈： 二○○一年是我们纪念二十世纪中国文化巨人鲁迅先生的大年，按诞辰计，是一百二十周年；按忌辰算，是六十五周年。三十年代时，您见过鲁迅先生吗？

贾： 没有。鲁迅在上海的时期，我还在北京上学，后来我从北京去了日本留学。一九三六年十月，鲁迅因病在上海逝世，在日本，这件事被当作一件大事来报道。当时我在日本天天看报纸、听广播，心里非常难过。

沈： 听说您也参加了留日同学在东京举行的追悼会，并在《留东新闻》的《纪念鲁迅特刊》上写了悼念鲁迅先生的文章。

贾： 那时留日的左派学生准备开追悼会。筹备就在东京警视厅特高课警察的监视下进行，心里有些紧张，郭沫若说请日本人一起来开嘛。于是去请秋田雨雀，可他说自己受到监视，如果参加会有麻烦，就介绍被称为日本"王尔德式的唯美派"作家佐藤春夫参加，他翻译《鲁迅选集》在日本岩波书店出版，影响很大。开追悼会的时候来了二百多个日本警察，我们带了自己办的报纸《留东新闻》出的一份鲁迅追悼会特刊，里面有我写的一篇散文《葬仪》，还没来得及散发，被日本警察全部没收了。

沈： 那么，您对鲁迅先生的了解和认识主要来源于哪些方面？早年胡风先生是不是给您讲得很多？

贾： 是啊。鲁迅先生晚年身边有胡风、冯雪峰、萧军、萧红这样一些年轻人。我对鲁迅的认识来源于两方面，一个是书本，另一个是通过他周围的人。如许广平，我和她很熟，和她周围的朋友也都很熟。

沈：像您这样一代的知识分子大都受过"五四"新文化的哺育，而新文化与现代文化有着不能分割的密切关系，因此对鲁迅先生都怀有特殊的深厚情感。我在查阅您的日记看到您在刚获得自由之初，就与同难友人一起去虹口公园瞻仰鲁迅先生之墓，还陪同梅志先生去过。

贾：对。当时我与同难友人瞻仰鲁迅之墓，非常感慨，先生去世这么多年了，沧海桑田，如果他还健在，真不知什么命运啊！前年，我又到了鲁迅故居，瞻仰先生的书房、卧室。站在鲁迅像前，我很久都没有这么激动，我的眼泪都快要落下来了，看着，看着，我仿佛感到鲁迅活了。那天我感慨地想到了我们这代人的命运，想到我认识的朋友，像冯雪峰、胡风、萧军，他们都走了。我也有八十多岁了，我觉得自己对得起鲁迅，我始终都是清醒的。我敬仰鲁迅，不仅是他的文章，首先他是中国现代知识分子的典范。

沈：何谓中国现代知识分子？如何划分并具有哪些特征？

贾：现代知识分子是指"五四"以来的中国知识分子，由于接触西学，视野开阔，观念更新，尽管他们各自所选择的专业和生活气质不同，但要改造旧中国，促使中国走向现代文明。他们既不同于传统的封建士大夫，又有别于西方的现代知识分子，是中国的，又是世界的。他们在横向上借鉴了西方文化的价值系统，在纵向上继承和革新了中国传统文化，重新塑造自己的文化性格和人格素质；除了创造性的著述活动外，在译介西方文化学术的同时，以科学态度钻研、整理中国的传统文化，分清其中的精华与糟粕，对中外文化都取"拿来主义"的实际态度。

沈：您在接受一家电视台记者采访时如是说："我国近代鸦片战争海禁开了以后，从洋务运动，到戊戌政变、到辛亥革命、到五四运动，我们中国知识分子啊，接受西方科学、文化和现代文明，对我们自己的历史进行沉重的反思。从前行者开始，都是为了国家改变成为由农业社会走向工业社会，由封建专制主义走向民主自由社会，由贫困愚昧的落后社会走向富裕文明的现代社会。这是一个长长的历史过程，也是很难苦很曲折的漫长道路，一代一代的中国知识分子，都背着历史的十字架往前走。因此，我一直认为我们这代人是走向这个历史行列的现代知识分子。"由此可见，鲁迅精神之所以不死，正是中国现代知识分子求索真理、追求进步的精神所在。同时，我们要加强对中国现代知识分子的总体性研究，这也是一门极其重要的研究课题。是这样吗？

贾：正是。应该注意到传统文化对于现代知识分子说来，仍然在他们身上有多方面的影响，最突出的是在人格修养方面的影响。既有积极入世、济世救民的社会责任心和历史使命感这些好传统影响，也有独善其身、洁身自好或自命清高这些消极的名士风、隐逸风和才子风的坏传统影响。鲁迅早期的小说创作，描绘了清末民初社会大变革前后知识分子的种种色相，这里既有孔乙己、陈士成这类仕途热衷者和没落者；更有"狂人"、夏瑜、魏连殳、吕纬甫这类在封建专制重压下经历了觉醒、挣扎、追求、斗争、牺牲以至落荒而走者；也有"假洋鬼子"那样的投机者，涓生那样的"梦游者"。我们看到鲁迅如炬的目光，对传统知识分子的鞭辟入里的分析和精当的历史评价。

沈：这就是鲁迅之所以为鲁迅。他留给我们更多的是一种人格、一种精神，那才是伟大的和永恒的。我们学习鲁迅先生，应该要从正确认识鲁迅开始。

贾：鲁迅生活的时代，是中国社会发生深刻变化的时代。关心国家的前途和命运，成了无数知识分子迫在眉睫的问题。他的一生，都在追求，早期接受达尔文进化论，晚年接受马克思主义。对敌人恨之入骨，提出"痛打落水狗"，态度坚决；对朋友，他爱之深切。瞿秋白牺牲后，鲁迅把其遗文编为《海上述林》两卷，以"诸夏怀霜社"名义自费出版，把仁友的书印得精致美观。鲁迅的伟大之处，就是对中国的现状和历史了解得最深刻、最透彻。他一直呼唤"救救孩子"，这不只是一个启蒙的口号，还是呼唤新生活的号角。

二〇〇一年十月摄于复旦宿舍院内

343

沈："天下兴亡，匹夫有责"，鲁迅先生的精神、思想和道德，成为中国知识分子的楷模。您觉得当代的知识分子最主要向鲁迅先生学习什么？

贾：首先要学鲁迅的做人！在他身上没有丝毫的奴颜媚骨，独立的人格和操守，这就是鲁迅精神。要学他关心我们的国家，忧国忧民的使命感，关心社会进步，关心群众疾苦，爱憎分明，不见风使舵，不投机。

沈：毛泽东说："鲁迅的骨头是最硬的，没有丝毫的奴颜和媚骨。"鲁迅精神就是硬骨头精神！就是敢想、敢说、敢作、敢为。

贾：对！但鲁迅的敢想敢做是从社会功利出发，而不是为了个人功利目的。

沈：最近，《南方周末》报上有段意味深长的话，不妨读给您听听："鲁迅的长在，不是因为被说得多的缘故，实在地还是因为被读得多的缘故。围观者多，所以是非才多。说鲁迅的人，未必是认真读过鲁迅的。凭照中学语文课的印象或者随便翻翻就来评判鲁迅的是与不是，当然是容易立异和出新，而鲁迅却是'旧'的。轻薄鲁迅和神话鲁迅都是简化鲁迅，而鲁迅却是丰富的。"

贾：我感到现在的年轻人要多看鲁迅著作，多少能懂得一些中国的历史，能够真正认识鲁迅。过去从政治功利的观点把鲁迅简单化了，偶像化了，应该"人化鲁迅"。你想，苏联解体后，也对高尔基重新进行了研究，过去把他当成了一个政治工具，甚至把他偶像化、宗教化、神化了。鲁迅写过一篇《中国现代的孔夫子》，对别人神化孔子提出了批评，认为这是"颇有滑稽之感"。毛泽东高度评价鲁迅，大家都开始学习鲁迅。但是有些研究鲁迅的人，却没有鲁迅这种骨头，我把这些人不叫研究者，叫"吃鲁迅饭的"，他们把鲁迅给歪曲了，把鲁迅神化起来了，鲁迅便成了这些人的饭碗，其中有卖假药的，有江湖郎中，也有走街串巷的知识贩子；有些人还糟蹋鲁迅，他们是钻在文化躯体里的一种寄生虫。（目光炯炯有神，言犹未尽）

早春的夜晚还带着几分寒意，但是已经没有必要再用取暖器了。窗外黑乎乎的，远处有些星星点点的灯亮，坐在书桌前忙着整理书稿，诚然是在享受着贾植芳先生那力透纸背的言论、真知灼见的谈话，少有的暖意、少有的震撼袭上我的心头，顷刻一缕思绪，烟岚满目。

虽然他历经漂泊、坎坷和危难，带着永远无法抹去的伤痕，却依然步履稳健、堂堂正正地行走在生活的大路上。当他渐渐步入老年时期，幸运地过上了安定的生活，他没有迷失自己，更没有荒废自己。不顾自己的老迈之躯，重新焕发青春的热力，埋头刻苦地从事写作和学术研究。无论是写作的数量还是质量，都成为他一生中最为突出活跃的时期，也是最为多产丰富的一个阶段。

　　在我的眼前却浮现出这样一副常常能见到的他在写作时的情景。每当先生的书房里静悄悄的时候，他伏案小圆桌，眉宇间神情深沉，或而思索或而又奋笔疾书，那种专注的神情举止简直是旁若无人、超逸绝尘……

　　此时，我的耳边又久久回荡起贾先生那中气十足而又严峻的话语："我虽然不是中共党员，也没有正式加入'左联'，但我的思想、文化性格是'红色的三十年代'形成的，对我们这一代'五四'新文化运动哺育下成长起来的知识分子，既自觉地献身于祖国的进步事业，又坚持和维护自己独立的人格价值，这两条可以说是我立身行事的基本准则……"

沈建中

二〇〇二年五月三稿于上海浦东银城DXS

访谈录

贾植芳、李辉谈周扬①

李辉（以下简称李）：你跟周扬有没有什么直接交道？

贾植芳（以下简称贾）：我生平只与他打过一次交道。一九五三年周扬到上海，在"人民舞台"做报告，过后指定一些人到文协吃茶，其中有我。不过没有什么交谈。

李：虽然如此，你是胡风冤案的直接受害者，与周扬也算有不解之缘。你是否可以抛开个人恩怨，客观地评价一下周扬。

贾：周扬是一个"五四"以后时代的人，也接受了西方文化的影响。但后来他做行政工作，学而优则仕，当官了，就有了变化。在上海时，四条汉子与鲁迅闹矛盾。鲁迅是个很苦闷的人。他们一会儿打他的招牌，残酷地利用，一会儿又批判他。他们这帮人就是搞权术。到延安后，周扬又成了毛泽东的代言人，形势紧张时，他是打手面孔，形势一松，他身上"五四"的传统就又出来了。

李：我的理解，他一直在民主自由这种"五四"时代的精神周围徘徊，最终还是基本上抛弃了，被官场政治所同化。

贾："五四"传统的最大贡献是人的价值，人的尊严。他的内心一定是矛盾的。但是，现实却是很厉害的。作为一个知识分子，他身上有个人主义的东西。这是一个矛盾，他有内心痛苦，这不同于别的对历史错误从不忏悔的人。他翻译托尔斯泰、车尔尼雪夫斯基，对民主的东西还是有所了解。

李：忘掉"五四"传统，恐怕也不是个别知识分子的问题，带有广泛性，是值得研究的历史现象。

贾：封建主义的东西在中国知识分子身上根深蒂固，这是整整一代人的悲剧，我们这代人都受到这种影响。我不能接受"改造"这种说法。我认为我们这代知识分子应该保持自己的独立性。

李：在研究周扬时，我老想到中国知识分子的问题，谈到思想改造，究竟改掉的是什么，增加的是什么。我也曾想到应该写一本关于一九五〇年前后知识分子思想改造运动的书，不过工作量很大，也不知是否能够进行。但这个题目值得有人去做。

贾：是应该研究这个问题。

李：周扬和胡风积怨很深，你能否简单谈谈这两个人。

贾：他们都是从事左翼文艺的，在一些方面，带有共同的局限。胡风和周扬最初关于"典型问题"的争论，还是学术问题，后来才发生变化。胡风始终认为党是信任他的。一九四五年毛泽东到重庆谈判，与文艺界聚会，周恩来对毛介绍到胡风时，毛说："是办《七月》的胡风同志吧？"周恩来说："不，现在在办《希望》了。"可见毛对胡风的情况还是有所了解。舒芜一九四六年在上海告诉我，当时毛还敬了胡风一杯酒。

李：胡风悲剧也许就在于一直相信毛泽东对他是信任的。

贾：胡风梗直，但太偏颇，爱憎太分明。一次碰到田汉，就不理他。他不喜欢的人，从不爱理。范泉办刊物，约他写稿，他不理睬，他说："他是什么东西？""三十万言书"中，他说范泉是南京特务，害范泉为此挨整。《新文学史料》发表时，没有加注，我向范泉赔礼道歉。

李：左翼文艺界在很多时候，都存在着这种片面性。

贾：我的一些朋友有这个缺点。唐湜说阿垅、方然到处骂人，我们又不惹他们。的确存在这个问题。方然当年写文章，扫荡文坛，我不同意发，胡风也不同意。我们的左翼文艺，从创造社、太阳社到"左联"，一直好斗。"五四"时代知识分子没有纠纷，譬如与新月派就没有个人间的矛盾。李大钊的墓是胡风、刘半农他们帮忙修的，我的嫂子、李大钊的女儿是周作人保护，帮忙。左派文人差不多都好斗，像钱杏邨、郭沫若、成仿吾，还有周扬。

李：这种现象一起延伸到一九四九年以后，而且越来越厉害。

贾：大家斗来斗去，几乎都是左派文人在斗。周扬斗胡风，斗冯雪峰，斗丁玲，斗完别人斗自己。

李：你自己还是没有逃脱这种命运。

贾：我开始并不想卷进来，我教书，是无意之间掉进来的。但我一直有警惕性，还觉得大学是个避风港。一九四八年我出狱后，胡风让我给《蚂蚁》杂志写文章，反驳当时香港的左翼文艺界对他的批评。我没有同意。我认为香港的批评一定有背景。为此，胡风、方然、阿垅都不高兴。

李：你对周扬可不可以概要地作个说明。

贾：我看周扬也是一个悲剧人物。他不同于一般的延安人物。他还算"五四"青年。"五四"青年是反对文化专制主义的，夏衍和他也有些相似。他们都曾是理想主义者、浪漫主义者。周扬也不同于丁玲。丁玲爱出风头，一个中学生出身，文化素质低，但有反封建精神。周扬的文化素质高，是一个有修养的知识分子。对这种人，我们要理性地看，不能单纯感性地看。总之，他是非常复杂的，但值得你花工夫研究。

李：我想，其实写他也是写一代人，写一段漫长的历史。

贾：你应该站在更高的历史高度来看他，来写这代人。

注：
①此次对话是一九九一年十月二日在复旦大学贾植芳先生书斋，贾植芳与李辉以周扬为话题展开的讨论对话。

贾植芳、胡守钧谈鲁迅

时　间：一九九九年五月三十日下午
地　点：复旦大学贾植芳先生书斋
对话者：贾植芳
　　　　胡守钧
话　题：鲁　迅

胡守钧教授（以下简称胡）：贾老，我们今天谈一谈鲁迅，如果下次有机会，我们还可以谈谈胡风。

贾植芳教授（以下简称贾）：好。上周上海卫视播放了我的一个专题片，原来是东方电视台（播的），你看了吗?

胡：我看了，传神。我最近写了一本书（指《走出轮回》）里边谈到了鲁迅，也谈到了阿Q。

贾：鲁迅先生在我们中国人心目中是非常高大的。他对我们这一代人的影响非常大。一九三六年春我从北京去日本，鲁迅先生在上海，直到他逝世，我都在日本。一九三六年十月，我在日本听广播，看报纸，闻知噩耗。在日本，鲁迅逝世被当作一件大事来报道。我们留学生中的左派开了一个追悼会。当时日本是军国主义分子统治，我们处在东京警视厅特高科

352

刑事警察的监视下，郭沫若说，请日本人一起来开嘛，所以请了一个叫秋田雨雀的日本人。此人也是左派，但秋田雨雀说自己也受到警察监视，他来会给我们带来麻烦，他介绍了一个叫佐藤春夫的来。这是一个有名的作家，被称为日本的"王尔德式的唯美派"。他懂中文，翻译过《鲁迅全集》，在日本著名的岩波书店出版，影响很大。我们开追悼会的时候果然来了二百多个日本警察，我们当时带了自己的一份报纸《留东新闻》，出了鲁迅先生追悼会特刊，里面有我写的一篇散文《葬仪》，还没来得及散发，被日本警察全没收了。

我们这一代人都是在鲁迅精神影响下成长的，可以说，我们是"吃鲁迅的奶长大的"。去年电视台在鲁迅墓前拍了一个专题片，我向鲁迅先生三鞠躬。看着鲁迅先生塑像，我心里很激动。作为一个作家，鲁迅对中国社会和中国历史看得很透彻，看到底就是"人吃人"。历史多少次改朝换代，改变的只有吃人者的不同，遭殃的还是老百姓。所以鲁迅早期有悲观主义倾向，他认为这是轮回，于是提出了"改造国民性"的口号。中国农业社会中的老百姓在压迫下变得麻木、盲目、自私、冷漠，你看鲁迅写的《药》，革命者为了救国救民，被抓住砍头，看热闹的老百姓拿馒头蘸了他的血吃，这是多么大的悲剧。国民性的盲目、自私、冷酷，到现在依然有这样的事：街上有一个强盗欺负人，旁边人看热闹，没有人管，只顾自己，这显示出的不就是自私、麻木、冷酷吗？

胡： 国民性的劣根性还没有多大改变。

贾： "文化大革命"把好多人坑了，经过这些运动，谁也不敢去管闲事，谁管祸就落到谁的头上，历史走了弯路。鲁迅先生是个治学的模范，他写自己的时代写得很独特。独特中反映了普遍性。说明鲁迅对我们国家的历史，对国民性的认识非常深刻。

胡： 阿Q就是鲁迅对中国国民性的研究的结果。他认为阿Q身上兼有狼性和羊性。欺善怕恶，欺弱怕强。没有地位的时候要造反，有了地位的时候要镇压别人。这就是兜圈子。他对阿Q的研究不但是对当时社会的一个深刻分析，同时也是对人性的一个深刻分析。权力一旦不制约就要干坏事。

贾： 阿Q的思想就反映了这一点。八十年代陈白尘写了剧本《阿Q正传》，你看过没有？（胡：看过。）阿Q做梦时梦见革命胜利了，他当了皇帝。当皇帝后他做了两件事，一件是镇压反革命，不仅镇压了假洋鬼子、钱秀才、赵太爷，连过去与他有个人恩怨的王胡、小 D，都抓来砍头。再一件就是选美，吴妈、小尼姑等。（胡：对，谁的眼睛有个疤他都不要。）后来，鲁迅写道：阿 Q 并没有死。这个意义很深。但过去那么多年我们把鲁迅的研究简单化了、政治化了。

胡： 鲁迅被当作了一个标签、一个符号，什么运动都会利用他。

贾： 要对鲁迅进行研究，首先是瞿秋白的观点。瞿秋白在《〈鲁迅杂文集〉序》中说，鲁迅前期是进化论，后期是阶级论。

胡： 准确地说，是个人道主义者。

贾： 对。毛泽东一九四二年在延安时讲，鲁迅是伟大的革命家、伟大的思想家、伟大的文学家。我想，鲁迅首先是一个伟大的思想家。他的思想是通过他的文学活动来反映的。

胡： 他主要是一个人道主义者，他同情老百姓。

贾： 人道主义者、民主主义者。

胡： 在那个时代，还是个自由主义者。

贾： 对。他们这些作家，不仅自己写东西，而且关心社会现实，关心国计民生，关心国家的命运和前途。

胡： 他们具有中国知识分子的良知。

贾： 这些知识分子继承了中国传统文化的优良传统，"天下兴亡，匹夫有责"，毫无个人功利目的。

胡： 壮志在天下，个人无所求。

贾： 他有社会功利观念，没有个人功利观念，似乎与郭沫若等人不同。

胡： 他对人性的看法非常深刻。你看老舍的《茶馆》，好人一直是好人，坏人一直是坏人，鲁迅写的阿 Q 就不一样。《茶馆》里的老王，始终是好人。阿 Q 革命一旦成功，他就变坏了。所以他比老舍深刻。

贾： 鲁迅写人物，写出了人物的复杂性。

胡： 性格的复杂性。

贾： 性格的复杂性是社会环境、历史环境造成的，是具体环境塑造的。

胡： 闪现出各种社会关系的联系。

贾：所以，现在我们文化界对鲁迅重新研究，过去是从政治功利的观点看，这样就把鲁迅简单化、偶像化了，应该"人化鲁迅"。苏联解体以后，对高尔基也重新进行了研究。过去把他当成一个政治工具，甚至把他偶像化、宗教化、神化了。现在改革开放了，我们需要重新认识鲁迅。

胡：过去，每遇政治运动，必请出鲁迅，而且赋予运动所需要的解释，"反右""大跃进""反右倾""文革"，一直到林彪、江青等"四人帮"，无不利用鲁迅。

贾：那就是鲁迅晚年写的"中国现代的孔夫子"。

胡：他也成了"中国现代的孔夫子"，变成了敲门砖。

贾：小胡，我把这些人不叫鲁迅研究者，叫"吃鲁迅饭的"。他们把鲁迅歪曲了。

胡：胡风跟你讲鲁迅讲得多吗？

贾：是。鲁迅晚年身边有胡风、冯雪峰、萧军、萧红这样一些年轻人。

胡：我对鲁迅的理解完全是从本本上来，靠看《鲁迅全集》认识了鲁迅。中学时读过，"文革"时读过。后来在监狱里读过，感触最深。

贾：加上你自己的人生体验。

胡：的确如此。所以我认为他讲中国社会的轮回讲得非常精辟。

贾：因为中国没经过工业革命，经济基础没有得到根本改变，基本还是农业国家。我对鲁迅的认识也来源于两方面，一个是书本的，一个是通过鲁迅周围的人。如许广平，我和她的家人、她周围的朋友都很熟。

胡：你认为许广平和她的朋友对鲁迅的认识是对的吗？

贾：许广平？这个难讲。解放后历次运动中，她和鲁迅的弟弟周建人一起做假证。五五年反胡风，他们写文章，说鲁迅对胡风有看法，五七年反冯雪峰，他们又写文章说鲁迅对冯雪峰有看法。到"文化大革命"，又说瞿秋白是叛徒，把瞿秋白的坟地刨了，他们又讲鲁迅对瞿秋白有看法。这就是做假证。对于她写的回忆录，有位学者叫朱正，对其做了历史考证，进行了澄清。这是一个悲剧，不过鲁迅的儿子不错。

胡：海婴不错。继承了鲁迅的不说假话，和许广平不同。

贾：许广平解放后是个干部，刚解放是国务院的副秘书长，那时不叫国务院，叫政务院。鲁迅兄弟三个，文化界曾叫他们"龙虎狗"，是就他们对中国文化的贡献来讲的。鲁迅是龙，周作人是虎，周建人当时只是一个普通编辑。

胡：你觉得我们当代的知识分子应当从鲁迅身上学习什么？

贾：首先要学鲁迅做人！

胡：对！我对我的研究生也讲，做学问先要学做人！

贾：鲁迅身上没有丝毫的奴颜媚骨，独立人格这就是鲁迅精神。学鲁迅，就要学他忧国的精神，关心社会疾苦，关心群众，爱憎分明，不见风使舵，不投机。

胡：如果总结一下什么是鲁迅精神，您认为应该怎样概括？

贾：硬骨头精神！

胡：您认为鲁迅对中国当代文学的影响主要在哪些方面？

贾：无论从思想上讲还是从艺术上讲，鲁迅都有自己的创造性特色和成就。鲁迅先生使用的方法是现实主义，同时也有现代主义的影响。鲁迅接受西方文化的时候，正是西方现代派哲学、文学流行的时候，如尼采、叔本华、弗洛伊德、柏格森；文学方面还有俄国的路卜洵、阿尔志巴绥夫、安特列夫等俄国现代主义作家。

胡：我觉得鲁迅的思想是真正的现实主义。后来江青讲的"现实主义"，就把现实主义的"命"革掉了。

贾：那是"伪现实主义"，正如马克思主义到苏联成了斯大林主义，那是被歪曲了。

胡：我觉得文化界应该弘扬鲁迅所提倡的真正的现实主义。什么是现实主义？现实主义有两条：第一，讲真话，怎么想怎么说；第二，反映社会现实。讲假话肯定不是现实主义。

贾：在鲁迅那个时代，写真实就是革命！

胡：写真实是鲁迅的传统。

贾：现在很多人写的东西生活中没有，生活中有的东西文学中没有。

胡：五五年以后我们的文学成就比较弱，跟违背了现实主义有关。

贾：文学如果失掉了文学艺术性，成了图解政治的工具，文学也就没有生命力了。

胡：您觉得我们现在读《阿Q正传》有什么意义？

贾：阿Q这种人现在还有啊。

胡：要教育青年人不做阿Q。有了钱要欺负人家，有了权要欺负人家，有了名要欺负人家，人多势众也会欺负人家，这就是阿Q的劣根性。

贾：阿Q没有平等观念，没有民主意识，要么你管我，要么我管你。

胡：年轻人应该读一点鲁迅的书。我要求我的研究生，《鲁迅全集》是必读的。鲁迅虽然不是研究社会学的，但他使用的很多方法是社会学的，他研究社会现实、研究个案，把绍兴那个地方作为个案来研究，把阿Q这个形象作为个案来研究，然后解剖整个社会，发现问题。这跟社会学也是相通的。

贾：所以现在的年轻人要看鲁迅，多少要懂得一些中国的历史。

胡：对，我们做社会学的，搞文学的，都要研究中国的问题。中国要走向世界，走向新的世纪，世界也在看你所研究出的是不是真正的中国的东西。

贾：对。让我们从东方看世纪，从世纪看东方。

胡：贾老，我把我们今天的对话题为《跨世纪的对话》，好不好？

贾：好的，好的。

贾植芳、胡守钧谈胡风①

胡守钧（以下简称胡）：上一次我们谈了鲁迅，后来人们认为谈得还有意思。我们这次就来谈谈胡风吧！胡风是鲁迅的学生，对吧？

贾植芳（以下简称贾）：应该是的。

胡：应该说鲁迅的精神胡风继承得比较多。

贾：对。鲁迅精神头一条就是坚持独立人格，第二条就是坚持对于现实的批判态度，生活得很清醒。但另一方面，我也跟胡风讲过，胡风不及鲁迅的地方在于鲁迅对中国历史、社会非常懂，认识非常深刻。你看，鲁迅在他写的《狂人日记》里说，中国历史翻来翻去只有两个字："吃人"。虽然吃客换了一批又一批，可人肉宴席从来没有散过。鲁迅对中国的历史、社会，对封建专制非常了解，对封建社会造成的人民的麻痹、自私、妒忌、排外和奴性有深刻的了解。所以鲁迅提出了"改造国民性"的思想。中国近现代只有两个人了解中国历史，一个就是鲁迅。鲁迅早期受了尼采的影响。他看到中国民族的麻木和自私，没有是非观念，只有利害观念。你看鲁迅以秋瑾为模特写的小说《药》，夏瑜因为闹革命，被清朝政府杀了头，老百姓还把他的血做成人血馒头吃来治病。他为了国家民族的新生，义无反顾地走上刑场，慷慨就义。可老百姓还说，他造反就得死，有什么可怜？先觉者牺牲生命为百姓谋幸福、谋解放，百姓还说他反皇上就该杀头，造反还不杀头吗？这对我的震动很大。

胡： 那么你觉得胡风在哪些方面继承了鲁迅？

贾： 他第一是坚持了鲁迅的独立人格。在封建社会里，知识分子只有个人功利意识，没有社会功利意识，没有独立的人格意识。

胡： 他继承鲁迅精神还有哪方面的表现呢？

贾： 就是对现实清醒的批判态度。表现在文学创作方面，他反对把作家作为政治工具。他认为作家是个人，他通过自己对生活的感触，表现对社会的批判的认识、思考和态度。不是按政治、政策需要写作，不是按教条写作。他认为作家要关心国家社会，同时要用自己的观念、眼光来看。作家的写作不应有统一的标准。后来被称为"五把刀子"，其实说明了胡风独立的文艺思想。

胡： 胡风是个现实主义者，这"五把刀子"是现实主义的。

贾： 对。我在七八年冬被解除"监督"以后，我开始有了一间自己的住房，有了私人生活的空间，我就开始写日记。从我的日记里，可以看到，八一年传达胡乔木的报告，胡乔木就说，毛泽东对中国的知识分子和作家不理解，于是新中国成立后发动了暴风雨式的批判。胡风在这种政治文化环境里，写了三十万言对文艺问题的意见书，向中央领导上书，是明知不可而为之。另一方面，说明他不明国情，十足的书生气。因为在解放前，他自以为多年来在党的领导的影响下工作，彼此是平等关系，朋友关系。解放后新政权建立，这种平等关系，变成了上下级关系，下级只能无条件地服从上级的指示，不能有自己的观点，否则就是犯上作乱，乱说乱动，大逆不道。

抗战以前，胡风曾协助鲁迅办过《海燕》刊物。鲁迅先生逝世后，他又主编过《工作与学习丛刊》。我就是那时候，在日本留学期间投稿跟他联系上的。三七年春天，我在日本内山书店看到了上海生活书店出版的《工作与学习丛刊》，第一期上面有鲁迅先生的遗文《关于太炎先生二三事》。我一看这个刊物的编辑风格，以及作者阵营，凭直觉认为它继承了鲁迅先生的战斗文学传统，因此我就向它投稿。我把自己这个时期写的，以来日本前的监狱生活为背景的小说《人的悲哀》，投给了这个刊物。当时，我不知道该刊的编辑是什么人。我看到封面上署名的编者有茅盾、冯雪峰、胡风等。后来，这个丛刊出了四期就被国民党查禁了。我写的那篇小说，在丛刊的最后一期《黎明》上刊登出来了。胡风寄给我三十多日元的稿费，还有一封热情的信。

抗战开始，我弃学回国，投入抗战活动，先是在军队里做日文翻译和宣传工作。胡风当时在办《七月》，我就给他们的杂志写文章。这样，我们就成了朋友了。当时胡风办的《七月》杂志，三七年创刊，四一年"皖南事变"时，为抗议国民党袭击新四军的暴行，刊物就停刊了。到了抗战后期，形势缓和了，他又开始办《希望》。办这样的杂志是共产党给的经费。

胡：你觉得胡风冤案的原因是什么？

贾：你等一下。你看胡风办的这个杂志上面，不仅有国统区的作家作品，还有解放区的作家作品。解放区的作家都不是自己投稿的，而是通过组织关系向《七月》和《希望》送稿的。组织上把那些代表解放区创作水平的作家作品拿到国统区，叫胡风发一下，以扩大解放区文学的影响。

胡：胡风倒是一直帮共产党工作的。

贾：对。国共合作时期，《七月》在汉口办刊的时候，大约在三八年至三九年，我有一位朋友叫白危，他三十年代在上海受过鲁迅先生帮助，后来也成了作家。抗战开始后，他以"全民社"记者的身份访问过延安。他当时写了一篇文章，叫《二十世纪的普罗米修斯：毛泽东》，介绍他访问毛泽东的情况。他写到了毛泽东在延安对鲁迅的评价。这在当时是很难得的，引人注目的。

胡：那么为什么解放后要整胡风呢？

贾：此事说来话长。早在一九二六左右，创造社、太阳社内的成员就提倡搞无产阶级革命文学运动，就出现过围攻鲁迅的现象。比如郭沫若用了"杜荃"的笔名，在《创造月刊》上，写批判鲁迅的文章，题目为《封建余孽法西斯二重反革命》，开后来我们政治大批判的文风与学风。后来，在党的有关领导人，如瞿秋白、冯雪峰等的建议和倡导下，成立了"左联"，鲁迅被推选为领袖。鲁迅与"左联"的有些领导，即"左联"党团书记周扬等"四条汉子"，就有过矛盾。毛泽东懂得中国历史，他看到中国是一个农业社会，是一个小资产者汪洋大海的国家，除了需要政治领袖之外，还需要有精神领袖。你看历代王朝，从汉朝的董仲舒把孔子的学说定于一尊，作为统治思想开始，一直下来，就连少数民族执政的王朝，元朝、清朝，一直到北洋军阀时期，国民党统治时期，以至日本统治伪满洲国时期，孔子都成了各个朝代思想界的精神领袖。毛泽东看出来，时代发生了深刻的变化，再用孔子已经不行了。毛泽东看到鲁迅的社会影响很大，就把鲁迅突出出来，肯定鲁迅的方向就是中华民族的方向，对鲁迅的评价非常高，把鲁迅捧了出来。"西安事变"之后，抗日统一战线建立起来，也是受当时国际思潮影响，为了在文艺界建立抗日统一战线，周扬他们提出了"国防文学"的口号。鲁迅、胡风表示反对，认为我们的左翼文学，已经有了自己的传统。于是，胡风他们又提出了"民族革命战争的大众文学"的口号，以示差别。后来就有人说，这是和组织唱对台戏，闹独立性。因为鲁迅的影响太大，形象太高，弄不倒，于是就搞胡风。四二年，毛泽东在延安写了《新民主主义论》一文，高度评价了鲁迅，说鲁迅是中华民族的脊梁骨，说他身上没有丝毫的奴颜和媚骨。毛泽东这一点评价是很准确的。评价很高。毛泽东也真正懂得鲁迅。胡风继承了鲁迅的这种精神传统。

胡：那么这些人主要反胡风的哪几个方面？

贾：延安时期，发生了关于"民族形式"的论争，胡风提出了不同看法。胡风坚持"五四"文学传统，坚持作家的独立人格，个人主体意识。他认为传统民间形式有许多封建性的糟粕，不能背离"五四"反封建传统。

胡：那么这个论战怎么会演变成一个所谓的"反革命集团"呢？

贾：四八年解放前，他们在香港办了一个《大众文学》丛刊，就发动了对胡风的文艺观点以至胡风朋友路翎的小说的批判。

胡：批判胡风？

贾：批判胡风，批判路翎。国共关系破裂，"内战"开始以后，周恩来叫胡风到延安去。他没去，他去了香港，是通过组织关系去的。北京解放，他绕道东北解放区去了北京。解放以后，人民出版社、文化部等部门成立，那些过去的左派作家都做了干部。胡风没得干，没什么事可做。我曾写了两句诗："冠盖满京华，斯人独憔悴。"

胡：就他一个人成了多余人？

贾：对，他成了多余的人。但组织上对他的生活方面还是很照顾，给他一个什么作协顾问啦，政协委员啦，人大代表啦，这样的头衔，要他把家搬到北京去。四八年胡风受到批判以后，他写了《现实主义的道路》，针对苏联提出"社会主义的现实主义"口号，提出自己的理解。他认为这个口号是从政治标准来看文艺的，是为政治服务的。他也是讲社会主义的现实主义，但内容已经完全不同了。关于民族形式的问题，胡风坚持"五四"传统、人文传统，反对封建文化，和延安那边提出的政治标准第一、艺术标准第二的口号不同。他们认为胡风在唱反调。解放以后，针对当时提倡的工农兵方向，文艺要为工农兵服务，胡风认为作家应该写自己生活里存在的东西，不能按照政治理想编造生活。社会主义的现实主义后来变成革命浪漫主义和革命现实主义相结合，变成了一种政治口号，成为政治工具。我们这些人，在解放前，我们的书被查禁，不能卖；解放后，在市面上也见不到。先前的出版社是私人的，解放后成立了新华书店。你要出什么书，必须到《解放日报》登广告，等于一种审查方式。如果《解放日报》不给登广告，新华书店就不经销。因为我是留日学生，是左派，解放后，文化部招兵买马，要我去做个什么副处长，我没去。我由组织派到震旦大学当教授，作为青年力量被派到大学里。那时我三十几岁，还是系主任。五二年院系调整，我调到复旦大学中文系做教授。当时按苏联体制成立教研室，我是教研室主任。当时党员比较少，中文系只有两个党员。后来正式成立教师政治学习小组，我是大组长。下面又分两个小组，由两位讲师任小组长。因为我是左派，我是进步教授。五一年"文协"（即作家协会的前身）配合镇压反革命运动，要大家写作。我就写了一篇小说，题名《以血还血》，登在了《文汇报》上。后来竟受到批判，批判我提倡人道主义，宣扬资产阶级人性论。这样我就搞翻译。解放前，我流亡青岛时期，翻译过英国传记作家奥勃伦（Edward J.O'Brien）的《晨曦的儿子——尼采传》和恩格斯的《住宅问题》。《住宅问题》新华书店经销。《尼采传》到《解放日报》登广告，他们说尼采是法西斯主义，所以那本书就没有出版。我解放前写的以一九四七年至一九四八年在上海国民党中统特务监狱中的政治犯生活和斗争的纪实小说《人的证据》，到《解放日报》登广告时，那些干部说，这些案子还没有审查，不准卖。后来，那些从旧社会过来的作家，都不敢写了。出于对文艺事业的责任心，胡风跑到北京写了个"三十万言书"。好了，成了反革命。

胡：那么胡风为什么写"三十万言书"？

贾：就是给党的文艺政策提意见。针对的是解放以后文艺创作一蹶不振，很多作家都搁了笔的现状。一个翻天覆地的时代，与文艺创作萧条不相称。

胡：胡风准备写"三十万言书"，你知道不知道？

贾：我不知道。他在北京写的，我当时在上海。不过后来回想，这事多少有些我促成的因素。事先我也看到了一些迹象。因为他曾跟我讲过，他想写一些东西。一九五四年春节，我到北京去探亲。这一去，后来被安上了"泄露党内机密"的罪名。情况是这样的：我认识的朋友很多，有不少是延安那边来的朋友。我那些留日同学在延安时已经做了干部。五四年我到北京去的时候，碰到我的那些朋友，他们都翻身了，都当了国家大干部，比过去有钱了。我有一个留日同学，名叫李春潮。他和习仲勋是陕西小同乡、老战友，解放后在广西文教厅做厅长和党组书记。当时，他到北京开会，去看习仲勋。习仲勋当时是政治局秘书长。毛泽东在给习仲勋的信里说要继续批判胡风。这是一份重要文件。后来，李春潮就提醒我，说你和胡风是朋友，你当心一点。后来我到胡风家里去，胡风问我，你的朋友很多，听到什么风声没有？我说，把衣服穿厚点，天气要冷了。胡风一听就火了，说五二年开过小型帮助会，那时我还给他们台阶下，承认我是小资产阶级。再批判我，我连小资产阶级也不承认了。我是无产阶级。我听了发了呆。他后来就写了"三十万言书"。这事促成了他写"三十万言书"。后来，我才知道这件事。五五年把我抓起来了，审讯员一次提审时，问起我们一九五四年去北京的情况："你到北京干啥去了？你碰到李春潮没有？听说毛主席要继续批判胡风，你给胡风通风报信，是不是？这是党内机密，很多中央委员都不知道，胡风怎么知道的？"

胡：那他们是怎么知道的？

贾：审讯员说："胡风给毛主席写信质问此事。他们一查，查到李春潮，又查到你头上，你就住到这儿了。"李春潮是老党员。五五年因这事，受到了批判。他不服，"大鸣大放"有怨言，五七年被划为"右派"。后来，他就投河自杀了。小胡啊，这是个好人啊！

我在北京逗留期间，还遇到同时代的留日同学潘开滋。这个人喜欢喝酒，平时也喜欢看些乱七八糟的书。他在延安期间在中宣部工作。解放后，当了农林部全国集体农场管理总局局长。因为一直担心胡风的生活命

363

运，遇到他之后，我心里一动，联想到胡风这几年一贯被说成是反对与工农兵相结合改造自己，如果有机会把胡风弄到农场生活，加在他头上的罪名可能就不攻自破了。我把这点想法向开滋透露之后，他这个湖南老大哥倒很痛快，一口答应，愿意帮这个忙。开滋比我们年长，又是个老革命，不仅斗争经验丰富，人也耿直可爱，没有丧失知识分子的本色。他当时对我说："把胡风弄到农场，这事我包了。北京附近有个清河县农场，就到那里去。离北京只有四十里，就叫他去那里养养身子也好。这些年他够苦的了。到时我再找个厨子，照顾他的生活。"

胡风写了"三十万言书"，由当时兼中央文教委员会副主任的习仲勋转呈中共中央领导人毛泽东、刘少奇和周恩来等。这年十月到十一月，胡风出席中国文联主席团和中国作协主席团的联席会议。胡风在会上做了两次发言，进一步阐述自己的观点，批评近年来文艺界出现的各种问题。后来出了舒芜，把胡风写给他的私人信件，按照自己的政治意图，或断章取义，或穿靴戴帽，公布出来。第二、三批材料出来之后，对胡风的批判迅速升级，最后由"反党集团"变为"反革命集团"。小胡啊，我的心里不好受呀！我们对毛泽东很尊敬。我给他们做了很多工作。延安时期，我就介绍了很多人去延安。我没想到毛泽东批判我们是"反革命集团"！这个"集团"里有很多是党员啊！胡风参加的是日本共产党。我不是党员，是左派，是党的同路人。像牛汉、绿原等人都是党员。还有不少从延安来的党员作家，如鲁藜、胡征、徐放等等。我们都想不到，做梦也想不到，我们都成了暗藏的"反革命"，"打着红旗反红旗"！我被抓进去了。我从国民党中统特务监狱里出来刚六年呀！

那还是四七年国民党戡乱时期，学生们发动"反内战、反饥饿、反迫害"大游行。共产党地下学联办的《学生新报》，为纪念五四运动，出了个"五四"特刊，邀请了一些人写文章，有马叙伦、郭沫若等人。我也写了一篇短文，题目是《给战斗者》。因为我编《时事新报》副刊《青光》，由于胡风的关系，认识了几个复旦大学的进步学生，给他们写过稿。学生们闹游行，我到复旦大学来，地下学联又请我写文章。我为他们办的《文学窗》校刊写了一篇《暴徒万岁》。好了，国民党说我"煽动学潮"，这就以"危害民国罪"给抓了起来，说我是"共产党的走狗"，关了一年多时间。后来有朋友把我保了出来，流亡青岛。上海解放，我才跑回来。

胡：你觉得胡风有哪些优点？

贾：有正气，有一种明知不可为而为之的精神。这要冒很大的风险。他很关心中国文艺的前途，坚持"五四"传统和鲁迅精神。另一方面，他也写过紧跟时代的作品，比如解放初期，他写了《时间开始了》，歌颂毛泽东。后来又有人指责他，说他把毛主席神化了。

我一抓进去，受到优待。我被关在建国西路华东公安部看守所，一人一个房间，有床，有个桌子，吃小灶，还管烟抽。五六年，公安局的一个干部对我讲，问题搞清楚以后，你随时可以出去，也可能要调动一下工作。听他这一说，我以为大约没有事了，所谓的"胡风反革命集团"不过是一场误会。既然弄清楚了，我们受些委屈算什么呢？

大约是五七年夏天，审讯员把我找去，递过一个纸条，上面有一系列的名字，问我是否认识。我一看，当然认识，全是复旦大学的教授。有法律系的杨兆龙，外语系的孙大雨，历史系的王造时和陈仁炳，还有物理系的王恒守，生物系的张孟闻。我当时回答说，他们都是我的同事。我仅仅认识他们，但并不熟悉。他又问我说："你看，这些人都是些什么人？"我说："这些人解放前就是复旦大学的教授，是英美留学生，是资产阶级知识分子。"他歪着头反问我："你呢？"我回答说："我是小资产阶级知识分子，比他们差一些。"谁知那个苏北人的脸一下子沉了下来，用以前从没有过的口气冷笑道："你倒挺谦虚，说自己是什么小资产阶级知识分子。告诉你，你是反革命！这些人都是反党反社会主义的资产阶级右派分子！幸好把你抓起来，要不，你现在也是头牌右派呢！"这一番话，说得我莫名其妙。"右派分子"，这是从没听说过的新名词。不过，我凭直觉意识到外面的政治形势又严峻了，学校里又有一批知识分子要倒霉了。再回去的时候，我发现床也没有了，桌子也没有了。睡在地上，一天吃两顿，和一般犯人同等对待。后来，转到南市车站南路第一看守所。

这个政治谜团，一直到"文革"期间才解开。当时我被判刑，押回复旦大学印刷厂作为"监督对象"和"专政对象"劳动改造。一次打扫卫生，无意间在角落里发现了作为废品堆积的一堆旧印刷品。其中，有两个小册子是校刊编辑部一九五七年编辑出版的。一本题名《毒草集》，收录了一九五七年"鸣放"期间，即毛泽东在那篇《〈文汇报〉的资产阶级方向应当批判》一文中所说的"要毒草大长特长"的时期，校内右派分子的反动言论选编。五八年秋天公安局干部提审时问到我的那个名单内所列举的复旦各系教授，都在"鸣放"中为一九五五年胡风案、肃反，以至为我被捕鸣过不平。这样，他们就钻入了"阳谋"的圈套，落入法网，与我成为一丘之貉。因为正如"最高指示"一直训示的："人与人的关系是阶级关系。""世上既没有无缘无故的爱，也没有无缘无故的恨。""亲不亲，阶级分。""凡是敌人反对的，我们就要拥护；凡是敌人拥护的，我们就要反对。"另一本小册子叫《明辨集》，收录了反右运动中，学校的"革命师生"和积极分子反击右派分子"恶毒进攻"时大批判开路的各式言论。其中有一篇，是当时中文系的一位讲师代表中文系全体革命师生反击右派分子为我翻案的无限上纲的批判文章。记得这篇文章结尾说："右派分子妄图为反革命分子贾植芳翻案，我们中文系的全体革命师生一千个不答应，一万个不答应！这个案是永远翻不了的！"云云。

　　一九六六年以后，监狱里的形势宽松了一些。有一次，公安局派人来，对我说："你是个高级知识分子，今后出去了还要工作，上面关心你的健康情况。从现在起，你可以有'中灶'待遇。"看守所长姓沈，是西南联大外文系毕业生，戴个眼镜。他经常跟我聊天。他对知识分子比较尊重。一次他对我说："你是搞文学的，你要什么杂志，像《红旗》《人民日报》《人民文学》等，我们可以提供给你看。你懂外文，要外文杂志也可以。"外面传言，说我可能要出去了。

　　一九六六年四月，法院来人了，跟我说："外面的政治形势变了。你们的问题不能再做内部问题处理了，要通过法律形式。但我可以给你交个底，不会枪毙你。"我生气地说："我也没犯法，凭什么枪毙我！"他们说："没犯法，你怎么会到这里？"我说："是你们抓我来的，我又不是抗美援朝参军来的，你还来问我！"他们说："这只是个手续。至于判多少年，我们还要研究。一方面看你的态度。你把过去的问题写个材料。"我说："我有什么问题？写啥材料？"他们说："写你过去的经历。你愿意怎么写就怎么写。"我说："坐监十一年，我早忘了！你们写！你们怎么写、写什么都可以！写好了，我签字！"

　　从一九五五年五月十五日被捕，到一九六六年三月底正式判刑，我在狱里整整度过了十年零十个月。最后，戴了个"反革命"的帽子，重新押回复旦大学"监督劳动"。"胡风反革命集团"这个案子，据官方的统计，涉及五千人。实际上不止，可能达到两万人左右。但通过法庭正式判刑的只有三人。一九六五年十一月，北京高级人民法院判处胡风有期徒刑十四年。释放后，流放四川。"文革"中，又被加判无期徒刑。直到一九七九年二月才出狱。长期的铁窗生活，他得了精神分裂症。一九八〇年平反，仍然留着尾巴。一九八五年病逝北京。胡死三年后，彻底平反的一纸文书才送到灵前。胡风平反，先后搞了三次，才算是得到了最后解脱。一九六六年四月天津的阿垅和上海的我，被分别判处有期徒刑十二年。阿垅一九六八年瘐死天津狱中；只留下我，至今在这世界上游荡。所谓"胡风反革命集团"的罪名，一九六六年四月上海第一人民法院宣判时说，是"妄图篡夺中国共产党的文艺领导权"。"文革"中劳动改造，曾看到五五年人民出版社出版的《关于胡风反革命集团的材料和按语》。毛泽东给胡风案定性为："这个反革命派别和地下王国，是以推翻中华人民共和国和恢复帝国主义国民党的统治为任务的。"这都不符合事实。

胡：我这个案子全上海就牵连到一千多人。我们这个案子被称作"胡风式的反革命集团"。当时批我们这个案子完全是批胡风式的批法。

贾：不止你这个案子。批判胡风案已经成了一种模式：批判刘少奇，批判陶铸，批判"三家村"，批判"四条汉子"，用的也是这个模式。成了"万金油"了。

胡：你觉得胡风案有什么教训呢？

贾：教训非常之深刻。在思想意识方面，知识分子按照马克思的观点，就是个人的解放和社会的解放两者是分不开的。解放以后，人民当家做主。按照宪法上讲，公民应该有思想、言论、出版、集会、结社的自由。这是基本人权。所以当时王造时就讲，胡风案件是反宪法的。把私人通信拿来，断章取义，作为罪证，这是违法的。毛泽东在批胡风时写过一篇文章《舆论一律》，就是强调舆论要一个标准。从国际大局看，我们新中国成立后的政策有些像闭关锁国，对现代物质文明和精神文明现象，用农民意识的眼光，看作资产阶级腐蚀劳动人民的香风毒雾，采取批判否定态度。一九一一年辛亥革命虽然推翻了最后一个封建王朝，但是由于农民和小资产阶级汪洋大海的存在，社会经济结构没有根本改变，商品经济市场经济没有得到充分发展，几千年封建专制主义借尸还魂，旧瓶装新酒，以变相形式继续危害中国。"文革"就是一个样板。因为"文革"和历次运动的发动者、参与者，都是以革命起家、革过别人命的人。

胡：当时批判我们的时候，你在印刷厂吗？

贾：对，我在印刷厂接受"监督劳动"。

胡：你看过批判我的材料吗？

贾：看到了。有关你的材料很多，我也参加印了呢。那时复旦大学印刷厂有时叫我去帮他们劳动，我就通过这个机会看到了不少材料，如《刘少奇罪行录》《胡乔木罪行录》等。关于"胡风反革命集团"的材料，我也在印刷车间的废纸堆里找到过一些。还有"文革"前的学报什么的。我蛮注意社会动态的。

胡：当时讲我们是"小胡风"分子，你是"老胡风"分子。

贾：你正好姓胡嘛！先批"老胡风"分子开路，毛泽东讲这叫"大批判开路"，然后再批"小胡风"分子。先是三千人批斗我，然后是十万人大会批斗你。

胡：你认为胡风的哪些观点现在还有价值？

贾：就是作家要有主体意识、民间立场、独立人格，以及对现实的批判态度和清醒意识。现在年轻一代提出人文精神、民间立场，就是体现了这一点。知识分子要有社会功利主义，要有独立人格，要有所为，有所不为。不能仅仅追求个人的名与利，无所不为。这是个人功利主义、市侩主义。

一九九九年十二月

注：

①此次对话是一九九一年十月二日在复旦大学贾植芳先生书斋，贾植芳与胡守钧以胡风为话题展开的讨论对话。

我喜欢反映时代和历史的戏曲

——与贾植芳谈戏剧

丁西（以下简称丁）：贾先生，您好！最近举行的第四届上海国际艺术节，向上海观众呈献了一台台精彩的剧目，您的家乡山西省给艺术节带来了现代蒲剧《土炕上的女人》。听说当初您是在报纸上看到家乡剧团来沪演出的消息，当即就让学生帮您订票，剧团得知后，特邀您作为嘉宾亲临逸夫舞台去观看演出。请您先介绍点蒲剧的基本情况。

贾植芳（以下简称贾）：蒲剧是山西的地方剧种之一，形成于明末清初，它最初出现在山西南部的蒲州（就是现在的永济县）以及陕西同州（现在的大荔县）和河南陕州（现在的陕县）这个三角地带。那里是黄河南流东折的所在，三省彼此隔河相望，经济、文化交流密切，风土人情、音乐和方言都十分接近。蒲剧和陕西的秦腔本是一家的不同分支，唱腔接近，戏路相通，都是以当地广为流传的民间小曲为主要音乐语言，音乐高亢悲凉，热情豪迈，而且民族风味浓厚，具有独特的乡土气息和艺术个性，能突出表现普通老百姓的日常生活情趣，很受群众的欢迎。

丁：上个世纪末文化界曾有一段时间讨论晋商文化，余秋雨在《文化苦旅》中还专门写了一篇《抱愧山西》，读者更是一下子好像重新发现了山西似的。实际上，山西地处黄河中游的位置，自古就是京畿重地，造就了它文化底蕴丰富，民间艺术多彩，不仅出商人，音乐歌舞等也十分发

369

达。

贾： 山西以前地方戏曲很发达，关汉卿就是山西人，《录鬼簿》当中专门收集了不少元代的晋籍杂剧家，白朴、郑光祖都是山西人。山西的平阳、蒲州地区，元代杂剧非常盛行。诸宫调是山西人首创的，一个叫孔三传的。董解元创作的《西厢记》就是采用诸宫调作为艺术形式来写的。元代末期，战乱未起，山西的经济十分发达。经济的发达有可能带来文化的倡导，把山西的地方戏曲推到一个难以企及的高度。民间文化虽然受到明代以来战乱的影响，但是仍然代代延续，到清代，昆曲传入山西，康乾时代，山西又出现了蒲剧这个剧种。蒲剧也叫作乱弹，为了适应乡村广场庙台演出的需要，就地取材，借助两块枣木梆子附和节奏击打，所以还被叫作蒲州梆子。

丁： 听说《土炕上的女人》扮演杨三妞的主演任跟心跟您还是一个镇上的，都是襄汾古城镇人，那天看完演出，您还上台和任跟心及其他演员握手，一块合影留念，让他们很感动。您是怎么看待《土炕上的女人》这出戏的？

贾： 这个戏是根据贾平凹的小说改编的，我看得很高兴，贾平凹在陕西，离我们那地方不远，熟悉乡土民情，写出了好作品。演出也很精彩，很成功，我向他们表示了祝贺。在大上海看到家乡的戏，碰到演职人员，大家不问"你是什么地方的"而是互相打听"你是哪个村的？"（笑）都是我们村附近的乡亲，到上海来演戏了，不容易。上海很多人自己买票来看戏，我也来凑份热闹，但我是免费招待的。我看戏里的"土炕"有象征意义，象征深厚的文化底蕴。没有土炕就没有基础，告诫我们不可忘本。共产党碰到困难的时候就想到农民。共产党和农民胜利前是朋友，胜利后就是领导和被领导的关系。打天下的时候靠农民，得天下的时候不能忘了农民。离开农民，革命会没有出路。杨三妞帮助红军，是因为红军有困难，需要帮助，不是因为革命，才帮助人家。三妞帮助人没有什么目的，不是将来会有什么好处才去帮人。三妞保持了农民朴素的道德观，身上有传统道义，她没有什么文化，但很自觉，是从人情道义出发的。

丁： 您的评说很精彩。上海举办国际艺术节，组织地方戏汇演，就是要显示上海海纳百川的气度。您平常喜欢看戏吗？从小至今哪些戏给您印象较深？

贾：小孩时在家乡经常看戏，那时农村生活寂寞，找点娱乐就看看戏。我生活在山西南部偏远、闭塞的山村，每逢村里或邻村迎神赛会时都要演社戏，就是我们晋南的蒲剧。我喜欢看武戏，不喜欢看文戏，喜欢演武生、武旦的，他们扮演的行侠仗义的好汉，讲信义，重然诺，我觉得他们是英雄豪杰，人生楷模。对武丑，我也有好感，但对于文丑，插科打诨，溜须拍马，陷害忠良，阴险狡诈，我打内心反感、厌恶。对于须生中扮演重义轻生、为民请命的历史人物，我十分折服，但对那些低眉顺眼的奴才，我很瞧不起。长大后很少看戏，偶尔看个话剧，譬如一九三五年在北平看陈绵教授导演的小仲马《茶花女》，因为我哥哥贾芝是陈先生的学生。但给我印象很深的是一九三六年，我在东京一桥堂观看留日同学上演夏衍改编的老托尔斯泰的《复活》，还有我在东京筑地小剧场看的日本新协剧团上演的高尔基的《夜店》。我喜欢黄土高原的山区唱腔很高亢，慷慨激昂，有味道。京戏，我不喜欢看。我倒是喜欢上海的独角戏和滑稽戏，因为它们是取材于上海民间复杂、俚俗的市民社会，能及时反映上海弄堂里市民嘈杂的生活和繁杂的感情世界，能表现上海社会习俗和人生百态。现在没有看戏的习惯，我住在上海市郊，进城交通不便，年纪也大了，腿脚不方便，在家会会客，看看书，写点文章，偶尔看看电视。还是旧戏好，反映历史，表现社会生活题材的好。现代戏为政治服务较多，教条较多，没意思，看戏像听课一样，受教育。

丁：作为一名中外文学关系研究专家、著名的文学教授，您对许多文学艺术问题都有过精深的钻研，您曾经对您的学生说过，由小说改编为戏剧时首先要吃透原著，同时还要有所创造和提升，这个观点对于今天许多影视剧改编者来说是有启发意义的，请您就这一问题阐释一下。

贾：利用小说改编为话剧或电视剧，在文学史上并不罕见。但我认为利用小说材料改编为剧本是一个艺术再创造的过程，改编者不应是单纯的抄袭和机械的搬用，更不可以肆意地歪曲原作。尤其是改编名著，必须以绝对慎重的严肃的心情来处理，要能保留原作的艺术韵味，这是最起码的改编原则。但这是不够的，改编者还必须细心体会并掌握原作者在创作中所表现出来的艺术创作手法，加以利用和发挥，在艺术上进行新的发掘和探索，进一步提高和完成原作。我在一九八七年发表过一篇文章，谈论当时茅盾的"农村三部曲"（《春蚕》《秋收》《残冬》）被改编为电视剧的问题。我认为古今中外凡是成功的改编先例，无一不在改编样式中榨取原著的精英和灵魂，有新的发现和启示。名著改编是一项很宏大的艺术工程，无论从横的方面把外国的改编为本国的，还是从纵的方面把历史的改编为现代的，改编者都必须牢牢把握住原著文学性和改编式样的艺术性关系，在输入现代意识的同时发挥二度创作的优势。

丁：您结交的朋友很多，他们当中有没有搞戏剧的？

贾：朋友中没有演话剧的。路翎除了写小说，还写过剧本。田汉、洪深我倒是都认识。

丁：您的家人呢？有没有从事戏剧或者与戏剧相关的活动的？

贾：家人中没有搞戏剧的。

丁：我记得在您的书中读到，您曾经遗失过几个剧本，请谈谈这方面的情况。

贾：我们这代人有个习惯，也可以说形成一种传统，就是人人都是多面手，既搞创作，也搞翻译，还有从事各项社会活动的。我个人在创作之余就译过不少著作，譬如恩格斯的《住宅问题》、契诃夫的《契诃夫手记》等，还有我一生中丢掉的三部译稿，其中的两部是戏剧作品，一部是俄国作家安特列夫的剧本《卡列尼娜·伊凡诺维娜》，一部是匈牙利剧作家 E.维吉达的多幕剧《幻灭》。安特列夫的剧本，我一九三七年就在日本翻译出来，后来回国参加抗战，译稿辗转到了香港，直到一九四八年，友人好不容易邮寄到上海，却无意中丢失了，还专门托人在《新民晚报》上登过寻物启事，但译稿如同石沉大海，了无下文。维吉达的剧本是我一九四九年在青岛寓居时翻译的，原著作者由于不满现行制度遭到政治迫害，后来跑到美国去了，鉴于当时的形势，这本书是不宜出版的，我托友人从出版社取回书稿，到了一九五五年，译稿连同我们的书物被抄家抄走，从此也下落不明了。

丁：我很赞同您刚才的说法，您们那代人都是多面手。您个人搞创作，搞翻译，而且在您自己的创作中，不但写小说、散文等，而且我还读过您写的剧本。

贾：我是写过剧本，有一个独幕剧，叫作《家——呈蝉娥君之亡灵》。

丁：反映的题材是社会问题，从中可以透露出您一贯创作的风格气象，从来都没有离开过对社会的关注，对人生的审视和追问。这与您的创作态度、人生态度是分不开的。现在在舞台上表演的戏剧、戏曲有不少都是从小说中改编过来的，舞台剧缺乏原创的戏剧剧本，对这种现象，您是怎么看的？

贾：现在的舞台创作，我了解不多，没有发言权。但写戏的人少了，不是啥好事。戏剧脚本是演出的基础，要多下功夫，没有捷径可走。

丁：眼下的戏剧不太景气，您对这个问题有什么看法？

贾：这是社会发展的结果，只有少数人欣赏戏剧，没办法。现在媒体多，有网络，有电视，上戏院看戏的人自然就减少了，加上没有什么好戏。过去没有那么多娱乐，要娱乐就到戏院去看戏。现在人的时间很紧张，不像农村有农闲的时候多。看戏要有时间，有钱，有闲，有闲要坐家里看看电视，谁去剧院看戏。

丁：戏剧是我们民族文化的一个重要组成部分，但目前还存在不少值得探讨的问题，您对戏剧今后的发展是怎么看的？

贾：戏剧还是要客观反映生活，反映时代，反映历史，不要光说教。

二〇〇二年十一月八日—十二月初